Georg Korn

Breslauer Urkundenbuch

Georg Korn

Breslauer Urkundenbuch

ISBN/EAN: 9783744604239

Hergestellt in Europa, USA, Kanada, Australien, Japan

Cover: Foto ©ninafisch / pixelio.de

Weitere Bücher finden Sie auf **www.hansebooks.com**

BRESLAUER URKUNDENBUCH

BEARBEITET

VON

GEORG KORN.

1261.

ERSTER THEIL.

BRESLAU.
VERLAG VON WILH. GOTTL. KORN.
1870.

VORWORT.

Von den Urkunden der Territorien und grösseren Städte Deutschlands sind neuere Sammlungen zum Theil bereits im Druck erschienen, zum Theil werden solche grade jetzt herausgegeben oder vorbereitet. Deshalb schien es an der Zeit, auch die auf die Geschichte der Stadt Breslau Bezug habenden Documente, die gedruckten wie die bisher ungedruckt gebliebenen, möglichst vollzählig zusammenzubringen und zu veröffentlichen. Von dieser Sammlung erscheint jetzt die erste Abtheilung, welche die Urkunden bis zum Tode Kaiser Karls IV umfasst, im Drucke. Sie soll das gesammte urkundliche Material zur Geschichte Breslaus, welches bisher in theilweis schwer zu erlangenden älteren Druckwerken und verschiedenen Archiven zerstreut zu finden war, dem Freunde der deutschen Geschichtsforschung besser oder überhaupt erst zugänglich machen.

Mein Wunsch war es, für sämmtliche abzudruckenden Stücke, gleichviel ob dieselben schon früher gedruckt waren oder nicht, die handschriftlichen Texte, wie sie durch die erhaltenen Originale oder durch alte Abschriften überliefert sind, zu Grunde zu legen. Dies war jedoch bei den Nummern 19, 27, 31, 57, 59, 60, 70, 75, 116, 139, 175, 194, 214, 228 nicht möglich, für welche die Vergleichung handschriftlicher Texte nicht bewerkstelligt werden konnte. Für einzelne von ihnen waren solche überhaupt nicht zu ermitteln. Danach stellt sich das Verhältniss so, dass von den in diesem Bande enthaltenen 310 Urkunden nur 14 Wiederholungen früherer und zwar meist correcter Drucke sind, alle übrigen aber nach den Originalen oder wo diese fehlen, nach den alten Abschriften, welche sich als die correctesten ergaben, gedruckt worden sind. Dieses handschriftliche Material lieferten die folgenden Archive:

1. Das Archiv des Hospitals zum heiligen Geiste zu Breslau, welches die ältesten auf die Stadt bezüglichen Originalurkunden enthält. Dasselbe war bis

vor kurzem in dem Pfarrgebäude zu St. Bernhardin in einem Zimmer im Erdgeschosse schwer zugänglich und schwer zu benutzen, da ein Repertorium der Urkunden nicht vorhanden war. Diese letzteren waren ziemlich dicht in viele alte Holzschachteln von verschiedener Grösse verpackt. Jetzt ist dies Archiv in das Stadthaus übergeführt und dort mit dem alten Rathsarchiv vereinigt worden. Der Mangel eines Repertors ward einigermassen ersetzt durch das Copialbuch des Hospitals zum heil. Geiste, Grossfolio, Papier XVI Jahrh., in welchem aber lange nicht von allen erhaltenen Originalen Abschriften stehen. Auch haben sich diese bei Vergleichung mit den Originalen sehr incorrect erwiesen. Deshalb ist zu bedauern, dass dieses Copialbuch für die Nummern 9, 11, 13, 67, 165 benutzt werden musste, da dieselben sonst nicht erhalten sind.

2. Das Königliche Staatsarchiv zu Breslau früher schlesisches Provinzialarchiv genannt. Der reiche Urkundenschatz desselben ward durch Vereinigung der Urkundenarchive von allen 75 geistlichen Stiftern Schlesiens gebildet, als diese 1810 aufgehoben wurden. Diesem Archiv gehören die folgenden benutzten Copialbücher an:

Das älteste Copialbuch des ehemaligen Cistercienserklosters in Leubus. Pergament in Quart 119 Blätter. Bl. 3. LIBER. SANCTE. MARIE. IN. LUBENS. PERTINENS. AD. BIBLIOTECAM. CONUENTUS. Es enthält 1. die Privilegien der breslauer Bischöfe, 2. der schlesischen Herzöge und 3. der Päpste für Kloster Leubus. Das jüngste ist vom Jahre 1251. Auf Blatt 111 schliessen diese Abschriften, welche alle von einer Hand sind mit den Worten: Expliciunt priuilegia papalia. Hierauf folgen noch 2 Abschriften von Herzogsurkunden, von denen die eine dem Jahre 1253 angehört, und eine Urkunde des Erzbischofs Rudolf von Magdeburg von demselben Jahre als Nachträge. Die Abschriften sind in einer zierlichen Minuskel gefertigt, mit kunstvollen blauen und rothen Initialen verziert und die wenigen Versehen nach den Originalen sorgfältig verbessert. Man darf wohl annehmen, dass das Buch im Jahre 1251 oder kurz darauf geschrieben ist und dass die später erlangten Urkunden als Nachträge hinzugefügt worden sind. Dieses Copialbuch wurde für Nr. 4 des Urkundenbuches verglichen.

Das Copialbuch des Clarenstiftes auf Papier in Quart, 391 Blätter. Der älteste Theil beginnt mit Blatt 18 und reicht bis Blatt 272. Die Blätter 18—22 enthalten einen unvollständigen Rotulus zu den folgenden Urkundenabschriften, die auf Bl. 27 anfangen (Blatt 23 steht eine später eingetragene aus dem Ende des 14. Jahrhunderts), sie sind in der zweiten Hälfte des 14. Jahrhunderts gemacht und im ganzen correct. Für das Urkundenbuch ist aus diesem Copialbuche Nr. 106 entnommen worden.

Das Repertorium Helie (Papier, Kleinfolio), das Copialbuch des Stiftes der augustiner Chorherren auf dem Sande bei Breslau, von um so höherem Werthe, da nur ein geringer Theil der Originalurkunden dieses ältesten schlesischen Klosters erhalten ist. Nach Wattenbach's Forschungen über dieses Copialbuch ist dasselbe in der Zeit von 1508—1512 angefertigt worden, verdankt also seine Entstehung nicht dem Abte Elias (1550—1583) von dem es den Namen hat, sondern zum grössten Theile dem Nicolaus Trachenberg, späteren Propste zu Kalisch. Die Abschriften in demselben zeichnen sich durch besondere Correctheit aus. Es lieferte die Nummern 34 und 41.

Die striegauer Urkundenabschriften (Papier, Kleinfolio) sind 1693 vom Rathe zu Striegau nach den Originalen und „Rathsprotocollen" in den Stadtbüchern angefertigt, sie leiden wie fast alle in dieser Zeit entstandenen Copialbücher an dem doppelten Mangel, dass bei den Abschriften der deutschen und lateinischen die Schreibweise des XVII Jahrhunderts zur Anwendung gebracht ist und in den ersteren die älteren Wortformen theilweis willkürlich verändert und modernisirt sind. Es war nur nöthig Nr. 240 aus diesen Abschriften zu entnehmen.

Dasselbe gilt von dem Copialbuche D. 361, aus welchem Nr. 14 entnommen ist. Durch ein Versehen ist dasselbe bei dieser Urkunde als Copialbuch des Stadtarchivs Nr. 361 bezeichnet worden.

Das sogenannte Kladdenbuch, aus welchem Nr. 189 abgedruckt worden ist, haben Oelsner im Archiv für Kunde östreichischer Geschichtsquellen Theil XXXI S. 100 und Grünhagen ebendas. Theil XXXII S. 5 ausführlich beschrieben.

Den bei weitem grössten Theil der Urkunden lieferte das hiesige alte Rathsarchiv, welches sich früher im hiesigen Rathhause im sogenannten Archivzimmer befand. Jetzt wird dasselbe in dem neu erbauten Stadthause aufbewahrt. Ausser den vielen aus demselben abgedruckten Originalen, zu denen stets die Signaturen über den Texten der einzelnen Urkunden hinzugefügt sind, wurde auch eine Anzahl von Copialbüchern benutzt; nämlich:

Das mit Nr. 29 im Katalog der Handschriften verzeichnete Copialbuch, (Pergament, Kleinfolio). Der älteste Theil dieser Handschrift, welcher von fol. 13 bis 151 b reicht, ist im Jahre 1350 geschrieben, wie folgender vorangestellter Vermerk in theils goldener, theils rother Schrift zeigt: Anno domini mccc quinquagesimo translatus est iste liber de latino in lingwam theutonicam sic, quot unum quotque priuilegium per consequens suam habet exposicionem primum igitur rescriptum priuilegii super theolonia et cetera. Hierauf folgen 119 numerirte Privilegien der Stadt Breslau in wortgetreuen und zuverlässigen Abschriften mit Rubriken, die kurze Inhaltsangaben enthalten, und rothen und blauen Initialen. Hinter jeder Abschrift einer lateinischen Urkunde steht die deutsche Uebersetzung derselben. Dazu findet sich auf fol. 1—9 ein Rotulus. Dieser Theil des Copialbuches ist von einer Hand geschrieben und wenige Monogramme Kaiser Karls IV abgerechnet ganz vollendet. Es schliessen sich an denselben nicht numerirte

Urkunden Karls IV und Wenzels, denen aber die Rubriken fehlen, sie reichen bis fol. 168. Bis hierher ist die Handschrift in zwei Columnen getheilt. Der andere Theil, welcher keine Columnen hat, ist zu verschiedenen Zeiten geschrieben. Er enthält Anfangs Privilegien von Siegismund und Ladislaw mit Rubriken und Initialen. Aus diesem Copialbuche wurden die im Originale nicht erhaltenen Nummern 40, 119, 128, 152, 173, 196 und 219 entnommen.

Die gemeinen Confirmationes auch liber confirmationum genannt. (Papier, Grossfolio.) Das Titelblatt lautet: Gemeine confirmationes derer Privilegiorum, so die alden Fürsten u. Hertzogen in Schlesien vnnd folgend Röm. Kaiser vnd Könige. Auch Könige zu Behem etc. der Stat Bresslaw verliehen und gegeben. Schreiber ist der breslauer Rathsschreiber Bonaventura Rösler († 15. August 1575, 75 Jahre alt), welcher um 1550 die Privilegien der Stadt nach Materien geordnet in diesen Copiarius eintrug. Seine Abschriften sind meist zuverlässig. Die Urkunden Nr. 39 und 83. welche sich nur in den gemeinen Confirmationes finden, wurden nach denselben gedruckt.

Der Rathskatalog (Pergament, klein Octav) enthält seit 1287 fortlaufende Verzeichnisse der Rathmannen und Schöffen, dazwischen einzelnes andere. Aus ihm sind die Nummern 123 und 1, 2, 3 und 4 des Anhangs entnommen.

Die Acta Thome II episcopi (MS des Rathsarchivs Nr. 131, Papier in Kleinfolio, XIV Jahrhundert) beschrieben von Stenzel in der Vorrede zu den Urkunden zur Geschichte des Bisthums Breslau, daraus wurde Nr. 38 wieder abgedruckt.

Der Nudus Laurentius, welcher äusserst correcte Texte lieferte für die Nummern 227, 233, 241, 242, 248, 250, 251, 254, 255, 259, 261, 262, 265, 274, 275, 277, 278, 281, 282, 287, 289, 290, 294, 306 ist ausführlich beschrieben bei Homeyer, die deutschen Stadtbücher des Mittelalters S. 76.

Ebenso der Antiquarius, aus welchen die Nummern 169, 226, 230, 231, 245 und 303 entnommen wurden.

Weniger zuverlässig sind einzelne der Texte, namentlich der lateinischen, welche die breslauer Handwerkerstatuten lieferten, nach denselben sind folgende Nummern abgedruckt: 68, 82, 95, 101, 107, 112, 113, 114, 138, 140; vgl. über diese Handschrift das Vorwort zum 8. Bande des Codex Diplomaticus Silesiae S. VII.

Das aus den genannten drei Archiven entnommene Material, mag es in Originalen oder Abschriften bestehen, habe ich selbst abgeschrieben und collationirt. Hingegen habe ich Nr. 22 nicht gesehen. Herr Professor Grünhagen hatte die Freundlichkeit, mir eine von ihm nach dem Originale des dresdener Staatsarchivs genommene Abschrift mitzutheilen, wofür ich ihm hier nochmals meinen ergebensten Dank ausspreche. Ihm verdanke ich auch die von mir ebenfalls nicht eingesehene Nummer 193, von der ihm der nun heimgegangene Helcel eine Abschrift mittheilte.

Bei dem Abdruck der Urkunden habe ich an der überlieferten Schreibung der Texte nur in Anwendung der grossen und kleinen Buchstaben und für die Interpunction die heute geltenden Grundsätze befolgt, sonst aber nichts verändert. Kleinere Versehen der Schreiber habe ich durch Beifügung des dafür üblichen Zeichens: (!) angedeutet. Einzelne oder mehrere überflüssige Worte sind in runde Klammern eingeschlossen und fehlende in eckigen hinzugefügt worden. Waren die Fehler erheblicher Art und wirkten sie namentlich sinnstörend, so ist ihre Heilung durch Textbesserung versucht worden. Die Beschreibung der Siegel ist immer nur einmal gegeben worden und zwar bei der ältesten Urkunde der betreffenden Aussteller. Das Titelblatt zeigt das älteste Siegel von Breslau, nach dem an der Urkunde Nr. 22 hängenden einzigen erhaltenen Abdruck. Dieses Unicum ist zugleich ein neuer Beitrag zur Lösung der für die Heraldik des Mittelalters wichtigen Frage über die Anwendung des Doppeladlers. — Waren die einzelnen Urkunden bereits gedruckt, so sind die älteren Drucke über dem Texte angegeben worden; nur in einzelnen wenigen Fällen sind sie fortgelassen worden, doch lassen sich auch diese leicht aus den breslauer Urkundenregesten in Genglers Codex iuris municipalis ergänzen. Dieses Werk giebt auch Auskunft über diejenigen Urkunden der Stadt Breslau, deren Texte nicht erhalten sind, über deren Inhalt aber Klose in seinen Briefen von Breslau 3 Bände 1780—1783 nach alten Repertorien handelt. Da Gengler a. a. O. ein vollständiges und genaues Verzeichniss derselben liefert, genügt es hier, auf dasselbe Bezug zu nehmen. Wo in dem Genglerschen Werke die Reductionen der Daten anders als in dem vorliegenden Urkundenbuche gegeben sind, beruht dies auf Fehlern Kloses, die Gengler nicht erkennen und verbessern konnte, da ihm die Originale nicht zugänglich waren. Bei einigen älteren Urkunden, welche nach den Originalen im Archive des Hospitals zum heiligen Geiste gedruckt wurden, sind einzelne Abweichungen des grossen schlesischen Regestenwerkes, namentlich in Lesung der Orts und Personennamen unter dem Texte angemerkt worden, dem Bearbeiter der schlesischen Regesten, von dem man füglich bei dem grossen zu bewältigenden Material überall die Einsicht der Originale nicht verlangen kann, erwächst daraus kein Vorwurf, ebensowenig wie Genglern aus den fehlerhaften Datirungen. Inzwischen hat auch ersterer selbst in den Nachträgen und Berichtigungen zu dem I Theile seiner Regesten die richtigen Lesarten nach meinem Manuscript aufgenommen.

Der Inhalt der Urkunden wird aus den einzelnen vorangeschickten Regesten leicht zu ersehen sein; einzelnes, namentlich die Erklärung der Ortsnamen giebt überall, wo sie gelungen ist, der Index.

BRESLAU in den Ostertagen 1870.

URKUNDENBUCH.

1. *Herzog Heinrich I von Schlesien übergiebt dem Sandstift den nöthigen Grund und Boden zur Gründung der Kirche und des Hospitals zum heiligen Geiste. 1214.*

<small>Original im Archiv des Heiligengeisthospitals in Breslau, gedruckt bei Morgenbesser Geschichte des Heiligengeisthospitals S. 1.</small>

Propter instabilem temporis mobilitatem et mobilem humane mentis diuersitatem utiliter prouisum est ea, que aguntur in tempore, scriptis memorie commendare. Hinc est, quod nos Henricus, dei gratia dux Zlesie, notum facimus uniuersis presens scriptum inspecturis, quod ad petitionem domini abbatis Witosai et fratrum eius de sancta Maria in Wratislauia terram, que est inter Olauam et Odrieram¹), quantum ad curiam et ortum sufficere possit, pro salute anime nostre predicto abbati et fratribus contulimus perpetuo possidendam promittentibus eisdem, quatinus ecclesiam sancti spiritus et hospitale ad recipiendos pauperes infirmos et peregrinos cum dei auxilio et nostro in eodem loco construerent et secundum possibilitatem eorum et iuuamen christifidelium ipsos ibidem procurarent. Indulsimus ecium in auxilium et commodum iam dicto abbati et fratribus iura nobis pertinencia in uillis eorum, quas si aliqui fideles eidem hospitali pro remedio animarum suarum conferre voluerint, videlicet: strosa, preseka, poduoroue et cetera his similia. Ne quis uero posterorum nostrorum hoc factum nostrum infringere audeat uel quidlibet aliud de eodem facere presumat, presentem cartam nostri sigilli appensione duximus roborandam. Factum est hoc anno domini MCCXIIII presentibus his, quorum sunt nomina subnotata, comite Emramno, procuratore ipsius negocii, Sobeslao, castellano de Wratislauia, Egidio cancellario, Albrahto iudice, Polcone subcamerario, Johanne, comite de Uirbno, Falcone comite, Godino solteto²) et aliis quam plurimis.

<small>An rothen seidenen Faden hängt das Siegel des Herzogs mit der Umschrift: † SIGILLV HENRICI DVCIS ZLESIE. — 1) Morgenbesser a. a. O. u. Grünhagen schles. Regesten S. 90: Odrieram. 2) Morgenbesser: soleeto, Grünhagen: scolteto, Original: solteto, welches in lateinischen von Polen geschriebenen Urkunden die gewöhnliche Form für scultetus ist, z. B. Diplomata monasterii Clarae Tumbae edidit Janota Cracov. 1865. Urkk. v. 1228. 1230. 1278. S. 7. 9. 27. solthecia Urk. v. 1283 S. 28.</small>

2. *Herzog Heinrich I von Schlesien tauscht den Markt, welcher zu Breslau jährlich vor der Kirche des h. Vincenz stattfand, mit dem Neunten von allen Jahrmärkten des breslauer Burgamtes vom Vincenzstifte ein und verleiht demselben für die Dörfer Kostenblut und Viehau deutsches Recht, wie Neumarkt es hat. 1214.*

<small>Original im Staatsarchive zu Breslau Urkk. des Vincenzstifts Nr. 139, gedruckt bei Tzschoppe u. Stenzel S. 275, auszugsweise im Codex diplom. Silesiae IV. Urkunden des Dorfes Domslau S. 3 u. bei Schirrmacher Liegnitzer Urkundenbuch S. 3.</small>

In nomine patris et filii et spiritus sancti amen. Notum sit omnibus, presentibus et futuris, quod nos H., dei gratia dux Zlesie, presente filio nostro et

<small>1) Ueber die Ablösung des Jahrmarktes findet sich im Staatsarchive (Vincenzst. 24.) noch eine besondere Urkunde vom Jahre 1232.</small>

consentiente H. fecimus cummutationem cum domino abbate A.¹) beati Vincentii in Wratislauia et conuentu ipsius pro foro, quod fiebat ante atrium ecclesie eiusdem, annali ²). ita quod de omnibus foris ad castrum nostrum Wratislauiense pertinentibus nonum forum singulis annis percipiant ad usus ecclesie memorate, sicut in Oleznic, in Domezlau et in Legnic et si qua fora de nouo creata fuerint, de ipsis similiter nonum forum percipiant. Addidimus siquidem ad petitionem eius et sui conuentus ius Theuthonicale hospitibus eorum manentibus in Costemlot et in Ucouc, sicut est in Nouoforo, ut sint liberi ab angariis, que fieri solent Polonis secundum consuetudinem terre, que uulgo dici solent pouoz, preuod, slad, preseka et a solutionibus, que solent exigi, sicut est strosa, poduorouo et hiis similia. Graues causas nos iudicabimus, scilicet capitales, de quibus dominus abbas terciam partem a nobis recipiet. Reliquas uero appellationes sculthetus iudicabit, quod si iniusto iudicauerit, coram nobis respondeat. Ne quis uero ausu temerario hanc libertatem infringere presumpserit, presenti pagine sigilli nostri munimen appendimus. Acta sunt hec anno domini M°CC°X°IIII° in Wratislauia presente domino episcopo Laurentio, Petro prepostio, comite Stephano, comite Henrico, Nicolao notario, Henrico, Crisano, Lupo, Nazlao et pluribus aliis.

<small>Mit dem Siegel des Herzogs. 1) Albertus. Grünhagen in den Regesten; Alavlus; vgl. jedoch (Gesta abbatum s. Vincentii bei Stenzel Scriptores rerum Silesiacarum II. S. 136, wo Albertus als Name des damals lebenden Abtes ausdrücklich angegeben wird. 2) Diesen Jahrmarkt besass das Stift durch die Freigebigkeit des Herzogs Boleslaw des Langen; Gesta abbatum a. a. O.</small>

3. *Bischof Lorenz von Breslau bekundet, mit welchen Zehnten das Hospital zum heiligen Geiste in Breslau ausgestattet worden sei. Breslau den 28. November 1221.*

<small>Original im Archiv des Hospitals zum heiligen Geiste.</small>

In nomine Christi amen. Nos Laurentius, miseratione diuina Wratizlauiensis episcopus, notum facimus presentibus et posteris, quod cum comuni consensu capituli Wratizlauiensis ad pauperum tam sanorum quam infirmorum procurationem contulimus decimas de Louentizi, Kerchizi, Liszeuizi, Goiez cum Petrez ad hospitale sancti spiritus in Wratizlauia, de quibus decimis cessit magister Egidius, tunc scolasticus Wratizlauiensis, ad hoc, quod dicto hospitali conferrentur. Vitozlaus etiam, tunc abbas sancte Marie, cum consensu fratrum suorum cessit de decimis sanctuariorum sancte Marie ad hoc, quod eidem conferrentur hospitali. Nos uero de mensa nostra ipsi hospitali contulimus decimas de villa Henrici Momot et de villa Cozki, quam Bozechna, soror Martini, filii Semene, prefato contulit hospitali. Cribrum etiam unum de quolibet manso Teutonicali circa Aureum Montem et in Olaua hospitali prenominato contulimus, prout ab arbitris inter dominum nostrum ducem Henricum et nos in causa decimarum constitutis prius fuerat diffinitum. Actum in Wratizlauia anno dominice incarnationis M°CCXXI° quarto Kalendas Decembris, pontificatus nostri anno quinto decimo.

<small>An weissen seidenen Faden hängt das Siegel des Bischofs mit der Umschrift: SIGILL. LAURENTII VRATIZLAVIENSIS EPI.
An grünen seidenen Faden das des Capitels (Johannishaupt) mit der Umschrift: SIGL CAPITVLI ECCLESIE S. JOHANNIS BAPTISTE.</small>

4. *Bischof Lorenz von Breslau begabt das Hospital zum heiligen Geiste in Breslau mit den Zehnten von Koske¹), welche er vom Kloster Leubus für die Zehnten in Kostenthal eingetauscht hat. 21. Januar 1226.*

<small>Original im Archive des Hospitals zum heiligen Geiste. Abschrift im ältesten leubuser Copialbuche f. 13b.</small>

In nomine Christi amen. Nos Laurencius, miseratione diuina Wratizlauiensis episcopus, notum facimus presentibus et futuris, quod cum communi consensu Wratizlauiensis capituli ad sustentationem pauperum infirmorum et peregrinorum damus et concedimus hospitali sancti spiritus in Wratizlauia decimas in uilla Martini, filii Semene, que dicitur Wroblin, cum limitibus suis in perpetuum, pro quibus decimis dedimus claustro de Lubens in cambium²) decimas de uilla, que dicitur Gossintin in perpetuum. Nos eciam G[untherus] abbas et conuentus Lubensis nec non U[uitoslaus] abbas et conuentus sancte Marie de Wratizlauia prefatam commutationem de communi beneplacito inter nos firmauimus posteris nostris inperpetuum seruandam. Actum anno domini MCC XXVI. XII Kalendas Februarii.

<small>An Pergamentstreifen hängen die spitzrunden Siegel der Aebte des Klosters Leubus und des Sandstiftes, beide stark beschädigt. Von den Umschriften liest man auf jenem nur noch die Buchstaben LVBEN, auf diesem † S. VITOZ. A.. MO. S. MAR. — 1) Dass dies Dorf gemeint sei und nicht Fröbeln, wie die Regesten haben, zeigt folgender Vermerk auf der Kehrseite des Originals: super decimis in Wroblin, quod hodie dicitur Koski. 2) Orig.: cambium, Copialbuch: concambium.</small>

5. *Bischof Lorenz von Breslau bekundet, für welche Entschädigungen ihm das Sandstift die Adalbertskirche in der Stadt Breslau abgetreten hat. Breslau den 17. April 1226. Ausgefertigt am 1. Mai desselben Jahres.*

<small>Original im Staatsarchiv zu Breslau, Urkk. der Dominikaner 3a. Auch transsumirt in der weiter unten folgenden Urk. des päpstlichen Legaten Guido vom 19. Februar 1267.</small>

In nomine Christi amen. Nos Laurentius, Wratislauiensis episcopus, notum facimus presentibus et futuris, quod de communi consensu capituli nostri commutacionem cum domino Wytozlawo, abbate sancte Marie, et fratribus suis de ecclesia beati Adalberti in ciuitate Wratislauia sita et fundo eiusdem, qui ibidem est, excepta curia Ottonis et reliqua parte, que est inter curiam Petri sacerdotis et pontem sancti Mauricii, fecimus in hanc formam, quod prefatus abbas dictam ecclesiam manibus nostris intulit cum omni iure cure spiritualis ipsi ecclesie actenus pertinentis, vtpote baptismo, infirmorum uisitacione, sepultura, mortuariis et offertorio et aliis prouentibus de nouo succrescentibus usque in Odriczam exceptis decimis, quas ecclesia prefata possidet ab antiquo, et excepta libera sepultura et uisitacione infirmorum, si rogantur, saluo iure racionabili ipsorum, quorum fuerit parrochia usque in aquam. Nos uero eidem abbati et fratribus suis pro supradicta commutacione decem marcas argenti de moneta in Wratislauia in duobus terminis, cum duci soluitur, et 8 modios episcopalis annone, 2 modius tritici, 4 modios siliginis et duos auene in Olawa in perpetuum assignauimus. Verum quia, que in tempore aguntur, in obliuionem deducuntur, nisi instrumentorum¹) et inscriptione testium roborentur; ea propter presentem paginam sigillis nostro et

<small>1) fehlt ein Wort wie: apicibus.</small>

capituli Wratislauiensis et testium subscriptione dignum (!) duximus municudam. Actum in parazceue in Wratislauia anno domini M° CC vicesimo sexto presentibus et consentientibus Victore decano, Jano archidiacono, Boguzlao scolastico, Radulfo cantore, Ottone, Heinrico, Francone, Nicolao, Willehelmo, Ruberto, Gerbardo, Heinrico, Pantino, Johanne, Balded̄uuino, Arnoldo, Egidio, canonicis Wratislauiensibus. Scripta est hec pagina et contractus ad finem perductus eodem anno dominice incarnationis Kalendis Magii presente domino Petro preposito, Prawota et Protasio, canonicis Wratislauiensibus, de nouo consensum suum prestantibus.

An rothen seidenen Fäden hängt das Siegel des Bischofs mit der Umschrift: † SIGILLV LAVRENTII WRATISLA... Das Siegel des Capitels ist abgerissen.

6. *Bischof Lorenz übergiebt den Predigermönchen die Adalbertskirche in der Stadt. Breslau den 1. Mai 1226.*

Original im Staatsarchive zu Breslau, Urkk. der Dominikaner zu Breslau Nr. 4.

In nomine sancte trinitatis et indiuidue unitatis amen. Nos Laurentius, dei miseratione Wratislauiensis episcopus, notum facimus tam presentibus quam futuris, quod communi consilio et pari consensu fratrum canonicorum, videlicet ecclesie beati Johannis, ecclesiam beati Adalberti in ciuitate sitam cum subiacente fundo filiis nostris in Christo karissimis, fratribus ordinis predicatorum, contulimus, vt ibidem domino auxiliante in perpetuum moraturi verbo et exemplo populo nobis subiecto proficiant ad salutem. Verum quia, ut ait apostolus, vbi spiritus, ibi libertas, dignum et iustum et rationi uisum est consentaneum, quod eos, quos in feruore spiritus sancti ad diligendum concepimus, iam in ulnis nostris genitos uberibus lactemus libertatis; volumus itaque dictam ecclesiam eorum regimini subiectam ab omni sollicitudine cure spiritualis esse inmunem, nisi eisdem fratribus infirmos propter opus misericordie, cui insistunt, aliquando placuerit uisitare. Sepulturam vero, que amodo undecunque ibidem contigerit, et alias oblaciones priuilegio securitatis coronamus uolentes, ut nullus ibi de nostris subiectis aliquem habeat respectum, ut aliquam aliquando expetat porcionem. Ad huius igitur robur libertatis perpetuandum, quod interdum tinea temporis labentis nouit eneruare, suprascriptam uoluntatem sigillis nostro et capituli beati Johannis communiuimus et seculorum seculis obseruandum transmisimus. Datum et factum in Wratislauia anno ab incarnacione domini M°CC°XX°VI° Kalendis Maii.

An rothen seidenen Fäden hängen die Bruchstücke der beiden Siegel.

7. *Herzog Heinrich I von Schlesien und sein Sohn Herzog Heinrich II befreien den jetzigen und zukünftigen Grundbesitz des Hospitals zum heiligen Geiste in Breslau von allen herzoglichen Abgaben und Diensten und schenken demselben zur Feuerung die Ruder von den Holzflössen, welche auf dem Oderstrome nach der Stadt Breslau kommen, und freie Fischerei in der Oder in ihrem ganzen Gebiete. 15. August 1226[1]).*

Original im Archiv des Hospitals zum heiligen Geiste.

Eternari debet finis apicibus solempnis accio, ne sancte operacionis racio perire valeat prolixi temporis interuallo. Hinc est, quod nos Henricus, dei gracia

---

1) Die Bedenken, welche Grünhagen, dem nur ein Transsumpt von 1293 vorlag, in den Regesten S. 138 gegen die Richtigkeit der Datirung ausspricht, erledigen sich durch Auffindung des Originals.

dux Slesie, vna cum filio nostro eiusdem nominis notum facimus presens scriptum inspecturis, quod de gracia nostra speciali pro quomodo¹) pauperum damus ospitali sancti spiritus in Wratislauia talem libertatem hominibus in ipsius villis locatis, siue sint Theutonici siue Poloni, videlicet in Crechsino, que per nos est collata cum suis limitibus pro anima nostra ac nostrorum, et in Wisocha, quam dedit coram nobis Henricus et Jascocel fratres pro animabus eorum, et eciam in aliis villis, que per nos vel per alios fideles postmodum fuerint collate jam dicto ospitali: ita tamen, quod ad nulla ducalia seruicia vel exacciones nostras aut aliorum dicti ospitalis villas uolumus esse obligatas nobis vel nostris successoribus. Dedimus eciam de voluntate nostrorum baronum ad focum²) infirmorum opacinas, que ueniunt cum ligaturis lignorum per aquam Odram in ciuitatem nostram Wratislauiam, et piscaturam in eadem aqua in terra nostra. Volumus eciam, ut homines dicti ospitalis ad nulla citentur iudicia preter nostra et cum sigillo anuli nostri. Si quis igitur hanc nostram donacionem calumpniosa vel aliqua temeritate conabitur eneruare, coram districto iudice pro nostris ac nostrorum predecessorum reatibus sciat se responsurum. In cuius rei [testimonium] presentem litteram nostro sigillo ac dilecti filii nostri H[enrici] fecimus roborari presentibus hiis: Nazslauo, archidiacono, Henrico, Cunrado, capellanis nostris, Nycolao pincerna, Alberto tribuno, Zanda, Johanne subiudice, Grimmislao, filio Stephani, Gaulo thezaurario, Drogomilo³) subcamerario, et aliis quam pluribus. Datum anno M°CC°XX°VI° verbi incarnati in assumpcione sancte Marie virginis perpetue.

An rothen seidenen Fäden hängen Bruchstücke von den Siegeln Herzog Heinrichs I. und eines Sohnes Herzog Heinrichs II. — 1) für commodo. 2) Grünhagen in den Regesten: ad forum infirmorum, Original und Transsumpt: ad focum infirmorum. 4) Grünhagen a. a. O.: Drogomir.

8. *Alexander, der Schultheiss von Breslau, wird unter den Zeugen genannt, in deren Gegenwart der Ritter Bartos sein Dorf (Bärsdorf) dem Kloster Leubus geschenkt hat. 1229.*

Original im Staatsarchive zu Breslau, Leubuser Urkk. Nr. 42., gedruckt bei Büsching S. 107.

Nos Heinricus, dei gracia dux Zlesie, notum esse uolumus tam presentibus quam futuris, quod Bartos, miles noster, villam suam prope Lignic sitam propriisque nomine nominatam coram nobis pro suorum remedio peccatorum deo et beate Marie virginis ecclesie in Lubens ad manum Guntheri abbatis contulit perpetuo pacifice possidendam sub tali tamen forma, ut ad terminum uite proprie et vxoris utriusque predicte uille usus libere deseruiret; post mortem uero ipsorum de uilla prememorata fieret, quidquid abbati et conuentui eiusdem ecclesie sanius uideretur, et ipsam reciperet ecclesia uoluntati proprie seruituram. Huius rei testes sunt Bero, aduocatus Nouifori, Nemezo miles, Heinricus, Nouifori scultetus, Alexsander, scultetus de Wratislauia, dominus Heinricus de Wlen, Wratislauiensis canonicus, Heinricus, phisicus noster. Acta sunt hec anno dominice incarnacionis M°CC°XX°VIIII°. Et ut hec ipsius donacio a nullo ualeat hominum postmodum immutari, sigilli nostri munimine duximus roborandam, et ut ampliori firmitudine muniretur, postmodum in Crosten ad expedicionem contra Teutonicos coram filio nostro Heinrico, iuniore duce Zlesie, et nepotibus nostris, Zebeslauo¹) et Bolelsao, ducibus Bohemie, et omnibus terre nostre baronibus confessi fuimus

1) Grünhagen in den Regesten S. 161: Zobeslaus.

nullo contradicente coram nobis et prenominatis hanc donacionem solempniter esse factam.

Mit dem Siegel des Herzogs Heinrich I.

9. *Herzog Heinrich I von Schlesien bekundet die Schenkung des Gutes Kozke an das Hospital zum heiligen Geiste in Breslau. Lissa den 31. December 1230 oder 1231[1]).*

Abschrift im Copialbuche des Hospitals zum heiligen Geiste f. 132.

Facta mortalium saepe delet oblivio, nisi sint scripta et testibus perhennata, hinc est, quod ego Heinricus, dux Silesiae atque Cracoviae ea, quae coram nobis gesta sunt, scripto praesenti commendamus. Sciat ergo praesens aetas et postera, quod coram nobis et nostris assessoribus, scilicet filio nostro Henrico et consobrino nostro Bolezlao et nepotibus nostris Bolezlao et Meschone, pueris, Sebastianus cancellarius cum fratre suo Gregorio contulerunt villam nomine Kozki hospitali sancti spiritus in Vratislavia eo pacto, ut in vita sua ea uterentur et post obitum ipsorum crederet domui praedictae cum omnibus, quaecunque apparata fuerint sive in annona, sive agricultura, sive in animalibus et quaecunque ibi inventa fuerint in rebus domesticis. Ut autem hoc firmum et ratum permaneat, sigilli nostri appensione roboramus. Actum in Lesniza infra octavas natalis domini anno M° CC° XXX° primo.

1) Ungewiss wegen der verschiedenen Jahresanfänge.

10. *Bischof Thomas I bekundet, welche Dörfer nach seiner und seines Vorgängers Schenkung dem Hospital zum heiligen Geiste bei Breslau zehnten. 5. Februar 1234.*

Original im Archive des Hospitals zum heiligen Geiste.

In nomine domini amen. Nos Thomas, dei gracia Wratislauiensis episcopus, notum facimus omnibus hanc paginam inspecturis, quod cupientes hospitale sancti spiritus in Wratislauia ad sustentacionem pauperum peregrinorum et infirmorum pia prouisione institutum a qualibet iniusta inpeticione fore defensum, donationes illas siue beneficia, que in decimis et aliis bonis a nostro predecessore, domino Laurencio, dei gracia felicis memorie quondam Wratislauiensi episcopo, et suo capitulo ei misericorditer sunt collata, liberaliter confirmamus quedam ipsorum, que in diuersis priuilegiis super hoc confectis plenius perspeximus contineri, ad noticiam perpetuam presenti cartula perstringentes. Prefati igitur hospitalis harum villarum hee sunt decime: Kercichi, Beslaus, Bogdasouichi, Lissouichi Petrzsoua, Budisouichi. Item in terra Opoliensi villa Martini, filii Semene, que dicitur Wroblin, cum suis limitibus, que per plures heredes diuisa aliis nominibus uulgariter nunc uocatur; scilicet Koski, villa ipsius hospitalis, Nacesslauichi, Grodische, Tesnouo, ad pontem. Et quia ex antiquo districtus harum villarum solubilis fuit et pertinens in gonitium, sanctimus (!), ut heredes ipsarum, cuiuscunque condicionis existant, decimam prefato hospitali, sicut agitur in presenti, integre persoluant inperpetuum et deuote, nec sit licitum eam recipere aliquibus in preiudicium ipsius. Vt autem propensiori liberalitate pauperibus infirmis et aliis personis debilibus in ipso ualeat ministrari, decimam ei in Creksino cum suis limitibus et in Trescino post sun aratra saluo fertone sancti Mauricii ecclesie soluendo addicimus et gratuite indulgemus determinantes, quod de noualibus omnium suarum villarum decimam libere percipiat et secure. Ne igitur inposterum hac gracia detraudetur, huic nostre indulgencie capitulum nostrum consensit gracioso, sicut patet per sigilla. Actum in die sancte Agathe in capitulo nostro anno domini M°CC°XXX°IIII°, consecrationis nostre anno secundo, presentibus Petro preposito Victore decano, Naceslao archidiacono, Laurencio custode, Egidio, Henrico, Prauota, Ottone et aliis pluribus canonicis.

An rothen seidenen Fäden hängen das spitzrunde Siegel des Bischofs mit der Umschrift: · S. THOME. DI. GRA. WRATIZLAVIEN. EPI. und ein Bruchstück vom Siegel des Capitels.

11. *Mesco, Herzog von Oppeln, schenkt den letzten Willen seines Vaters erfüllend dem Hospitale zum heiligen Geiste in Breslau das Dorf Weisdorf (Croschina) bei Schurgast und befreit es von allen Lasten des polnischen Rechts. Ratibor den 24. September 1239.*

Abschrift im Copialbuch des Hospitals zum heiligen Geiste fol. 42.

In nomine domini amen. Nos Mesco, dei gracia dux Opoliensis, notum esse volumus praesentibus et futuris, qvod dilectissimus pater noster Kazimirus, dei gratia dux Opoliensis, in extrema egritudine positus nobis et dilectissimae matri nostrae mandavit testamentaliter, ut villam, qvae vulgariter Croschina vocatur, ob remedium animae suae hospitali st. spiritus in Wratislavia liberaliter conferremus. Nos vero paternae jussioni, sicut decet, obedientes dictam hereditatem cum suis pertinentiis de consensu et praecepto dilectae matris nostrae dominae Violae et dilecti fratris nostri, iunioris ducis Vladislai, dicto hospitali contulimus perpetuo possidendam mandantes comiti Jarislao, subdapifero nostro, ut dictam haereditatem circumiens limitaret, prout antiqvitus fuerat limitata. Praedictus vero Jarislaus coram nobis et matre nostra tales eidem hospitali sancti spiritus in saepe dicta hereditate fassus est limites assignasse, de gadibus videlicet Scarbisson juxta gades Schurgast ac deinde usqve ad gades villae cruciferorum, qvae dicitur Bavegori, inde vero procedendo iuxta foveas balgarinas usqve ad pratum Gozissconis, inde usqve ad tumulum Petri ac deinde usqve ad locum, ubi confluunt Nissa et Nisza. Dedimus autem dictae villae et hominibus ibidem locatis, sive fuerint Theutonici sive Poloni, talem libertatem, qvod ad nulla penitus servitia ducalia vel exactiones teneantur, ex quibus hic nominatim duximus exprimenda videlicet socolnici, pouoz, venatores, bobrovnici, poduodi, poradlne neqve ad aliqva jura, qvocumqve vocabulo nominentur, dictam villam volumus esse obligatam nobis vel nostris successoribus. Volumus etiam, qvod omne judicium, qvod ibidem fuerit judicatum praefato cedat hospitali exceptis capitalibus causis, qvae nostro cedent iudicio, nec ad aliqva citabuntur iudicia praeter ad nostrum, et cum sigillo annuli nostri. Ut autem haec donatio perpetuae robur firmitatis habeat, praesentem paginam nostro sigillo roboramus. Actum in Ratibor anno domini M.CC.XXX.IX. praesentibus his, iudice nostro comite Predborio, amita nostra domina Rychza [1]), uxore nostra domina Judita, filia ducis Conradi, Ottone camerario, Bertoldo camerario ducissae, Chorchonte subpincerna, Jaroslao subdapifero, Nicolao Godissn lascario, Petro filio Solesse, comite Godino. Datum per manum magistri Stephani, notarii nostri, VIII. Calendas Octobris.

1) Vgl. Wattenbach, böhmisch-schlesisches Necrologium in der Zeitschr. für Gesch. u. Alterth. Schlesiens Bd. 5, S. 115. Nr. 18.: obiit Richza, soror filii Odonis.

12. *Herzog Boleslaw von Schlesien bekundet, dass er, um Breslau als Stadt mit deutschem Rechte zu gründen, die Einkünfte des Klosters Trebnitz von den breslauer Schenken und Fleischbänken mit einem Zins von den breslauer Kaufkammern abgelöst hat. Neumarkt den 10. März 1242.*

<small>Original im Staatsarchiv zu Breslau, Urkk. des Klosters Trebnitz Nr. 54, gedr. bei Tzschoppe u. Stenzel S. 304.</small>

[I]n nomine saluatoris domini nostri Jhesu Christi amen. Nos B., dei gratia dux Zlesie, notum esse uolumus presentibus et futuris, quod claustro sanctimonialium in Trebnic dedimus viginti marcas et vnam iure perpetuo possidendas de censu kamerarum nostrarum in Wratizlauia pro recompensatione tabernarum et macellarum, quas predicte moniales ab auo(uo) et patre nostro, ducibus Zlesie, Cracouie et Polonie, iure perpetuo habuerunt. In tabernis enim habuerunt XIX marcas, in marcellis uero triginta lapides de sepo, pro quo sepo dedimus duas marcas ad primas XIX tabernarum. Hec enim commutatio facta est propter locationem ciuitatis Wratizlauie, quam iure Teuthonico locauimus, sine qua commutatione predicta locatio nullo modo perduci poterat ad effectum. Datum anno gratie M°CCXLII secunda feria post dominicam inuocauit me in Nouoforo presentibus hiis, comite Buguzlao[1]), castellano in Nemtsche, fratre suo R., castellano in Wratizlauia, Lassota, castellano in Legnic, Jaxa, castellano in Glogouia, Theodrico, castellano in Retsen, Poterconе iudice, filiis Conradi, Ottone et Stephano, et aliis multis, qui ibidem tunc temporis affuerunt. Et ut hoc factum stabile et inpermutabile permaneat, sigilli nostri munimine roboramus.

<small>An weissen seideuen Fäden hängt ein Bruchstück vom Siegel des Herzogs. 1) Tzschoppe u. Stenzel: Boguzlao.</small>

13. *Herzog Wladislaw von Oppeln verleiht dem Hospitale zum heiligen Geiste in Breslau für dessen Dorf Koske deutsches Recht. Ratibor den 8. September 1247.*

<small>Abschrift im Copialbuch des Hospitals zum heiligen Geiste, fol. 132.</small>

In nomine patris et filii et spiritus sancti amen. Innotescat universis tam praesentibus quam futuris, quod nos, dei gracia dux Wlodizaus de Opol, ad petitionem fratrum hospitalis sancti spiritus in Wratislavia conferimus libertatem iuris Theutonici secundum statutum ius in Novoforo in villa, quae Cosky vulgariter vocatur. Unde volumus et de nostra libera voluntate eisdem fratribus concedimus et domui, quod omne judicium, quodcunque inter homines praefatae villae contigerit, praefatis cedat fratribus et domui. Volumus etiam et de speciali gratia facimus salvo iure aliorum privilegiorum, qvod sive capitalis sententiae, sive alterius majoris injuriae, quae pro nobis in aliis privilegiis[1]) excipiuntur, in praedicta villa inter homines solummodo villae ystius judicium emerserit, cedat plenarie praedictis fratribus. Si autem contingat homicidium inter homines praedictae villae et alium extraneum, vel furtum, volumus, qvod pars tertia cedat ad nostram cameram. Ut autem praesens scriptum robur obtineat firmitatis, nec ab aliqvo violenter possit infringi, nostri sigilli munimine fecimus roborari. Testes autem, qvi huic donationi interfuerunt, hi sunt: comes Nicolaus Vachslovizt, Gozlanus

<small>1) Vgl. Urkunde vom 24. September 1239.</small>

Clisire, Destco iudex curiae, Raschiza subcamerarius, Marcus subdapifer, Rainoldus Remgivon, Gothardus notarius, Hrambosch.

Datum Ratibor, anno incarnationis Domini M°CC°XLVII° in nativitate Sanctae Mariae virginis.

14. *Herzog Heinrich III bestätigt, dass sein Bruder Herzog Boleslaw II dem Breslauer Vogte Heinrich für dessen Besitzungen an der Lohe Steuerfreiheit verliehen hat. Breslau 1248.¹)*

<small>Nach dem Copialbuche des Stadtarchivs Nr. 361. (f. 112) gedruckt von Grünhagen in der Zeitschrift VIII S. 433.</small>

In nomine Domini amen. Nos Henricus, dei gracia dux Silesiae, notum esse uolumus uniuersis praesentibus et futuris, quod eandem ordinationem, quam frater noster dux Boleslaus cum aduocato nostro Henrico Wratislauie fecerat, ratam habemus et speciali fauore, quem ad ipsum gerimus pro seruitiis multis, quae nobis et ciuitati nostrae fideliter impendit, sibi et suis haeredibus perpetuo confirmando, uidelicet pro thelonio, quod resignauit in Grobnio per fluuium Lau, bona, quae ibidem habet, libere possideat, agros, molendinum, piscinam et tabernam et piscaturam nec non et pomerium siue omni censu tam de molendino quam de aliis haec omnia nunc et semper obtinendo. Viam autem per fluuium eundem vicinia reparabit et ipse sicut unus de vicinia cum ipsis, ipsique, cum ipsis fecimus gratiam specialem, quod ubicunque in bonis nostris rami, virgulta, rubeta, ligna inuenta fuerint per spacium duorum milliarium, audacter ea incidant et deducant, quotiescunque necesse habeant omni cessante immutatione, quae im posterum poterit euenire, et quod eadem bona ab auo et patre nostro eidem H. collata cognouimus, praesens scriptum sigillo nostro fecimus communiri. Acta sunt haec in Wratislauia anno domini MCCXLVIII coram reuerenda domina matre nostra presentibus dominis comite Mrozcone, comite Alberto cum barba, comite Petrenne, comite Stephano de Wirbna, comite Boguslao Suono de Streliz, comite Nicolao Longo, Boguscone iuuene, notario, domino Valentino, Paulo Slupovic et Stanislao, subcamerariis, et aliis quam pluribus. (Man)datum per manus domeni Valteri, scriptoris nostri etc.

<small>1) Ueber die Datirung, die Oertlichkeit und die Zeugen vergl. Grünhagen Zeitschrift VIII S. 432 ff.</small>

15. *Herzog Heinrich III vermehrt die Schenkung seines Bruders Boleslaw II an das Hospital zum heiligen Geiste in Breslau, welche dieser für das Seelenheil ihres in der Tatarenschlacht gefallenen Vaters gemacht hat, so dass das Hospital nun das ganze Dorf Kertschütz besitzen soll, welches es auch nach deutschem Recht austhun darf. 1250.*

<small>Original im Archive des Hospitals zum heiligen Geiste.</small>

In nomine Jesu Christi amen. Quoniam, que sita sunt in tempore, vna cum tempore corruunt et labuntur, sapientum sanxit auctoritas priuilegia litterarum apicibus insigniri, vt stabilium gestorum sint monimenta et recordationes. Nos igitur Henricus, dei gracia dux Slesie, notum esse volumus vniuersis Christi fidelibus tam presentibus quam posteris presentem paginam inspecturis, quod nos confirmamus donationem fratris nostri, ducis Boleslai, quam contulit hospitali sancti spiritus in Wratislauia pro remedio felicis memorie patris nostri H[enrici], qui ob sanguinem Christianorum occubuit in prelio Tartarorum. Nos uero eidem proposito firmiter accedentes residuam partem ex integro prefate domui confirmamus; haereditatem videlicet totam, quae Kertyci wlgari nomine appellatur, hereditario iure libere nec non incommutabiliter possidendam, et hec tum pro salute anime nostre antecessorumque nostrorum tum pro summa pecunia, quam ab eadem domo recepimus, et hec nostre necessitatis instancia exigente. Summa vero pecunie pretaxata marcas continet quinquaginta. Preterea erit in arbitrio domus, ut predicta hereditas sub iure Teutonico collocetur, exactionibus etiam aut aliis seruiciis ipsam nolumus per quemquam agrauari; sed si quid ibi questionis orta (!) fuerit, liberi sint cultores eius ab omnibus citacionibus et iudiciis; nostro tantum iudicio respondebunt. In cuius rei argumentum presentem paginam conscribi fecimus, ut nostre donationis index fieret et firma testis. Et ne quis violentus hanc infringere conetur, ipsam nostri sigilli munimine dignum duximus roborandam horum testium in presentia, quorum nomina sunt hec: comes Mrozco, castellanus de Recin, comes Boguslaus, castellanus de Nemicz, Albrehtus, castellanus Wratislauiensis, Johannes, filius Stephani Magni, Conradus notarius Wratislauiensis, Pribech, castellanus de Vraz, magister Gozuinus, canonicus Wratislauiensis, comes Michael de Crosicz, comes Olricus, subpincerna, Detzco, subdapifer, Paulus Slupouicz et Stanizlaus, subcamerarii, Laurencius, claviger Wratislauiensis, Joannes Voda, qui et sigillum apposuit, et alii quam plures. Acta sunt anno incarnationis dominice M°CC°L°.

Bruchstücke vom Siegel des Herzogs hängen an rothen seidenen Fäden.

16. *Herzog Heinrich III bekundet, dass er, um Brieg als deutsche Stadt zu gründen, das Dorf Malkowitz, dessen er dazu bedurfte, von dem Hospital zum heiligen Geiste in Breslau gegen Sambowitz eingetauscht habe. Breslau 1251.*

Original im Archiv des Hospitals zum heiligen Geiste.

In nomine domini amen. Nouercari solet res noticie processu temporum, si non litterarum memoria roboratur; ea propter nos Henricus, dei gracia dux Slesie, tenore presentium ad singulorum cupimus noticiam peruenire, quod ingruente quadam necessitate, propter quam differre non valuimus, videlicet locatione ciuitatis in Alta Ripa et villarum adiacentium, quas eidem absoluere promisimus, quandam nos facere commutationem oportuit cum quadam villa fratrum de sancto spiritu, que Malcouitz dicitur, que predicte ciuitati satis fuit contigua, ita videlicet quod ipsa carere non potuimus; aliam ipsis dedimus loco eius, que Zambonize wlgariter appellatur, ut in die nouissimo non valeremus de illata iniuria incusari dei omnipotentis iudicium metuentes. Ne igitur processu temporis super huiusmodi commutatione possimus uiolenti aut iniuriosi existere, ita ut per nos aut aliquos nostros successores valeat reuocari, presentem cedulam in testimonium dedimus sigilli nostri munimine roboratam. Acta sunt hec anno domini M° CC° LI in Wratislauia. Huius facti testes sunt illustris ducissa, mater nostra, dominus Thomas, episcopus Wratislauiensis, comes Morotsco, comes Albertus cum barba, Boguzlauus senex, dominus Cunradus, notarius, magister Ghozwinus, Michahel, frater Yconis, Olricus, subdapifer, Detco, subpincerna, Paulus Slupouiz, claviger noster, Laurentius Boghfalus et Michahel, wlodarii illius temporis, comes Daniel,

Sizlauus et frater suus Paulus Szopa et alii plures, quorum nomina non sunt notata.

An rothen seidenen Fäden hängt das Siegel des Herzogs mit der Umschrift: † HENRICUS DEI GRACIA DUX ZLESIE.

17. *Die Herzöge Heinrich und Wladislaw gründen das Elisabethhospital zu Breslau. Breslau den 26. Februar 1253.*

<small>Zwei Originalausfertigungen im Staatsarchiv zu Breslau, Urkk. des Matthiasstiftes Nr. 2 u. 3, gedruckt bei Theiner, Monumenta Poloniae I. 55, Schmeidler Elisabethkirche S. 15 ff. u. Knoblich, Herzogin Anna, Diplomata p. II.</small>

In nomine sancte et indiuidue trinitatis amen. Rex regum, dominus Jhesus Christus, in suis pauperibus se asserit refici[1]) et foueri dicens in ewangelio: Quod uni ex minimis meis fecistis, mihi fecistis. In quibus verbis luce clarius fideles suos ammonet et informat. Vt hii, quos uniuersitatis conditor bonis temporalibus in hoc mundo plus ceteris honestauit, per opera misericordie, quibus repromissio uite eterne facta est, in celis innaccessibiles sibi preparent mansiones. Hinc est, quod nos Henricus et Vlodizlaus, duces Slesie, una cum domina Anna, matre nostra, necnon fratribus nostris, duce Bolizlao et duce Conrado, ad noticiam tam presencium quam etiam futurorum tenore presencium uolumus peruenire, quod pio imitentes proposito ac[2]) intentioni clare memorie patris nostri Henrici, quondam ducis Slesie, hospitale construimus in ciuitate Wratizlauiensi in honorem sancte Elizabeth ad usum pauperum infirmorum, quos indifferenter in eodem hospitali, secundum quod eius suppetunt facultates, recipi uolumus et seruari statuentes, quod de predicti facultatibus hospitalis nichil extra terram Slezie erogetur, sed omnia deseruiant infirmis receptis ibidem et ministris.

[1]) qui ad seruicium antedicti hospitalis fuerint deputati, saluo eo, quod annis singulis dominabus, que circa matrem nostram sunt, dare teneantur decem marcas argenti Polonicalis. Quarum si aliqua debitum carnis exsoluerit, eius pars secundum iustam propositionem subducta ad hospitalis necessaria religatur, et sic de singulis fiat, donec omnes in domino moriantur.

2. Item statuimus, quatinus post obitum domine matris nostre ab eodem hospitali in remedium animarum ipsius scilicet et nostrarum per magistrum, quicumque prefuerit eidem, elemosina quedam specialis in pios usus singulis annis perpetuis temporibus distribuatur, secundum quod instrumento super hoc a nobis specialiter edito et sigillato fuerit plenius declaratum. Et anniuersarii nostri ab eodem hospitali debent imper-

[3]) videlicet fratribus cruciferis stellatis et sororibus ordinis beati Augustini sub eadem regula et signo degentibus ad seruicium supradicti hospitalis uniformiter deputatis. Volumus eciam, quod idem hospitale regatur secundum ordinem et habitum fratrum eorum, qui hospitali sancti Francisci Pragensi deseruiunt, quod karissima soror nostra Agnes ad egenorum refectionem construxit. Magister autem Wratislauiensis a suis fratribus in Polonia constitutis canonice eligatur.

2. Item statuimus, quatinus post obitum nostrum singulis annis in remedium animarum, videlicet patris nostri, illustris quondam ducis Henrici, et domine matris nostre et nostre, scilicet ducis Henrici, vigilie et missarum sollempnia in hospitali et in domo fratrum minorum et fratrum predicatorum sol-

<small>1. Urkunde Nr. 3: refoui. 2. Urk. Nr. 2: hac. 3. die Urkunde Nr. 2. 4. Urk Nr. 3.</small>

petuum, prout in eodem speciali instrumento uidebitur ordinatum, fideliter procurari.

lempniter celebrentur, dueque candele assignentur, vna fratribus minoribus, altera predicatoribus. Insuper prandia claustralibus pretaxatis uolumus elargiri aliisque pauperibus elemosinam suscipientibus pro nomine Jhesu Christi. Hec uero omnia statuimus exhiberi per magistrum, qui tunc prefuerit iam predicte domui hospitalis.

3. Bona autem¹), super quibus idem hospitale nostrum fundatum est, sunt hec: Curia, in qua consistit ipsum hospitale, et ecclesia sancti Mathie in eadem curia constructa. Item pars curie domine matris nostre usque ad turrem latericeam destructam post obitum eiusdem. Reliquam vero partem curie predicte donamus claustro et conuentui fratrum minorum in Wratizlauia. Item donamus eidem hospitali molendina sibi proxima, que fuerunt Hermanni, cum censu scilicet et hereditate et medietatem molendinorum, que sunt super Oderam²) penes ecclesiam omnium sanctorum. Item parochiam beate Elizabeth in³) ciuitate Wratizlauiensi cum suis pertinentiis et decimis de Hermannow, Sulchowiz et de Irschotin⁴) et curiis in Wratizlauia pertinentibus ad dotum ecclesie predicte. Insuper has uillas donamus sepedicto hospitali et hereditates cum ipsarum pertinentiis et terminis vniuersis: Vlbim⁵) curiam cum agris et ortis pertinentibus ad illam. Mocronoz⁶) uillam, Bogussizze⁷) uillam cum decima, quam contulit dominus episcopus⁸) de consensu capituli Wratizlauiensis. Sechenice⁹) uillam, Sedelizze¹⁰) uillam, Ossobozowe uillam¹¹), Cameniz¹²) uillam, Vlrici uillam, Honowo¹³) uillam, Chozzenowiz uillam¹⁴), vbi eciam pro conmutatione facta pro quibusdam aliis bonis donamus centum mansos et quinquaginta Franconicos sitos in hiis tribus uillis, uidelicet: Coiacowiz, Canowiz¹⁵) et Ulofchu. Item quinquaginta et quatuor mansos Franconicos, quos frater Merboto, magister hospitalis, emit a nobis pecunia domus, et super hos ducentos mansos Franconicos dominus Thomas, Wratizlauiensis episcopus, de concensu capituli sui decimas donauit.

4. Preterea concedimus hospitali prefato super hiis bonis locare ciuitatem et forum iure Theutonico, quod Cruceburch nuncupatur, et in eadem ciuitate donamus memorato hospitali omne iudicium ibidem libere iudicandum saluo eo, quod de summo iudicio, dum liberatur caput uel manus, tercius ad nos denarius pertinebit.

5. Item damus eidem hospitali decimam uini de Zlup et pomerium retro castrum Wratizlauiense concedentes eciam sibi libertatem cum uno rethi magno uel paruo et sagena super Oderam¹⁶) piscandi. Has itaque donationes, que suprascripte sunt, fecimus de uoluntate et consensu uenerabilis patris nostri domini Thome, episcopi Wratizlauiensis.

Et ut hec eadem, que auctore deo pro nostra uoluntate facta sunt, perpetuis temporibus robur optineat (!)¹⁷) firmitatis, presentem paginam sigillis¹⁸) domino

---

1) Nr. 3. fugt hinzu: que memorato hospitali et ministris prelibatis donamus et. 2) Nr. 3.: Oderam. 3) Nr. 3.: in ipsa ciuitate. 4) Nr. 3.: Vschotin. 5) Nr. 3.: Vlbin. 6) Nr. 3.: Mocronos. 7) Nr. 3.: Bogazsizze. 8) Nr. 3.: dominus Thomas, episcopus Wratizlauiensis, de consensu capituli sui. 9) Nr. 3.: Seechenitze uillam cum omnibus pertinenciis suis. 10) Nr. 3.: Sedelitze. 11) Ossobozowe uillam fehlt in Nr. 3. 12) Nr. 3.: Chamenitze. 13) Nr. 3.: Chonowo. 14) Nr. 3. fugt hinzu: cum mellificiis et omnibus pertinentibus suis. 15) Nr. 3.: Chonewiz. 16) Nr. 3.: Odram. 17) Nr. 3.: obtineant. 18) Nr. 3.: nostris.

matris nostre, nostris ac domini Thome, episcopi Wratizlauiensis, duximus muniendam. Acta sunt hec in Wratizlauia anno ab incarnacione domini MCCLIII IIII Kalendas Marcii presentibus hiis: domino Wilhelmo, episcopo Lubucensi, domino Laurentio, decano Wratizlauiensi, domino Cunrado¹), cantore Wratizlauiensi, baronibus uero Mrozchone, castellano de Retzhen, Jaxa²), castellano Wratizlauiensi, Gebhardo, castellano de Sandowe et fratre eius Thinone, Zbilutone iudice, Janusio, Menschiz, Bertoldo³), Boguzlao Zwoin, Woizichone, filio Razluy, Johanne Ozzina, Gallo, fratre Priduoi, Boguzlao, filio Jauorii, Conrado Sweuo et filio eius Conrado, Vlrico dapifero, Vnimero⁴) et aliis quam pluribus.

Für sechs Siegel sind die rothen seidenen Fäden an der Urkunde Nr. 2 befestigt; doch hängen nur die Bruchstücke von den Siegeln Herzog Wladislaws und der Herzogin Anna, wie das gefälschte Siegel Herzog Boleslaws daran. Die übrigen Siegel haben niemals an der Urkunde gehangen.

Die Urkunde Nr. 3 hat nur die Einschnitte zu drei Siegeln. 1) Nr. 3: Conrado. 2) Nr. 3: Jaxa. 3) Nr. 3: Beroldo. 4) Nr. 3: Vnimiro.

18. *Herzog Heinrich III bezeugt, dass die Kreuzherren zu Breslau von Hermann, dem Müller, dessen bei ihrem Stifte gelegene Mühle für 260 Mark gekauft haben, welche Hermann nicht nur vor der Herzogin-Mutter Anna, sondern auch vor dem Vogte und den Schöppen der Stadt Breslau, die hier zum ersten Male namentlich genannt werden, aufgelassen hat. Breslau 1254¹).*

Beglaubigte Abschriften vom 18. Juni 1735 und 12. März 1742, im bresl. Staatsarchiv, Urkk. des Kreuzherrnstiftes Nr. 1455 b u. 1489 a.

In nomine Jhesu Cristi amen. Universa negotia, quae stare cupiunt in statu solido, litterarum fiunt testimonio firmiora. Hinc est, quod nos Henricus, dei gratia dux Slesiae, notum esse volumus tam praesentibus quam futuris praesentem paginam inspecturis, quod de nostro fratrisque nostri, reverendi principis Wladislavi, nec non et ducissae ibidem, dominae Annae, matris nostrae, beneplacito et consensu Hermannus molendinarius molendinum adiacens hospitali beatae Elisabeth in Wratislavia, quod ipse iure hereditario possidebat, vendidit cruciferis stellatis fratribus ordinis beati Augustini et hospitalis provisoribus praetaxati, qui hoc ipsum emerunt in subsidium ibi degentium infirmorum a praedictis fratribus eorumque successoribus iure hereditario possidendum pro ducentis et sexaginta marcis argenti ordine tamen tali: pro media parte ante incendium civitatis Wratislaviae casualiter perpetratum in die susceptionis reliquiarum beati martyris Stanislavi²) dederunt centum marcas, residuam vero partem emerunt post incendium iam habitum, quo et ipsa molendina fuerunt penitus concremata, et ab eisdem fratribus magnis sumptibus restaurata, pro marcis plenarie c et lx. Quo pacto Hermannus cum uxore sua coram domina matre nostra ius possessionis molendini iam habitis fratribus resignavit, qui eo non contenti duxerunt eum ad civium communionem, quatenus in praesentia advocati Wratislaviensis Henrici et scabinorum XII civitatis iurisdictionem³) possessionis pro se, uxore et haere-

1) Bereits vor dem Jahre 1254 hatte das Stift mit dem Müller Hermann diesen Kauf geschlossen, wie die Urkunde vom 16 Februar 1253 zeigt, in welcher jedoch von mehreren vom Müller Hermann erworbenen Mühlen die Rede ist. 2) Das Fest des h. Stanishaus ward in Schlesien am 8. Mai gefeiert, wie eine Urkunde bei Stenzel Scriptores I 189 zeigt, welche folgendermassen datirt ist: octavo idus Maii, hoc est in die beati Stanizlay, episcopi et martiris. 3) 1455b lies: iurisconsultorum, 1489a das entschieden richtige iurisdicum, welches hier für das gewöhnlichere und bereits vorher gebrauchte jus steht.

dibus suis resignaret publice, quod et fecit. Huius rei testes sunt, quorum nomina subscribuntur: Herbordus et Conradus Leo, fratres ordinis minorum, Conradus pincerna, Ulricus subdapifer, Unimirus, iudex ducissae maioris, Nicholaus procurator ducissae, Henricus, advocatus Wratislaviensis, et frater eius Sifridus [1] Amilius, Henricus de Slup, Wernherus de Gorlizt, Gotkinus, Conradus de Radonisk, Henricus de Cyz, Hellenbrechtus, Ditmarus, Sculthetus, Theodericus armifex et alii quam plures. Et ne quis ausu temerario haec praesumat in posterum violare, sigillorum nostrorum munimine presentem paginam duximus roborandam. Acta sunt haec in Wratislavia anno incarnacionis dominicae MCC quinquagesimo quarto.

1) Dieser „Siffridus civis et frater iudicis Wratizlauiensis" wird auch zweimal in der Hedwigslegende genannt. Stenzel Scriptores II p. 61 u. 78. Grünhagen Breslau S. 23.

19. Herzog Boleslaw von Krakau und Sendomir bewidmet die Stadt Krakau mit magdeburger Recht, wie Breslau solches bei seiner Gründung erhalten hatte. 5. Juni 1257 [1]*).*

Gedruckt in den Miscell. Cracov. II 60. u. in Bischof's österreichischen Stadtrechten S. 56.

In nomine domini amen. Res favorabiles instrumentis et testibus, fama et facti evidencia vallari condecet et muniri, ne oblivionis nubilo seu calumpnia valeant obfuscari. Cum igitur congregatio hominum, que naturalis est et dicitur, meritis justiciam fecerit, sicut justicia ipsa omnibus est favorabilis, et ipsa congregatio pari vice, intendentes ergo locare civitatem in Cracovia, et homines inibi diversis climatibus congregare, inculcamus auribus singulorum, tam praesencium quam futurorum, quod nos Boleslaus, dei gracia dux Cracovie et Sandomirie, una cum illustri matre nostra Grimizlava et generosa nostra conjuge Cunegundi eo jure eam locamus, quo et Wratislaviensis civitas est locata, ut non quid ibi fit, sed quod ad Magdeburgensis civitatis jus et formam fieri debeat, advertatur, ut si quando de hoc dubitatum fuerit, ad jus scriptum a dubitantibus recurratur. Imprimis igitur hoc firmiter observari volumus et advocatis nostris Gedeoni dicto Stilwoyt, Jacobo quondam judici de Niza, Dethmaro dicto Wolk in nostra presentia personali adstantibus inviolabiliter promittimus observandum, quod omnes cives in ipsa civitate habitantes infra sex annorum spacium nullum censum vel aliquam exactionem nobis dare vel facere debeant de personis vel locis suis vel eidem civitati pertinentibus, nisi de cameris, ubi panni venduntur, et de cameris institorum, que „crami" vulgariter appellantur, de quibus, postquam eas nostris sumptibus et laboribus locaverimus et edificaverimus, quia et hoc eis promisimus, quinque partes census ad nos devenientes earundem, advocati vero predicti sextam partem hereditarie percipient in eisdem, hoc tamen non ex jure, sed ex nostra gratia speciali. Postquam vero transacti fuerint sex anni

1) Das Magdeburger Recht, mit welchem die Stadt Krakau durch diese Urkunde bewidmet wird, war nach dem Zeugnisse einer Urkunde von 1244 daselbst bereits in diesem Jahre in Uebung: Quam quidem scultetiam cum omnibus utilitatibus et pertinentiis universis sepe tactis dicto Henrico et post eum suis heredibus haeredumque suorum in posterum successoribus dedimus, contulimus, donavimus jure haereditario ac irrevocabiliter perpetuo possidendam, tenendam et habendam eo titulo, ea plenitudine eo juris processu in omnibus causis discutiendis, videlicet Magdeburgensi, quo cives Cracovienses et Sandomirienses utantur. Acta castr. et terrest. Lembergensia I Lwów 1868.

predicti, de qualibet area tenebuntur nobis solvere dimidium lottum ponderis Theutonici argenti, tum, cum solvendum fuerit, usualis. De carnificum tamen, pistorum et calcinariorum stacionibus, jus et potestatem liberam dictis conferimus advocatis id retinendi, vel aliis pro ipsorum libitu perpetualiter conferendi, ita quod possessores dictarum stacionum ab omni censu sint in perpetuum absoluti. Advocati vero in dicta civitate finita libertate sextam curiam de omnibus perpetualiter et libere possidebunt, non quod hoc ex jure, sed ex nostra gracia speciali. Similiter curiam aliam extra civitatem, ubi pecora mactabuntur, libere et jure hereditario possidebunt. Concedimus et promittimus inviolabiliter observari, quod advocati sepedicti libere et absque omni exactione et theloneo nostro perpetualiter merces suas devehent et transibunt per universum nostrum dominium et ducatum. Alii vero inhabitatores ejusdem civitatis per decem annos de eadem gaudeant libertate. Promittimus etiam advocatis et civibus universis, quod nullum eis prefaciemus advocatum, nec specialem, nec generalem, sed cum aliquod negotium emerserit, quod majori inquisitione indigeat, vel intererimus, vel alium de nostro latere pro eodem tantum modo finiendo negotio transmittemus. Volumus etiam et concedimus civitati jam dicte, ut pro aratura et pascuis et aliis usibus habeant jure hereditario villam, que communiter Rybitwy appellatur, cum omnibus ejusdem ville pertinenciis exceptis duntaxat lacubus, item cum toto territorio, quod est inter civitatem et fluvium Prudnyk per gyrum a villa supradicta Rybitwy usque ad villam nomine Crowodram cum suis pertinenciis includatur, salvo tamen jure episcopali, tam in terris, quam fluvio supradicto. In eodem etiam fluvio concedimus advocatis, vel quibus ipsi contulerint, duo nostra molendina et tercium, quod fuit olim fratrum de Meccovia, nec non quartum, quod fuit monachorum de Andreowo, et si plura (sint) in eodem fluvio molendina sine aliorum tamen nocumento et prejudicio aedificare poterint, eam eis jure hereditario concedimus facultatem, ita, quod de qualibet rota tam presentium quam futurorum molendinorum fertonem usualis tunc argenti nobis annuatim persolvere teneantur. Usum etiam Wyslee fluvii cum ripa utraque a terminis Siverinicie usque ad terminos claustri de Mogyla civitati conferimus, ita quod in eo quilibet piscari valeat libere, et sepedicti advocati tria molendina construere libere et absque omni solucione jureque hereditario possidere excepto eo duntaxat, quod annonam pro nostris expensis in eadem civitate vel prope ipsam presertim ad tria milliaria consumandis molere teneantur. Applicamus etiam in perpetuum usibus ejusdem civitatis omnibus sylvam totam, que est in superiore parte Wisle, que Chwacimech vulgariter appellatur. Conferimus dictis advocatis triginta mansos Franconicos liberos ab omni solucione et servicio et omni jure ducali et absque omni censu jure hereditario possidendos. Et quia juris est, ut et actor forum rei sequi debeat, ordinamus et volumus, ut cum aliquem civem dicte civitatis querulari contigerit de Polono Cracoviensis diecesis, jus suum coram Polono judice prosequatur. E converso, si Polonus civem in causam traxerit, et hanc advocati exequantur sentenciam et dirimant executionem. Hoc etiam nobis iidem advocati promiserunt, quod nullum adscripticium nostrum vel ecclesie seu cujuscumque alterius, vel etiam Polonum liberum, qui in rure hactenus habitavit, faciant suum concivem, ne hac occasione nostra vel episcopalia aut canonicorum vel aliorum predia ruralia desolentur. Hec etiam eisdem advocatis et omnibus habitatoribus civitatis ejusdem presentibus et futuris et eorum heredibus concedimus (etiam) post finitam eorum libertatem, ut nullus eorum vadat vel mittat ad impugnandum aliquem vel ad resistendum alicui extra ducatum Cracoviensem secundum terminos ejusdem ducatus, quos nunc possidemus, vel postmodum possidebimus dante deo. Volumus etiam et hanc injectam conditionem ipsi civitati declaramus, ut monetarii, quicunque fuerint, domino episcopo Prandote Cracoviensi et ejus successoribus perpetuo nomine Cracoviensis ecclesie sine omni difficultate etiam nobis irrequisitis persolvant integraliter ac sine diminucione decimam de moneta, et si quis hanc solucionem impediverit vel retardaverit, possit eum episcopus ecclesiastica censura coercere secundum terminos novem partium nobis vel successoribus nostris solvendarum. Hec omnia et singula promisimus, concessimus et donavimus advocatis et eorum heredibus in perpetuum, item civibus, civitati et eorum successoribus nobis et nostris succedaneis in perpetuum inviolabiliter observanda. Nulli ergo omnino homini liceat hanc nostrae concessionis, donacionis et promissionis paginam infringere, vel ei ausu temerario contraire. Si quis autem hoc attentare presumpserit, indignationem dei omnipotentis et beatorum martyrum Stanyzlai et Wenczeslai et nostrum se noverit incursurum. Ut autem hec omnia robur perpetuum obtineant, presentibus nostrum sigillum et venerabilis patris nostri jam dicti Prandote, dei gracia Cracoviensis episcopi, et capituli ejusdem ecclesie nostrorumque baronum, comitis Ade, castellani, nec non comitis Nicolai, palathini Cracoviensis, duximus apponenda. Acta hec sunt in colloquio juxta villam, que Caposina vulgariter appellatur, anno incarnacionis domini M°CC°LVII° Nonas Junii presentibus venerabili in Christo nostro jam dicto patre, episcopo Cracoviensi, et prefato comite Adam, castellano Cracoviensi, Fulcone, cancellario nostro, dicto comite Nicolao, palatino Cracoviensi, comite Joanne, iudice Sandomiriense, comite Nicolao, iudice Cracoviensi, comite Warsone, dapifero Sandomiriensi, Lassota, preposito Skarbimiriensi, Twardozlao, subcancellario curie nostre.

20. *Die Schöppen zu Magdeburg theilen das Recht ihrer Stadt dem Herzog Heinrich III von Schlesien und den Bürgern von Breslau mit. 1261.*

Original im Archiv der Stadt Breslau U. 7. gedruckt bei Gaupp Magdeb. Recht S. 230. u. bei Tzschoppe u. Stenzel S. 351.

Do man Magdeburch besatzete, do gap man in recht nach irn wilkûre, do wûrden sie zû rate, daz sie kûren râtman zû eime iare, die swûren vnde sweren noch alle iar swenne sie nûwe kiesen, der stat recht vnde ire ere vnde iren vromen zu bewarende, so sie allerbest mûgen vnde kunnen, mit der wisesten liute rate.

1. Die râtman haben die gewalt, daz sie richten uber allerhande wanemaze vnde vnrechte wage vnde vnrechte schephele vnde uber vnrecht gewichte vnde uber allerhande spisekovf vnde uber meynkouf, swie so daz brichet, daz ist recht, daz der mûz wetten drie windesche march, daz sint ses vnde drizich schillinge.

2. Die ratman legen ir burding vz, swenne so sie wollen, mit der wisesten lute rate; swaz sie danne zû deme burdinge geloben, daz sol man halden, swelich man daz brichet, daz sulen die ratman vorderen.

3. Swer aber zû dem burdinge nicht nie kûmet, so man die glocken liutet, der wettet ses phenninge; wirdet aber im daz burding gekvndegit; ne kûmet her dar nicht, her wettet vumf schillinge.

4. Die liute, die dar hoken heizen, brechen sie oder missetûn sie waz an

meinkoufe; sprichet man in daz zû, sie mûzen wetten hût vnde har oder drie schillinge; daz stet aber an den rât- mannen, welich ir sie wollen.

5. Of schefele oder ander maze zû kleine sin, oder vnrecht waghe, daz mûzen sie wol vorderen nach der stat kûre oder zû bezerende¹) mit ses vnde drizich schillingen.

6. Vnse hoeste richtere, daz ist die bûrchgrave, die sitzet drû bôtding in deme iare; ein ding in sante Ageten (!) tage, daz ander in sante Johannes tage des liechten, daz dritte in deme achte- den tage sente Martenes. Komen disse tage an heilige tage oder an bundene zit, so vorluset her sin ding, oder ne kûmet her nicht; ne were aber die schult- heize dar nicht, so ne wirt im aber des dinges nicht; her mûz aber dem burch- graven wetten zên phunt, iz ne beneme ime echt nôt.

7. Swaz so vngerichtes geschet vier- zen nacht vor sime gedinge, daz richtet die bûrchgrave vnde anders nieman. Ist iz also, daz die bûrchgraue dar nicht wesen ne mach, die burgere kiesen einen richtere in sine stat vmbe eine hanthafte missetät. Des burchgreue wette sint driu phvnt; swen so her vf steit, so ist sin tegeding uze, vnde so leget her des schultheizen ding uz van deme nohesten tage ouer vierzen nacht.

8. Der schultheize heuet dru echte ding, ein nach deme zweleften, daz an- der an deme dinstage, alse die oster- woge uz geit, daz dritte, alse die pin- kesten woge uzgeit. Nach dissen dingen leget her sin ding uz ouer vierzen nacht. Komen die dingtage an einen heiligen tach; her mach wol uber einen tach oder uber zwene nach deme heiligen tage sin ding uber legen.

9. Des schultheize gewette sint achte schillinge. Des schultheizen ding ne mach dem manne nieman kundigen, wan die schultheize selben oder die vrone- bote; nich ein sin knecht. Ne ist die schultheize dar nicht zû hûs; geschet ein ungevûge, so setzet man einen rich- tere umbe eine hanthafte tât. Die schultheize sal haben die gewalt van des landes herren; her sal ouch damite belênt wesen vnde sol sin rechte lên wesen unde echt geboren unde van deme lande.

10. Ist iz also, daz ein man gewûnt wirdit; geschriet her daz ruocht vnde begrifet her den man vnde bringet her in vor gerichte vnde hauet her des sine schreiman selbe siebede; her ist naher in zû vorziugende, danne her ime vnt- gan mûge. Vmbe eine wunde so siehet man ap die hant, vnde vmbe einen tothslach den hals, of die wunde ist nagels tief vnde liedes lanc.

11. Dem bûrchgraven vnde deme schultheize en ist nich ein schephene oder bûrgere phlichtich vrteile zû vindene buzen dinge; iz ne were vmbe eine hant- hafte tât. Die bûrchgraue vnde die schultheize mûzen wol richten alle tage vmbe schult ane geziuge.

12. Of ein man gewunt wird unde nicht vûre ne kûmet vnde sine klage vornachtet, vnde iene vorkvmet; he vnt- gat ime selbe siebende. Ne komet her nicht vûre zu drên gedingen, her uber- vestet ienen zû dem vierden dinge.

13. Ofte ein man ein wip nimet, stirbet die man, das wip ne hauet in sime gûte nicht, her ne hab' iz ir ge- geven in gehegeteme dinge oder zû lib- gedinge zû irme libe. Wolde iman der vrowen ir libgedinge brechen, sie be- haldit iz wol mit manne vnde mit wiben, die dar zû jegenwarde waren, selbe si- bede; ne hebet ir die man nich ein gût gegeven, sie besitzet in deme gute, vnde ire kint sulen ir geben ire lipnare, die wile sie ane man wesen wil. Heuet die man schaf, die nimet daz wip zû raden.

¹) im Original: bezzende u. darüber als Correctur: „rea".

14. Habet die man vnde daz wip kint, swaz so der uzgesunderet sint, stirbet der man, die kint, die in deme gûte sint, die nemen daz gût; die uzgesunderet sint, die haben daran nicht, vnde ir erbe ne mügen die kint niet vorkoufen an' ir erben gelop.

15. Swaz so ein man gibit in hegeteme dinge, besitzet her damite iar vnde tach an' jemannes widersprache, die recht ist, der ist her naher zû behaldene mit dem richtere vnde mit den schephenen, dan iz ime ieman untvûren müge.

16. Of die richtare vnde die schephenen irstûrven sint, so mach man sie wol af setzen mit den dingliuten zû dem allerminnesten mit zwen schephenen vnde mit vier dingmannen; so behaldet ein vrowe ire gift.

17. Nich ein man noch nich ein wip, die nie moch an irme suchebette nicht vorgeben hoven drie schillinge an' ir erben gelop, noch die vrouwe an' ires mannes gelop.

18. Des bürchgreven gewette vnde weregelt, daz gewunnen wirt in gehegeme dinge, daz sal man gelden binnen ses wochen.

19. Of sich ein erbe vorswesteret oder vorbrûderet, die sich geliche na da zû gezien mügen, die nemen das erbe geliche.

20. Swelich man gowundet wirdet, schriet her daz ruocht vnde kümet her vor gerichte, swellichen man her beklaget, die dar zû jegenwarde was, komet die vüre, dem mach her ein kamph up gewinnen; habet her mer luite beclaget, dan der wunden sint, vnde wirdet also manich man vorwestet, alse der wunden sint, die liute alle, die vntgant albetalle, manlich sibede.

21. Swie so mit dem güte besezzen ist, belibet daz kint phaphe, daz nimet die rade, of dar nichein iuncvrowe nist. Ist dar ein iuncvrowe vnde ein paphe, die teilen die rade vnder sich.

22. Swaz so ein man gibet an gehegeteme dinge vor den schephenen vnde vor dem richtere, die sal geben einen schilling zu friede bûze, den nemen die schephenen.

23. Swelich man den anderen vmbe schult beklaget vnde gewinnet her die mit notrechte, daz mûz her desselben tages gelden vnde mûz dem richtere wetten.

24. Wirdet ein man beklaget vmbe schult vnde bekaut her der schult, so sal her ime binnen vierzen nachten gelden; ne gildet her nicht, so hebet die richtare sin gewette gewünnen; so sol her ime gebieten zû geldene ouer achte tage; so gebutet her ime uber drie tage; so gebutet her ime uber den anderen tach oder nacht; gebrichet her daz, also dicke hebet die richtere sin gewette vnde ne habet her des geweldes noch der schult nicht, her vronet sine gewere, daz ist sin hûs; ne heuet her des huses nicht, her tût ime zû also getame rechte; swar so man ime ankome, daz man in vfhalden sal vor die schult vnde vor daz gewette; swer in ouch boven daz hildet, die wettet deme richtere.

25. Wirdet ouch einem manne sin gezûch geteilet, des hebet her tach drie vierzen nacht, dar vnder mach her kiesen vierzen nacht, swelche so her wil, zû deme nehesten dinge.

26. Geschet ein strit nachtes oder tages, wolte man ein biderven man darzû beklage, der ist naher ime zû vntgande silbe sibede, dan iz iener vf in brengen müge, wante in der stat, dar daz schach, ine nie nieman ne sach.

27. Nich ein wip ne mach ir lipgedinge¹) zû eigene behalden noch vorkoufen; swan²) so sie stirbet, daz libgedinge daz gêt wider an des mannes erben.

28. Swar kint an eime erbe bestûrben sint, stirbet ir dichein, daz güt teilen

1) Stenzel: libgedinge. 2) Stenzel: swar.

sie geliche. beide die binnen unde bůzen sint.

29. Swar so einem manne sin gůt gevronet wirt, alse dicke so her uz unde in geit, also dicke můz her dem richtere wetten; die vrone ne si mit rechte af genomen.

30. Ist iz also, daz ein man beteverten oder sines koufes varen wil buzen landes; wil den ieman hinderen vmbe schult, der ne mach is tůn nicht, her ne můze nemen sin recht vor sime richtere.

31. Swer so einen schephenen beschildet uf der banc, her gewinnet sine bůze, drizich schillinge, vnde die richtere sin gewette.

32. Beschildet ein man einen schephenen, swenne des urteiles gevolget ist, sie gewinnen alle ire bůze, vnde die richtere sin gewette; also manege bůze, alzo manich gewette.

33. Swar liute vorsůnet werdent oder eine orveide tůnt vor deme gerichte, daz geziuget ein man, ob her is bedarp, mit deme richtere vnde mit den schephenen; sint aber im die schephenen vor gestůrben, so tůt her iz mit den gedingliuten.

34. Swaz ouch die schephenen gehalden oder geziugen, daz sal die richtere mit in halden unde geziugen.

35. Swar ein sůne gemachet wirt under liuten bůzen gedinge; wil man die brechen, daz geziuget ein man selbe sibede mit ses mannen, die iz gesehen vnde gehort haben.

36. Swar so ein sůne vnde ein recht were wirt getan vor gerichte; brechen die die sachwaldichen vnde wůrden si des vorwunden, alse recht ist, mit deme richtere vnde mit den schephenen, die vorliesen umbe die wunden ire hant vnde vmbe totslach ir houbit. Weriz also, daz sie ein ander man breche, die můz bůzen mit sinemo weregelte: daz ist umbe die wunde nuhen phvnt vnde umbe den totslach achtzen phvnt; her ne můge is untgän, alse recht ist.

37. Vichtet ein man einen¹) kamph umbe eine wunden vnde vichtet iener sieche, iz gät diseme an die hant vmbe die wunden vnde vmbe totslach an den hals.

38. Würde ein man mit steben geslagen vffe sinen rucke vnde bůch, vnde die slege brůn weren unde blä vnde vf erhaben, mach her des den richtere zů geziůge haben unde die dingliute, daz sie iz geschen haben unte gehort; iener ist naher einen kamph vf in zů brengene, danne is iene liute mit irme rechte vntgen mvgen. Würde her aber vf das houbet oder uf die arme geslagen vnte daz her anderes nicht me bewisen ne mach, iene liute die mugen is ime baz ůntgen, dan iz diese vf sie brengen můge, mit irme rechte. Bekennent sie is aber, ir ioweder vorlieset sine bůze vnde der richtere gewinnet sin gewette. Sint aber die slege totlich, so můzen sie antwarten mit kamphe, die man dar vmbe beklaget hät. Sint sie aber nicht totlich, so antwortet einer mit kamphe, die anderen vntgant ime mit ir unschult.

39. Lage vnde daz man vrouwen notet vnde heimsůche richtet die bůrchgrave vnde anderes nieman; der schultheize nicht. Mach man die heimsůche bewiesen mit wunden vnde mit gewundetemo getzimmere, hat ein man des den richtere vnde die schreiute zů geziuge; iener ist ime naher zů antwortene mit eime kamphe, dan her ime untgan můge mit siner vnschult.

40. Of ein erbe vorstirbet, daz sich nieman dar zů ne zůcket mit rechte binnen iare vnde tage, daz nimet die kůniglicke gewalt.

41. Ob ein man tôt geslagen wirt; hat der man driu kint oder me vnde wirt ein man dar vmbe beklaget vnde

1) Stenzel: ein.

vntgât des, also recht ist, vnde wirt ime vmbe die klage ein recht were getan, her ne darp von den anderen kinden nicheine nôt mer liden vmbe die klage.

42. Vnde ob ein man dem anderen swiret vor gerichte, her muz wol vf legen an' ûrloub vnde ap nemen, daz her damite nicht vorlieset, noch deme richtere nicht geben ne darp.

43. Grifet ein man ein phert an vnde sachet her, daz iz ime vorstolen si oder abgeroubet, dar sal her sich zû ziehen, alse recht is. So mac iene wol ziehen vf sinen geweren vnde sal den weren benûmen, vf den her zühet, vnde sal sweren vf die heiligen, daz hie iz zie zû rechter zücht. Swar her den benûmet, dar sal her ime volgen; mer über die weldichen sewe nicht. Vnde wirt ienemo des brûche, vnde mach her des nicheinen geweren haben, alse her sich vormezzen habete, so sal her bürgen setzen deme richtere vor die bûze vnde vor die chost, die iener dar vmbe vortan habet, vnde sal den tach benûmen, wen der dar komen sûle. Vnde sprichet ein man, daz her iz phert gekouft habe vf demo gemeine markete, so vorlieset her sine siluer, daz her dar vmbe gap, vnde mûz ieneme sin phert widergeben vnde ne vorlieset dar umbe nicheine gewette. Vnde swenne ein richtere sin gewedde in vorderet, so ne mach her vorbaz vf daz gewette nich ein gewedde uf sin gewette vorderen.

44. Vnde sprichet ein man ein gût oder ein erbe an, alse recht ist, dar vmbe ne darp her deme richtere nicht geben; mer her sal ime helpen. Vnde gelobet ein man sine klage zû haldene, vnde wirt iz binnen des gebenet, so ne vorlieset her dar umbe nicht me, wante her gibit demo richtere sin gewette.

45. Vnde wirt ein man gewundet vnde missovûret vnde ne wil her nicht klagen; die richtere ne mach den man nicht dwingen zû klagende.

46. Vnde wirdet ein man vorvestet oder wirdet über in gerichtet, sin gût ne mach nieman nemen wante sine rechten erben.

47. Stirbet ein man vnde hebet her gût vnvorgeben; iz gût erbet vf sine kindere, ob sie ime ebenbürdlich sint, vnde stirbet der kint dichein, sin teil daz vellet vf sine mûter, vnde die mûter die ne mach nicht mit deme gûte tûn an' der erben gelob.

48. Swanne ein kint zwelif iare alt ist, zo mach iz zo vormünden wol kiesen, swen so iz wil, vnde swer vormûnde ist, der mûz rechenen zû rechte der mûter vnde den kinden, waz mit deme gûte getan si.

49. Sprichet ein man den anderen an, daz her sin eigen si, mach her sine vriheit geziugen; her ist ime naher zu vutgende, wante her iz uf in brengen mûge. Sine vriheit mûz ein man volbrengen mit dren siner mûter mage vnde mit dren sines vater mage, alzo daz her selbe die sibede si, iz sin vrouwen oder man.

50. Beklaget ein man den anderen vmbe topelspil, her en hat ime nicht zû antwortene.

51. Swar ein man bûrge wirt vnde stirbit her, sine kint ne dürven vor in nicht gelden. Wirt ein man vor gût bûrge, die bûrge mûz daz gût selbe gelden vnde mûz daz volbrengen, daz iz volgülden¹) si.

52. Ob ein man den anderen gewundet in der vrien straze in einen wichbilde ane were vnde recht vnde vnvorklaget, vnde die silbe man, die gewundet is, komet zu were vnde wundet ienen wider vnde schriet daz ruochte vmbe den vriede, den her an ime gebrochen hat vnde ne mach her doch vûr gerichte nicht komen vnde klagen

1) Stenzel: vorgulden.

van vnkraft sines libes oder von angeste sines libes, vnde komet iene man, die ine erst wundete, mit einer vrevele vore vnde klage: die ander, an deme die vriede erst gebrochen wart, kome na vnde klage des selbigen tages in der hanthaften tat vnde bewise die not vnde geziuget daz mit sinen schreiluten, daz her den vrede an ime gebrochen habe vnde diu urhaf ienes were vnde sin nieht: geziuget her daz, alse recht ist, her gewinnet ienemo die ersten klage ap: vornachtet her iz aber, so ne mach her des nicht tûn.

53. Ob sich zwene vnder ein ander wunden binnen wichbilde, die beide von windischer art sin here komen vnde doch nine winede sin, die eine kome vore vnde klage nach windischen site, die ander ne darf ime zû rechte nicht anwarten, ob her wol beklaget in an der sprache, diu ime angeboren ist, nach wichbildes rechte.

54. Die vrouwe sal geben zû herwete ires mannes swert vnde sin ors oder sin beste phert gesadelet vnde das beste harnasch, daz her habete, zû eines mannes libe, do her starp, binnen sinen veren. Darnach sal siu geben einen heropule, daz ist ein bedde vnde kussene vnde lilachen vnde ein tischlachen, zwie beckene vnde eine dwalen. Diz ist ein gemeine herewete zû gebene vnde recht: al setzen dar die liute manigerhande ding zû, daz dar nicht zû ne horet. Swes daz wip nicht hebet disser dinge, des ne darp sie nicht geben, ob sie ir vnschult darzû tût, daz sie is nicht ne habe, vmbe iewelche schult sunderliche; swaz man aber da bewisen mach, dar ne mach wider man noch wip nicheine vntschult uore getûn:

55. Swar zwene man oder drie zû eime herewete geboren sint, die eldeste nimet daz swert zû voren, daz ander teilen si geliche vnder sich.

56. Swar die sûne binnen iren iaren sint, ir eldeste evenbordiche swertmach nimet das herwete aleine vnde ist der kinde vormunde daran; wante sie zû iren iaren chomen, so sal her iz in wider geben, dar zû al ir gût, her ne kunne sie bereiten, war her iz in ir nûtz gekeret habe, oder iz ime mit roube oder van vngelucke vnde ane sine scult gelosit si. Her ist ouch der wetewen voremunde, went sie man neme, of her ir euenbûrtich ist.

57. Nach deme herewete sal das wip nemen ir lipgedinge vnde alliz, daz zû der rade horet, das sin alle scaph vnde gense, kasten mit vf gehavenen liten, al gärn, bette, pûle, kussene lilachene, tischlache, badelachenen, dwelen, beckene, luchtere, lyn vnde alle wipliche kleidere, vingerlin vnde armgolt vnde tsappiel, saltere vnde alle bûche, die zû gotes dienste horen, sidelen vnde laden, tzeppede vnde vmmehange, rûggelachene vnde al gehende: diz ist daz zû vrouwen rade horet. Noch ist manigerhande kleinote, daz dar zû horet, alleine nie benûme ich iz sunderliche nicht, alse bûrste vnde schere vnde spiegele, all linewât vngesniten: neweder golt noch silber ungevorcht, daz ne horet der vrowen nicht.

58. Swaz boven dissen vûrgesageten dingen ist, daz horet alliz zû deme erbe. Swaz so des uze stôt vnde stunt bi des toden mannes libe, daz lose der, ob her wil, deme iz zû rechte gebûre.

59. Die paphe teilit mit den bruderen, vnde der nicht, der mûnich ist.

60. Begibit man ein kint binnen sinen iaren, iz mûz wol binnen sinen iaren uz varen vnde behalt lenrecht vnde lantrecht. Begibit sich auer ein man, die zû sinen iaren ist komen, der hevet sich van landrechte vnde von lenrechte geteilit, vnde sine leen sin ledich, wante her den hereschilt uf gegeben hat, deste man disses alles ge-

ziuch habe an den monechen, dar her begeben was.

61. Sweliches urteiles man aller erst bitet, daz sal man erst vinden. Beide, die klegere vnde iene, vf deme man kluget, die muzen wol gespreche haben umbe iewelche rede dries also lange, wante sie die vrouebote wider in lade.

62. In allen steten ist daz recht, daz die richtere richtet mit vrteile. Offenbare ne sal die man vor gerichte nicht sprechen, sint her einen vorspreche hat. Mer vraget in die richtere, ob her an sines vorspreche wort gie, her muz wol sprechen: ia oder nein, oder gespreches beten.

63. Swie kamphliche wil gruzen einen sinen genoz, die muz biten den richtere, daz her sich vnderwinden muze eines sines veredebrecheres zu rechte, den hie dar sie. Swen ime daz mit urteilen gewiset wirt, daz her iz tun muze, so vrage hie, wie her sich sin vnderwinden süle, also iz ime helphelich si zu sime rechte, so vint man: zu rechte, gezogenliche bi dem houbitgazze. Swenne her sich sin vnderwunden hat, so sal her ime kundechen, war vmbe her sich sin vnderwunden habe, daz mach her tun ze hant, ob her wil, oder gespreche dar vmbe haben. So muz her in sculdichen, daz her den vriede an ime gebrochen habe entweder vf des kuninges straze oder in eime dorphe; zu swelcher wis her in gebrochen habe, zu der wis klage her uf in. So sculdiche her in aber, daz her in gewundet habe vnde die nôt an ime getan habe, die her wol gewisen muge, so sal her wisen die wunden oder den naren, of her heil ist. So klage her vorbaz, daz her in beroubit habe sines gûtes vnde ime genümen habe des also vile, daz iz nicht ergere ne si: iz ne si wol kamphwertlich. Dise driu vngerichte sal her ze male klagen;

swelicher her overswiget, so hebet her sinen kamph vorloren.

64. Daz recht habent gegeben die biderven schephenen vnde die rátman van Magdebûrch deme edelen vürsten, herzogen Heinriche, vnde sinen burgeren von Brezlauwe vnde wollen in daz helfen halden, swar so sie is bedürfen, vnde havent iz getan durch bete herzogen Heinriches vnde der bürgere von Brezlauwe. Vnde iz wart gegeben nach gotes gebûrt uber dusent iar vnde zweihvndert iar vnde ein vnde sestich iar. Bi den geziten was schephene her Brûn, vnde her Goteche vnde her Bertolt vnde her Alexander, her Nicolaus, her Heine, her Reynecke, her Betheman, vnde iz was do rátman her Bûrchart, her Jerdach, her Thideman, her Hoger, Heyno, Bertram, Thydeman, Vlrich.

65. So spreche her vorbaz: Dar sach ich selbe in selben vnde beschriete in mit deme gerouchte; wil her des bekennen, daz ist mir liep, vnde ne bekennet her is nicht, ich wil is bereden mit al deme rechte, daz mir daz lantvolc irteilet oder die schephenen, ob iz vnder kuningis banne ist. So bitte iener man einer gewere; die sal man ime tûn; doch mvz die man sine klage wol bezzeren vür der were. Swanne diu gewere getan ist, so biûtit iene man sine vnschult, daz ist ein eit, den mvz her sweren vnde ein echt kumph, ob her in zv rechte gegrûzet hat, vnde ob iz dar ist; ich meine, ob her iz volbringen müge von lemesle sines libes. Jewelich man mach kamphes vntsagen sich deme manne, der vnedelere ist, dan her. Der man auer, der baz geboren ist, den ne kan der wirs geboren ist nicht vorwerfen mit der bezzeren gebort, ob her an in sprichet. Kamphes mach ouch ein man sich weren, ob man in des grûzet nach mittem tage; is ne were ir begvnst. Die richtere sal ouch phlegen eines schildes vnde eines swertes

deme, den man dar schuldeget. Kamphes mach ouch ein man sine mage bewaren, ob sie beide sine mage sin, daz her daz bewise selbe siebende vf den heiligen, daz sie also nahe mage sin, daz sie durch recht zv samene nicht vechten ne sulen. Der richtere sal zwene boten geben ir ienewederme, die dar vechten sulen, daz sie sehen, daz sie sich gerewen nach rechter gewoneheit. Leder vnde linen ding muzen sie an tvn alse viele, so sie wollen, houbit vnde vuze sin vore bloz vnde an den henden sulen sie nicht wan dunne hantschůn haben; ein bloz swert in der hant vnde ein vmbegegurdet oder zwei, daz stat aber an irne kure; einen sienewelden schilt in der lerzen hant, dar nicht wen holtz vnde leder inne si, ane die bukelen, die můz wol iserin wesin, ein ruk svnder ermelen boven der gare. Ouch sol man dem warne vriede gebieten bi deme halse, daz sie nieman irre an irne kampfe. Ir iewederme sal die richtere einen man geben, die sinen bovm trage, die ne sal sie nichtes irren, wen ob ir ein valt, daz her den bovm vnderstech, oder ob her gewůnt wirt, oder des boumes geret, des selven ne mvz her nicht tvn, her ne habis ůrlop van deme richtere. Nu deme daz deme kreize vriede geboten ist, so sulen sie des kreizes zv rechte geren; den sal in die richtere zv rechte urlouben. Die ortisen van den swertes scheiden sulen sie abe brechen, sie ne habens ůrlop van deme richtere. Vor den richtere sulen sie beide gegerwit gan vnde sulen sweren, die eine, daz die schvlt war si, dar her in vmbe beklaget have, vnde die andere, daz her vnschuldich si, daz in got also helphe zv irne kampfe. Die sůnnen sol man in teilen geliche, alse sie irst zv samene gan. Wirt der vorwunden, vf den man sprichet, man richtet über in; vichtet her aber siege, man můz in lazen mit bůze vnde mit gewette. Die klegere sal irst in den warf komen; ob der ander zv lange sůmet, die richtere sal in lazen vore eischen den vronenboten in deme hvse. dar her sich inne gerwet, vnde sal zwene schepphen miete senden; sus sal man in laden zv deme anderen vnde zv deme dritten male. vnde ne kůmt her zv der dritten ladunge nicht vore, die klegere sol vf stan vnde sich zv kampfe bieten, vnde sol slan zwene slege vnde einen stiche wider den wint, dar miete heuet her vorwunden so getane klage, alse her an in gesprochen hat, vnde sal ime die richtere richten, alse ob her mit kampfe vorwunden were.

66. Sus sol man ouch vorwinden einen toden, ob man ine an duve, oder an roube, oder an so getanen dingen geslagen hat. Mach aber her den toten mit sieuen mannen vorziugen, so ne darph her sich zv kampfe nicht bieten iegen in. Biutet aber ein des toden mach, swie so her sie, in vore zv stande mit kampfe, die vorleget allen geziuch; wende so ne mach man in ane kamph nicht vorwinden.

67. Alse hir vore gesaget ist, also vorwindet man ouch den, die zv kampfe gevangen oder gegrůzet ist vnde louet oder bůrgen setzet vore zv komene vnde nicht vore ne kůmet zv rechten tegedingen.

68. Swer lip oder hant ledeget, daz ime mit rechte vorteilet ist, der ist rechtlos.

69. Swie so ouch borget einen man vmbe vngerichte vore zv bringene; ob her in nicht vore bringen ne mach, her můz sin weregelt geben, vnde ne schadet deme zv sine rechte nicht, die in geborget hatte. Vnde man ne mach nich einen man vorvesten, iz ne ge an den huls oder an die hant.

70. Swar ein man des anderen wort sprechen sol, dar her mit vrteilen zv gedwngen wirt, in einer hanthaften tät,

der spreche alsus: Herre, her richtere, habet ir mich dissem manne zv vorsprechen gegeben, so vrage ich, in´ eime vrteile zv vorsuchene, ob ich van iemanne vientschaf oder vehede haben sůle, daz ich sin wort spreche durch rechtes willen, so ich beste mach vnde kan? Swen ime daz gevunden wirt, so dinge her ime daz wandel, vnde ob ich ine an ienegen dingen vorsume, ob her sich dies icht irholen můze mit mir oder mit einem anderen? Swen ime daz gevunden wirt, so bitte her des gespreches, ob her wil, vnde vrege an eime vrteile zv vorsůchene, wie her der klage beginnen sůle, also iz ime helphende si zv sime rechte. Swen ime daz gevunden wirt, so vrage her an eime vrteile zv vorsůchene, ob man icht durch recht den sachwaldegen vragen sůle, wie den vriede an ime gebrochen habe, ob her also vnkreftich ist, daz her nicht genennen ne mach den man. Swen ime daz gevunden wirt, vnde in die richtere vnde zwene schepphenen oder zwene dingman besehen haben, so vrage her an eime vrteile zv vorsůchene, ob sie iz icht durch recht sagen sůlen bi irme eide vnde mit der stat rechte, waz ine wizzenlich dar vmbe si. Swen ime daz gevunden wirt van deme einen vnde van deme anderen vnde van deme dritten, so vrage her, an eime vrteile zv vorsůchene, ob her volkwmen si. Swen ime daz gevunden wirt, vnde die vriedebrechere vorgeladet wirt, also recht ist, so spreche her alsus: Herre, her richtere, wolt ir sin wort vornemen? So klaget her uch vber einen Heinriche, daz her ist komen binnen wichbilde in der vrien straze vnde hat den vriede an ime gebrochen vnde hat ine gewundet vnde die nôt an ime getan, die her wol bewisen mach, vnde hat ine beroubet libes vnde gůtes vnde hat ime genomen des also vil, daz iz nicht erger ne ist, iz ne si wol kamphes wert, vnde her bittet durch das rechtes gerichtes. So mvz man den vriedebrechere vore eischen ein warbe, ander warbe, dritte warbe bi sime namen, so sal her aber sine clage vornuwen alsus: Her claget uch uber einen Heinriche, daz her ist komen binnen wichbilde in des keiseres straze vnde hebet den gotesvriede an ime gebrochen vnde hebet ine beroubet libes vnde gůtes vnde hat ine gewundet vnde die nôt an ime getan, die her wol bewisen mach, vnde bittet darvmbe gerichtes, vnde alsus tů her zv deme dritten male. So sol iener bewisen die wunden, so vrage her an eineme vrteile zv vorsuchene, ob her den vriedebrechere irgen an kome, ob her in icht bestetegen mvze van gerichtes halben. Swen ime daz gevunden wirt, so bitte her danne eines vrieles.

71. Ein man der mach wol sinen sůne vz ziehen, der binnen sinen brote ist, daz ime gêt an den hals oder an die hant zv drin malen; zv deme vierden male mvz her selbe antworten. Daz enschadet deme vater nicht zv sime rechte, ob der sůne wol vore geantwordet hat.

72. Hat ein man pert, oder einen hvnt, oder swaz sines vies ist, daz nicht gesprechen ne mach: sprichet her, iz ne si sin nicht, ob iz ienegen schaden tůt, iz ne schadet ime zv sime rechte nicht.

73. Beheldet ein knecht sin vordienete lôn vf sinen herren vor gerichte, dar ne ist der herre deme richtere nech- ein gewette vmbe schuldich, vnde daz sal her ime gelden binnen deme tage.

74. Claget ein man vor gerichte mit geziuge vmbe sin gelt, daz mach her wol behalden mit erhaften liuten, die vnvorwůrfen sin, also verne, also iener sprichet, her si is vnschuldich; sprichet her aber, her habet ime vorgolden, so brichet her ime sinen geziuch; daz mvz her volbringen silbe dritte vf den heilegen mit erhaften liuten.

75. Daz ein man der were bittet, vf den die klage geit, der ander ne mach ir ime nicht geweigeren, bringet her iz mit vrteilen darzv. Tvt her aber ime die were, iz ne schadet ime zv sime rechte niet, vnde iene newinnet ouch nicht me mit der were, der der were da bittet, wen daz in uichein sin vrunt beklagen mach mer vmbe die schult.

An gelben und rothen seidenen Fäden hängen die Siegel des Herzogs Heinrich III u. der Stadt Magdeburg, von denen letzteres die Umschrift enthält: SIGILLVM BVRGENSIVM IN MAGDHEBVRCH.

21. *Die Herzöge Heinrich u. Wlodislaw schenken der Stadt Breslau einen Theil der Sandinsel. 1261.*

<small>Aus der Chronika abbatum beatae Mariae virginis in Arena, gedr. bei Stenzel Scriptores rerum Silesiacarum II p. 174.</small>

Anno autem domini MCCLXI predicti duces (Henricus et Wladislaus, duces Slesie,) quo spiritu ducti nesciter, quasi pre ceteris priuilegii obliti dederunt ciuitati et consulibus, quoad Arenam quasi contrarium priuilegium in effectu, vt videtur, inter alia, quod eis in minori etate constitutis non modica iniuria facta fuerit per eorum tutores siue predecessores in donacione Arene monasterio facta et ideo per suum priuilegium quandam diuisionem Arene facere videntur et partem versus ciuitatem cum suis ortis dant ciuitati et consulibus Wratislauiensibus, aliam vero partem ante et circa monasterium eidem relinquunt. An autem huiusmodi eorum ordinacio temporibus dominorum ducum sortita sit effectum, dubitatur propter scriptas ducales confirmaciones Henrici quarti et quinti ducum super tota Arena, creditur autem in effectum deductum tempore spoliacionis cleri sub Johanne rege primo, de quo infra.

22. *Vogt und Bürgerschaft zu Breslau bekunden, in welcher Weise der Streit zwischen den Söhnen des wegen Brandstiftung hingerichteten Hermann u. dem Kloster Alt-Zelle endgültig entschieden ist. Breslau, den 17. October 1261 und 19. Januar 1262.*

<small>Original im Dresdener Staatsarchive.</small>

Vniuersis Christi fidelibus presentes litteras inspecturis H[enricus], advocatus Wratizlauiensis, cum communitate burgensium eiusdem loci imperpetuum. Noverit presentium universitas et presentibus accessura posteritas, quod causa, que vertebatur inter Cellensem ecclesiam et Eccardum et Hellenbertum, qui dicuntur (!) se filios fuisse Hermanni quondam, eo quod eandem ecclesiam leserat incendio, sentencia iudiciali dampnati et interfecti, nobis presentibus et mediantibus sopita est et complanata totaliter in hunc modum; licet dictis Eccardo et Hellenberto huius occasionis pretextu nichil iuris erga predictam ecclesiam competere videretur, ex habundanti tamen propter bonum pacis et quietis et pro labore suorum et expensarum recompensatione promisse sunt eis ab ecclesia sepe dicta 6 marce et dimidia, de quibus eis iam dimidia est soluta, Relique 6 eis in apparicione proxima in Wratizlavia fuerant persoluende, si eodem die ibidem possent comparere, qui iurare debuerunt, ut essent filii predicti Hermanni et ut do cetero Cellensem ecclesiam nec impeterent nec aliquatenus per se vel per alium quemlibet perturbarent. Notum ergo vobis facimus, quod comparentibus Cellensibus secundum promissum coram nobis factum statuto die et loco illi minime comparuerunt, unde consilium dedimus Cellensibus, si futuro tempore ab eis in Cella exigerint (!) pecuniam iam premissam, scilicet [6 marcas] ponderis et argenti Wratizlaviensis, illis solvere obmittant. Huius rei testes sunt monachi Cellenses, Marquardus, Walterus de Indagine, Wiricus custos, Henricus Bavarus, conversus, advocatus Henricus et Alexander, filius eius, Ditmarus Rutenus, Teodericus lorifex, Herdegen, Cunrado (!) de Wide, Cunrado (!) Vossal et alii quam plures. Acta sunt hec anno M° CC° sexagesimo primo prima vice in vigilia Luce, secunda Fabiani et Sebastiani martyrum in Wratizlavia in domo Cunradi de Wide.

<small>An einem Pergamentstreifen hängt das breslauer Siegel, doppelköpfiger Aar mit der Umschrift: SIGILLVM BVRGENSIVM DE . . . .</small>

23. *Die Herzöge Heinrich III und Wladislaw von Schlesien verkünden die Abänderungen und Zusätze zu dem der Stadt Breslau verliehenen magdeburger Recht. Breslau den 16. December 1261.*

<small>Original im Archiv der Stadt Breslau M 16., gedruckt bei Tzschoppe u. Stenzel S. 364. u. Gaupp das magdeburgische u. hallische Recht S. 331.</small>

In nomine domini amen. Cum rerum gestarum certissima representacio sit scriptura, que de verborum serie redactorum nihil minuit aut immutat, opere precium est ea, que in longevam educanda sunt noticiam, eternari memoria litterarum, vivax enim littera oblivionis deliramenta repellit et memoriam excitat renovandam; tempus enim sic est in fuga sceleri, ut temporales ei deserviant actiones, habent enim minus fidei minusque memorie, nisi recipiant personarum viventium aut vivaci saltim a littera firmamentum. Ideoque est, quod nos, Heinricus et Wlodezlaus, dei gracia duces Slesie, tenore presencium notum esse cupimus universis, quod nos intendentes commodo ac honori civitatis nostro Wratislaviensis petentibus nostris civibus jus civitatis Magdeburgensis infra districtum sive murum civitatis nostre, prout infra specificatur desideratum jus, eisdem atque eorum posteris concessimus indulgendo, annuentes eis omnia, que ad civitatis honorem sunt, instruere desuper et fundare. Cum igitur civitas Magdeburgensis in pena majori 60 solidos, atque minori 8 solidos exigat et requirat, nostre civitati Wratislavie leniores atque meliores esse volentes, jam dictam penam per medium relaxamus, statuentes, ut pro majori pena, 30 solidi, pro minori vero 4 solidi persolvantur in civium nostrorum commodum et levamen. Nos vero cum jam commodo civitatis et honori, prout debuimus, intenderimus, nobis nostrisque heredibus sive successoribus quedam privata a jure Magdeburgensi subscribi sive subjungi fecimus valitum volentes ea perpetue memorie commendari. Civitas Magdeburgensis tribus terminis in anno suprema habet judicia, que vocantur judicia borchravii, quorum quodlibet judicium, si esse contigerit in die sacro, ipsa civitas nequaquam ipso die esse judicium concedit, tamen, quod hoc judicium burchravii illo in termino sive in terminis illis penitus evanescit nullo obstante casu sive contradictione. Ab hoc autem contradictionis articulo nos penitus eximimus et emundamus, volentes atque statuentes, ut si predictorum judiciorum, quod nobiscum vogethding appellatur, aliquod die sacro sive diebus evenerit, nos vel nostri in diem alium licite transponamus juxta nostre et nostrorum beneplacita voluntatis. Considerata eciam injuria, que nostro dominio illata fuit nostro puericie temporibus, videlicet in macellis carnium et eciam ortis ante civitatem jacentibus infra fossata prime locacionis, super eodem nos maxime indignantes tam notro judici quam etiam civibus universis hec predicta ab omnibus possessoribus (ea) recipimus nostro dominio nostrisque usibus omnia asscribentes nobis perpetuo valitura. Cupientes hec fieri judicio mediante, tam ipse judex quam cives, predictorum possessores, non presumentes super eodem litem contestari se nostre gracie per omnia commiserunt. quorum nos precibus inclinati accedente bona nostre conniventia voluntatis ablata eisdem universa restituimus, quantumcunque pro nobis jus validum extitisset. Quibus et nos majorem fecimus graciam volentes, ut homines in aggere beate Marie mansionem habentes verum et in vico beati Mauricii commorantes omnesque curias sive ortos habentes ante civitatem infra fossata primo locacionis super omnibus causis eis incumbentibus judicium in civitate requirant una cum civitate tam commoda quam incommoda sufferentes. Ex utraque vero parte aque nostre, Odere, sive civitatis, pro ipsorum pecoribus pascua libera concedimus eorum commodis et pecoribus perpetuo valitura. Volumus etiam, ut omnis hospes regionis alterius sive civitatis aliene, qui venerit in Wratislaviam ad manendum, primo anno absque omni solucione sive civitatis exactione liber sedeat et quietus, ita tamen, si familiam suam secum duxerit et domum construxerit sive emerit ad manendum tanquam civis alter. Monetas nostras, sive camerarum nostrarum soluciones, verum etiam nostra thelonea et nostrum judicium infra civitatem. non ipsorum judicio, sed nostris reservamus juribus judicanda. Si qua vero privilegia super locacionem civitatis nostre Wratislaviensis antea emanauerunt, vel a nobis, vel ab alio, eadem abolemus et in irritum revocamus, nullum habere vigorem penitus decernentes. Ut igitur hec suprascripta robur perpetuum optineant validum etiam et vigorem. presentem litteram in testimonium dari fecimus munimine plurimorum sigillorum roboratam, videlicet illustris domine matris nostre, ducisse Slesie, et venerabilis domini Thome, Wratislaviensis episcopi, nostri quoque et fratris nostri, illustris ducis Wlodeczlaii, prepositi Wissegradensis, verum etiam comitis Johannis de Wirbna. Datum in Wratislavia in choro beati Jacobi, domo fratrum minorum, feria VI. proxima post diem beate Lucie, presentibus hiis: illustri domina, matre nostra, Slesie ducissa, domino Thoma, Wratislaviensi episcopo, fratre Herbordo, comite Johanne de Wirbna, comite Janussio, comite Stossone, comite Bertoldo, comite Conrado Suevo, magistro Walthero, nostro notario, Everhardo et Symone, fratre suo, et aliis multis, anno domini MCCLXI.

Das Siegel des Grafen Johann von Würben, welches allein an der Urkunde hängt, hat die Umschrift: SIGILLVM COMITIS IOHANNIS DE WERBENO.

24. *Herzog Heinrich III übergiebt dem Gerhard von Glogau eine Insel bei der Stadt Breslau (die spätere Neustadt), um dort eine Stadt nach magdeburger Recht, wie Breslau selbst es hat, einzurichten. Breslau den 9. April 1263.*

Transsumirt in der Urkunde Herzog Heinrichs V vom 9. August 1290. Archiv der Stadt Breslau A 16., gedr. als Nr. 59. dieser Sammlung.

In nomine domini amen. Prouida sapientum decreuit auctoritas res gestas, quas in statu solido desiderat permanere, presencia idoneorum adhibita testium illustrare et scripturarum longeuis apicibus commendare. Nos Henricus, dei gracia dux Slezie, ad noticiam vniuersorum, presencium et futurorum, cupimus deuenire publice profitentes, quod dilecto et fideli seruienti nostro Gerhardo de Glogouia insulam nostram inter sancti Adalberti et sancti spiritus ecclesias et muros arcis nostre Wratizlauie atque ripam fluminis Olawe dedimus iure Magdeburgensi, quemadmodum ipsa Wratizlauia est locata, locandam subueniantes ad eam plenaria libertate per quinquennium a festo beati Martini proxime nunc venturo, quibus transactis talibus nobis seruiciis tenebuntur, qualibus ciuitates nostre locate iure consimili sunt astricte. Racione siquidem locacionis eiusdem Gerhardo aduocato tercium denarium de iudicio et ipsum iudicium in maximis et grauibus atque minimis causis, sicut iudex hereditarius Wratizlauie suum tenet, omnibusque aliis iusticiis, stupa scilicet balnearia, macellis venalium rerum, vno molendino super predictam Olawam, hec et alia, que iudices nostri in eodem iure locati soliti sunt habere, sibi suisque successoribus iure hereditario perpetuo libere possidenda et in proprios vsus pro suo beneplacito conuertenda. In cuius rei testimonium presentem paginam appensione nostri sigilli volumus roborari. Testes eciam sunt comes Johannes de Wirbena, comes Nicholaus, Mletsco, Ebirhardus et Symon, fratres, Albertus Twardava et alii quam plures. Actum Wratizlauie, datum per manum domini Ottonis anno domini millesimo ducentesime lx° tercio v° Idus Aprilis.

23. *Herzog Heinrich III von Breslau bestimmt, dass alle Ritter, Mannen und Edle um bürgerliche und peinliche Sachen vor dem Erbrichter der Stadt Breslau Recht nehmen müssen, wenn sie in die Stadt kommen und dort vor Gericht gezogen werden, doch ohne Versperrung des Rechtszuges an das herzogliche Hofgericht. Breslau den 5. October 1263.*

Original breslauer Stadtarchiv A. 34, gedruckt bei Lünig Reichsarchir pars spec. cont. IV p. II Forts. 230.

In nomine domini amen. Uniuersa negocia, que stare cupiunt in statu solido, litterarum fiunt testimonio firmiora. Nos igitur Henricus, dei gracia dux Slesie et dominus Wratislauie, ad uniuersorum noticiam tam presencium quam futurorum volumus peruenire, quod licet ciuitati nostre Wratislauiensi et ciuibus nostris dilectis in ea manentibus, quos speciali semper prosequimur gracia, ad communem ipsorum vtilitatem iura Magdeburiensia contulerimus, tamen ipsis adhuc de speciali nostra munificentia de maturo baronum nostrorum consilio graciam facere volumus specialem eisdem largicione perpetua concedendo, quod omnes milites, vasalli, feodales, nobiles, quicunque fuerint, in districtu nostro Wratislauiensi residentes aut alibi, qui ad predictam nostram ciuitatem peruenerint, conuenti iudicio ciuitatis pro debitis pecunialibus et omnibus causis criminalibus, spoliis, rapinis, incendiis, homicidiis, quibuscunque vocentur nominibus, coram iudice hereditario predicte nostre ciuitatis tenebuntur et debeant sine contradiccione qualibet respondere; ita tamen quod prefati nostri milites et vasalli postquam ad predicte ciuitatis iudicium peruenerint, de eodem iudicio secundum formam iuris se trahere poterunt et ad nostram curiam, si necesse fuerit, appellare. Ne autem hec nostra voluntaria donacio per aliquem successorum nostrorum violari possit, hanc patentem literam appensione sigilli nostri maioris fecimus roborari. Actum Wratislauie in capitolio fratrum sancti Adalberti anno domini millesimo CC° LXIII° feria sexta infra octauas beati Michahelis presentibus fidelibus nostris, comite Johanne de Wirbena, comite Janushio Jaroslawicz, comite Ymbrano, comite Nenkero, Henrico, milite de Gorgowicz, Henrico, milite de Baba, Ebirhardo et Symone, fratribus, Friczcone de Gorgowicz et aliis multis.

An rothen Fäden hängen Bruchstücke des herzoglichen Siegels.

26. *Bischof Thomas I tauscht von dem Hospitale zum h. Geiste die Zehnten von Dörfern um Goldberg und Ohlau für den Zehnten in Loletintz ein. 28. Juli 1264.*

Original im Archive des Hospitals zum h. Geiste.

In nomine domini amen. Nos Thomas, dei gratia Vratislauiensis episcopus, notum esse volumus uniuersis, quod olim temporibus nostri antecessoris, felicis recordacionis Laurencii episcopi, sic per arbitrium quorumdam uirorum honestorum fuerat dispositum, quod in quibusdam uillis circa Aureum Montem sitis, de quolibet manso hospitale sancti spiritus situm in Vratislauia debebat percipere unum cribrum annone et similiter in quibusdam uillis circa Olauiam, super quo negocio de peticione Domini Vincencii, prepositi eiusdem hospitalis, et de consensu Stephani, abbatis sancte Marie, et sui capituli taliter est per nos dispositum: Predictus V[incencius] prepositus cum multis annis de predictis cribris nullum uel paruum potuisset habuisse commodum, dicto iuri suo in manus nostras renunciauit libere et absolute; nos autem dictum ius in recepcione prefati cribri contulimus canonicis nostris, capitulo Vratislauiensi, ut illud habeant in perpetuum pro canonicis residentibus vna cum donacione nostra majori, quam eis contulimus in predictis villis in annona circa Aureum Montem. In recompensacionem autem predicti cribri cum assensu capituli nostri contulimus prefato hospitali decimam nobis pertinentem in Louetic, que erat predicti hospitalis decime coniuncta, quam decimam habebamus in illa terra, quam quidam camerarius ducis Voych Jezoro possederat. Et ut hec perpetua sint et quieta, litteram presentem sigillis, nostro uidelicet et nostri capituli, fecimus communiri. Datum anno domini M.CC.LX. quarto V Kalendas Augusti in presencia talium: domini Stephani, abbatis sancte Marie, et quorumdam fratrum suorum, item domini Nicolai, decani Vratislauiensis, domini Thome, archidiaconi Opoliensis, Mileii, archidiaconi Legnicensis, Eccardi, Leonardi et alterius Leonardi, canonicorum Vratislauiensium. Scripta per manum Alberti, scriptoris nostri.

An rothen seidenen Fäden hangen das Siegel des Bischofs und das des Capitels (Christi Taufe im Jordan) mit der Umschrift: S CAPITVLI WRATIZLAVIEN. ECCLE SCI JONIS.

27. *Bischof Thomas I von Breslau begabt die Aussätzigen bei St. Moritz zu Breslau (im Wallonenquartiere) mit dem Zehnten in Peicherwitz. 3. August 1264.*

Gedruckt ohne Auflösung der Abkürzungen bei Herber Statistik des Bisthums Breslau 1825. Beilage V. 2. ungenau bei Eben, Armenwesen der Stadt Breslau S. 383; hier nach Herber.

In nomine domini amen. Nos Thomas, dei gracia Wratislauiensis episcopus, notum facimus omnibus presentibus et futuris, quod compacientes miserie infirmorum leprosorum de santo Mauricio apud ciuitatem Vratislauiensem taliter disposuimus cum ipsis, quod decem marcas argenti in decima de villa Pichorowa¹), que circa decem et octo marcas valere consueuit, damus eis in annone restaurum, quam in quibusdam villis circa Montem Aureum pro cribris de quolibet manso recipere consueuerant, que criba nos canonicis nostris Vratizlauiensibus facientibus residenciam contulimus vna cum alia annona, quam dedimus ipsis ibidem. Licet autem recompensacio nostra longe plus valeat dictis cribris, facimus tamen hoc moti animo misericordie ac ipsorum compassi multiplici egestati et miserabili. Residuum eciam dicte decime de Pichorowa, quod vltra dictas decem marcas manet, de nostra miseracione addimus ad vestes pro ipsis annis singulis comparandas. Vt autem ista donacio ipsis in perpetuum per nos et nostros successores inviolabiliter perseueret, hanc cartam nostri sigilli munimine confirmamus. Datum anno domini MCCLX quarto, tercio Nonas Augusti.

1) Ebers: Pichorowice.

28. *Herzog Heinrich III verkauft an drei breslauer Bürger die 24 Fleischbänke und den Schlachthof auf dem Neumarkte für 300 Mark Silber. Breslau den 18. Mai 1266.*

Original, Archiv der Stadt Breslau A. 4.

In nomine domini amen. Vniuersa, que stare cupiunt in statu solido, litterarum fiunt testimonio firmiora. Igitur nos Henricus, dei gracia dux Slesie, ad noticiam singulorum volumus peruenire nunc existencium et in posterum successorum, quod Helwico, ciui Wratizlauiensi, dicto de Boleslaucze, nobis fideli et speciali, cum ciuibus nostris duobus, Cunrado Bawaro et Cunrado dicto Scartelzan, vendidimus macella carnium viginti quatuor in nouo foro ibidem, que nobis pertinebant integre, eo iure, quo possedimus, censum percipiendo pro trecentis marcis argenti eis et eorum posteris iure hereditario perpetuo possidenda. De quibus mediam partem Helwicus percipiet, et alii duo socii sui partem mediam C. et C.; videlicet de quolibet macello marcam et dimidiam argenti pro censu anno quolibet, prout nos censueuimus, recipere, et aream, super quam macella locata fuerant ibidem et ad nostrum mandatum deponi fecimus, simili modo habebunt eam edificando ad vtilitatem suam, prout eis magis videbitur expedire. Ad hoc eciam curiam, in qua peccora mactantur, eodem iure obtinebunt pro censu anno quodlibet quatuor marcas recipiendo, velud nos recepimus ab eadem. Promisimus eciam eisdem in ciuitate Wratizlauiensi et circa ciuitatem et infra spacium vnius miliaris ad omnes partes nulla deinceps macella carnium velle edificare. Set hoc cum supradictis omnibus eisdem stabilimus tam a nobis quam a successoribus nostris super fidem, dominium et animam nostram recipiendo, vt eadem possideant tam ipsi, quam eorum successores omni semota immutacione, que in posterum poterit euenire. Ne igitur hanc vendicionem nostram propter inexpertorum dubitacionem contingat friuole reuocari tempore succedente, presens scriptum sigillo nostro fecimus communiri. Acta sunt hec in Wratizlauiensi castro nostro anno domini m⁰ cc⁰ lx sexto hiis presentibus: Bernardo clerico cum fratre Bernardo, milite, dictis de Camenze, domino Themone, iudice curie nostre, militibus nostris, Ewrado et Simone, fratribus, nec non ciuibus nostris Henrico de Bhanz, Gislero de Gorliz, qui tunc temporis advocatus noster fuit denarium nobis de iudicio ciuitatis pertinentem recipiendo, pro vt nostrum ad dominium mos et ius exigit ciuitatis et requirit, et aliis quam pluribus fidedignis, qui ibidem tunc temporis affuerunt. Datum per manum domini Ottonis, canonici Wratislauiensis et notarii curie nostre, quintodecimo Kalendas Junii.

An rothen seidenen Fäden hangt das Siegel des Herzogs mit der Umschrift: † SIGILLVM HENRICI: DEI GRACIA DVCIS SLESIE.

29. *Die Herzöge Heinrich III und Wlodislaw verkaufen der Stadt Breslau den Marktzoll zu Breslau und die Durchgangszölle auf den Hebestellen um die Stadt und bekunden, dass die Stadt alle diese Zölle aus freiem Entschlusse abgeschafft habe. Breslau den 2. Juni 1266.*

Original Archiv der Stadt Breslau A 22a, Transumirt in der Urkunde des Bischofs Petrus von Breslau und des Abtes Franciscus zu S. Vincenz vom Jahre 1455. ebendas. A 22b, gedr. bei Lünig Reichsarchiv XIV, S. 231.

In nomine domini amen. Nos Henricus, dei gracia, Wlodizlaus, eadem gracia sancte Salzburgensis sedis electus, apostolice sedis legatus, duces Slesie, ad noticiam vniuersorum volumus peruenire, quod nos de consensu unanimi bonaque voluntate et libera vendidimus fidelibus et dilectis ciuibus nostris Wratizlauiensibus theoloneum forense ciuitatis eiusdem in omnibus rebus cuiuscumque generis et nominis in curribus omnium lignorum, in mensis tele et aliarum rerum qualiumcunque et simpliciter in omnibus forensi theloneo subjacentibus ab antiquo, excepto solum, quod ad nostram monetam dinoscitur pertinere; preterea theolonea infra duo miliaria a ciuitate, nominaliter super Widawam, in Svinar, in Pratsche et in Psepole, ex altero in Lesnitz, in Galowo et in Muchobor, ubi et tabernam nolumus vltro esse. Ab istis eciam theloneis in Wratizlauia omnis homo habens ius fori vel non liber erit. Licet autem predicti ciues nostri hiis theloneis tanquam re empta libere possent vti, cesserunt tamen omni iuri, quod in hiis habere poterant, voluntate bona et pura propter deum et bonum commune. In cuius rei memoriam et munimen presentes literas sigillis nostris fecimus roborari. Actvm Wratizlauie anno ab incarnatione domini millesimo ducentesimo sexagesimo VI° presentibus domino Bernhardo et comite Bernhardo, fratribus de Camenz, comite Themone iudice, comite Conrado Svevo, comite Zbiluto, comite Mychaele Mironowitz, comite Detzone subpincerna, comite Eberardo et comite Symone, fratribus. Interfuit eciam frater Herbordus et alii quam plures viri ydonei et fide digni. Datum IIII° Nonas Junii, indictione nona, concurrente quarto.

An seidenen Fäden hängen die Siegel Herzog Heinrichs III und Wladislaws, letzteres mit der Umschrift: † S. WLODIZLAI DI GRA ECCE SALZEBVRGEN ELTI.

30. *Herzog Heinrich III verkauft mit Zustimmung seines Bruders Wlodislaw, erwählten Erzbischofs von Salzburg, an die breslauer Bürger Reinold von Striegau und Heinrich von Banz die Krambuden (47½) zu Breslau und verpflichtet sich die Zahl derselben nicht zu vermehren. Breslau den 10. Juni 1266.*

Original im Stadtarchiv A 20.

In nomine domini amen. Dvm viuit littera, viuit et actio commissa littere, cuius accercio nutrit memoriam et mundanas ea perpetuat actiones. Ideoque est, quod nos Heinricus, dei gracia dux Slesie, ad noticiam vniuersorum, presencium et futurorum, hanc litteram inspiciencium cupimus deuenire, quod cum venerabilis dominus W., sancte Salzpurgensis sedis electus, apostolice sedis legatus, illustris dux Slesie, frater noster, adhibuisset consilium, consensum pariter et fauorem, perlustrato nichilominus baronum nostrorum et aliorum sapientum libramine dilectis et fidelibus nostris Reinoldo de Stregom et Heinrico de Banz, burgensibus Wratizlauiensibus, gades mercium institorum quadraginta septem et medium cramos habentes, singulos annualis census quinque fertonum, vendidimus ipsis et eorum veris et legittimis successoribus iure hereditario perpetuo possidendos; ipsis nichilominus fauimus et fauemus, quod eos aut dent, aut vendant, sine occupent, seu in suos vsus pro beneplacito eorum conuertant. Volumus eciam, vt quiuis institor de cramo nostris burgensibus antedictis Rei. et Hei. debitum censum tempore suo soluere non recuset, vel ipsis resignet, quatenus cramo locato pro ipsorum beneplacito voluntatis percipiant suum censum. Promisimus eciam Rei. et H., emptoribus supradictis, et statuimus, ne per nos cramorum numerus eorundem per addicionem aliorum in Wratizlauia de cetero aliquatenus augeatur. In hoc eciam ipsis et nostre providimus ciuitati, quod sepedictos cramos de loco ipsorum nolumus remoueri. Vt autem hec robur et valitudinem optineant perpetue firmitatis, cartam presentem appensionibus sigillorum, nostro (!) et fratris nostri supradicti duximus muniendam. Testes sunt dominus Bernhardus et comes Bernhardus, fratres de Kamenz, comites Thimo de Wesenborch, Detzco subpincerna, Eberhardus et Symon, fratres, frater Herbordus, consules eciam ciuitatis, Albertus de Banz, Godefridus Albus, Herdegwus, Albertus de Ciraz et Siffridus de Gorliz, Helwicus de Bolezlaw et alii quam plures. Actum Wratizlauie castro lapideo in caminata nostra anno domini millesimo ducentesimo lx⁰ sexto data IIII⁰ Idus Junii.

Die Siegel wie an der vorhergehenden Urkunde.

31. *Herzog Boleslaw II von Liegnitz und sein Sohn Heinrich (V) bekunden, dass Bischof Thomas I von Breslau den Aussätzigen daselbst seinen Zehnten von Wytherow geschenkt habe, und verpflichten sich, für dessen richtige Verabfolgung Sorge zu tragen. Liegnitz 1267.*

Ebers Armenwesen S. 384.

Nos Boleslaus, dei gracia dux Slesie, vna cum filio nostro Henrico ad vniuersorum noticiam deferri cupientes presentibus protestamur, quod venerabilis pater, dominus episcopus Wratislauiensis, decimam in villa Wytherow leprosis personis in Wratislauia commorantibus perpetuo conferendo nos constituit executores, vt eandem decimam requisitam predictis personis a deo miserabiliter percussis singulis annis suo tempore presentaremus. Ad quod nos obligantes presentem litteram constituimus sigilli nostri munimine roboratam. Datum in Legnicz anno domini m cc l x septimo, testantibus domino Thaslao iudice, Patino subcammerario et aliis.

32. *Der päpstliche Botschafter, Cardinalpriester Guido (tituli sancti Laurentii in Lucina), gründet mit Genehmigung des Bischofs Thomas I und des Domcapitels die erste breslauer Stadtschule bei der Magdalenenkirche. Breslau den 12. Februar 1267¹).*

<small>Original im Stadtarchiv M1b, gedruckt bei Schönborn, Schulprogramm des Magdalenäums 1843, wo auch ein vortreffliches Facsimile der ganzen Urkunde u. eine genaue Zeichnung des daran hangenden Siegels zu finden sind.</small>

Frater Guido, miseratione diuina tituli sancti Laurentii in Lucina presbyter cardinalis, apostolice sedis legatus, dilectis in Christo filiis, consulibus et ciuibus Vratislauiensibus vniuersis, salutem in domino. Ad nostrum spectat officium, ut quorumlibet subditorum nostrorum et precipue denotorum quieti et transquillitati prouidere et eorum incommodis precauere, quantum cum deo et iusticia possumus, studeamus. Sane in nostra proposuistis presentia constituti, quod pueri vestri et maxime paruuli, frequentantes scolas extra muros ciuitatis Vratislauiensis, dum ad easdem scolas accedunt, tum propter locorum distantiam ac passus et accessus difficiles, qui sunt in pontibus strictis et fractis super flumina, tum eciam propter multitudinem hominum, curruum et equorum per predictos pontes et uiam frequenter et assidue transeuntium multa dispendia et incommoda substinent non sine magno propriarum periculo personarum. Quare nobis humiliter supplicastis, ut vobis et pueris uestris paruulis in posterum prouidere et contra predicta incommoda salubre remedium adhibere paterna sollicitudine dignaremur. Nos igitur uestris deuotis precibus fauorabiliter inclinati venerabilis patris Thome, Vratislauiensis episcopi, Nicholay decani, Gerlay scolastici totiusque Vratislauiensis ecclesie capituli, quos predictum tangebat negotium, assensu super hoc expressius requisito plenius et obtento cum eisdem episcopo, decano, scolastico et capitulo Vratislauiensi ita duximus ordinandum, scilicet ut infra muros ciuitatis Vratislauiensis iuxta ecclesiam sancte Marie Magdalene scole fiant, in quibus pueri paruuli doceantur et discant alphabetum cum oracione dominica et salutacionem beate Marie virginis cum symbolo psalterio et septem psalmis, discant eciam ibidem cantum, ut in ecclesiis ad honorem dei legere ualeant et cantare. Audiant etiam in eisdem scolis Donatum, Cathonem et Theodolum ac regulas pueriles. Qui predicti pueri si maiores libros audire voluerint ad scolas sancti Johannis in castro Vratislauiensi se transferant, uel quocunque voluerint et eis uidebitur expedire; hoc autem omnino uolumus obseruari, quod scolasticus ecclesie cathedralis, qui erit pro tempore, rectorem in predictis scolis ciuitatis utilem et aptum pueris instituat et prefigat. Nulli ergo omnino hominum liceat hanc paginam nostre ordinacionis, concessionis uel constitucionis infringere uel ei ausu temerario contraire. Si quis autem hoc attemptare presumpserit, indignacionem omnipotentis dei et beatorum Petri et Pauli, apostolorum eius, se nouerit incursurum. Datum Vratislauie II idus Februarii pontificatus domini Clementis, pape quarti, anno secundo.

<small>1) Diese Urkunde pflegte man lange Zeit in das Jahr 1266 zu setzen; erst Markgraf hat in der Zeitschrift des histor. Vereins V. S. 98. das Jahr 1267 als das richtige nachgewiesen; seiner Ansicht schlossen sich die Bisthumsregesten S. 59. an.

An violetten seidenen Fäden hängt das ovale Siegel des Cardinals mit der Umschrift in lateinischen Majuskeln: S. FR̄S: GVJDONJS TT SCĪ LAVR JN LVC PB̄RJ CARD. Das Rücksiegel enthält den Namen GVJDO.</small>

33. *Derselbe stellt die neugestiftete breslauer Stadtschule zu St. Maria-Magdalena unter den Schutz des Bischofs von Meissen. Breslau, den 13. Februar 1267¹).*

<small>Original-Stadtarchiv M1u, gedruckt bei Chr. Runge, Programm des Magdalenäums 1743, Reiche, Osterprogramm des Elisabethgymnasiums 1843, u. Schönborn, Schulprogramm des Magdalenäums von demselben Jahre.</small>

Venerabili in christo patri .., dei gracia episcopo Misnensi, frater Guido, miseratione diuina tituli sancti Laurentii in Lucina presbyter cardinalis, apostolice sedis legatus, salutem in domino. Cum nos dilectis in Christo filiis, consulibus et ciuibus Vratislauiensibus, ut scolas pro pueris eorum paruulis in ciuitate Vratislauiensi iuxta ecclesiam beate Marie Magdalene habere valeant, per nostras litteras ad hoc episcopi et capituli Vratislauiensis et aliorum, quos predictum tangebat negotium, interueniente consensu duxerimus concedendum, cuius concessionis tenor talis est:

Folgt die vorhergehende Urkunde.

vobis, qua fungimur auctoritate, mandamus, quatinus eisdem consulibus et ciuibus Vratislauiensibus pro diuina et nostra reuerentia oportuni fauoris assistentes presidio non permittatis ipsos contra constitutionis seu concessionis nostre tenorem ab aliquo indebite molestari molestatores huiusmodi per censuram ecclesiasticam compescendo. Datum Vratislauie Idus Februarii, pontificatus domini Clementis, pape quarti, anno secundo.

<small>Das Siegel wie an der vorhergehenden Urkunde.</small>

34. *Derselbe vergleicht das Sandstift zu Breslau u. die Pfarrer zu St. Maria Magdalena und zu St. Elisabeth wegen Weihe der Kerzen am Feste von Mariä Reinigung u. der Palmen am Palmsonntage. Breslau, den 13. Februar 1267.*

<small>Repertorium Helie p. 636.</small>

Vniuersis presentes litteras inspecturis frater Gwido, miseracione diuina tituli sancti Laurencii in Lucina presbyter cardinalis, apostolice sedis legatus, salutem in domino. Nouerit vniuersitas vestra, quod cum inter religiosos .. abbatem et conventum beate Marie virginis in Wratislauia ordinis sancti Augustini ex vna parte ac discretos viros .., plebanos ecclesiarum sancte Marie Magdalene et sancte Elizabeth eiusdem ciuitatis, ex altera super cereorum et palmarum benediccione suborta fuisset materia questionis, tandem eadem causa sic inter eos extitit concorditer terminata, videlicet quod dicti plebani sancte Marie Magdalene et sancte Elizabeth de cetero sine contradicione abbatis et conventus predictorum cereos in purificacione beate virginis ac dominica ramis palmarum ramos benedicant, ipsique plebani nullum de parrochianis suis deinceps impediant seu molestare presumant, quod libere et absolute ob causam deuocionis accedere possit ad predictam ecclesie (!) sancte Marie virginis pro cereis et palmis benedicendis. Quod vtraque pars firmiter acceptauit et a nobis super predictis litteras postulauit, quas eis in testimonium duximus concedendas nostri sigilli munimine communitas. Datum et actum Wratislauie Idibus Ffebruarii anno domini millesimo cclxvII, indiccione x, pontificatus domini Clementis, pape quarti, anno II.

35. *Derselbe entscheidet den Streit des Pfarrers zu st. Maria Magdalena mit dem Sandstifte wegen Ausübung von Parochialrechten Seitens des Stiftes im Maria-Magdalenenkirchspiel, auf Grund der Urkunde des Bischofs Laurentius vom 27. April (1. Mai) 1226 dahin, dass das Stift zur Ausübung von Parochialrechten im Sprengel der genannten Kirche nur dann befugt sein soll, wenn die daselbst eingepfarrten dies ausdrücklich verlangen. Breslau, den 19. Februar 1267.*

<small>Transsumpt des breslauer Officials Andreas von Roslawicz von 1347 im Staatsarchiv, Urkk. der Dominikaner No. 70.</small>

Vniuersis presentes litteras inspecturis frater Gvido, miseracione diuina tituli sancti Laurencii in Lucina presbyter cardinalis, apostolice sedis legatus, salutem in domino. Nouerit vniuersitas vestra, quod cum Arduicus, canonicus et rector ecclesie beate Marie Magdalene Wratislauiensis .. abbatem .. conuentum ecclesie sancte Marie virginis eiusdem loci ordinis sancti Augustini coram nobis traxisset in causam proponens contra ipsos in iudicio, quod ipsi in sua parrochia contra voluntatem eiusdem visitabant infirmos, confessiones audiebant, eukaristiam dabant et sepeliebant mortuos ad suum monasterium deferentes corpora eorundum cetera sacramenta ecclesiastica in preiudicium parrochialis ecclesie ministrantes; quare petebat sibi satisfieri de receptis vsque ad viginti marcas argenti, et quod predicti .. abbas et fratres desisterent a predictis lite super hiis contestata. De veritate dicenda prestito iuramento quoddam instrumentum in modum probacionis fuit exhibitum ex parte abbatis et conuentus, quod predicta vtendo iure suo faciebant, cuius tenor est:

Folgt die Urkunde des Bischofs Lorenz vom 17. April 1226. Nr. 6. dieser Sammlung.

Nos igitur attendentes duo fuisse excepta in commutacione episcopi, abbatis et fratrum predictorum, videlicet libera sepultura et visitacione (!) infirmorum, si rogantur, pronunciamus de voluntate parcium se ordinacioni nostre submittencium, quod dicti abbas et fratres sancte Marie admittantur ad visitaciones infirmorum, et quod possint assumere corpora mortuorum de parochia sancte Marie Magdalene saluo iure parochiali et canonica porcione debita plebano supradicto, si rogantur. Pronunciamus eciam quod pro iam receptis emolumentis dictus abbas et fratres soluant quatuor marcas argenti vsualis ponderis infra pascha Artwico predicto, ad quas soluendas dictus abbas se obligauit et repromisit eas soluere infra dictum terminum coram nobis. Prohibemus autem dictos abbatem et fratres, ne alia sacramenta a predictis de cetero ministrare presument in parochia supradicta. In cuius rei testimonium et perpetuam firmitatem presentibus literis sigillum nostrum duximus appondendum. Datum Wratislauie xl° Kalendas Marcii anno domini m° cc° lx° septimo, indiccione decima, pontificatus domini Clementis, pape quarti, anno tercio.

36. *Herzog Wlodislaw, Erzbischof von Salzburg, gestattet den Besitzern der Ohlaumühlen, eine Flutrinne aus der Oder in die Ohlau zu führen. Breslau den 27. Juli 1269.*

<small>Original im Breslauer Stadtarchiv A R.</small>

In nomine domini amen. Quoniam in humanis rebus diuina ludit potencia varias hominum formas cottidie innouando, ideo ea, que fiunt in tempore a tabe temporis in obliuionis precipicium deferuntur, nisi litterarum apicibus ac viuarum vocum testimonio fulciantur. Innotescat igitur presentibus et ad memoriam veniat posterorum, quod nos Wlodezlaus, dei gracia dux Slezie, necnon archiepiscopus sancte ecclesie Salzburgensis, vna cum consensu et assensu parique voluntate dilecti nepotis nostri Heinrici, filii fratris nostri, ducis Heinrici inclite recordacionis, dilectis ac fidelibus ciuibus nostris Wratizlauiensibus, presencium exhibitoribus, possessoribus molendinorum supra aquam nostram Olawam, videlicet Godekino dicto Stillevoget, Bertoldo et Johanne, Heinrico molendinario et Godino, filio Helwici de Bonzlauia, Zacharia et Conrado, Heinrico, molendinario antedicto, Godefrido Albo, Petro, institore de Olauia, et Nycholao, famulo nostro, dicto Ganzka necnon omnium ipsorum heredibus siue successoribus pro ipsorum perpetua vtilitate ex aqua nostra Odra usque in aquam Olawam fossatum habere indulsimus, vt ex eo perpetualiter cursus aque pateat in predictorum molendinorum subsidium et iuuamen. Ne itaque quispiam huic nostre ordinacioni seu donacioni ausu temerario valeat contraire, presentem cartam appensione nostri sigilli duximus roborandam. Testes autem, cum hec fierent, affuerunt, quorum nomina sunt subscripta: Dominus Petrus prothonotarius, comes Thymo de Wisenborch, iudex curie, comes Stossecho, comes Johannes Serucha, comes Mychael Mironowiz, comes Razzlaus Dremelnik, comes Vlricus subdapifer, comes Heinricus, filius Ilici, comes Borutha et alii quam plures. Datum Wratislauie in hostio ecclesie beate Marie anno domini millesimo ducentesimo sexagesimo VIIII° sequenti die beate Anne.

An seidenen Fäden hängt das spitzrunde Siegel des Erzbischofs mit der Umschrift: † S. WLODIZLAI DI GRA ...... BVRGEN ARCHEPI APLICE SEDIS LEGATI.

37. *Herzog Heinrich IV erlaubt der Stadt Breslau, 16 Brotbänke zu erbauen und die davon zu erzielenden Einkünfte zur Herstellung und Erhaltung der Brücken zu verwenden. Breslau den 31. December 1271.*

Original Archiv der Stadt Breslau B. 13.

In nomine domini amen. Sapienti factum est consilio, ut vertibilitati temporis, que de sui natura obliuionem parit et calumpniam, occurrant testimonia scripturarum, quarum informatione ueritatis cognicio facilius elucescat. Nos igitur Heinricus, dei gracia dux Slesie, tenore presencium profitemur, quod de paterna beniuolentia, qua inclite recordationis karissimus pater noster dilectos ciues Wratizlauienses gratiose semper fouit et manutenuit, accipientes exemplarem formam et consimilem voluntatem eisdem ciuibus nostris deuocione et rationabilitate peticionis ipsorum moti concedimus et donamus, ut auctoritate presencium edificare valeant et debeant sedecim stationes, in quibus panes vendi consueuerunt, volentes, ut omnem censum de hiis prouenientem perpetuo recipiant vel in opus et facturam poncium redigant et conuertant. Pro cuius rei testimonio et memoria sempiterna presens instrumentum eis dedimus de nostro iussu confectum et sigilli nostri munimine roboratum. Datum Wratizlauie anno domini m° cc° lx° x° primo in vigilia circumcisionis domini presentibus infrascriptis, videlicet domino Themone, iudice curie, domino Petro, prothonotario nostro, domino Symone Gallico, domino Eberhardo, magistro Vlrico, canouico Wratizlauiensi, et aliis quam pluribus fidedignis.

An seidenen Fäden hängt das Siegel des Herzogs mit der Umschrift: S. HENRICI DEI GRA DVCIS SLESIE.

38. *Bischof Thomas II von Breslau, welcher die Elisabetkirche zu Breslau wegen der Vorfälle in derselben mit dem Interdicte belegt hat, spricht dasselbe nun auch über die Matthiaskirche aus und excommunicirt den Meister und die Laienbrüder des Matthiashospitals, welche den Pfarrer zu St. Elisabet ergriffen und ins Gefängniss geschleppt haben. Ujest 6. Januar 1272.*

<small>Nach der Copie im MS Nr. 131 des breslauer Stadtarchivs gedruckt bei Stenzel Bisthumsurkunden S. 51.</small>

Thomas, d[ei] gr[acia] ep[iscopus] Wrat[islauiensis], domino Jo[hanni] s[ancti] Mauricii, s. Marie Magdalene et C. s. Nicolai ecclesiarum rectoribus in Wratislauia salutem in domino. Cum propter varios excessus in ecclesiam s. Elizabeth et dominum Petrum, rectorem ejusdem ecclesie, commissos dominus prepositus et decanus Wrat[islauiensis] ipsam ecclesiam auctoritate nostra interdicto ecclesiastico subjecerint, nos ipsorum sentenciam confirmantes eandem ecclesiam pleno subicimus interdicto. Verum quia in nostre jurisdicionis contemptum post multas moniciones et sentencias antedictas magister et quidam layci fratres hospitalis s. Matthie Wratislauiensis in prefatum dominum Petrum presbyterum inicientes manus temere violentas eum captivum abduxerunt, nos eorum crescente contumacia eandem ecclesiam s. Matthie et totum hospitale eorum ecclesiastico subicimus interdicto sepultura ecclesiastica eis specialiter interdicta. Vnde vobis districte precipimus, ut has nostras sentencias proximo die festo vel eciam feriali in ecclesiis s. Marie Magdalene et b. Elizabeth et s. Matthie vocato magistro et fratribus predictis, sive adesse voluerint seu noluerint, sollempniter publicetis, eorum vero contumaciam et lite pendente volumus et mandamus, ut parrochianis, qui ad ecclesiam s. Elizabeth pertinebant, per rectorem ecclesie s. Marie Magdalene plene exhibeantur jura parrochialia et ecclesiastica sacramenta, fratrem vero Hermannum presbyterum, qui in ecclesia s. Elizabeth et eciam in ecclesia s. Matthie coram excommunicatis, ut dicitur, celebravit et hujus scandali caput est et auctor, in hiis scriptis excommunicamus, nichilominus denunciantes esse excommunicatos magistrum Theodricum armificem, Theodricum sartorem, alium Theodricum, Ottonem et Henricum, Conradum pellificem, fratres ejusdem ordinis et eorum complices, qui manus violentas in sepedictum dominum P[etrum] inicere presumpserint et in dotem ecclesie irruentes res ejus cum sigillo et aliis rebus ejus abstulerunt. Datum in Vyazd anno domini MCCLXXII VI Idus Januarii.

39. *Herzog Heinrich IV bestätigt der Stadt Breslau die ihr von seinen Vorfahren verliehenen Freiheiten und begabt sie mit neuen. 31. Januar 1272.*

<small>Abschrift Gemeine Confirmationes f. 2. gedruckt bei Lünig Reichsarchiv XIV. p. 232 mit dem Jahre 1273[1]).</small>

In nomine domini amen. Ea quae fiunt pro salute humana et ordinantur in tempore, ne per decursum temporis simul transeant cum tempore et a memoria hominum euanescant, necessarium est, ut literarum praesidio et testium adminiculo roborentur ad gestorum memoriam sempiternam. Igitur nos Henricus, dei gracia dux Slesiae et dominus Wratislauiensis, ad notitiam vniuersorum tam prae-

---

<small>1) Dass das Jahr 1272 das richtige sein muss, lehrt die nächstfolgende Urkunde, welche ohne Zweifel aus dieser entnommen ist.</small>

sentium quam futurorum cupimus peruenire, quod visis auditis priuilegiis, iuribus. donationibus dilectorum nostrorum ciuium et dilecte nostre ciuitatis Vratislauiensis et intelligentius intellectis, quae in primitiua locatione sui et postmodum speciali gratia donationis et concessionis illustris patris nostri Henrici charissimi et Wladislai, patrui nostri, archiepiscopi Salczburgensis ecclesiae, et aliorum nostrorum progenitorum felicis recordationis in vtilitatem, profectum ipsis ad commodum sunt concessa, petentes nostri ciues praedicti a clementia nostrae dominationis corroborationem priuilegiorum et iurium suorum omnium humiliter et obnixe; nos uero habito super eo maturo et sano consilio nostrorum baronum per dies aliquot considerantes et animaduertentes ipsorum vtilitatem, incrementum et profectum in omnibus fore nostrum nostrorumque pariter successorum beneuole inclinati ipsorum iustis precibus possibilibus et honestis singula et singulariter omnia priuilegia, iura, donationes, concessiones innouamus, approbamus, ratificamus et perpetuo confirmamus, videlicet haec infrascripta et alia omnia, quae in suis priuilegiis et probationibus autenticis poterint conprobare:

1. Volumus et omnino prohibemus, vt nullum forum, nullae camerae mercatorum, in quibus panni venduntur vel inciduntur, nullae institae vel crami institorum, nulli pistores, nulla scamna, in quibus panes vel calcei venduntur, nulli carnifices, nulla macella carnium, nulla taberna excepta sola vltra pontem ad spacium vnius miliaris a praedicta nostra ciuitate Vratislauiensi per circuitum tam ex ista quam ex altera parte Odrae fluuii in preiudicium nostrae ciuitatis construantur.

2. Volentes etiam, vt in structuris lapideis et argilleis pulchris proficiat contra ignes, concedimus, quod nulla curia, quantumcunque magna vel parua, non plus in [ex]accione soluat, nisi quantum quaeuis area vacans in suo situ consueuit soluere ab antiquo, adicientes insuper et concedentes singula et singulariter omnia, quae intra muros et extra et intra fossata exteriora vel in suis pascuis pecorum seu in ductione aquarum et in eius vsibus siue in censu annuo ad vtilitatem saepedictae nostrae ciuitatis quantamcunque sine multo damno aliorum licite licebit, construere et aedificare nullo penitus prohibente.

3. Praeterea, vt multis incolis inhabitetur, volumus et concedimus, vt omnes homines ad ipsam confluentes pro residentia ac haereditatem ibidem comparaturi alterius ciuitatis, loci vel religionis iuribus et beneficiis eiusdem ciuitatis, a nobis et nostris concessis et etiam libertate ab exactione vnius anni commode perfruantur.

4. Volumus insuper, vt omnes casus, qui contingunt in pascuis pecorum eiusdem ciuitatis, siue sint vulnera, homicidia, stupra, vel qualiacunque emerserint, ab ipsa ciuitate et suis legibus iudicentur, nisi ad nos vel nostram curiam rite et rationabiliter fuerit appellatum.

Ne autem in posterum per aliquem haec nostra donatio, concessio et confirmatio infringatur, praesentem paginam nostro sigillo fecimus efficaciter communiri. Datum et actum anno domini millesimo ducentesimo septuagesimo secundo pridie Kalendas Februarii praesentibus his: comite Thymone de Wisemburg, comite Johanne de Micheloue, comite Naslao Dremeling, castellano in Rezchin, comite Dyrslao de Bitzen, comite Nenckero, comite Michaele de Schosnicz, Petro protonotario, Simone Gallico et fratre suo Eberhardo, judice nostrae curiae, et aliis viris qvampluribus fide dignis.

40. *Herzog Heinrich IV bestimmt, dass in der Stadt Breslau der Bau steinerner und gewölbter Häuser oder Keller keine Erhöhung des Grundzinses bewirken soll. Breslau den 27. Februar 1272.*

<small>Abschrift im Copialbuche des breslauer Rathsarchivs Nr. 29. f. 128¹⁰</small>

In nomine domini amen. Cunctorum cum lapsu temporis perit noticia factorum, nisi presidio scripturarum et testimoniorum fidelium amminiculo ea, que facta fuerint, roborentur. Nos igitur Henricus, dei gracia dux Slesie, tenore presencium profitemur, quod promocioni ciuitatis nostre Wracislauie et utilitati dilectorum ciuium nostrorum ibidem¹) degencium crebrius intendentes et dampnis ipsorum, que racione incendii et ignis possent occurrere, obstare cupientes eosdem²) ciues nostros hac speciali ac salutari gracia preuenerimus, ut de nostra licencia et supereffluenti beniuolencia domos lapideas et testitudinatas et cellaria lapidea secundum morem prehabitum edificare valeant et non plus inde nobis soluant, nisi quantum de ipsa hereditate prius soluere consueuerunt. In cuius rei testimonio presentibus nostrum sigillum duximus apponendum. Datum Wratizlauie anno domini mº ducentesimo LXX secundo IIIº Kalendas Marcii presentibus domino Petro, prothonotario nostro, domino Thymone, domino Janussio de Michalow, domino Symone Gallico et domino Ebirhardo, fratre suo, et domino Pacoslao.

<small>1) Das Copialbuch hat: ibi dictum. 2) Copialbuch: eos dictum.</small>

41. *Herzog Heinrich IV verkündet den Vergleich, durch welchen der Streit des Sandstiftes und des breslauer Bürgers Heinrich von Zeitz über die zur Vogtei in der Neustadt bei Breslau ehedem gehörige Mühle beigelegt worden ist. Breslau den 30. Juli 1272.*

<small>Abschrift im Repertorium Helie p. 497. f.</small>

In nomine domini amen. Nos Heynricus, dei gracia Slesie dux, notum facimus vniuersis presentibus et futuris, quod cum Gotkinus, ciuis Wratislauiensis, molendinum super Olauam iuxta muros ciuitatis Wratislauie situm occasione aduocacie, quam in noua obtinet ciuitate¹), vendicare conaretur, et dominus abbas sancte Marie in Wratislauia suo proposito prima obsisteret racione idem molendinum sue domui protestans iure hereditario pertinere, tandem causa in iudicium deducta et racionibus ab vtraque parte hinc inde propositis et discussis idem Gotkinus per nostrum iudicium sentenciam graciosam reportauit non obstantibus priuilegiis super hoc confectis et a nostris progenitoribus sibi datis. Quod postea in nostra presencia manifeste recognoscens pure ac liberaliter cessit iuri, quod sibi competere videbatur, prout in instrumento super hoc confecto plenius continetur, et quia res inter alios acta regulariter aliis preiudicare non debet, Henricus clippeator, ciuis Wratislauiensis, dictus de Zyz in medium surrexit et medietatem prefati molendini ex donacione ducali requirens cepit instanter eidem domino abbati et suo conuentui mouere super huiusmodi [medietatem] questionem. Itaque memorati abbas et Henricus finem litibus imponere cupientes mediatoribus a nostro latere assumptis Radzlao et Desprino, militibus, magistro Vlrico, magistro Mylone, Laurencio subcamerario ac aliis discretis discordiam per bonam composicionem sopire equidem (?) decreuerunt, cuius forma talis est: Predictus Henricus balneum

<small>1) Vgl. die Urkunde v. 9. April 1263.</small>

et curiam propriam dicto vniuit molendino, cuius devocionem prefatus abbas agnoscens sui conventus accedente consensu vnita taliter dicta bona, molendinum scilicet balneum et curiam, cum eodem per medium est partitus; ita quidem sicut proventibus gaudebunt, sic et ruinas ipsorum per medium restaurabunt, medietatem igitur dictorum bonorum prefato Henrico cum vxore ac suo filio Henrico, quoad vixerint, possidentibus, postquam diem clauserint extremum, si intestati, quod absit, decesserint, ad arbitrium discretorum a partibus eligendorum eorum medietate taxata de summa precii abbas pro se duas marcas auri subducens et reliquum, quibus duxerint committendum, persoluens predictorum medietatem bonorum dominio domus sancte Marie imperpetuum applicabit. Si vero facto migrauerint testamento, abbas nichilominus, ut dictum est, marca auri de taxacione subducta et reliquo soluto rerum dominium obtinebit. Sane si prefato Henrico aut suo filio necessitas ingruerit, ut prefatam suam partem foro exponere compellatur, saluum erit dicto abbati ad arbitrium sapientum marca auri decisa residuum precii infra annum exoluere suisque vsibus applicare, alioquin post annum liberum erit eisdem hereditario vendere quibuscunque, quod tempus et in aliis casibus vendicionis erit moderandum salua abbatis legittima porcione. — Tenore iam dicte composicionis nostro conspectui presentato et a partibus humiliter supplicato, vt sibi robur confirmacionis impendere dignaremur, nos de nostrorum baronum consilio sepedictam composicionem sine prauitate prouide maturatam in nomine domini confirmamus ad perpetuam memoriam presens scriptum nostri sigilli munimine roborantes. Actum Wratislauie anno domini m cc lxx secundo, tercio Kalendas Augusti presentibus comite Janussio, castellano de Nemptsch, comite Johanne, castellano de Bardo, comite Michaelo de Zosniz, comite Wiltzcone de Sossno, comite Dezcone, castellano de Tyfense, comite Vlrico, subdapifero nostro, necnon capellanis nostris, domino Ottone, canonico Wratislauiensi, domino Theoderico de Saxonia et aliis multis. Datum per manum Flemyngi.

42. Herzog Heinrich IV von Schlesien verleiht der Stadt Breslau verschiedene Rechte. Breslau den 28. September 1273.

Original im breslauer Stadtarchiv A. 31. gedr. Codex diplomaticus Silesiae Bd VIII. p. 1.

In nomine domini amen. Nos Henricus, dei gracia dux Slesie, notum esse volumus vniuersis tam presentibus quam futuris, quod habita consideracione debita ad ciuitatem nostram Wratislauiensem intuentes eam multis commodis deficere placuit nobis accedente baronum nostrorum consilio ad releuacionem eorum intendere ope et opere, consilio et fauore; de mera igitur liberalitate nostra concessimus liberaliter ciuibus ciuitatis eiusdem, quod edificent triginta duos bankos, in quibus panes vendentur.

2. Item et bankos ad vendendum calcios, quotquot poterunt, pro commodo et ad commodum ciuitatis.

3. Item officium, quo vasa de curribus ad alia loca trahuntur, quod „scrodambacht" wlgariter appellatur; ita tamen, quod omnia et singula vasa ad castrum et ad curiam nostram pertinencia ducent gratis, quocienscunque necesse fuerit, et reducent.

4. Item et libram, qua plumbum libratur, eisdem duximus concedendam.

5. Preterea indulsimus ipsis ciuibus, vt sine nostro et aliorum dampno, vbicunque in ipsa ciuitate poterunt, edificare valeant, quod in censu ad marcam seu ad plus aut ad minus ascendat.

6. Item concessimus prenotatis ciuibus, vt id habeant, quod „inonghe" vulgariter appellatur, sed non carius quam pro tribus fertonibus vendi debet, quorum vnus ferto cedet ad vtilitatem hominum illius artificii, cuius emptor existit, et alii duo fertones vna cum omnibus et singulis prouentibus supradictis conuertentur ad constructionem poncium et viarum iuxta et extra muros ciuitatis eiusdem ac ad alias necessitates quascunque, secundum quod magis expediet ciuitati.

7. Volumus eciam, vt incole in districtu ciuitatis eiusdem siti hereditatem habentes in theolonio [et] exactione soluenda tali libertate fruantur, proutceteri ciues infra muros ibidem dinoscuntur habere.

8. Item omnia et singula iura, que ipsi ciues tempore magne recordacionis domini Henrici, illustris ducis Slesie, carissimi patris nostri, habuerunt, eis duximus concedenda, que perpetuo inuiolabiliter rata haberi volumus atque firma.

9. Item de bankis, in quibus panes vendentur, de nostra speciali gracia ciuitati collatis et quibusdam ciuibus de nostro beneplacito et fauore singulariter hereditarie assignatis et commissis [volumus], vt ciuitas exinde statutum censum habere valeat annualem; si iidem ciues racione structure edificiorum aliquid superlucrari poterunt, ipsis bene concedimus et fauemus.

Et iidem ciues et incole premissa iuxta tenorem singulorum articulorum predictorum perpetuo libera possidebunt presencium testimonio literarum. Actum et datum Wratislauie presentibus comite Janussio de Michelow, comite Thimone de Wesenbergh, comite Johanne Serucha, comite Razlao, comite Nenkero, Euerardo et Symone fratribus, nostris militibus, domino Petro prothonotario, preposito Soliensi, et quam pluribus aliis fide dignis IIII Kalendas Octobris anno domini m⁰cc⁰lxx iii⁰ per manum magistri Arnoldi, scolastici Lubucensis, curie nostre notarii.

Mit dem Siegel des Herzogs.

43. *Herzog Heinrich IV beschränkt in seinen Landen das Recht der Niederlage auf die Stadt Breslau 1274.*

<small>Original (stark beschädigt) breslauer Stadtarchiv A 10a. Transsumirt in den Urkunden des Abtes Benedict vom Sandstifte von 1494 und 1499 ebendaselbst A 10b und A 10c gedruckt bei Sommersberg II 90.</small>

In nomine domini amen. Que geruntur in tempore 'ne labantur per obliuionem cum reuolucione temporis, ea volumus memorie litterarum commendare. Hinc est, quod nos Henricus, dei gracia dux Slesie, ad noticiam vniuersorum, tam presencium quam futurorum, volumus peruenire, quod ad consilium fidelium nostrorum baronum maxime intendentes vtilitati ac profectui ciuitatis nostre Wratislauie cupientes ipsam in statum meliorem reformare, statuimus, vt in nullis ciuitatibus nostro sub dominio constitutis tam Nisza quam aliis nulla penitus mercimonia deponantur, quia omnem deposicionem cuiuslibet mercature generis, quod wlgariter „niderlage" nuncupatur, in predicta nostra ciuitate Wratislauia perpetualiter volumus obseruari. Insuper volumus, vt pensa plumbi non alias preterquam ibidem habeatur, perpetuo exercenda excepto eo, quod in ciuitate Francberc¹) usque ad festum beati Nicholay nunc instantis predicta pensa teneatur. In cuius rei testimonium presens scriptum nostri sigilli munimine duximus roborandum. Acta sunt hec anno domini m° cc° lxx° quarto presentibus comite Thimone, comite Janussio, comite Stossone, comite Symone et Ebrardo, fratre suo, comite Zamborio et aliis quam pluribus fide dignis. Datum Wratislauie per manum domini Henrici, notarii curie nostre.

Das Siegel ist verloren.

1) Frankenberg, ohngefähr eine Meile von Frankenstein, jetzt ein Dorf. Dass es in früherer Zeit Stadtrecht gehabt, folgt daraus, dass Vögte von Frankenberg mehrmals urkundlich erwähnt werden; auch dass sich daselbst eine Münze befand, spricht dafür; vgl. Stenzel Denkschrift zur Feier des fünfzigjährigen Bestehens der schlesischen Gesellschaft für vaterländische Cultur S. 75.

44. *Herzog Heinrich IV bestimmt, dass alle, die innerhalb der Mauer der Stadt Breslau Grundstücke besitzen, mögen es Ritter, Weltgeistliche oder Klosterleute sein, die Bede zur Errichtung der Stadtmauern nach Schätzung des Stadtgerichts zahlen sollen: 12. April 1274¹).*

Original breslauer Stadtarchiv A 37. gedruckt bei Henel Breslographia p. 37. mit dem falschen Jahre 1270.

In nomine domini amen. Nos Heynricus, dei gracia dux Slesie, ad tocius terre vtilitatem, profectum, comodum et honorem volumus et ex maturo proborum virorum consilio statuimus, vt omnes, qui intra muros ciuitatis Wratizlauie domos vel curias seu alias possessiones habeant cuiuscumque condicionis existant, scilicet siue sint milites, siue canonici, seu regulares, omnes vniuersaliter iuxta taxacionem advocati et scabinorum ciuitatis eiusdem collectam ad muros intra fossata ibidem erigendos omni occasione postposita integraliter persoluant scientes pro certo, quod nullum ex eis ab hac solucione liberum volumus permanere. Datum ab incarnacione domini anno m° cc° lxx quarto xx Kal. Magii per manum Heyrici (!), canonici Wratislauiensis, scriptoris curie nostre.

Mit dem Siegel des Herzogs.

1) Wegen der Datirung vgl. die Bisthumsregesten p. 71.

45. *Herzog Heinrich IV erneut und beurkundet der Stadt Breslau die von seinen Vorfahren erhaltenen Rechte auf die Viehweide. Breslau den 27. April 1276.*

Original (sehr beschädigt) Stadtarchiv zu Breslau A 12. gedr. bei Lünig Reichsarchiv XIV. 233.

In nomine domini amen. Quoniam humana fragilitas non sufficit omnia memoriter retinere, racioni consonum est, vt ea, que ab hominibus notanda geruntur, scriptis ac testimonio confirmentur. Nos igitur Henricus, dei gracia dux Slesie et dominus Wratizlauie, ad noticiam vniuersorum, tam presencium quam futurorum volumus peruenire presentis tenore priuilegii perpetuo valituri publice protestantes, quod ciuibus nostris Wratizlauiensibus ad nostram ibidem ciuitatem pascua peccorum, que „viweyde" wlguriter nuncupantur, duximus liberaliter eternaliterque conferenda, secundum quod nostri antecessores, videlicet karissimus pater noster et patruus, dominus Wlodizlaus, quondam sancte Salceburgensis ecclesie archiepiscopus, incliti duces Silesie pie recordacionis, eisdem libertatem, iudicia et omnia iura contulerant, que ad pascua pertinere dinoscuntur superius nominata: ita nos eciam prefatis ciuibus pascua prelibata cum omnibus vtilitatibus, iudiciis, iuribus quibuscunque ad eadem pertinentibus dedimus et contulimus libere, hereditarie, perpetuo possidenda. Vt autem nostra libertas et donacio eis non possit inmutari in posterum aliqua calumpnia subnascente, et vt sit magis omnimodo stabilis et integra, presentem paginam ad euidenciam clariorem conscribi iussimus et sigilli nostri munimine communiri. Acta sunt hec autem Wratizlauie anno domini MCCLXXVI quinto Kalendas Maii presentibus nostris fidelibus, quorum sunt nomina in presenti pagina subarrata, videlicet domino Petro, prothonotario nostro, domino Janusio de Michalow, domino Themone, iudice curie nostre, domino Razlao, dicto Dremlik, domino Stoschone, domino Symone, palatino nostro, domino Eberhardo, fratribus, domino Pachoslao, marscalco nostro, domino Nenkero, subpincerna nostro, domino Samborio, subdapifero nostro, et aliis quampluribus fidedignis. Datum per manum domini Henrici, notarii curie nostre.

Das Siegel ist verloren gegangen.

46. *Herzog Heinrich IV von Breslau bezeugt den Verkauf des Dorfes Onerkwitz durch den Ritter Reinhold von Themeriz an das Hospital zum heiligen Geiste in Breslau. Breslau den 15. Juni 1276.*

Original im Archiv des Hospitals zum heiligen Geiste.

In nomine domini amen. Quotiens in convencionibus aut aliis legittimis contractibus principis expectatur assensus, ne in dubium ueniant, que geruntur, presertim in hiis, que deuotio fidelium pro salute animarum piis locis impendit, ratihabicio eas debet pro securitate partium solidare. Inde est, quod nos Henricus, dei gratia dux Slesie et dominus Wratzlauie, notum facimus uniuersis presentibus et futuris, quod Rinaldus miles nominatus de Themeriz vxoris sue Elizabeth necessario accedente consensu una cum Detrico, suo sororio, villam quandam ad prefatos Detricum et Elizabeth, sororem eius, iure hereditario deuolutam, que olim Libissouichi nunc autem Hvnarcouo nomen habet, in nostro dominio constitutam a nobis prius uendendi licencia humiliter petita et benigne obtenta viris religiosis, domino Gotsalco, abbati monasterii sancte Marie in Wratislauia, et Pribislao, preposito hospitalis sancti spiritus ibidem, ad nomen et usum hospitalis ejusdem pro ducentis marchis argenti liberaliter uendiderunt et suam vendicionem coram nobis constituti constanter sunt protestati dictam villam predicto hospitali non tam necessitate pecunie quam devotionis feruore, cum reuera duplum precii pretaxati equanimiter estimata iuste ualeat, cum omnibus pertinenciis sibi competentibus perpetuo iure incorporantes et proinde nomina sua prescripte suorumque carorum, Hvnarci videlicet quondam militis, suae uxoris Zdislae, ac eorundem filie Sophie in libro ascribi celestis patrie cupientes nostri principatus clemenciam supliciter exorarunt, quatinus facto eorum de nostra speciali licencia et fauore pio ac provide ordinato robur confirmationis misericorditer largiremur. Nos igitur ipsorum deuotis et humilibus precibus inclinati et dei ecclesie semper gloriam ampliantes ad consolationem in eodem hospitali degentium pauperum ampliorem prefato contractui, ut in tempora solis indeficiens perseueret, presentis scripti tenore nostri sigilli munimine roborato contra malignantium incursus perhennem tribuimus firmitatem prenominato domino abbati nostra manu ville prehabito corporalem possessionem hereditario iure cum districtu, vtilitate et honore, que prefatis militibus competierunt, uel competere potuerunt, imperpetuum conferentes. Actum et datum Wratslauie per manum domini Henrici, canonici Wratslauiensis, nostri fidelis notarii, anno domini millesimo CCLXXVI° XVII. Kalendas Julii, hoc est in die beatorum Viti sociorumque eius martyrum, sub testimonio nostrorum baronum Hevrardi, procuratoris nostri, Symonis palatini, Nankeri subpincerne, Henrici subcamerarii, Samborii subdapiferi, Henrici, fratris eius, Pasconis ac aliorum multorum nostri palatii alumpnorum..

Mit dem Siegel des Herzogs.

47. *Herzog Heinrich IV bestätigt der Stadt Breslau die Privilegien seiner Vorfahren, insbesondere die über die Viehweide und das Erbgericht, und bestimmt, dass die Aufsicht über den Verkauf des Weins und der Lebensmittel nur dem breslauer Rathe zustehen soll. Breslau den 2. September 1277.*

Original im breslauer Stadtarchiv A 28., gedruckt bei Tzschoppe u. Stenzel S. 390.

In nomine domini amen. Ea, que ex principum beneplacito ad subditorum commoda conceduntur, aliquociens sibi renouacionis remedio indigent subueniri, vt ea, que vetera sunt, vltum nouitatis assumendo pociorem adhibitionem fidei conquirant et maioris gaudeant fulcimine firmitatis. Ideoque est, quod nos Heinricus, dei gracia dux Slezie et dominus Wratizlauie, constare volumus vniuersos presencium noticiam habituros, quod inspectis diutinis et fidelibus obsequiis per ciues nostros Wratizlauienses nostris progenitoribus felicis memorie et nobis hucusque fideliter impensis omnia iura a patre nostro, domino H., et patruo nostro, domino Wlo., bone memorie inclitis ducibus Slezie, ipsis ciuibus Wratizlauiensibus liberaliter tradita et concessa prout in ipsorum continentur priuilegiis super eo datis consensu nostrorum baronum accedente tenore presencium omnimodis confirmamus perpetuo valitura ratum et gratum habituri quidquid eisdem ciuibus nostris a predictis nobis caris munificencialiter est concessum. Ad hoc eciam volumus, ut ipsi ciues nostri super pascuis pecorum tam vltra Odram aquam quam ista parte Odre pristino temporis tradito et confirmato gaudeant pruilegio libertatis in eo, quod „wyweyde" nuncupatur, volentes, ut eo iure perfruantur, quo legitime perfrui dinoscuntur in causis paruis et magnis emersis hinc inde, quas nusquam alibi, nisi dumtaxat in ciuitate Wratizlauia admittimus iudicandas.

2. Insuper ipsis ciuibus nostris, quos prosequimur singulari gracia et fauore, ipsorum commoditatibus, sicut expedit, pro uiribus intendentes damus omnimodam facultatem, vt ius et dominium in vino[1] quolibet et in omnibus uictualibus eciam, quocunque nomine censeantur, liberaliter habeant formam, metam et valorem non per alios nisi per consules ejusdem ciuitatis Wratizlauie annis singulis per singulos statuendam et eo, quo iure statuerint, permanendam.

In cuius rei testimonium presentes literas fieri et nostri sigilli munimine iussimus communiri presentibus annotatis militibus nostris Themone de Wisinburk, iudice curie nostre, Radzlao, dicto Dromlica, Sifrido de Baruth, Symone palatino nostro, Eberardo fratre suo, Gallicis, Nenkero subpincerna, Paccoslao

---

[1] Tzschoppe u. Stenzel lesen: uno; es steht aber über allen Zweifel deutlich vino in der Urkunde.

marscalcho. Hermanno de Kytlicz, Rulycone de Bybirsteyn, Stoknewo et Roscone fratribus, Bartholomeo et aliis multis fidedignis. Datum per manus domini Henrici, notarii curie nostre. Actum Wratizlanie anno domini millesimo c°c lx°x° septimo quarto Nonas Septembris, indiccione v.

Mit dem Siegel des Herzogs.

48. *Herzog Heinrich IV von Breslau eximirt die Besitzungen des Hospitals zum h. Geiste in Breslau, Wyssoka, Treschen und Sambowitz von allen Lasten des polnischen Rechts und ordnet den Gerichtsstand der Bauern daselbst. Breslau den 27. September 1277.*

Original im Archiv des Heiligengeisthospitals zu Breslau.

In nomine domini amen. Si bona diuino cultui dedicata benigno fauore prosequimur, eis alicuius gracie beneficia largiendo, nequaquam ambiguimus, quin pro eo eterne beatitudinis premia consequamur. Ea propter nos Henricus, dei gracia dux Slesie et dominus Wratizlauie, notum esse volumus vniuersis presentes literas inspecturis, quod religioso viro, fratri Tilmanno, preposito hospitalis sancti spiritus, et ipsi hospitali prope Wratizlauiam ad consolacionem pauperum infirmorum ibidem pro nunc et in futuro degencium, vt eo liberius et magis caritatiue tractari et refoueri possint, ac pro salutari anime nostro et omnium nostrorum progenitorum remedio de nostra graciosa munificencia presentibus conferimus et donamus, quod bona dicti hospitalis, videlicet Wysoka, Treschino et Sambicz, ab omnibus seruiciis ducalibus, exaccionibus, vecturis et quibuscunque angariis, solucionibus et grauaminibus libera esse debent in perpetuum et exempta. Insuper inhabitatoribus dictorum bonorum, scilicet in Wysoka, Treschino, et Sambicz, tam largam presentibus concedimus libertatem, ut pro nullis causis nisi pro causa criminali capitis vel mutilacione membrorum per nostrum sigillum citati in nostra presencia respondere teneantur, alias vero omnes causas preposito dicti hospitalis concedimus et committimus in perpetuum iudicandas. Si quis autem hanc nostram libertatis donacionem pro pauperum infirmorum consolacione fratrum infringere presumat, coram districto iudice pro nostris ac nostrorum progenitorum reatibus se sciat responsurum. In horum omnium euidens testimonium presentes literas nostro sigillo fecimus roborari. Actum et datum Wratizlauie VI° Kalendas Octobris anno domini M° CC° LXXVII° presentibus nostris baronibus Symone palentino, Nenckero subpincerna, Henrico subcamerario, Samborio subdapifero, Henrico, fratre eius, Pascone, Alberto et aliis fide dignis.

Mit dem Siegel des Herzogs.

49. *Herzog Boleslaw II bestätigt den Verkauf des Dorfes Onerkwitz durch die Ritter Detricus und Reinhold an das Hospital zum heiligen Geiste in Breslau. Bolkenhain den 3. October 1277.*

Original im Archive des Hospitals zum heiligen Geiste.

In nomine domini amen. Contractus celebri memoria dignos presertim ad ampliandam Cristi gloriam ordinatos ducali auctoritate sapientum cauciositas roborari exacta sollicitudine adinuenit; nimirum cum in factis hominum eciam laudabilibus gerendis consueuit calumpnia exoriri. Inde est, quod nos Boleslaus, dei gracia dux Slezie, cupientes pie matris pio filio Jesu Cristo debita obsequia persoluere seruitutis et donorum ab ipso non esse immemores acceptorum, inuitati eciam speciali devocione domini Gotsalci, abbatis sancte, Marie in Wratislauia, nostri fidelis capellani, erga quem animum gerimus gratiosum, notum facimus vniuersis presentibus et futuris, quod villam in nostro dominio sitam nomine Lissouiziz, que nunc Hunarkouo cognominatur, per Detricum, filium Borute militis, et Rinoldum militem, generum ipsorum, consensu et nomine Helizabeth, vxoris eiusdem Rinoldi, ad quam et ad praedictum Detricum, fratrem suum, ipsa villa hereditarie devoluta est, venditam et a dicto abbate et Pribislao, preposito hospitalis sancti spiritus in Wratislauia, ad nomen et vsum eiusdem hospitalis emptam pro ducentis marcis argenti vsualis ponderis et monete, vt pietatis opera in dicto hospitali exerceantur efficacius in ministerio pauperum infirmorum, nostri principatus clemencia sine cuius assensu predictus contractus minus roboris sortiretur, prefato hospitali in perpetuum liberaliter et cum mature premeditacionis studio confirmamus. Et quoniam caduca humanitas obliuionis offuscata tenebris non potest omnium fore memor, idcirco in uirtutis recordatiue suffragium equum esse dinoscitur et provide circumspectum, vt ea, que tractantur, ordinantur, statuuntur, quorum necessaria est ad cautelam memoria scripte, que memorialis archiui uicem supplet, debeant demandari, et illa maxime ad recordacionem conscribantur futurorum, quorum obliuio discordie inficiande discidium parerent et in candentis odii gingerent incentiuum. Ea propter ne presentis contractus, seu ordinacionis formam obliuionis mater edax valeat abolere, uetustas, presentis scripti serie ipsam annotari jussimus ad cautelam. Et ut eadem vires optineat perpetue firmitatis, sigillo nostro presentem iussimus communiri. Actum et datum in Hayn, castro nostro, in die sanctorum martirum, Dionisii et sociorum eius per manum magistri Nycholay, notarii nostri, anno domini M°. CC°LXX°VII° indictione quinta, presentibus dominis, dilecto nostro filio, illustri principe Bolcone, et nostris fidelibus Heinrico de Prouin, Conrado Hac, plebano Aureimontis, Lamprechto de Svogniz, Rvperto Bolz, Tyzone de Hobere, Hermanno Buch, Petro de Prato, Stephano, castellano Nouifori, Jascone, aduocato ibidem, Nycossio de Velechow, Mathia, fratre suo, Boguslao de Vesel.

Bruchstücke vom Siegel des Herzogs hängen an seidenen Fäden.

50. *Rechtssätze, welche die Breslauer den Glogauern mitgetheilt haben am 3. August 1280.*[1])

Abschrift im Liber Niger des glogauer Stadtarchivs, Supplemente S. 295 ff.

Wir rathman, scheppfen und burgere gemeine von Wratislaw thuen wissendlich und kunt allen, die diesen brief horen (ge)lesen, das wir durch bete des edelen fursten, hertzoge Heinriches von Glogau, seinen burgeren der stat zu Glogowe gesant haben diesen brief mit beschriebenen rechte, also als man is in unser stat Wratislaw ymmer me halten soll und von alder zeit bisher zu rechte hat gehalten nach weichbildes rechte.

1. Ob sich landlute unter einander, dy beder syte buzen der stat wichbilde in anderine rechte gesessin sin, bynnen der stat wichbilde wunden oder totschlege begehen oder ander unthat, sy sin Polen oder Dutsch, rittere oder rittersone,

1) Diese Rechtssätze bestätigte mit einigen erst in Glogau hinzugefügten Bestimmungen Herzog Heinrich III von Glogau im Jahre 1302, Tzchoppe u. Stenzel S. 443.

muntzmeister oder ir gesinde oder Juden, und wird der verbrecher in der hanthaften that gefangen mit gewepenter hand und vor gerichte bracht, das sol der stat richter richten nach der statscheppfen urteil und rechte. Wird aber der friedebrecher vorflichtig, der richtere sol ihn lassen vorheischen ein werbe, ander werbe, dritte werbe by sinem namen, und kommet er nicht vor, sich zu undredene und rechtes zu pflegene, man verfestet in alzohant.

2. Ist iz auch also, das ein landman einen burgere oder ein burgere eime landmanne binnen der stat wichbilde ein pfert anspricht, odir was seines gutes si, er si Pole oder Dutsch, und sich iener an seinen geweren ziet und den benumet, vnd derselbe gewere komme vor gerichte, er si ritter oder wer er si, und bekenne der gewerschaft, der muz nach der stat rechte allda vor gerichte bekennen, wie das pferd oder das gut an in komen si, und ziet sich der denne an einen andern geweren, da muss im iener folgen, als er sich vormizzet nach der stat rechte.

3. Sendet auch ein burgere seine pferd zu holtze oder nach grase, die ne sal im niemand unterwegen in eine anderme gerichte aufhalten, er sole den pferden nachfolgen in die stat und allda fordern vor der stat richter nach der stat rechte.

4. Borget ein landman wieder einen burgere icht und entgildet is der landman zu sine gelobeme tage nicht, und kumt in der burgere sint der zeit an in der stat und brenget in vor den richter, er muz im antworten umb die schold vor deme richtere nach der stat rechte.

5. Iz en sal auch diechein Jude besunder verkaufen gewant, das er bi der ellen versnide, he in sol auch weder pferd noch ander ve zu pfande nemen; iz ne [si] mit wizzenschaft eines Juden und eines Christen; nimt he iz daruber, damite hat he im selber recht getan.

Dirre brief ist geschrieben und gegeben in dem iahre nach guttes geburt tusend iar, zweihundert iar und in dem achtzigsten iar, acht tage vor sento Laurentius tage.

51. Herzog Heinrich IV löst von dem Erbvogte Heinrich die Stadtvogtei ab und ordnet den Rechtszug aus dem Stadtdinge in das Hofgericht. Breslau den 4. Mai 1281.

Original Stadtarchir A. 24., gedruckt bei Lunig Reichsarchir XIV S. 233. und bruchstückweise bei Drescher dipl. Nebenst. S. 49.

In nomine domini amen. Cuncta negocia, que fiunt in tempore, ne simul labantur cum tempore, necesse est vere testium nec non litterarum testimonio perhennari. Inde est, quod nos Heinricus, dei gracia dux Slesie et dominus Wratizlauiensis, ad vniversorum tam presencium quam futurorum deferre cupimus nocionem, quod fideles consules ciuitatis nostre Wratizlauie, videlicet Zacharias, Engilgerus, Petrus Colneri, Arnoldus Colneri, Dithmarus Ruthenus, Conradus de Lemberg cum tota vniuersitate eiusdem ciuitatis coram nobis constituti sepius proposuerunt, quod Henricus, advocatus hereditarius dicte ciuitatis nostre, ipsos in multis causis et negociis eum non contingentibus indebite aggrauaret. Nos vero cupientes predictis nostris consulibus et ciuibus in remedio succurrere oportunc nostrorum baronum maturo habito consilio propter bonum pacis, commodum et vtilitatem nostre ciuitatis iam dicte cum predicto Henrico aduocato commutacionem fecimus dantes sibi villam nostram Luckowicz pro aduocacia et curia sua prope murum sita sibi suisque successoribus iure hereditario in perpetuum possidendam, ita quod predicti nostri consules et ciues possent esse ab aggrauacione indebita perpetuo liberi et soluti et scirent in futuro, qualia iura ipse prefatus aduocatus, quicunque esset, deberet habere pariter et tenere. Vnde volumus, vt quicunque se trahit vel traxerit ad iudicium nostre curie, quod aduocatus sepedictus nichil debeat habere in illa causa, nisi quantum ipsum contingit in percepcione triginta solidorum.

2. Preterea volumus, ut quicunque nostram emerit aduocaciam seu a nobis habuerit, non grauet aliquem pro quacunque causa, que ad collum vel ad manum se extendit, vltra 10 marcas vsualis ponderis et monete, de quibus aduocatus provincialis tollet duas partes, aduocatus siquidem hereditarius tantum suam terciam partem tollet.

3. Insuper addicimus, si alique cause emerserint, magne uel parue, intra muros ciuitatis uel extra, siue in pascuis, seu in hereditatibus spectantibus ad spacium ciuitatis et in iudicium curie nostre uel ad nostram presenciam de ciuili iudicio tracte fuerint uel deducte; ibidem scabini nostre ciuitatis Wratizlauie sedere debeant et dare sentencias et secundum ius ciuitatis iudicari salua tamen nostra maiori pena, que ad nos pertinet atque spectat, et nostro iudice iudicio presidente.

Ut autem hec nostra donacio habeat robur perpetue firmitatis hanc paginam nostro sigillo duximus consignandam. Actum et datum Wratizlauie per manus Baldwini, notarii curie nostre, anno domini millesimo c°c°lxxx° quarto Nonas Maii presentibus hiis dominis: Petro, prothonotario nostro, Raslao Dremelinc, castellano in Rezen, Pacoslao, marschalco nostro, Nenkero, Symone Gallico, Nicolao Rufo et aliis quam plurimis fide dignis.

Mit dem Siegel des Herzogs.

52. *Bischof Thomas II entscheidet den Streit des Dompropstes Sbrozlaw und des Propstes zum heiligen Geiste in Breslau Tilmann über die Zehnten von Wysoka. Breslau den 3. März 1283.*

Original im Archive des Hospitals zum heiligen Geiste.

In nomine domini amen. Ut quiescat animus litigantium, et bonum pacis et concordie firmius solidetur, expedit, vt ea que ordinantur et debent per longa tempora stabilia permanere, scriptis competentibus roborentur. Hinc est, quod nos Thomas, dei gracia episcopus Wratizlauiensis, constare volumus vniuersis, ad quos presentes littere fuerint deuolute, quod cum inter virum prouidum et discretum dominum Sbrozlaum, nostrum Wratizlauiensem prepositum, ex parte vna et fratrem Tilmannum, prepositum hospitalis sancti spiritus ibidem, ex altera orta esset controuersia quedam super decima cuiusdam ville, que Wisoca nuncupatur, quam decimam dictus dominus Sbrozlaus, prepositus noster, asserebat ad prebendam, quam preter preposituram in nostra Wratizlauiensi ecclesia obtinet, pertinere; tandem post multas altercationes hincinde diutius habitas placuit partibus in nostra et capituli nostri presentia constitutis tam pro ipsorum quiete, quam pro scandalo euitando, quod ex eorum frequentibus litigiis succrescere poterat vel etiam evenire, postpositis utrimque questionibus siue litigiis concordare finaliter in hunc modum consensu ad hoc nostro et nostri Wratizlauiensis capituli, eo quod ordinatio ejusdem concordie opus in se contineat pietatis, specialiter accidente, quod predicta villa Wisoca hospitali sancti spiritus, siue propriis eiusdem hospitalis aretur aratris siue aliorum, a solutione decime et ab impeticione prefati domini Sbrozlai et successorum suorum, ad quos dicta prebenda postmodum deuoluetur, libera perpetuo debeat remanere. Prepositus vero ipsius hospitalis ratione decime tocius predicte ville videlicet de Wisoca sepedicto domino Sbrozlao et suis successoribus, vt predictum est, vnam marcam vsualis monete et argenti in festo beati Martini soluere tenebitur annuatim. Et vt predicta ordinatio concordie firma permaneat in perpetuum et integra, sigillis nostro et prefati capituli nostri presentem paginam fecimus communiri; actum et datum Wratizlauie in die cinerum anno domini M°CC°LXXX° tercio presentibus et consentientibus dominis Milegio, decano, magistro Andrea archidiacono, Johanne scolastico, magistro Vlrico cantore, Nicholao custode, Nicholao, scolastico Glogouiensi, Leonardo decano, magistro Francone, archidiacono Opoliensi, magistr Johanne Gosuini, Volphkero, Stephano, Martino, Helya, Petro, Henrico Vlrici, Petro Radzlai et Laurentio, canonicis nostris Wratizlauiensibus.

An rothen seidenen Fäden hängen die spitzrunden Siegel des Bischofs und des Capitels mit den Umschriften: † S THOME DI GRA WRATISLAVIEN. EPI. und † S CAPITVLI WRATIZLAVIEŃ ECCL'E SCI JO...

53. *Die Herzöge Heinrich V von Liegnitz und Heinrich IV von Breslau bestimmen, was die breslauer Bürger zu Neumarkt und die neumarkter zu Breslau an den Jahrmärkten zu entrichten haben. 2. September 1283.*
Original im breslauer Stadtarchiv A. 19., gedruckt bei Lünig XIV. S. 234.

In nomine domini amen. Nouerint vniuersi presentem paginam inspecturi, quod nos Henricus dei gracia dux Slesie et dominus Lignicensis, ad instanciam precum atque monicionum fidelium nostrorum ciuium Nouiforensium deliberato consilio nostrorum baronum cum illustri principe, fratre nostro karissimo Heinrico, duce Slesie et domino Wratizlauiensi, propter communem vtilitatem et profectum ciuitatis nostre Nouifori ex vna parte et ciuitatis Wratizlauiensis ex altera super solucionibus et iuribus theolonii nostrorum ciuium Nouiforensium in nundinis terre Wratizlauiensis concordauimus in hunc modum; ita quod jam dicti nostri ciues Nouiforenses, mercatores, institores et alii, cuiuscunque modi operis sint, qui ad easdem nundinas venerint, de ipsorum mercimoniis soluant, prout temporibus nostrorum predecessorum felicis memorie primitus in eisdem nundinis soluere consueuerunt. Et que soluciones ex antiquo tales fore dinoscuntur, quod ciues nostri Nouiforenses in omnibus ciuitatibus terre Wratizlauiensis tam in Wratizlauia quam in Nyza et in nundinis aliarum ciuitatum siue in diebus forensibus semper de decem pannis Nouiforensibus vnum scotum perpetualiter soluere debeant. De sale et de aliis ipsorum mercimoniis, que duxerint, soluant sicut antiquitus soluere consueuerunt. Quidquid eciam nostri ciues Nouiforenses in ciuitatibus Wratizlauiensibus pro eadem pecunia quam pro suis pannis receperint, comparauerint, seu mercimoniis, de quibus[1]) in theoloneo satis-

1) Original: quibuibus.

factum fuerit, super hiis in theolonii exaccione deinceps non grauentur. Iura autem et soluciones ciuium Wratizlauiensium tales sunt, quod nos omnes ciues Wratizlauienses, qui ad nundinas in Nouumforum venerint, de omni exaccione theolonii liberos esse permittimus et quietos eo excepto, quod quiuis mercator per singulares vlnas vendens pannos in stacionibus, que wlgariter „bude" dicuntur, de quibuscunque eciam partibus ibidem sibi panni adducti fuerint, et ipsos penes se in buda locauerit, non amplius quam censum bude soluet. Qui uero stamina ex integro in cameris vendiderit, non vltra quam censum soluet camerarum; preterea in exitu ciuitatis ante valuam de quolibet equo dabit obolum. Similiter institores de suis mercimoniis censum camerarum dabunt in pipere et de equo, sicut est predictum. Alii vero ciues Wratizlauienses, cuiuscunque condicionis seu operis sint, de budis suis soluent censum et de equo facient, prout antea est statutum, et insuper prefati ciues Wratizlauienses omnibus ipsorum iuribus ibidem frui debent, tanquam antiquitus fruebantur. In cuius rei euidens testimonium et munimen presentem cedulam appensione nostri sigilli fecimus roborari. Actum anno domini millesimo ducentesimo octuagesimo tercio presentibus domino Gunthero de Bibirstein, domino Henrico de Prouin, domino Mironkone, domino Themone marschalco, domino Bertoldo de Borow, et ciuibus Nouiforensibus, Tilone Longo, Henrico Slanzone, Alberto et Heidenrico, institoribus, et Gernodo scriptore et aliis quam pluribus fide dignis. Datum per manum Frixschonis, nostre curie notarii, quarto Nonas Septembris.

An seidenen Fäden hangt das Siegel des Herzogs Heinrich V mit der Umschrift.
† SIGILLVM DEI GRATIA DOMII HENRICI DVCIS SLEZIE.

54. *Herzog Heinrich IV bestätigt der Stadt Breslau das Magdeburger Recht. Breslau den 12. September 1283.*

Original im breslauer Stadtarchive B I a gedruckt bei Tschoppe und Stenzel S. 466.

In nomine dei eterni amen. Omnibus Christi fidelibus, presentem paginam inspecturis, Heinricus, dei gracia dux Slesie et dominus Wratislauie, salutem in auctore salutis. Illud precipue principalis potencie culmen amplificat, rebus communibus diligenter intendere sub certisque legibus ita subditorum constringere voluntates, vt statuti juris obseruanciis alligati, sectari licita valeant et inhibita declinare. Cum itaque felicis memorie pater noster quasdam constituciones et jura Magdeburgensia in locacione nostre civitatis Wratislauiensis ipsis civibus eorumque posteris concedenda decreuerit, nos, qui paternis cupimus reuerenter adherere vestigiis, omnia jura predicta, statuta seu constituciones Magdeburgenses, prout a patre nostro ipsis racionabiliter sunt indulte, ratificamus, approbamus et presentibus confirmamus ipsasque per ordinem fecimus hic subscribi.

Folgt die Urkunde Nr. 20 bis zu den Worten: **so hebet her sinen Kamph verloren** (§ 63).

Hec sunt jura, que in instrumento autentico felicis memorie patris nostri, ducis Heinrici, conscripta diligenter inuenimus et per eundem indulta civibus antedictis. Que cum per negligenciam aut ignauiam eorum, qui pro tempore fuerant, essent defectiue, propter cedule breuitatem, inscripta, obmissis quibusdam articulis, que jus predictum nichilominus contingere videbantur, predicti nostri ciues, cupientes hujusmodi suplere defectum, obmissos ejusdem juris articulos indiscretis vsi consiliis taliter suppleuerunt, vt jus, quod in originali negligenter extitit pretermissum, in alio latere instrumenti ejusdem temere ducerent inscribendum, propter quod indignacionis nostre sencientes indicia nostreque postremum gracie reformati pecierunt instancius, vt omnia ipsorum jura, que ab vtraque parte conscripserant, vnius littere continencia concludere dignaremur. Nos itaque ipsorum precibus pium prebentes assensum, quod in prioribus patris nostri litteris fuerat pretermissum et suprascriptum incongrue, scripturis sequentibus integramus:

Folgt die Urkunde Nr. 20. von § 65. bis zu Ende.

Uniuersa igitur suprascripta jura atque statuta, prout presenti pagine sunt inscripta, principali beneficencia confirmamus volentes ipsa per nostre ciuitatis Wratislauiensis ciues, qui sunt vel pro tempore fuerint, inuiolabiliter obseruari, salua semper tam nobis quam predictis ciuibus interpretacione, quam dux Heinricus, felicis memorie pater noster, vna cum patruo nostro, felicis recordacionis duce Wladyzlao, in derogacionem quorundam articulorum predicti juris interponere decrenerunt ad commodum et profectum ciuitatis et ciuium predictorum, prout in instrumento ipsorum super hoc confecto legitime continetur, cuius tenor talis est:

Folgt die Urkunde Nr. 23.

Omnia enim, que in abrogacionem juris Magdeburgensis in eodem instrumento a nostris progenitoribus sunt inscripta salua volumus conseruari. In quorum omnium testimonium et vigorem presentem litteram sigilli nostri munimine fecimus roborari. Actum Wratislavie anno domini millesimo ducentesimo octogesimo tercio secundo Idus Septembris presentibus domino Bernhardo, Mysnensi preposito, cancellario nostro, domino Petro prothonotario, Heinrico pincerna de Appolde, Michaele de Schozniz, castellano Wratislaviensi, Nycholao Grimzlawiz, castellano de Zandowel, Razzlao Dremeliko, castellano in Retschen, magistro Jacobo, legum doctore, et aliis multis. Datum per manum magistri Lodwici, notarii curie nostre.

Mit dem Siegel des Herzogs.

55. *Herzog Heinrich V von Liegnitz bekundet, dass der Propst zum heiligen Geiste in Breslau durch die Urkunden Herzog Heinrichs des Bärtigen und seines Sohnes die Freiheit der Güter des Hospitals zum heiligen Geiste von den herzoglichen Lasten und Gerichten bewiesen hat, und bestätigt dieselbe. Rochlitz den 23. August 1288.*

Original im Archiv des Hospitals zum heiligen Geiste.

In nomine domini amen. Ecclesiarum profectibus pia deuocione cupientes intendere ad honorem diuini nominis merito liberales existimus, dum ecclesiastica predia debitis nobis seruitutibus liberamus. Constitutus igitur coram nobis duce Henrico, duce Slezie et domino de Ligniz, venerabilis vir frater Tilmannus, prepositus sancti spiritus ospitalis in Wratizlauia, libertates prediorum et villarum et omnium incolarum ibidem sancti spiritus hospitalis jam dicti per euidencia priuilegia felicis memorie attaui nostri domini Henrici, ducis cum barba, et aui nostri, filii sui ducis Henrici occisi a Tartaris publice demonstrauit, videlicet quod omnes possessiones dicti hospitalis ab omnibus seruiciis ducalibus, exaccionibus, vecturis, et quibuscunque angariis sunt exempte, et nichilominus inhabitatores earundem possessionum a iurisdiccione omnium iudicum et castellanorum sunt liberate (!) et coram nemine nisi citati per sigilla principum in presencia ipsorum de causis criminalibus et non aliis debeant respondere. Nos igitur volentes paternam donacionem in nullo coartare set magis propter opus pietatis karitatiue ampliare easdem donaciones libertatis dicto hospitali in curia Vnarchowiz sita sub dominio nostro in districtu Nouifori concedimus tam large, quod dicta curia cum omnibus suis incolis ab exaccionibus, vecturis, angariis et quibuscunque solucionibus sit exempta, et homines ibidem degentes pro nullis causis nisi pro causa criminali, capitis uel mutilacione membri, per nostrum sigillum citati in nostra respondere presencia teneantur. Alias vero omnes causas praeposito dicti hospitalis concedimus et relinquimus iudicandas. In huius rei testimonium presens priuilegium cum nostro sigillo iussimus confirmari. Actum anno domini millesimo ducentesimo octogesimo octauo presentibus hiis domino Petro de Gusich, domino Themone marschalco, domino Bertoldo de Borow, domino Ottone de Slewiz, domino Frixschone de Thomaswalde, Domino Frederico, capellano nostro de Lom, et Frixschone, nostro notario, cuius manibus in Rochliz in vigilia sancti Bartholomei apostoli presencia conscribuntur.

An seidenen Fäden hängt das Fussiegel des Herzogs mit der Umschrift: † S HENRICI DVCIS SLEZIE ET DOMINI DE LIGNIZ. Das kleine Rücksiegel zeigt den schlesischen Adler mit der Umschrift: † S HENRICI DVCIS SLEZ.

56. *Herzog Heinrich V von Breslau und Liegnitz bestätigt und beschwört der Stadt Breslau, der er die Herrschaft über das Fürstenthum Breslau dankt, alle Privilegien seiner Vorfahren, insbesondere das Meilenrecht. Breslau den 22. Juli 1290.*

Transsumirt in einer Urkunde König Johanns von 1327, im Archiv der Stadt Breslau D 26., gedruckt bei Lünig Reichsarchiv XIV S. 235.

In nomine domini amen. Humana gesta simul transeunt cum tempore, nisi scripturis et testibus perennentur; hinc est, quod nos Henricus, dei gracia dux Slesie dominus Wratizlauie et Legnicz, tam presentibus quam futuris volumus esse notum, quod post solum deum per fideles et karissimos nostros ciues Wratizlauienses pariter et per terrigenas Wratizlauienses simus ducatum Wratizlauiensem et dominium consecuti. Vnde dignum fore dinoscitur, vt beneficia beneficiis recompensemus, quod ipsis sub prestito iuramento omnes donaciones, concessiones, iura et priuilegia ipsorum, que a nostris patruis et progenitoribus pie recordacionis et communia iura prime locacionis et precipue, ut nulle camere mercatorum, nulli crami, nulli pistores, nulli sutores, nulli carnifices, nulle thaberne sint, nulli mechanici, volumus, vt non infra vnius spacium miliaris in preiudicium nostre Wratizlauiensis ciuitatis, indulta ipsis et concessa emendaremus et confirmaremus, beniuole ad ipsorum peticionem iustam et honestam inclinati omnia et singula innouamus, ratificamus et inuiolabiliter prestito iuramento perpetue confirmamus. Ne autem nostri heredes seu successores in posterum hanc nostram donacionem et confirmacionem in aliquod preiudicium prefate nostre ciuitatis infringere ualeat, ipsos sub eodem perstringimus iuramento. Si que vero, quod absit, a nobis vel a nostris heredibus aut successoribus siue donaciones aut priuilegia in preiudicium iam dicte ciuitatis per ignoranciam vel obliuionem emanauerint ex nunc prout ex tunc, eas vel ea decernimus nil valere et in irritum reuocamus propter prestitum iuramentum. Super huius confirmacione hanc paginam nostro sigillo duximus roborandam. Actum et datum Wratizlauie anno domini m° cc° nonagesimo xi° Kalendas Augusti presentibus dominis Gunthero de Bebirsteyn, Heynschone de Wesinburc, domino Pakoslao, magistro Lodoyco, Thymone de Poserno, Bertholdo et Cunrado de Borow et aliis pluribus fide dignis.

57. *König Rudolf belehnt den König Wenzel II von Böhmen mit allen durch den Tod des Herzogs Heinrich IV von Breslau eröffneten Reichslehen. Erfurt den 22. Juli 1290¹).*

Gedr. bei Sommersberg I 892., Lünig Corpus juris feud. Germ. I 971. u. öfter.

Nos Rudolphus, dei gratia Romanorum rex, semper Augustus, ad universorum sacri Romani imperii fidelium notitiam cupimus presenti pagina pervenire, quod nos attendentes multiformia meritorum insignia virtutum et fidei premia preciosa, quibus illustris Wenceslaus, rex Boemie, princeps et filius noster charissimus, erga nos et Romanum imperium se constituit multiformiter gratiosum, omnia feuda nobis et imperio per mortem illustris ducis Wratislavie vacantia dicto regi Boemie nec non suis heredibus tenenda habenda possidenda titulo feudali duximus conferenda. In cujus rei testimonium presentes litteras conscribi et nostro majestatis sigillo jussimus roborari. Datum Erfordie XI Kalendas Augusti anno domini MCCXC, indictione III, regni vero nostri XVII.

1) Vgl. hierzu die Anmerkung Böhmers Regesta Rudolfi 1052.

58. *Herzog Heinrich V bestätigt und transsumirt die Urkunde Herzog Heinrichs III über die Gründung der Neustadt vom 9. April 1263. 9. August 1290.*

Original im Archiv der Stadt Breslau A 16, gedruckt bei Drescher, diplomatische Nebenstunden I p. 62. Gaupp Magdeb.-Hallisches Recht 335., und bei Tschoppe u. Stenzel S. 405.

In nomine domini amen. Nos Henricus, dei gracia dux Slesie et dominus Wratizlauiensis, notum esse cupimus vniuersis, tam presentibus quam futuris, quod exhibitis nobis ex parte ciuium nostrorum de noua ciuitate sita ante ciuitatem Wratizlauiensem priuilegiis beate memorie domini Henrici, ducis Slesie, Cracouie et Sandomirie¹), super ipsorum iuribus et confirmacionibus, que de verbo ad verbum perspeximus in hunc modum:

Folgt die Urkunde Nr. 24.

Nos igitur volentes [juribus]²) dictorum ciuium et ciuitatis in nullo penitus derogare, set pocius ipsos cum ciuitate in dictis suis iuribus manutenere, omnia superius predicta et prenotata nostri sigilli munimine confirmamus, et eosdem ciues in suis consuetudinibus persistere volumus omni contradiccionis scrupulo profligato. Actum anno domini millesimo ducentesimo nonagesimo presentibus fidelibus nostris Symone, castellano de Nemix, Henzcone de Wisenburc, Nenkero,

1) So nannte sich jedoch nicht Heinrich III, sondern Heinrich IV (vgl. Stenzel schlesische Geschichte S. 106) in den letzten Jahren seiner Herrschaft. Lediglich durch ein Versehen des Schreibers, der geglaubt haben mag, eine Urkunde des zuletzt genannten Herzogs vor sich zu haben, dessen Regierungsanfang (1266) ihm nicht genau bekannt war, ist diese irrthümliche Bezeichnung Herzog Heinrichs III zu erklären. 2) Fehlt im Original.

Palatino Wratizlauiensi, Pakozlao, Schamborio de Siltbere, Ludwico prothonotario et Frixschone, notario nostro, cuius manibus quinto Augusti presencia Ydus ³) conscribuntur.

Das Siegel ist verloren.

3) Ydus gehört vor Augusti.

59. *König Rudolf bestätigt als Lehnsherr den Erbvertrag des Königs Wenzel II von Böhmen und des Herzogs Heinrich IV von Breslau, wonach das vom Reiche lehnrührige Fürstenthum Breslau an König Wenzel II fallen soll, wenn der Herzog Heinrich vor ihm stirbt. Erfurt den 25. September 1290¹).*
Sommersberg I 892., Lünig I. c. I 971 u. öfter.

Rudolphus, dei gracia Romanorum rex, semper Augustus, universis sacri Romani imperii fidelibus presentes litteras inspecturis gratiam suam et omne bonum. Universitatis vestre notitie innotescat, quod nos ordinationem seu promissionem de terra et principatu Wratislavie et Slesie, que a nobis et imperio habentur in feudum, quam illustris quondam Henricus, dux Wratislavie, noster princeps, cum illustrissimo et preclaro Wenceslao, rege Boemie, filio et principe nostro charissimo, videlicet, quod idem rex Boemie in terra et principatu Vratislavie et Slesie, si ipsum Henricum ducem premori contigerit, sibi deberet succedere, iniisse dignoscitur et fecisse, habemus gratam et ratam de plenitudine potestatis regie confirmantes et dantes has litteras nostras sigillo nostro munitas in testimonium super eo. Datum Erfordie VII. Kalendas Octobris indictione III, anno domini MCCXC, regni vero nostri XVII.

1) Vgl. hierzu die Anmerkung Böhmers Reg. Rudolfi 1052.

60. *König Rudolf belehnt den König Wenzel II von Böhmen mit allen durch den Tod des Herzogs Heinrich IV von Breslau eröffneten Reichslehen. Erfurt den 26. (25.) September 1290¹).*
Sommersberg I 892., Lünig I. c. I 971 u. öfter.

Rudolphus, dei gracia Romanorum rex, semper Augustus, universis sacri Romani imperii fidelibus presentes litteras inspecturis gratiam suam et omne bonum. Licet munificentie nostre dextram ad cunctos fideles, quos Romanum ambit imperium, ex officii debito nobis desuper recommissi porrigere teneamur, maxime tamen illustres principes, qui velut aurora stellis prerutilans virtutum insigniis ceteris prestantiores imperialem gloriam reddunt radiantius illustratam, nos delectat graciosius gratiosa dulcedine prevenire; attendentes itaque inclytum Wenceslaum, regem Boemie, principem et filium nostrum charissimum, utpote bene meritum condignis premiis premiandum principatum Wratislaviense et Slesie, quem a nobis et imperio illustris quondam Henricus dux Wratislaviensis recepit in feodum, necnon omnia feoda vacantia ex morte ejusdem Henrici quondam ducis Wratislaviensis ad nos et imperium pertinentia cum omnibus suis attinentiis, possessionibus, jurisdictionibus et juribus universis, quocunque nomine censeantur, dicto regi Boemie et suis heredibus habenda et possidenda a nobis et imperio tenenda titulo feudali duximus conferenda; si quid autem diminutionis vel

1) Die Abdrücke haben zum Theil VI Kalendas Octobris zum Theil VII.

calumnie, quod non credimus, circa predicta cavillose, malitiose vel subdole posset opponi, supplemus de plenitudine regie potestatis. In cujus rei testimonium presens scriptum nostre majestatis sigillo fecimus communiri. Datum Erfordie VI Kalendas Octobris, indictione III, anno domini MCCXC, regni vero nostri XVII.

61. *Herzog Heinrich V führt die Ohlau um die Stadt Breslau. 23. Januar 1291.*
<small>Original im Archiv der Stadt Breslau A 11.</small>

In nomine domini amen. Ea que cause cognicionem in futuro indigent, necessarium duximus, vt scriptis et testibus publicis confirmentur. Inde est, quod nos Henricus, dei gracia dux Slezie et dominus Wratizlauiensis, in plurimorum tam presencium quam futurorum deferimus nocionem, quod in promocione ciuitatis nostre Wratizlauie exhibentes nos peruigiles de communi consilio consulum dicte ciuitatis fluuium, qui Olauia dicitur, circa dictam ciuitatem ducere decreuimus, vt commoda plurima per eandem aquam ciuitati proueniant, et vt eciam sit in partibus infirmioribus magis firma. Inuenimus eciam in ambitu dicti fluminis locum pro molendino congruum, quem locum medium Theodrico dicto Pheffircorn, seruitori nostro, contulimus ad edificandum et construendum [molendinum] pro media parte, cum quotquot rotis poterit vel necessarias habuerit, et sicut suis vsibus videbitur commodius expedire, addicientes, quod piscatura in dicto fossato per medium ad eundem Theodricum et ad suos successores pertineat, et nullum molendinum superius aut inferius per aliquem debeat construi, quod isti molendino preiudicium generet aut grauamen. Sed structura et instauracio poncium per dictum fossatum pertineat ad solos ciues Wratizlauienses et idem Theodricus de media parte molendini ipsum contingentem (!) nobis octo malderatas brasii ordeacii in festo s. Martini a die, qua dictum molendinum molere ceperit, annis singulis post biennium est daturus, et de aliis solucionibus omnibus et exaccionibus et collectis, quas super alia molendina ponimus, idem Theodricus perpetuo sit cum suis successoribus liber penitus et solutus. In cuius rei testimonium cum sigillo nostro presencia iussimus sigillari. Actum anno domini millesimo ducentesimo nonogesimo (!) primo presentibus hiis Gunthero de Bibirstein, Themono de Pozerne, pincerna, Bertoldo de Borow, dapifero nostro, Gysilhero Colnero et consulibus ciuitatis, Chonrado, Winero, Zacharia, Helwico de Molsdorfh, Tilone et Bertoldo de Cindato et Frixschone, nostre curie notario, dicto de Jareschowe, cuius manibus decimo Kalendas Februarii presencia conscribuntur.

<small>Das grosse Fusssiegel des Herzogs mit der Umschrift in gothischen Majuskeln: † S' HENRICI QVNTI DEI GRA. DVCIS SLE. DNI. WRATIZLIE. ET. DE. LIGNIZ hängt an grünen seidenen Fäden. Das kleine Rücksiegel zeigt den schlesischen Adler mit der Umschrift: † S. HEN. QVITI DVC. SLE ET DNI WRAT.</small>

62. *Herzog Heinrich V von Breslau bewidmet Goldberg mit breslauer Recht. Goldberg den 23. Juni 1292.*
<small>Original im Archive der Stadt Goldberg Nr. 3, gedr. bei Tzschoppe u. Stenzel S. 414.</small>

In nomine domini amen. Juste et pie nos facere reputamus, cum jura civitatum nostrarum per aucmentacionem rei publice conservamus. Inde est, quod nos Henricus, dei gracia dux Slezie et dominus Wratizlaviensis, commodis et honoribus civitatis nostre Aureimontis tanto efficacius cupientes intendere, quanto magis ipsam proficere variis profectibus desideramus, eidem civitati nostre jura et donaciones subscriptas concedimus et donamus et ea deferri ad presencium et futurorum noticiam volumus testimonio hujus scripti. Concedimus itaque dicte civitati in causis judiciariis et civilibus jura civitatis Wratizlavie, et quod omnes ville ad districtum Aureimontis pertinentes et nominatim Peregrini villa sentencias et jura sua in eadem civitate recipiant et requirant, et secundum jura et sentencias, que ipsis de civitate Aureimontis date fuerint, in omnibus causis judiciariis gubernentur. Damus eciam dicte civitati in villa dicta Kopatz quinque mansos et medium ultra agros, quos Wernherus in acie, civis Aureimontis, ibidem possidet, pro pascuis pecorum, ut dicti quinque mansi et medius pro utilitate pascuorum ad dictam perpetuo pertineant civitatem. In hujus rei testimonium et perpetuum vigorem presens instrumentum conscribi jussimus, nostri sigilli munimine roboratum. Actum in Aureomonte, anno domini millesimo ducentesimo nonagesimo secundo, presentibus fidelibus nostris, Themone de Pozerne, pincerna nostro, Bertoldo de Borow dapifero, Petro dicto de Prato, Hermanno de Roncberc, Petro Kurziboc et Frixschone, nostre curie notario, per quem in vigilia nativitatis sancti Johannis baptiste presencia conscribuntur.

Mit dem Siegel des Herzogs.

63. *Der breslauer Rath bekundet, dass er auf Verlangen Herzog Heinrichs V das Recht der Stadt Breslau der Stadt Goldberg mitgetheilt hat. 6. August 1292.*

Original im Archive der Stadt Goldberg Nr. 4, gedr. bei Tschoppe u. Stenzel S. 416.

Noverint universi, presentes et posteri, presens scriptum inspecturi, quod nos, consules civitatis Wratislaviensis, videlicet Wernerus de Borch, Sibodo de Lewenberch, Goblo, Siffridus Herdegni, Nycholaus Plesslonis et Engelgerus, ad instanciam precum incliti principis H[enrici], ducis Slesie et domini nostri Wratislaviensis et in Legniz, universis civibus in Aureomonte nunc existentibus et in posterum successuris, omnia nostre civitatis jura, prout apud nos servantur, porrigimus et donamus, ita quoque, ut super omnibus causis, tam parvis, quam magnis, civibus predicte civitatis incumbentibus, in omni jure ad nostram civitatem Wratislaviam perpetualiter recursum habere debeant et respectum unaque nobiscum de eisdem juribus in prefata civitate frui et gaudere pro ipsorum civium comodo et honore. Dum hec fierent, presentes erant tunc temporis scabini in Wratislavia ceterique seniores concives ibidem, qui pari assensu, bona voluntate consenserunt, videlicet Thilo de Cindal, Jensche de Gorliz, Nycholaus Godkini, Hermannus de Molnheim, Nycholaus Heroldi, Siffridus Braziator, Hellewicus de Mollesdorf, nocnon Zacharias, Heinricus de Bansch, Conradus, Wienerus, Bertoldus, de Cindal, Wernerus Schartelzan, hereditarius advocatus in Wratislavia, et alii quam plures. Super quo ipsos presenti scripto appensione sigilli civitatis Wratislavie duximus muniendos. Datum, anno domini millesimo ducentesimo nonagesimo II, in die beatorum martyrum Sixti, Felicissimi et Agapiti.

Das Siegel fehlt.

64. *Herzog Heinrich V von Breslau und Liegnitz bewidmet Liegnitz mit dem Rechte der Stadt Breslau. Liegnitz den 17. Juni 1293.*

<small>Original im liegnitzer Stadtarchiv Nr. 26, gedr. bei Tzschoppe u. Stenzel S. 422, Schirrmacher, Liegnitzer UB. S. 13. u. Sommer, Chronik von Liegnitz S. 445, bei letzterem mit Fortlassung der Zeugen.</small>

In nomine domini amen. Cum justicia sit constans et perpetua voluntas jus suum unicuique tribuens, expedit nobis, qui justiciam colimus et boni et equi noticiam profitemur, ut singulis tam solidum jus reddamus, ne eterni judicis justiciam nobis contrariam senciamus. Inde est, quod nos, Henricus, dei gracia dux Slezie et dominus Wratizlavie et de Lignicz, omnibus in perpetuum, tam presentibus quam futuris, testimonio hujus pagine cupimus esse notum, quod cum adverteremus, quod civitas Wratizlavia jure speciali frueretur et civitas Lignicz jure similiter speciali regeretur et in hiis juribus civilibus discreparent, attendentes, quod inequalitas jurium inequalitatem efficit hominum, hujusmodi diversitates non proficuas sed perniciosas estimantes maturo habito consilio et deliberato animo donamus, tradimus et concedimus civitati nostre Lignicz omnia jura civitatis Wratizlavie, quocunque nomine censeantur, in judiciis, in mensuris, in metretis, in ulnis, in exaccionibus, collectis, contribucionibus et taxacionibus, in omnibus officiis, qualitercunque nuncupentur, ut eisdem juribus Wratizlaviensibus civitas Lignicz jure perpetuo gaudeat et fruatur, volentes, concedentes, censentes quoque sanccione perhenni civitatem Lignicz omnibus juribus Wratizlaviensibus in universis causis magnis et minutis eternaliter perfrui et gaudere. Ne autem quispiam nostrorum heredum seu successorum hanc nostram concessionem et juris innovacionem, quam non nocivam sed proficuam reputamus, infringere valeat aut mutare, presentes litteras in confirmacionem ipsius scribi fecimus et nostri sigilli karactere consignari. Actum in Lignicz, anno domini millesimo ducentesimo nonagesimo tercio quinto decimo Kalendas Julii, presentibus nostris fidelibus, Mironchone de Parchowicz, Bertoldo de Borow, Themone de Poserne, Ottone de Slewicz, et civibus Lignicensibus, Hartungo de Bunzlavia, Bertoldo dicto Kleinchoufh, Johanne de Woyzechisdorfh et Friczchone de Jaroschow, canonico et prothonotario Wratislaviensi, cujus manibus presencia conscribuntur.

Mit dem Siegel des Herzogs.

65. *Bischof Johann von Breslau gründet mit Zustimmung seines Capitels die Elisabethschule zu Breslau nach dem Muster der dort bereits bestehenden Stadtschule zu St. Maria-Magdalena. Breslau den 31. August 1293.*

<small>Original im Stadtarchiv M 1. c, Facsimile mit schönen Abbildungen der Siegel als Beilage des Programms zur Jubelfeier des Elisabethgymnasiums 1862.</small>

In nomine domini amen. Vt eorum, que rite atque legitime ordinantur, memoria eciam apud posteros habeatur, nos Johannes, dei gracia episcopus Wratislauiensis, presentibus litteris profitemur et notum facimus vniuersis easdem presentes litteras inspecturis, quod cum ad nostrum spectet officium, vt quorumlibet subditorum nostrorum et precipue deuotorum quieti et tranquillitati prouidere ipsorumque precauere incommodis, quantum cum deo et iusticia possumus, studeamus, nos considerato diligentius, vt decebat, quod pueri ciuium de parrochia ecclesie sancte Elyzabeth Wratislauiensis ciuitatis et maxime paruuli scolas frequentantes extra muros eiusdem ciuitatis Wratislauiensis, dum ad ipsas scolas accedunt, tum propter locorum distanciam ac passus et accessus difficiles, qui sunt in pontibus strictis et fractis super flumina tum eciam propter multitudinem hominum, curruum et equorum per predictos pontes et viam frequenter et assidue transeuntium multa dispendia et incommoda sustinent non sine magno eciam suarum periculo persouarum, ciuium quoque predictorum deuotis precibus fauorabiliter inclinati, ita cum consilio et consensu nostri Wratislauiensis capituli duximus ordinandum, scilicet vt infra muros dicte Wratislauiensis ciuitatis iuxta predictam ecclesiam sancte Elyzabeth scole fiant, in quibus pueri paruuli doceantur et discant alphabetum cum oracione dominica et salutacionem beate virginis cum symbolo, psalterio et septem psalmis. Discant etiam ibidem cantum, vt in ecclesiis ad honorem dei legere valeant et cantare. Audiant eciam in eisdem scolis Donatum, Cathonem et Theodolum ac regulas pueriles. Qui pueri predicti si maiores libros audire voluerint, ad scolas sancti Johannis in castro Wratislauiensi se transferant vel quocunque voluerint et eis videbitur expedire. Hoc autem omnino volumus obseruari, quod scolasticus ecclesie nostre cathedralis, qui erit pro tempore, vel ille, cui scolasticus idem commiserit vices suas, rectorem in predictis scolis vtilem et aptum pueris instituat et prefigat. Et ne super premissis dubium aliquod in posterum cuipiam valeat quomodolibet exoriri, sigillum nostrum vna cum sigillo predicti capituli nostri litteris presentibus duximus apponendum. Datum Wratislauie in ecclesia sancti Egidii pridie Kalendas Septembris anno domini m° cc° x°c tercio presentibus dominis, magistro Andrea decano, Semiano archidiacono, magistro Vito, cantore, Petro cancellario, Philippo. Gneznensi, Henrico, Legnicensi et Johanne, Lanchiciensi archidiaconis, Petro preposito et magistro Jacobo, scolastico ecclesie sancte crucis, Stephano, Arnoldo, Martino, magistro Miroslao, archidiacono Glogouiensi, Janussio Ecrichi, Petro de Sosniz, Grabissio, Michale (!), Henrico procuratore, Jaroslao et Henrico Gregorii, canonicis Wratislauiensibus, et multis aliis.

An seidenen Fäden hängen: 1. das spitzrunde Fusssiegel des Bischofs mit der Umschrift: S. JOHANNIS DI GRA. WRATISLAVIEN. EPI. 2. das spitzrunde Siegel des breslauer Domcapitels, Christi Taufe im Jordan darstellend mit der Umschrift: S CAPITVLI. WRATIZLAVIEN. ECCLE. SCI. JOHIS.

66. *Die Schöppen zu Magdeburg theilen der Stadt Breslau mehrere Rechtsartikel mit. 8. November 1295.*

Original im breslauer Stadtarchie B. 2., gedruckt bei Tzschoppe u. Stenzel S. 428. ff. und bei Gaupp. Halle-Magdeburger Recht S. 259.

§. 1. In des borchgreuen dinge zv̈ Meydeburch mac ein man wol vmbe gelt clagen; der cleger mûz aber al vz in borchgreuen dingen van eime dinge zv̈ dem anderen siner clage volgen, so daz he iz ieme io sal kundegen.

§. 2. Wirt aber ein man mit gezuge beclaget in dem selben dinge vmbe gelt, vnde sprichet her, he habe ime vergulden, daz volbrenget he baz mit erhaften liuten, den is in jener verzugen môege; daz mac he tv̈n zv̈ hant, ob he wil, oder vber dri vierceinnacht in des scultheizen dinge. Sal aber ein man einen eith tv̈n mit sin eines hant, den mûz he tv̈n in deme selben dinge.

§. 3. Der richter sal gerichtes warten vnde phlegen alle tage an rechter dingstat, iz en si, daz ein man vmbe gelt clagen wil ane gezuch, daz mac he allenthalben wol richten.

§. 4. Wergelt vnde bůze vnde des richters gewette sal man gelden vf den tach, der geteilet ist, alse denne genge vnde gebe sin: daz wergelt vnde die bůze deme clegere vnde deme richtere daz gewette.

§. 5. Wirt einem manne sin gut gevrouet mit rechte, daz sal iener besitzen, der iz in de vrone gebrach hat, mit der vrone dri tage vnde nacht, he sal och darinne ezzen vnde slaphen mit der vrone: dar nach so sal he daz gůt vf bieten zů dren Dingen, immer vber viercennacht: zů dem vierten dinge sal ime die richtere vride da vber wirken vnde sal iz ime eigenen mit schepphen örteiln. Vercoufen mac her denne mit wizzenschaft. Loufet ime danne da icht vber, he sal iz ieme wider kerren; gebrichet ime, he vordere aber vor baz.

§. 6. Sprichet ein man sin gůt an, gewant oder swaz anders sines gutes ist, daz iz ime abegestolen oder geroubeth si: da sal he sich zů zen mit sin eines hand vnde sal sweren vf den heiligen, daz iz to sin were vnde noch sin si, do iz ime abegestolen oder abegeroubet wart.

§. 7. Ist iz aber ein phert, daz ein man ansbricht, daz ime abegestolen oder geroubet ist, da sal he sich mit rechte alsus zů zen. He sal mit sime rechten voze deme pherde treten vffe den linken voz vorne vnde sal mit siner linken hant dem pherde grifen an sin rechte ore vnde sal gern der heiligen vnde des steueres vnde sal vffe den heiligen dem pherde vber deme houbete sweren, daz daz phert do sin were vnde noch sin si, do iz im abegestolen oder abegroubet wart: so zucht sich iener an sinen geweren vnde mûz sweren vffe den heiligen, daz he daz phert ze zů rechter zucht: da mûz im iener hen zů rechte volgen, wanne ober die weldegen se nicht. Spricht aber ein man, he habe daz phert gecouft vffe den vrien markete vnde ne mac he des dicheinen geweren haben, so verliuset he daz phert vnde sin silver, daz he da vmbe gap vnde ne verliuset da vmbe nichein gewette.

§. 8. Beclaget ein man den anderen vmbe gelt nach toter hant vnde wil in des inneren nach rechte, daz mac he tůn mit sin eines hant vf den heiligen, ob iz ime iener gestaten wil. Sprich aber iener, he in wizze vmbe dez gelt nicht, he si is vnschuldich, oder he habiz ime vergulden, daz mûz he sweren vffe den heiligen selbe sebende.

§. 9. Biutet sich ein man mit wizzenschaft zů rechte kegen den anderen vnde de andere weigeret des vnde wndet des en vnverclageter dinge ane recht, vnde der ander, der gewndet ist, kumt zů were vnde wndet ienen weder, vnde der desen erst wndede, kome vore vnde clage, der ander, an deme der vrede erst gebrochen wart, kome ouch na vnde clage desselben tages bi tageslichte vnde sage, daz der orhap ienes were vnd sin nicht; gezuget he daz, alse recht is, selbe sebende mit erhaften liuten, die iz gesen vnde hort haben vnde da zů iegenwardich waren, he gewinnet ieme die ersten clage abe.

§. 10. Ein man der mac sinen son wol vz zen mit sin eines hant vf den heiligen, der in binnen sinem brote ist vnueranderet, also daz he swere, daz der son der tat vnschuldich si.

§. 11. Vnde wirt (wirt) ein vrouwe begriffen in hanthafter tat an totslage oder an kamphberer wnde, des is der clegere si neher zv̊ oberwindene selbe seuende mit erhaften liuten, den sie is vnsculdich moge werden, vnde so mûz sie gerichte liden. Beclaget man auer eine vrowen vmbe totslach oder vmbe wnden, die des selben tages bewiset sin vnde wirt die vrowe geborget vffe recht, des is die vrowe neher zv̊ vntgende selbe sebende mit erhaften liuten vf den heiligen, den man ienege not mer an sie geleggen moge. Spricht man auer eine vrowen an umbe clage, die vernachtet is, des is die vrowe neher zv̊ vntgende mit ir eines hant vf den heiligen, dan sie einege not vorbaz me da vmbe lide.

§. 12. Ob ein man zwierhande echte kindere habe vnde hat die ersten vor zv̊ rate vz gezagt, vnde gibet her da nach den anderen kindern icht an sime gûte, vnde stirbet der man, daz nemen die kint bevorn, vnde waz da boven denne blibet, daz teilen sie al geliche vnder sich, went sie ime al euenbordich sin.

§. 13. Ob ein scheppe in gehegeteme dinge uf der bank mit vnbillichen worten van einem manne misschandelet worde, wllenkumt des der scheppe mit ander sinen bankgenozen, daz sie iz gehort auen, iener mûz deme scheppen verbûzen vnde dem richtere gewetten.

§. 14. Ob ein man beclaget wirt vmbe totslach oder vmbe wnde vnde der man sich borget bi sime erbe, zv̊ gestene zv̊ rechte, vnde wirt he abrennech, daz he nicht gestet, so sal man in denne voresehen, alse recht is, vnde ne kumt he denne nicht vor zv̊ deme selben dinge, man vervestet in vnde so telt man deme clegere daz wergelt vffe daz erbe gewnnen vnde deme richtere sin gewette.

§. 15. Vnde man en mac mit rechte decheinen man hoer burgen twingen zv̊ setzene, den al sin wergelt stett, izen si vmbe gelthafte schult, die grozer si.

§. 16. Geschet ein strid bi tageslichte, wil man da einen biderwen man zv̊ beclagen, der da nicht besen ist, des ist he neher zv̊ vntgende selbe sebende mit erhaften liuten, die da zv̊ iegenwarde waren, den man en kamph abe gewinnen mûge. Beclaget man auer einen bederwen man bi nachtslafender dieth vmbo totslach oder vmbe wnde, die nachtes geschet, des ist he neher zv̊ vntgende selbe sebende mit erhaften liuten, bi den he do was, do die tat geschah, vnde ho der tat vnschuldich ist.

§. 17. Swen ein man zv̊ vorsprechen bittet, de mût sin wort sprechen zv̊ rechte, he vntrede is sich mit gewette.

§. 18. Vnde swen der man sterbet, so sal man der vrowen zv̊ rechte die schaph zv̊ der rade in brengen, swa so sie gan.

§. 19. Vnde iz en mac nieman, weder vmbe totslach, oder vmbe wnde oder vmbe decheine schult, dichein ellende geswern.

§. 20. Swa ein man einen eid gelobet vor gerichte vor vnbillliche wort, oder roufen, oder slan, oder blutrunst, des ne mac man en nicht ledich lazen izen si des richteres wille.

§. 21. Die wile die kint iren rechten vormunden nicht haben ne mûgen, so ne mac man si zv̊ decheinen degedungen brengen, si ne komen alrerst zů iren iaren.

§. 22. Ob ein man den anderen beclaget, daz he ime sines erbes icht abe gebuwet habe, daz beheldet iener baz, der iz in gewern hat, mit sin eines hant:

he en habe in mit gezvge angesprochen; so mûz iz iener, der iz in der gewere hat, ob he wil, mit gezuge behalden.

§. 23. Di wile daz di borgere zv̊ Meydeburch rechte tegedinge halden nach der stat rechte vnde sich vor irem herren dem bischophe, dem burchgreuen vnde dem scultheizen zv̊ rechte erbieten, nach der stat rechte, so ne mac man sie buzen der stat nicht brengen in ein ander gerichte.

Diz recht haben die scheppen van Meydeburch lazen scriuen mit der ratmanne vnde der stat volge vnde wilkore vnde habenz durch liebe vnde vruntschaft zv̊ rechte gegeben vnde gesant iren lieben vrunden, dem (1) burgern der stat Wrezlaw vnde willen en des gesten vnde mit en halden. Zv̊ denselben ziten waren scheppen zv̊ Meydeburch, her Bartholt Ronebiz, der ritter, her Reyner bi sente Peter, her Hennig, hern Jans son, her Arnolt Horn, her Brun Loschsche, her Kone, ridder, her Jan Vrese, di riddere, her Kone, die lange, her Wolther van Slanstede, her Florin, her Heynemann, riddere. Iz waren ouch zv̊ denselben ziten zv̊ Meydeburch ratman, her Heydeke, hern Ywans, her Kone van Tunderslove, her Heine, hern Hartmannes son, her Tideman van Dodeleghe, he Tile van Egelen, her Tile Hasart, her Siuert van Lebechun, her Bolthe Stokvisch, her Henning Houwere, her Rolef, ritter, her Henning van Korling, her Busso Wesseken. Die selben ratman haben der stat ingesegel van Meydeburch dar an tv̊n hangen, vffe rechte steticheit vnde recht orkunde. Diz ist geschen in deme iare nach gottes gebort dusent iar zweihundert iar vnde in deme vumf vnde nunzegestem iare an deme achten tage allerheiligen.

Mit dem Siegel der Stadt Magdeburg (S. Urk. Nr. 20.).

67. *Ritter Albert von Gariska entsagt zu Gunsten des Hospitals zum heiligen Geiste in Breslau allem seinen Rechte an den Wald bei Frohnau. Schurgast den 18. October 1296.*

Abschrift im Copialbuch des Hospitals zum heiligen Geiste. fol. 42b.

In nomine domini amen. Ut rei gestae ambiguitate qvalibet procul mota et nunc apud praesentes et etiam apud futuros habeatur in posterum certitudo, ut id quod agitur, et debet perpetuo stabile permanere, sicut sapientis sanxit autoritas, literarum testimonio roboretur; id circo ego Albertus, miles dictus de Gariska, notum facio universis praesentes literas inspecturis, quod cum inter me ex una parte et dominum praepositum hospitalis sancti spiritus apud Vratislaviam nec non scultetum dicti praepositi de Croschina nomine praedicti hospitalis ex parte altera super silva, qvae est inter Nizam et Nizizam prope Croschinam supradictam, multae ac variae discordiae et lites fuissent saepius suscitatae, utrum ad bona mea in Fronaw, aut ad praefatam Croschinam villam hospitalis sancti spiritus debuisset de jure hereditario pertinere, ego eandem discordiam et litem fine laudabili cupiens terminare antedicto hospitali sancti spiritus apud Wratislaviam praenotatam silvam voluntarie ac libere resignavi renuncians omni iuri, quod mihi et meis successoribus natis ac nascendis in praenotata silva in futurum competere dinoscitur. In cuius rei testimonium et evidentiam pleniorem praesentes literas sigilli mei munimine roboravi. Actum et datum apud Schurgast 15. Calendas Novembris anno domini 1296.

68. *Rechte sämmtlicher breslauer Handwerksinnungen.*[1])

Aus den breslauer Handwerksstatuten S. 2—7. gedruckt im Codex dipl. Silesiae VIII. S. 109. fg.

Hec sunt iura omnium mechanicorum et operariorum ciuitatis Wratizlauie, qualiter quodlibet opus debeat perfrui et gaudere suis iuribus et proprietatibus.

1. Item primo de pannicidis.

1. Nullus debet incidere pannos cum ulna infra spacium vnius miliaris.
2. Item velatores hospites post vnum mensem iacentes in ciuitate dabunt collectas sicut alii ciues.

2. Item de institoribus.

Obtinebunt suum ius sicut alii operarii.
1. Item crami non debent edificari alibi.
2. Item hospites aduene cramarii non debent iacere nisi per vnum mensem et non debent vendere particulatim infra talentum sed simul.
3. Item vnus hospes non debet emere contra alium et non vendere alteri.
4. Item pauperes institores stabunt hic in antiquo foro quatuor diebus et in nouo foro tribus diebus crates suas secum apportantes et secum deferentes.

3. Item de constitucionibus carnificum.

1. Carnifices conqueruntur, quod Iudei destruunt eos.
2. Item decoriata caro non debet duci ab aliis ciuitatibus.
3. Item recens caro nec fumata caro a nullis debet vendi in foro.
4. Item vorkofeler non debent emere porcos, vaccas, boues, oues, capras et alia animalia, qualiacumque in uno loco et statim vendere immediate in alio loco iuxta.
5. Item vorkuofeler pellunt ante Johannem de Lemberg ad aciem et alibi et vltra vendunt; hoc nocet ciuitati et eis.
6. Iidem vorkuofeler currunt ante ciuitatem, emunt et faciunt sic dampnum ciuitati et hoc esse non debet.
7. Item macta(ta)tores, quod wlgariter dicitur „slechtinger" non debent vendere carnes decoriatas in domibus nec in foro.

4. Item de constitucione et ordinacione operis pistorum.

1. Item pistores non debent esse infra miliare.
2. Item pistores alieni non debent secrete vendere panes, quos adducunt vel apportant.
3. Item pistores de aliis ciuitatibus debent vendere panes suos circa diem et non debent inponere ad domos sed debent vendere; alioquin recipietur eis.
4. Item proclamatum est liberum forum aliquando panem adducentibus; rogant pistores, quod hoc amplius non fiat.

5. Item de constitucione tabernatorum.

1. Taberne non debent esse ante ciuitatem.
2. Item non debent propinare nec tenere hospitis nec vendere ceruisiam cum integris vasis.

---

1) Wegen der Zeit, welcher diese Gewerbeordnung angehört, vgl. Codex dipl. Silesiae VIII. Vorwort S. VII. Nr. 7.

3. Item servi canonicorum et alii multi emunt super lucrum brasium et illud conuertunt in ceruisiam et vendunt in ciuitate et extra et nullum seruicium faciunt ciuitati, et hoc non debet esse.

4. Item ceruisia non debet aduci de aliis ciuitatibus.

5. Item hummulatores non debent commiscere bonum hummulum malo, quia per hoc destruuntur tabernatores.

6. Item alii hospites veniunt ab aliis ciuitatibus tenentes malos homines, de quibus civitas oprimitur et fit infamis.

7. Item infra miliare non debent esse taberne.

8. Item brasiatores non debent braxare plus, nisi quod bibant per se et cum amicis eorum.

6. Item constitucio brasiatorum.

1. Multi faciunt irsutum brasium et non tempore debito.

2. Multi periunt (!) et perierunt et est contra honorem civitatis.

3. Item ius est, quod brasiatores incipiunt brasiare in festo sancti Bartholomei et debent cessare in festo Walpurgis, et rogant brasiatores, vt communiter omnes cessent.

4. Item multi sunt circa brasiatores, que (!) nulla iura faciant ciuitati, unde pereunt, et perit ciuitas.

5. Item si aliquis dat penam quater, ille prohibetur ab opere per annum.

6. Item de maldrata brasei non debet plus fieri, quam 20 mensure. Pena prima est ferto, secunda $\frac{1}{2}$ marca, tercia tres fertones; et si ultra hoc aliquis excesserit, inperpetuum interdicetur.

7. Textores.

1. In antiquo foro „gyth" debet vendi quatuor diebus, in nouo foro tribus diebus.

2. Item pensa cynerum reddetur textoribus.

3. Item tres persone tantum emere vnum pannum debent et dividere in tres pecias et non plures.

4. Item forum sexta feria cum pannis inter kameras non debet esse.

8. Item pellifices.

1. Illi qui non docuerunt opus pellificum, non debent operari.

2. Item quidam non faciunt ymmo nullum ius cum eis.

3. Item hospites aduene non debent emere infra centum, sed centum pariter in die forensi.

4. Item in autumno quidam veniunt, percepto fructu post hoc statim recedunt; et ad hoc debent poni quatuor homines ad videndum.

5. Item nouum opus non debet vendi nec suspendi in foro cum antiquo opere.

9. Item de sutoribus.

1. Ysener, slogerer, sulzeeuer, swirner et alii multi impediunt eos et dampnum faciunt eis.

2. Item institores retro eos edificaverunt super eos; hoc nocet eis et non debet esse.

3. Item emunt quidam antiquos calcios, quos vngunt et renouant ponentes super fenestras suas; non debet esse.

4. Item sutores non debent esse ante ciuitatem.

5. Item kuofeler vendunt nowos calcios secrete in ciuitate, quod esse non debet.

6. Item quicumque wlt habere cum eis opus, debet proprium scampnum habere.

10. Item [de] renouatoribus paliorum (renouatores) et tunicarum.

1. Panni falsi inciduntur ad singulas particulas per forkuofeler et sic vendunt, quod esse non debet.

11. Item de cerdonibus ruffis.

1. Hospites aduene iacent diucius, quam iustum sit, et vendunt pelles suas aliquando per annum continuando.

2. Item nullus hospes advena debet alutim (!) emere, quod wlgariter dicitur „lo" et cineres in die forensi.

3. Item kuofeler emunt ante ciuitatem.

4. Item kuofeler impediunt eos super pontem.

5. Item hospites non debent vendere incisas cutas (!) particulatim et frustatim nisi dorsa integra et cutes integras.

6. Item kuofeler non debent in die festo emere sed tantum vendere possunt integra dorsa vel cutes integras.

7. Item cerdones non debent contra hospites emere et vlterius vendere, quia omne vorkov est prohibitum.

8. Item hospites alterius regionis vel ciuitatis possunt frusta adducere de coreo et illa particulatim et frustatim vendere tantum illo die forensi, sicut ipsi venerunt, et non ultra et non per totam emdomadam (!).

12. Item de aurifabris.

1. Aurifabri debent temptare de falsariis annulorum, fibularum et cunterfei et debent eos occupare.

2. Item aurifabri aduene debent ponere fideiussores per annum, quia nescitur, unde veniunt, et nichil iuris faciunt ciuitati; ad hoc duo eliguntur.

13. Item grossi fabri.

1. Ferrum, carbones non debent „vorkov".

2. Item vectores verri non debent vendere in cameris instrumenta fabrilia, que pertinent ad eos; scilicet bipennes, secures, verua, crucibola, therebella et alia: sed possunt vendere, que spectant ad usus aratorum, eciam clauuos (!), erpicas et commune ferrum.

3. Item qui nescit opus fabrorum, non debet vendere noua instrumenta, quod wlgariter dicitur „wofen". Notandum, quod ferriductores possunt licite vendere die forensi omnia, non tamen omni die.

14. Item pilleatores.

1. Alii de aliis civitatibus et rigionibus diucius manent et continuant, quam iustum est, et non debent nisi feria quinta vendere.

2. Item quidam vendunt alios pilleos in Taschenberg et alibi pro nouis pilleis.

15.

1. Item lanifices forum non debent tenere nisi feria quinta et sexta.
2. Item sedentes infra miliare vendunt, emunt omni die et postea recedunt et nullum ius faciunt ciuitati; hoc nocet eis et maxime illo tempore, cum venit noua lana.
3. Item nullus lanifex debet emere hic et statim vendere hic.
4. Item nullus debet exercere duo opera, uel tantum fusare per annum debet fila, vel tantum emat lanam, vel tantum faciat texere pannos, et elegat, quod opus per annum velit tenere.

16. Item sartores.

1. Quilibet sartor hospes et aduena debet ponere fideiussorem, vt maneat per annum, vt non recedat etc.
2. Item nulli vorkofeler faciant tunicas sartire et incidere de falsis pannis et eciam de bonis.
3. Item nemo debet facere nouas falsas yoppas et vendere.
4. Item liberi sartores [et] serui non debent consuere in domibus.

17. Item de cuttellifabris.

1. Multi de Passowe et de aliis regionibus tunnas cum cuttellis [asportant] et iacent ita diu et uendunt, sicut eis placet, et non debent particulatim vendere sed tantum per integrum, quod wlgariter dicitur „techer".
2. Item hospites cuttellifabri adveniunt et postea recedunt et nullum ius faciunt ciuitati.
3. Item kuofeler non debent portare cuttellos venales per totam ebdomadam.
4. Item nullus hospitum debet substituere alium super eosdem cuttellos, quos reliquid hic in Wratislauia, et ipsemet debet vendere sine dolo.
5. Item hospites iacebunt tantummodo per unum mensem, eli[g]ent duo. — dies forensis est libera.

18. Item gladiatores.

Koufeler non debent vendere gladios preparatos, id est „gefaste swerth" per totam ebdomadam; sed dies forensis nulli prohibetur.

19. Item sellatores.

1. Rymer debent vendere frena sicut sellatores et corrigias, antelas, postelas stigleder, nec sellas renouare.
2. Item vorkuofeler non debent emere sellas in aliis ciuitatibus et vendere hic in ciuitate.
3. Item clipeatores debent facere pictas sellas et dextrariorum et clipeos.

20. Item salifices.

1. Vectores conspirant invicem in via siue in hospiciis et eligunt rigidiorem inter se, qui primo vendat, et nullus hospes audet dare propius, nisi sicut ille rigidior vendidit.
2. Item nullus hospes de villis vendat sal in foro cum nostris conciuibus, nisi faciat ius ciuile.

21. Item hummulatores.

1. Hospites aduene octo diebus vendent cum mensura, et nostri hummulatores infra hoc non debent emere illos saccos. Exspiratis octo diebus hospites aduene postea non vendent nisi per marcas.

22. Item de thecariis.

1. Hospes, qui facit thecas, ponere debet fideiussores, quod maneat per annum et ius faciat ciuitati sicut alter.
2. Item hospites vendent opus integrum et non incisum.
3. Item malos et malum opus facientes debent repellere.

23. Item linifices.

Nullus hospes debet vendere per singulas vllnas nisi in nundinis et non vendant per incisa frustra; iniusti non teneantur.

24. Item de illis, qui faciunt bursas et noldefas.

1. Hospes advena ponat fideiussorem per annum, quod maneat.
2. Item nullus debet inhoneste portare bursas et noldefas de domo ad domum; ad hoc ponentur homines.

25. Item de albis cerdouibus.

1. Nullus hospes advena debet emere aliquod vellus singulariter, sed tantum cum centum.
2. Item nullus debet colere officia cerdonum nisi ipsimet cerdones.
3. Item lanigeri emunt vellera et despoliant illa de lana et singulatim vendunt quodlibet vellus per se, quod esse non debet.
4. Item vorkoufeler non debent emere ante ciuitatem.

26. Item textores Gallici.

1. Nullus permittere (!) texere, et texet pannos, nisi ponat instrumenta texendi iuxta textores, quod wlgariter dicitur „gezüwe".
2. Item sextis feriis non debet vendi sub mercatorio.

27. Item cyrotecarii.

1. Hospes advena ponat fideiussorem per annum.
2. Item qui sciunt hoc opus, debent tantummodo cerdonisare, quod tantummodo wlgariter „gerwen", quantum ad suum opus, et non ultra, et non vendant ulterius.

28.

Item corrigiatores debent vendere frena particulatim et communiter, sicut eis placet, et similiter sellatores; sed ipsi rymer non debent facere sellas nec aliquid, quod pertinet ad sellas, quocumque nomine censeatur.

29.

Item cingulatores habent tale ius, sicut cultellifabri.

70. *Die Rathmannen von Breslau theilen das maydeburger Recht ihrer Stadt der Stadt Troppau mit. 16. October 1301.*

Nach einer Abschrift im Museum zu Troppau gedruckt von Kelle in der Zeitschr. für deutsches Recht. XIX. S. 144.

In nomine domini amen. Den erbaren liuten, den ratmannen und den scheppen zu Troppaw, iren lieben freunden, entbitten wir ratman und scheppen zu kunt alles liebe und alles gut. Wir schreiben euch daz die bürger, bürgerin, aber schreiben wir euch, das die bürgen alle ein wergelt schuldig sein und daz wergelt sein achtzehn pfund und dem richter sin gewette.

Hierauf folgt das magdeburger Weisthum für Breslau von 1295 vollständig [1]).

Dies recht haben wir burger von Wraislaw gegeben unsern freunden den burgeren von Troppaw under der stat ingesigele. Zu derselben zeit waren dise ratman: Conrad Plessel, Arnolt von der Schweidnitz, John, herrn Engilgers, Giselbrecht von der Schweidniz, Herman, herrn Zacharias, Hellwig von Molnssdorff [2]), Herman von Mülnheim, Niclass Stillephait, Hermann von Weichesdorff, Niclass Hellenbrech, Gerhart, der junge von Mülnheim. Datum et actum anno domini millesimo trecentesimo primo in die sancti Galli.

1) Zugleich mit diesem Weisthum erhielten die Troppauer eine Abschrift des magdeburger Rechts von 1261. 2) Kelle unrichtig: Wolnsdorf u. Wülnheim.

71. *Der Rath zu Breslau bekundet, in welcher Weise sich die Gesammteigenthümer der Ohlaumühlen über den Eigenthumsantheil eines jeden und die Vertheilung der Früchte und Kosten geeinigt haben.* 25. Februar 1302.

Original im breslauer Stadtarchiv M 2 a.

In nomine domini amen. Nulla verior est attestacio, quam que voce testium et sentencia perficitur litterali, quoniam ea, que a memorie cellula rapit obliuio, litterarum inspeccio mentis armario denuo recommendant (!). Inde est, quod nos vniuersitas consulum ciuitatis Wratislauiensis; videlicet Conradus Plessel, Jenscho de Gorliz, Arnoldus de Swideniz, Hermannus Zacharie, Hermannus de Mülnheim, Helwicus de Molnsdorf, Nycolaus Stillephoit, Gyselbertus de Swideniz, Conradus de Leslauia, Waltherus Gismeister ad vniuersorum tam presencium quam futurorum deferre cupimus [nocionem], quod dominus abbas Swenteslaus et domus sancte Marie et fratres eiusdem domus, canonici regulares, concordarunt in hunc modum super causa duorum molendinorum ante ciuitatem in aqua Olave sitorum cum ciuitate Wratislauia et cum domino Thilone de Cyndato et Nicholao Stillephoit et magistro Tyzkone molendinario ita, quod domus sancte Marie debet perpetuo terciam partem illorum prefatorum duorum molendinorum in omnem euentum pacifice possidere, ciuitas vero terciam partem, Tyscho siquidem molendinator terciam partem eorumdem duorum molendinorum similiter possidebunt. Sed dominus Tilo de Cyndato et Nicolaus Stillephoit iam prefati octauam partem in molendinis vtrisque scilicet superiori et inferiori in omnem rerum euentum, siue illa molendina pereant, seu deficiant, vel quocumque modo fiat, tollendo commodum vel incommodum, dampnum vel vtilitatem in duobus pretaxatis molendinis. Idemque dominus abbas et domus sancte Marie virginis percipient omnes obuenciones, vtilitates in molendino in piscaturis et omnibus vsufructibus, que fiunt et possunt fieri consequenter in aquis et super aquis Olave nuncupatis, excepto hoc solo, si aliqua edificia fierent super margines et littora fluuii pretaxati, hoc tantummodo ad vsus ciuitatis Wratizlauie pertinebit, ipseque dominus abbas cum domo sancte Marie fracturas littorum et poncium ad grenicias duorum molendinorum spectancium communiter cum omnibus aliis fructum percipientibus reparabunt contradictione qualibet relegata. Vt autem ordinacio rita et debita concordacio maneat iugiter illibata, presentem paginam maiori sigillo nostre ciuitatis duximus efficaciter roborandam. Datum et actum anno domini millesimo trecentesimo secundo, quinto Kalendas Marcii.

An seidenen Fäden hängt das grosse Siegel der Stadt (Johannes der Täufer) mit der Umschrift: † SIGILLUM . CIVITATIS . WRATISLAVIE und einem spitzrunden Rücksiegel, welches ein Agnus dei darstellt, dessen Umschrift aber zerstört ist.

72. *Die Stadt Liegnitz verpflichtet sich gegen die Stadt Breslau, die von derselben erhaltenen Rechte keiner anderen Stadt ausserhalb ihres Weichbildes mitzutheilen, Rechtsbelehrungen aber in Breslau zu suchen. 25. Februar 1302.*

Original im Archive der Stadt Breslau B 27 u, gedr. bei Tzschoppe und Stenzel S. 442. Gaupp magdbury. u. hall. Recht S. 336 u. Schirrmacher Liegnitzer UB. S. 1.

In nomine domini amen. Vniuersa negocia, que fiunt in tempore, ne simul labantur cum tempore, debent eternari memoria litterarum. Inde est, quare nos ad vniuersorum tam presencium quam futurorum deferre cupimus nocionem, vniuersitas consulum necnon ciuium ciuitatis Legnicensis, quod habito maturo et pleno consilio seniorum, meliorum ac communitatis promisimus firmiter spondentes vniuersitati consulum et ciuium ciuitatis Wratislauiensis, qui nobis ob veram nostram dileccionem et sinceram amiciciam, quam semper erga nos et nostram gesserunt ciuitatem, dederunt jura Megedebursia. (!) quod nos non debemus nec possumus eadem prefata jura dare nec vendere alicui ciuitati alicue et extranee, sed tantummodo dare debemus nostris hominibus in nostro territorio constitutis, quod wlgariter wichbilde. Preterea promisimus predicte ciuitati Wratislauiensi, quod, si forsitan de futuro nos contingeret in sentenciis et juribus predictis aliquibus aliquantulum deviare pariter et errare, illas sentencias, in quibus nobis est ambiguum scrupulus (!) et erroris, debemus ferre in Wratislauia (!) contradiccione qualibet relegata. Nos igitur, volentes ratum et gratum tenere rem sponsam et promissam, ipsam confirmamus, approbamus, ratificamus in hiis scriptis, et super eo, ne alicui in postrum (!) dubium aliquod processu temporis valeat suboriri, presentem paginam nostri majoris sigilli munimine duximus roborandam. Testes autem hujus sunt Conradus de Mychaelis villa, Teodericus de Woycesdorf, ciues Legnicenses, qui ex parte vniuersitatis ciuium Legnicensium hoc negocium jam fatum fideliter peregerunt, et alii quam plurimi viri probi, ydonei et honesti. Datum et actum anno incarnacio (!) domini millesimo trecentesimo secundo V. Kalendas Marcii per manus magistri Petri, prothonotarii ciuitatis Wratislauiensis, cujus manibus presencia conscribuntur.

An Pergamentstreifen hängt das Siegel der Stadt Liegnitz mit der Umschrift: † SIGILLUM CIVITATIS : LEGNICZENSIS.

73. *König Wenzel II von Böhmen verspricht als Vormund der Söhne Herzog Heinrichs V, die Stadt Breslau bei allen ihren Rechten und Freiheiten erhalten zu wollen. Grätz, den 8. Januar 1303.*

C. D. Siles. V. S. 182.

Nos Wenceslaus, dei gracia Bohemie ac Polonie rex, notum facimus universis presentes litteras inspecturis, quod nos viros providos advocatum, consules et universos cives Wrat., fideles nostros, per tempus, quoad illustrium filiarum (lies: filiorum) quondam Henrici ducis Wrat. tutele geremus officium, in ipsorum voluntatibus, iuribus et libertatibus, quibuscunque in ipsa civitate vel extra usi sunt, et que privilegiis et aliis legitimis documentis poterunt racionabiliter ostendere, promittimus gracioso fovere et favorabiliter conservare. In cuius rei testimonium presentes litteras fieri et sigillis majestatis nostre iussimus communiri. Datum in Grecz a. d. m° ccc iii sexto Idus Januarii, prime indiccionis, anno regnorum nostrorum Bohemie VI, Polonie vero III.

74. *Der Rath zu Breslau bekundet, worüber er die Schuster und Schuhflicker dieser Stadt verglichen hat. 22. Januar 1303.*

Original im breslauer Stadtarchiv A. 38., gedr. im C. D. Silesiae VIII S. 5.

In nomine domini amen. Que ad perpetuam hominum memoriam pervenire cupimus, ideo scriptis, sigillis et voce testium communimus, ne nocendi facultatem in hiis in posterum prauorum inueniat noxius appetitus. Hinc est, quod nos consules Wratislauienses, Tilo de Cindata, Godinus de Bouzlauia, Conradus dictus Grazlinger, Burchardus pellifex, Johannes de Lewenbere, Johannes de Mollisdorfh, Jenzscho de Gorlicz et Johannes, filius Henrici Engilgeri, notum esse volumus vniuersis tam presentibus quam futuris presentes literas inspecturis, quod sutores Wratizlauienses ex vna parte et ex altera calciorum renouatores inter se mutuo de bona voluntate omnium propter bonum pacis ad remouendum errores et rixas cottidianas taliter ordinarunt, ita quod in numero calciorum renouatorum tantum esse debent viginti et non plures.

2. Ceterum prefati renouatores non debent portare feriatis diebus calcios venales sed solummodo diebus forensibus, videlicet feriis quintis.

3. Item iamiam dicti renouatores possunt et debent in messe omni die per quatuor ebdomadas vendere calcios, vbi ipsis placet, et si ex gracia et peticione dictorum sutorum possunt optinere, vlterius vendent.

4. Item sepedicti renouatores non debent facere nouos calcios sed solum de frontibus integris subsoliare et non de alio coreo. Quicunque hoc infringet, soluet penam, que wlgariter dicitur „kur"; scilicet dimidium talentum cere, quociescunque excedet.

5. Preterea memorati renouatores tenebunt tantum seruum magnum et paruum et non plures.

6. Et sepedicti renouatores non circumponent circa calcios raciione ornatus rufas corrigias, quod „lochs" wlgariter nuncupatur.

7. Et quicunque citatus per nuncium ad colloquium non veniet generale, quod wlgariter dicitur „morginsprache", dabit dimidium scotum, excesserit quociescumque.

In huius rei euidenciam inclinati precibus parcium vtrarumque presentem paginam conscribi fecimus maiori sigillo ciuitatis Wratislauie efficaciter communitam. Datum et actum anno domini millesimo trecentesimo tercio vndecima Kalendas Februarii.

Mit dem grossen Siegel der Stadt.

75. *Der deutsche König Albrecht und der böhmische König Wenzel II unterwerfen sich in Betreff des Landes Breslau der Entscheidung eines Schiedsgerichts. (Aus dem nürnberger Friedensschlusse vom 18. August 1305.)*

Pertz Monumenta Germaniae Legg. II. p. 486 u. 487.

Nos Albertus, dei gracia Romanorum rex, semper Augustus, ad universorum notitiam tenore presencium volumus pervenire, quod super discordia, que inter nos ex una parte et illustrem quondam Wenceslaum, Bohemie Polonieque regem,

ex altera vertebatur, dum advixit, cum eius filio, illustri Wenceslao, Bohemie
Polonieque rege, avunculo et principe nostro charissimo, concordie, quam cum eo
cunctis diebus vite nostre servare bona fide promittimus, devenimus unionem:

Promittimus insuper super terris, hominibus, bonis et iuribus terre Vratislaviensis stare dictis et ordinationibus spectabilium virorum Bertoldi, comitis de
Henneberg et Burkkardi, burggravii de Magdeburg, per nos et predictum Wenceslaum, Bohemie et Polonie regem, avunculum nostrum, ad hoc concorditer
electorum.

Datum apud Nürnberg XV Calendas Septembris, indictione III, anno domini
1305, regni vero nostri anno octavo.

76. *Herzog Boleslaw III bestätigt die Bestimmungen seiner Vorfahren über die
Tuchkammern des Breslauer Kaufhauses. Breslau den 27. October 1305.*

Original breslauer im Stadtarchiv A. 3, gedruckt im Cod. dipl. Silesiae VIII S. 6.

In nomine domini amen. Nichil valet quot statuitur nisi statuta debita
reuerencia seruentur et ad futurorum memoriam pro vtilitate rei publice confirmentur. Inde est, quod nos Bolezlaus, dei gracia dux Slezie et dominus
Wratizlauiensis, posteritati presencium et futurorum huius litere testimonio cupimus esse notum, quod propter promocionem ciuitatis nostre Wratizlauiensis, quam
medullitus amplexamur, omnia iura, que ciues nostri Wratizlauienses ibidem in
cameris suis sub mercatorio usque ad tempora nostra a nostris predecessoribus
deduxerunt et omnes libertates, quas dicti ciues in eisdem cameris per nostros
predecessores sunt adepti, eadem iura et libertates ipsis ciuibus damus et concedimus in predictis cameris et ex principali munificencia perpetuo eorum future
propagine confirmamus nichil volentes infringere de eisdem, set pocius ipsos ciues
in eisdem iuribus et libertatibus conseruare; nominatim presentibus exprimentes,
quod nemini liceat pannos incidere extra cameras mercatorii ciuitatis Wratizlauie,
nec illis de noua ciuitate, nec monialibus, nec inter cramos, nec inter institas,
nec aliquibus in districtu Wratizlauiensi residentibus pannos incidendi concessa
sit licencia aut indulta: si qui autem contra huiusmodi statutum ausu temerario
pannos inciderent, penam quam antiquitus ciuitas Wratizlauiensis statuit, senciant
sine condonacione et incurrant, videlicet quicunque pannum vnum de Gint incidet,
nobis aut magistro camere nostre duas marcas soluet, et ciuibus in mercatorio
cameras habentibus de panno de Gint unam marcam, de Ypir mediam marcam
et de terrestri panno vnum fertonem, quocienscunque contra statutum ciuitatis
pannos inciderit, nobis et prefatis ciuibus sine relaxacione qualibet est daturus.
Volumus eciam, quot tantummodo tres persone vnum pannum pariter emant et
illum pannum inter se in tres pecias diuidere teneantur, predicta statuta et indulta perpetuo confirmantes. In huius rei testimonium presentes litteras sub
nostro sigillo fecimus communiri. Actum Wratizlauie anno domini millesimo
trecentesimo quinto in uigilia Symonis et Jude apostolorum presentibus nostris
fidelibus Gisilhero, iudice curie Wratizlauiensis, Bronizlao Budewoii, Petro Kurzeboch,

Sandrone Bolcz, Ebirhardo de Rorow, Swolone Budewoii et Friczchone, nostro prothonotario, decano Glogouiensi et canonico Wratizlauiensi, cuius manibus presencia conscribuntur.

<small>An seidenen Fäden hängt das Siegel des Herzogs mit der Umschrift: S. BOLEZLAI. DEI GRACIA DVCIS SLE ET DOMINI WRAT. ET DE LIGNICZ.</small>

77. *Herzog Boleslaw III verbietet, breslauer Bürger, welche zur Erpressung eines Lösegeldes gefangen genommen werden, mit ihrem Vermögen auszulösen. Breslau den 27. October 1305.*

<small>Original im breslauer Stadtarchiv A 15.</small>

In nomine domini amen. Statuta et ordinata ideo sub codicillorum aminiculo ponuntur, vt future propagini relinquantur, et vestigia bonorum operum ex semitis predecessorum posteri insequantur; inde est, quod nos Bolezlaus, dei gracia dux Slezie et dominus Wratizlauie, ad noticiam vniuersorum tam presencium quam futurorum testimonio huius pagine cupimus peruenire, quod ordinamus, statuimus et precipimus pro bono statu et commodo ciuitatis nostre Wratizlauiensis, si aliquis ciuis eiusdem ciuitatis per quemcumque maliﬁcum captiuatus propter depecuniacionem fuerit, nisi quod absit, publica gwerra fuerit, quod de omnibus suis rebus tam mobilibus quam immobilibus pro ipso nichil dari debet, nec aliqua mobili re vel immobili redimi aut absolui. Et si aliquis ciuis detentus aut captiuatus fuerit, immomento de omnibus suis bonis mobilibus et immobilibus, que in prouincia possidet, sub sequestracione intromittere nos debemus, et quidquid de bonis in ciuitate Wratizlauiensi mobilibus aut immobilibus possederit, ad manus vniuersorum ciuium consules ciuitatis pro commodo et vtilitate heredum captiui accipiant et vsurpant. In cuius rei testimonium et euidenciam pleniorem presens instrumentum conscribi mandauimus et nostri sigilli caractere firmiter communiri. Actum Wratizlauie anno domini millesimo trecentesimo quinto presentibus ﬁdelibus nostris Gisilhero Colneri, iudice curie Wratizlauiensis, Bronizlao, Petro Kurzeboc, Sandrone Bolez, Ebirhardo de Rorow, Swolone, ﬁlio Budewoii, et domino Frixchone dicto de Jareschow, prothonotario nostro Wratizlauiensi, decano Glogouiensi, per quem in vigilia beatorum Symonis et Jude apostolorum presentes littere sunt conscripte.

<small>Mit dem Siegel des Herzogs.</small>

78. *Dietrich Pfefferkorn verkauft der Stadt Breslau eine Hofstätte bei der Neustadt. Breslau den 27. October 1305.*

<small>Original im breslauer Stadtarchiv A 17.</small>

In nomine domini amen. Vendiciones coram nobis factas tenemur ex debito conﬁrmare, maxime, vt venditores per pecuniam pro re vendita accepta emendentur et emptores in rebus empticiis non fraudentur; inde est, quod nos Bolezlaus, dei gracia dux Slezie et dominus Wratizlauie, tam presentes quam posteros scire volumus testimonio huius scripsti, quot constitutus coram nobis Theodricus dictus Phephircorn vniuersitati ciuium ciuitatis nostre Wratizlauie vendidit aream suam sitam circa nouam ciuitatem, vbi quondam exstitit piscina ante molendinum, quod fuit olim conuentus sancte Marie virginis apud Wratizlauiam et Henrici dicti Schilder et locum, vbi stetit ipsum molendinum cum omni ambitu longitudinis et latitudinis et ipsam aream prelibatis ciuibus cum omni iuro, vsu et vsufructu in nostra presencia resignauit assensu beniuolo et consensu, ita quod vniuersitas ciuitatis Wratizlauie de predicta area ordinandi et faciendi pro ipsorum vsibus et fructibus plenam et omnimodam habeat liberaliter facultatem. In huius rei memoriam presentes litteras conscribi fecimus et nostri sigilli munimine iussimus consignari. Actum Wratizlauie anno dominice incarnacionis millesimo trecentesimo quinto in vigilia beatorum apostolorum Symonis et Jude presentibus nostris fidelibus Gisilhero, iudice curie Wratizlauiensis, Bronizlao Budewoii, Petro Kurzeboch, Sandrone Bolcz, Ebirhardo de Rorow, Swolone Budewoii et Friczschone de Jaroschow, prothonotario nostro et decano Glogouiensi et canonico Wratizlauiensi, cuius manibus presentes littere conscribuntur.

Mit dem Siegel des Herzogs.

76. *Herzog Boleslaw III von Breslau schlichtet die Streitigkeiten des breslauer Erbvogtes Werner Schartelzan und des breslauer Rathes über verschiedene Punkte. Breslau den 17. Februar 1306.*

Original im breslauer Stadtarchiv B 8 a., gedruckt bei Tzschoppe u. Stenzel S. 478.

In nomine domini amen. Jus scriptum cum laudabili consuetudine tanto firmius tenetur, quanto solidius eidem iuri et consuetudini rerum veritas suffragatur: inde est, quod nos Bolezlaus, dei gracia dux Slezie et dominus Wratizlauie, ad vniuersorum tam presencium quam futurorum noticiam presentis tenore instrumenti cupimus peruenire, quod suborta inter consules et vniuersitatem ciuium ciuitatis Wratizlauie ex parte vna et inter Wernherum Schartelzan, aduocatum hereditarium ciuitatis eiusdem, et Theodricum, filium suum, ex parte altera materia questionis super diuersis causis, videlicet super edificacionibus, quas dicti consules et ciues ad eiusdem ciuitatis profectum et commodum infra muros et extra muros siue infra fossata aut extra fossata construxerunt et in posterum construere possunt aut volunt, et super vtilitatibus de pascuis pecorum prouenientibus et super statuto, quod „innunge" dicitur, et super penis, que inter artifices mechanicos super excessibus specialibus sunt institute, que in wlgari „kür" dicuntur, siue sint[1]) [inter] consules, iuratos aut inter institas cramorum aut carnificum, pistorum seu inter alios artifices, quocunque nomine censeantur, posite siue facte. Tandem accedente ad hoc nostro beniuolo consensu per arbitros ad hoc electos dicta discordia taliter est sopita, quod prefatus Wernherus et Theodricus pro se et ipsorum successoribus abrenuncciauerunt et cesserunt omnibus iuribus et impeticionibus, que ipsis aut eorum posteris in edificacionibus et construccionibus, quas dicti consules et ciues fecerunt vel in posterum facere possunt tam extra fossata et muros quam intra fossata et muros ciuitatis prelibate, et iuribus, que „innunge" aut „kür" dicuntur, positis inter consules aut alios operarios et vtilitatibus de pascuis pecorum prouenientibus preter iudicium, quod in eisdem pascuis ad ipsos pertinet et ad ciuitatem iudicandum et omnibus penis inpositis aut inponendis, que „kür" dicuntur, inter consules et iuratos artifices et inter institas et cramos dicto ciuitatis, quod in premissis omnibus nulla iura debent petere aut inquirrere (!) nec in perpetuum aliqualiter vendicare (!) et prehabitam ciuitatem in omnibus suis nunquam verbo aut opere inpedire. Et si prenominati

1) sint fehlt bei Tzschoppe u. Stenzel.

Wernherus et Theodricus aliquod forsitam inposterum instrumentum aut priuilegium siue exhibere aut monstrare possent vel eorum successores, quod presenti abrenuncciacioni et cessioni posset preiudicium aut obstaculum generare, eidem priuilegio et instrumento ex forma arbitrii et compromissi cedunt et abrenuncciant, quod nullius perpetuo sint momenti. Et ex dictorum arbitrio arbitrorum similiter est prolatum, quod vnus tantummodo aduocatus siue iudex hereditarius in ciuitate Wratizlauie esse debet, qui solum nudum tercium denarium de iudicio obtinebit. Omnes eciam, qui racione huiusmodi dissensionis suspecti habebantur ab ipsis Wernhero et Theodrico aut eorum successoribus nullius inimicicie aut controuersie suspicionem aut contrarietatem paciantur. Et inter ciues et consules ciuitatis Wratizlauie et inter ciues de noua ciuitate non debent aliquas controuersias aut inimicicias suscitare nec manutenere super dampnum aut periculum ciuitatis vel consulum predictorum. In huius rei testimonium presentes litteras cum nostro sigillo duximus consignandas. Actum Wratizlauie anno domini millesimo trecentesimo sexto tercio decimo Kalendas Marcii presentibus nostris fidelibus Alberto Bart, Rudgero de Hugewicz, Gisilhero Kolneri, Sandrone, genero suo, Radachone, Bronizlao Budewoii et arbitris ad hoc electis, qui tunc consules ciuitatis exstiterunt, Hermanno de Mulnheim, Hermanno, genero quondam Zacharie, Arnoldo de Swidenicz, Conrado antiquo Plessil, Gisilberto de Swidenicz, Brunone Herdeni, Conrado Schartelzan et Brunone de Olsnicz, Conrado iuuene Plessil, Theodrico antiquo Schartelzan et Friczchone, nostro prothonotario, decano Glogouiensi et canonico Wratizlauiensi, cuius manibus presencia conscribuntur.

Das Siegel ist verloren.

80. *Herzog Boleslaw III verkündet als Kürrichter das von ihm gefällte Urtel zur Entscheidung des Streites zwischen der Altstadt zu Breslau und der Neustadt über ein Stück Land jenseit der alten Ohlau und den Gewerbebetrieb in der Neustadt. Breslau den 11. September 1306.*

Original im breslauer Stadtarchive B 12., gedr. bei Lünig RA. XIV 235.

In nomine domini amen. Nos Bolezlaus, dei gracia dux Slezie et dominus Wratizlauie, ad noticiam tam presencium quam futurorum cupimus peruenire, quod cum exorta esset coram nobis materia rancoris et questionis inter dilectos et fideles ciues nostros Wratizlauienses ciuitatis antique, actores, ex parte vna et inter dilectos ciues nostros prope Wratizlauiam noue ciuitatis, reos, ex parte altera super multiphariis accionibus iniuriarum et infraccionibus iurium et priuilegiorum suorum et de desolacione antique nostre ciuitatis Wratizlauie, videlicet de vsurpacione hereditatis spectantis ad ciuitatem antiquam site ex ista parte antiqui fluxus aque dicte Olaue, quam sibi predicti ciues noue ciuitatis contra iusticiam vendicarunt, de manifesta pannorum incisione et super affirmacione construendarum camerarum mercatorum, macellorum, scampnorum, in quibus panes et calcii venduntur, thabernas sibi facientes et institores, cerdones, fabros et alios opifices mechanici operis, quocunque nomine censeatur, siue indebite attrahentes ibidem inhabi(ta)tantes et forum habentes contra iusticiam et ipsorum priuilegia in graue ipsorum preiudicium, dispendium et grauamen. Qui respondentes asserebant se in omnibus predictis casibus ius habere et fore priuilegiatos a prima locacione sue ciuitatis et a nostrorum clemencia progenitorum. Nos vero auditis hinc inde allegacionibus parcium vtrarumque de consilio nostrorum baronum ipsis diem assignauimus probacionum tam priuilegiorum quam testium coram nobis, quibus visis, auditis, congnitis vtrobique et plenius intellectis volentes futuris malis, periculis et cedibus precauere, considerantes ordinacionem pacis et concordie rigore iudicii preualere nos more boni pretoris, quamuis ciues noue ciuitatis in suorum priuilegiorum et iurium probacionibus defecissent, reos et obnoxios inuenissemus in omnibus casibus supradictis dictante iustitia, vt nobis satisfacere tenerentur, prout nostram graciam possent inuenire, ipsos vt nobis et nostris successoribus habeamus in nostris seruiciis ipsis parcendo, clementer omnia indulgemus ob mutui inter eas partes amoris et dileccionis perpetue firmitatem ipsos pro nostris et nostrorum baronum viribus ad concordiam inducentes, qui ex nostra nostrorumque baronum perswasione in nos tamquam in verum et legittimum dominum, iudicem et arbitrum et arbitratorem et in amicabilem conpositorem in singulis et in omnibus conpromiserunt. Nos eciam nomine domini invocato cum nostrorum fidelium baronum maturo consilio per dies aliquod fuimus arbitrati, iudicando arbitrium pronunciamus et diffiniendo saluis tamen omnibus iuribus, priuilegiis donacionibus antique ciuitatis Wratizlauie, que a nostris progenitoribus ipsis ad commoda sunt concessa secundum tenorem priuilegiorum noue ciuitatis, vt deinceps omnis controuersia et rancorositas penitus conquiescat, volumus et mandamus, vt omnes hereditates vltra antiquum decursum fluuii Olaue, pro vt in originali priuilegio ipsius noue ciuitatis expressius declaratur, ad ciues Wratizlauienses antique ciuitatis cum omnibus iuribus reuertantur, omnis structura camerarum, cramorum, macellorum, scampnorum, in quibus panes vel calcii venduntur, et pannorum incisio inperpetuo cesset a tempore supradicto. Insuper volumus et omnino prohibemus residenciam cerdonum, fabrorum, sartorum, sutorum seu omnium aliarum arcium mechanicarum, quocunque nomine censeantur, eciam cuiuscunque operis exercicium preter solos textores, qui ibidem debent et poterunt licite residere, exceptis istis, que secuntur, que de concessione et gracia speciali ipsis concedimus: quinque tantum pistores, qui panes supra fenestras in domibus suis vendant, et quinque tabernas et nunquam plures et vnum paruifabrum pro instrumentis textrinis corrigendis, que predicta pro necessitate inhabitancium et adueniencium de gracia similiter arbitramur. Ipsis vero eciam licebit se et suam familiam vestire cum pannis, quos fecerint nulli quicquam vendentes et hoc proborum virorum testimonio conprobante. Qui autem contra nostrum iudicium, ordinacionem siue arbitrium secus fecerint primo, secundo et tercio, penas tociens incurrent duarum marcarum monete et ponderis vsualis, de quibus duabus marcis due partes nobis, tercia autem Wratizlauiensibus ciuibus persoluatur. Si qui vero pluries contra hanc nostram ordinacionem et arbitrium excesserint, rei et obnoxii nobis et nostris successoribus tenebuntur, prout a nostra clemencia et nostrorum successorum graciam poterunt inuenire. Ne autem in posterum per nos seu per nostros successores hec nostra ordinacio, iudicium et arbitrium per quempiam aliquatenus infringatur, has literas nostro sigillo dedimus roboratas. Actum Wratizlauie anno domini millesimo trecentesimo sexto presentibus hiis nostris fidelibus, Friczcone de Waldow, Alberto Barth, Conrado de Sulez, Hermanno de Eychilburn, Gisilhero Colneri, iudice curie nostre, Dithero de Drogus, Frixchone de Jerschow, nostro prothonotario. Datum et pronunciatum quarto Nonas Septembris presentibus consulibus et ciuibus vtriusque ciuitatis, qui hoc arbitrium a nobis perlatum voluntario susceperunt et aliis fide dignis. Datum per manus Johannis de Schildow, nostri notarii.

Mit dem Siegel des Herzogs.

81. *Papst Clemens V befiehlt dem bischöfl. Official, dem Gewissenszwange, welchen breslauer Pfarrer gegen das Beichten bei den Predigermönchen üben, mit geistlichen Strafen entgegenzutreten. Poitiers den 8. November 1307.*

Original im Staatsarchiv zu Breslau, Urkunden der breslauer Dominikaner 55., gedruckt Bullar. ordinis praedicatorum II. 107.

Clemens episcopus, seruus seruorum dei, dilecto filio . . offitiali Wratislauiensi salutem et apostolicam benedictionem. Sua nobis dilecti filii . . prior et conuentus ordinis fratrum predicatorum Wratislauiensium petitione monstrarunt, quod Hermannus, sancte Elisabeth, Cristinus, sancti Spiritus, Johannes, sancti Mauritii, et Gerlacus, sancti Nicolai Wratislauiensium ecclesiarum rectores, parrochianis ipsarum ecclesiarum, qui ad confitendum eorum peccata fratres eiusdem ordinis a priore prouinciali dicti ordinis ad hoc electos adeunt et eis eorum confitentur peccata, tandiu eucharistie et extreme unctionis sacramentum contra tenorem constitutionis felicis recordationis Benedicti, pape XI, predecessoris nostri, super hoc edite denegant exhibere, donec predicti parrochiani eis bona fide promittant, quod de cetero dictis fratribus eorum non confiteantur peccata et iterato peccata confiteantur eadem, in ipsorum prioris et fratrum preiudicium non modicum et grauamen. Quocirca discretioni tue per apostolica scripta mandamus, quatinus uocatis, qui fuerint euocandi, et auditis hincinde propositis, quod canonicum fuerit, appellatione postposita decernas faciens, quod decreueris, per censuram ecclesiasticam firmiter obseruari. Testes autem, qui fuerint nominati, si se gratia, odio uel timore subtraxerint, censura simili appellatione cessante compellas ueritati testimonium perhibere. Datum Pictauis VI Idus Nouembris, pontificatus nostri anno secundo.

Das Siegel ist abgerissen.

82. *Der Rath zu Breslau verwendet sich bei dem zu Magdeburg für die beiden breslauer Bürger Wichtmann) und Petter von Reichenbach) für die Freigebung ihrer zu Magdeburg aufgehaltenen Gelder. (1308—1315)[1]).*

Aus den breslauer Handwerksstatuten f. 8.

Omnis communio[2]) virorum ac mulierum ciuitatis Wratizlauiensis et districtus exultat cum gaudio inuicem gratulantes pro eo, quod nobis partici-

[1] Dieses nur in sehr entstellter Form erhaltene Schriftstück ist ein Intercessionsschreiben des breslauer Rathes an den Rath zu Magdeburg für zwei breslauer Bürger, denen, wie es scheint, ihre Gelder zu Magdeburg mit Arrest belegt worden waren. In den breslauer Bürgern Wich. und Peter, für welche intercedirt wird, lassen sich unschwer die im Rathscataloge mehrfach als Rathmannen und Schöppen angeführten Wichmann und Peter von Reichenbach wiedererkennen, von denen jener zuletzt 1315 begegnet, während letzterer sich noch bei späteren Jahren verzeichnet findet. Die Herzogin-Markgräfin, an welche die Breslauer sich wenden wollen, falls die Magdeburger den ihrigen nicht zu ihrem Rechte verhelfen sollten, ist Anna, Tochter Albrechts I, zuerst vermählt mit dem Markgrafen Hermann von Brandenburg (1295—1308), in zweiter Ehe mit Heinrich VI von Breslau. Diese Zeitbestimmungen haben eine annähernde Datirung des Briefes gestattet. [2] In der Handschrift steht collegio. Die Abkürzungen cõllo für collegio und cõo für communio sind von einem unsicheren Abschreiber leicht zu verwechseln.

pastis ius Maydeburgense, quoniam sicut ex fonte saturisante ** riui collaterales effluunt originaliter et emanant, sic ius Maydeburgense et iusticia tamquam ap apice emanauit: ideoque ad vestram[1]) recurrimus tamquam ad dominos elegantes petentes humiliter, quatenus, cum sitis veritatis cultores et iusticie amatores, dignemini nostris conciuibus Wich[manno] et Petro [de Richenbach], qui non habent agere cum ciuibus Nysenensibus, nisi boni, nec ad eos dinoscitur pertinere, in singulis et in omnibus nostris negociis et precipue in iuribus promouere et eciam confouere, reordinare bona eorum, et ne a vestris conciuibus indebite suis bonis priuentur iuris pretermisso ordine, et quia iusticia est reddere vnicuique, quod suum est, denuo rogamus, vt predictos nostros concives Wich[mannum] et Pe[trum] eadem iusticia perfrui permittatis, regraciamur. quod aliquam partem sue pecunie habuerunt nostri conciues consilio et auxilio mediante, et si quod absit talis pecunia non rehaberi posset, ex tunc nos oportet conqueri domine nostre ducisse marchionisse, quamvis invitissime faceremus.

1) Fehlt ein Wort wie: sapienciam.

83. *Die Herzöge Boleslaw und Heinrich versprechen der Stadt Breslau Jahr und Tag lang Gewähr für alle Ansprüche an den Anger vor dem Nicolaithor. (1309—1311.)*

Abschrift gemeine Confirmationes f. 94b.

Nos Boleslaus et Henricus, dei gratia duces Slesiae, Oppauiae et domini Wratislauiae, publice promittimus in his scriptis, quod fidelibus et dilectis nostris consulibus, ciuibus et communitati ciuium Wratislauiensium planitiem, quae vulgariter „agger"[1]) dicitur prope ciuitatem Vuratislauiensem ante valuam, quae ducit ad ecclesiam sancti Nicolai cum omni sua vtulitate et pertinentiis, aedificiis, hortis, sicut praedicta planities secundum sui latitudinem et longitudinem ab vna parte ad aliam se extendit, ab omnibus (dictam planiciem) impetitoribus, siue ab omni actione religiosarum vel secularium personarum discutere vel disbrigare, quod vulgariter „intweheren" dicitur, debeamus, et volumus a data praesencium infra annum. In cuius facti evidentiam et effectum presentibus nostrum sigillum duximus opponendum. Datum Vuratislauiae quinta feria proxima post dominicam, qua cantatur quasimodogeniti.

1) für: anger.

84. *Die Schöppen zu Breslau bekunden, dass vor ihnen in gehegtem Dinge Wiland der Schreiber im Auftrage des Herzogs Boleslaw der Schwester desselben, der Markgräfin Hedwig, den dem breslauer Clarenstift gegenüberliegenden Hof aufgelassen hat. 5. März 1309.*

Original im breslauer Staatsarchiv, Urkk. des Clarenstifts 42.

Nos, scabini Wratislauienses, Nicolaus Stillephoit, Wichmannus, Johannes Engilgeri, Bruno de Olzniz, Petrus de Richinbach, Hellinboldus de Luchtindorf, Mathias de Mulheim, Conradus de Cyndato, Henricus de Ratibor, Johannes de Swideniz, Nicolaus Ruland, profitemur in hiis scriptis illustrem principem, dominum nostrum Bolezlaum iussisse Wilandum scriptorem, qui coram nobis in bannito iudicio Theoderico, aduocato hereditario, eidem iudicio presidente resignauit loco et nomine incliti principis, domini nostri predicti Bolezlai, glorioso principi, domine Hedwigi, sorori sue, marchionisse, curiam suam sitam contra ecclesiam sancte Clare contradiccione qualibet relegata. Super quod presens scriptum duorum nostrorum sigillorum munimine duximus consignandum. Datum anno domini m°ccc° nono quarta feria ante Letare.

<small>An Pergamentstreifen hängt ein Siegel, einen Adler darstellend mit der Umschrift: † S. SCABINORV. DE. VRATISLA. Von dem andern Siegel ist nur noch ein kleines Bruchstück vorhanden.</small>

85. *Die Herzöge Boleslaw und Heinrich verleihen der Stadt Breslau in einem Theile der Oder freien Fischfang. Breslau den 10. Mai 1309.*

<small>Original im breslauer Stadtarchiv A 33., gedr. Drescher schles. diplomat. Nebenstunden 64.</small>

In nomine domini amen. Iustis subditorum nostrorum affectibus nos inclinari convenit et in eorum peticionibus nos beniuolos esse oportet, vt ipsos in honoris nostri profectibus peruigiles senciamus. Inde est, quod nos Bolezlaus et Henricus, dei gracia duces Slezie et domini Wratizlauie, ad noticiam vniuersorum tam presencium quam futurorum volumus deuenire, quorum audiencie presens scriptum deferetur, quod attendentes vtilitatem et profectum ciuitatis nostre Wratizlauiensis contulimus et donauimus ciuibus et habitatoribus dicte ciuitatis piscaturam seu piscacionem de nouo meatu, qui wlgariter dicitur „nuwen tam", versus monasterium sancti Vincencii vsque ad verum fluxum Odre in longum et in latum ad omnem vsum et vtilitatem ipsorum, pro vt ad nos pertinebat, temporibus perpetuis pacifice possidendam. Et vt hec nostra donacio inviolabilis perseueret, presentem paginam nostro sigillo duximus confirmandam. Actum et datum Wratizlauie sabato post ascensionem domini anno domini millesimo trecentesimo nono presentibus hiis Schamborio de Schiltberc, Friczcone de Waldow, Hermanno de Eychilburn, Conrado de Porsnicz, Gunthero de Bibersteyn, nostro prothonotario, Wiemanno et Brunone de Olsnicz, nostris ciuibus Wratizlauiensibus, et aliis multis fide dignis.

<small>Nur von Herzog Boleslaw besiegelt.</small>

86. *Die Herzöge Boleslaw, Heinrich und Wlodislaw bekunden, dass sie für 200 Mark, welche die Stadt Breslau an sie gezahlt hat, die Zölle der Fussgänger an der Weide zu Lissa, Gohlau und Ohlau aufgehoben und Kaufmannsgut bis im Werthe von zehn Mark zollfrei durchzuführen gestattet haben. Breslau den 24. December 1309.*

<small>Original im breslauer Stadtarchiv B 16.</small>

In nomine domini amen. Quoniam ea, que fiunt in tempore, ne simul labantur cum tempore et in obliuionis precipicium redigantur, necesse est, ut literarum presidio et testimonii aminiculo roborentur. Nos igitur Bolezlaus, Henricus et Wlodizlaus, dei gracia duces Zlesie, Oppauie, dominique Wratizlauie, ad omnium tam presencium quam futurorum deferro cupimus nocionem, quod diuina nobis inspirante gracia volentes illustrium ac preamantissimorum parentum nec non predecessorum nostrorum animabus aliquibus elemosinorum largicionibus subuenire et nostram equidem salutem ampliare cupientes messionisque extreme diem pietatis operibus preuenire tribulacionibus pauperum et doloribus condolentes matura habita deliberacione et consilio nostrorum fidelium dilectis consulibus nostre ciuitatis Wratizlauie dedimus et vendidimus rite et racionabiliter pedagium siue theolonium, quod pedites dare solebant in aqua, que dicitur Widauia, superius et inferius et in ciuitate nostra dicta Leznicz et Galowe et in Olauia ciuitate nostra pro ducentis marcis regalium denariorum, quam pecuniam imparato recepimus ab eisdem, dantes et concedentes omnibus peditibus in predictis locis venientibus et reuenientibus, tanseuntibus et redeuntibus, cuiuscunque condicionis uel status fuerint, viris et mulieribus, portantibus et non portantibus, seu in carrucis trahentibus, plenam et omnimodam libertatem. Volumus tamen, vt si aliquis peditum in predictis locis in carrucis res mercimoniales traxerit, quarum valor se extendit vltra decem marcas regalium denariorum, talis soluat theolonium sicut ab antiquo fuerat inolitum et consuetum, et non vlterius per aliquem arceatur. addicientes, si quis theoloniariorum presumpcione iniqua motus hanc donacionem nostram et vendicionem pie et liberaliter factam presumpserit violare, pena maiori siue capitali sentencia puniatur. In cuius rei testimonium presens instrumentum confici fecimus majori nostro sigillo roboratum. Datum et actum Wratizlauie anno domini millesimo ccc nono in vigilia natiuitatis Christi presentibus nostris fidelibus infra scriptis ad hoc rogatis specialiter et rogatis[1]) videlicet Schamborio de Schiltberg, Friczcone de Waldaw, Gunthero de Byberstein, prothonotario nostro, Hermanno de Echilburn, Cunrado de Porsnicz, Dithero de Drogus, Arnoldo de Swidenicz, Jenchione de Gorlicz et aliis quam plurimis fide dignis.

Nur von Herzog Boleslaw besiegelt.
1) Schreibfehler für: vocatis.

87. *Die Herzöge Bernhard, Heinrich und Boleslaw von Fürtenberg bekunden, dass sie für 150 Mark, welche ihnen die Stadt Breslau bezahlt, an den Zollstätten zu Kunzendorf und Warthau bei Löwenberg und zu Bunzlau den Zoll, welchen die Fussgänger daselbst zu entrichten hatten, abgeschafft, und Kaufmannsgut bis zum Werthe von zehn Mark zollfrei durchzuführen gestattet haben. Reichenbach den 29. März 1310.*

Original im breslauer Stadtarchiv M 8.

In nomine domini amen. Quoniam ea, que fiunt in tempore, ne simul labantur cum tempore et in obliuionem redigantur, necesse est, ut litterarum presidio et testium aminiculo roborentur. Nos igitur Berinhardus, Henricus et Bolko, dei gracia duces Szlesie et domini de Furstenberch, ad omnium tam presencium quam futurorum deferre cupimus noticiam, quod diuina nobis inspirante gracia uolentes illustrium ac preamantissimorum parentum necnon predecessorum nostrorum animabus aliquibus elemosinarum largicionibus subuenire et nostram equidem salutem ampliare cupientes messionisque extreme diem pietatis operibus preuenire tribulacionibus pauperum et doloribus condolentes matura habita deliberacione et consilio nostrorum fidelium consulibus ciuitatis Wratislauiensis dedimus et uendidimus rite et racionabiliter pedagium siue theolonium, quod pedites dare solebant in villa nostra Cunczendorf seu in Warta circa Lenberch et in ciuitate nostra Bunzlauia pro centum et quinquaginta marcis regalium denariorum, quam pecuniam in parato recepimus ab eisdem, dantes et concedentes omnibus peditibus in predictis locis uenientibus et reuenientibus, transeuntibus et redeuntibus, cuiuscunque condicionis uel status fuerint, viris et mulieribus, portantibus et non portantibus seu in carruncis trahentibus plenam et omnimodam libertatem. Volumus tamen, ut si aliquis peditum in predictis locis in carruncis res mercimoniales trahxerit, quarum ualor se extendit ultra decem marcas regalium denariorum, talis soluat theolonium, sicut ab antiquo fuerat inolitum et consuetum, et non ulterius per aliquem arciatur, adicientes, si quis theoloniariorum presumcione iniqua motus hanc donacionem nostram et uendicionem pie et liberaliter factam presumpserit violare, pena maiori siue capitali sentencia puniatur. In cuius rei testimonium presens instrumentum confici fecimus majori nostro sigillo roboratum. Datum et actum in Rhicinbach anno domini millesimo ccc° x° dominica, qua cantatur letare, presentibus nostris fidelibus videlicet domino Kiliano de Hugewiz, domino Gorchoni et fratri suo Nichusono de Munsterberch, domino Dobesio de Domanz, domino Hermanno de Richinbach, domino Siffrido de Gerlacisheyme et Henrico de Bercow hac [1]) aliis pluribus fide dignis.

An seidenen Fäden hängt das Fusssiegel eines Herzogs mit Rücksiegel, deren Umschriften nicht mehr zu lesen sind.

1) für ac.

88. *Die Herzöge Boleslaw und Heinrich bestätigen der Stadt Breslau ihre Freiheiten und Rechte. Breslau den 31. März 1310.*

Original im breslauer Stadtarchiv A 1. gedr. bei Drescher diplom. Nebenstunden p. 65.

In nomine domini amen. Nos Bolezlaus et Henricus, dei gracia duces Slezie, Oppauie et domini Wratizlauie, ad noticiam vniuersorum tam presencium quam futurorum huius pagine testimonio cupimus peruenire, quod aduertentes fidelia seruicia nostrorum ciuium Wratizlauiensium nobis per ipsos sepius exhibita et adhuc in posterum frequencius exhibenda eisdem nostris ciuibus omnia et singula iura, que ab omnibus progenitoribus nostris habent et huc usque habuerunt et ad nos perduxerunt, ratificamus et presentibus confirmamus volentes eos circa predicta iura inviolabiliter perpetuo conseruare. In huius rei testimonium presentem paginam nostri sigilli munimine duximus roborandam. Actum et datum Wratizlauie pridie Kalendas Aprilis anno domini millesimo trecentesimo decimo presentibus testibus infra scriptis Schamborio de Schiltberc, Frizschone de Waldow, Jenchino de Porsnicz, Conrado pincerna, militibus, Gunthero de Bibirsteyn, prothonotario nostro, et Gisilhero, notario nostro, cuius manibus presencia sunt conscripta.

Nur von Boleslaw besiegelt.

89. *Die Herzöge Boleslaw, Heinrich und Wlodislaw bestätigen der Stadt Breslau alle ihre Rechte und Freiheiten. Breslau den 28. April 1310.*

Original im breslauer Stadtarchiv A 35. gedr. bei Drescher dipl. Nebenstunden S. 66.

In nomine domini amen. Cum iuris tramite condocente hos expediat maiore fauoris et gracie amplitudine prosequi, qui se digniores apud nos fidelitatis merito et gratitudine constancie reddiderunt; inde nos Bolezlaus, Henricus et Wladezlaus, dei gracia duces Slezie, Oppauie dominique Wratizlauie et de Lignicz, ad vniuersorum tam presencium quam futurorum deferimus nocionem, quod attendentes fidelia et continua seruicia nostrorum fidelium consulum et ciuium nostre ciuitatis Wratizlauiensis tociusque communitatis eiusdem nobis exhibita et inposterum exhibenda ylariter et gratanter ipsos predictos fideles nostros vniuersaliter omnes inhabitatores et incolas predicte ciuitatis nostre Wratizlauiensis in omnibus et singulis iuribus, paruis et magnis, quibus memorati ciues nostri a progenitoribus nostris pie memorie et felicis recordacionis, eorum veris hereditariis dominis, sunt conseruati et priuilegiati, uolumus similiter, iugiter et inviolabiliter conseruare: que quidem iura predicti incole nostre ciuitatis Wratizlauie eorum priuilegiis et iuribus autenticis edocere poterunt et apercius demonstrare. Nos igitur uolentes et desiderantes conmuni vtilitati et comodo ciuitatis nostre Wratizlauie, quam semper fide et constancia pollere reperimus, clementer intendere et alacriter iugiter prouidere, omnia et singula iura fidelium nostrorum ciuium predictorum maturo communicato consilio innouamus, approbamus, ratificamus et presentibus confirmamus. Quod autem nullus successorum nostrorum hanc nostre innouacionis, approbacionis et confirmacionis graciam prouide factam ausu temerario presumat infringere aut aliqualiter inmutare, presentem paginam ad perpetuam rei memoriam (sempiternam) scribi iussimus appensionis nostri sigilli munimine roboratam. Actum et datum Wratislauie currente anno domini millesimo trecentesimo decimo feria tercia post dominicam, qua cantatur quasi modo geniti, presentibus nostris fidelibus hic conscriptis ad testimonium uocatis et rogatis: videlicet Schamborio de Schiltberch, Friczone de Waldow, Marthino Buzewoygi, Conrado Schenko, Heinrico de Sylicz, Johanne, filio Schamborii, et Rollone, nostre curie notario, qui de mandato nostro presencia conscripsit.

Nur von Herzog Boleslaw besiegelt.

90. *Die Herzöge Boleslaw, Heinrich und Wlodislaw gestatten den Beghinen zu Breslau, durch die breslauer Tuchmacher weisses und graues Tuch weben zu lassen und in ganzen Stücken zu verkaufen. Breslau den 7. August 1310.*

Original im breslauer Staatsarchiv, Urkunden des breslauer Clarissenklosters Nr. 43. gedr. im C. D. Silesiae VIII S. 7.

In nomine sancte [et] indiuidue trinitatis amen. Cum expediat cuilibet sub preeminencia dignitatis constituto oppressionibus pauperum largiter intendere ac ipsos manu largiflua releuare; igitur nos Bolezlaus, Heinricus et Vlodezlaus, dei gracia duces Slesie, Oppauie domini, Wratizlauie et do Lignicz, tenore presencium notificamus presentibus et futuris, quod intendentes progenitorum nostrorum pios et salubres actus iugiter inmitare, qui beginas siue sorores ciuitatis Wratislauie propria habentes et in suis domibus morantes super textura et vsu empcionis et vendicionis alborum et griseorum pannorum siue staminum benigniter respexerunt; nos eciam considerantes predictas beginas siue sorores negociacionibus communibus minime insudare, vt earum inopia locuplecius releuetur, ex munificencia specialis gracie permittimus et volumus, quod beginis in ciuitate Wratislauia morantibus per textores eiusdem ciuitatis panni albi et grisei fieri possint. Quos pannos predicti coloris eisdem non particulariter set integraliter uendere licebit in locis publicis uel priuatis. Cum igitur priuilegium principis deceat esse mansurum, ne per consules aut textores ciuitatis Wratislauie statuta specialia uel generalia in preiudicium presentis permissionis fiant uel edantur, strictissime prohibemus. Vt autem presens per nos aut nostros successores non possit inposterum aboleri aliquorum calumpnia perswadente, sigilli nostri signaculo mandauimus communiri presentibus testibus hic signatis: Schamborio de Schiltberch, Syfrido List, Johanne Schamborii, Heinrico de Waldow, Theoderico Schertelzcan, aduocato hereditario, Winando clauigero et Rollone, nostro notario, qui presencia conscripsit durante regimine consulatus consulum infrascriptorum: Jenzonis de Gorlicz, Hildebrandi monetarii, Heinrici de Zitin, Nycolai de Waczeurode, Helwici de Molesdorfh, Conradi de Swidennicz, Nycolai de Cindato, Thilonis de Lubauia. Datum Wratizlauie anno domini millesimo trecentesimo decimo vii⁰ Ydus Augusti.

Nur von Herzog Boleslaw besiegelt.

91. *Herzog Boleslaw von Oppeln bekundet, dass er für 100 Mark, welche ihm die Stadt Breslau gezahlt hat, an allen Zollstätten seines Gebietes den Durchgangszoll der Fussgänger abgeschafft und Kaufmannsgut bis zum Werthe von 10 Mark zollfrei durchzuführen gestattet habe. Oppeln den 1. September 1310.*

Original im breslauer Stadtarchiv M 12a gedr. bei Sommersberg I 945.

In nomine domini amen. Quoniam ea, que aguntur in tempore, ne simul labantur cum tempore et in obliuionis precipicium redigantur, necesse est, ut litterarum presidio et testium aminiculo roborentur. Igitur nos Bolezlaus, dei gracia dux Opuliensis, vna cum liberis nostris domino Bolkone primogenito et alio Bolkone necnon Alberto iuniore ad omnium tam presencium quam futurorum deferre cupimus nocionem, quod diuina nobis inspirante gracia illustrium ac preamantissimorum parentum necnon predecessorum nostrorum animabus aliquibus elemosinarum largicionibus subuenire et nostram equidem salutem ampliare cupientes messionisque extreme diem pietatis operibus preuenire tribulacionibus pauperum et doloribus condolentes matura habita deliberacione et consilio nostrorum fidelium discretis viris aduocatis, consulibus, iuratis ac vniuersis ciuibus Wratyzlauiensibus dedimus [et] vendidimus rite et racionabiliter pedagium siue theolonium, quod pedites dare solebant in ciuitatibus et toto districtu terre nostre Opuliensis videlicet in Opol, Surgost, Lewin, Crapicz, Wosnik, Lubin et Rosenberk necnon districtu earundem, vel in quocumque loco idem theolonium per nos uel nostros substitutos hucusque accipi est consuetum, pro centum marcis regalium denariorum, quam pecuniam ab eisdem recepimus in parato, dantes et concedentes omnibus peditibus in predictis locis venientibus et reuenientibus, transeuntibus et redeuntibus, cuiuscunque status condicionis fuerint, viris et mulieribus, portantibus et non portantibus seu in carrucis trahentibus plenam et omnimodam in perpetuum libertatem. Volumus autem, ut si aliquis peditum in predictis locis in karrucis res mercimoniales traxerit, quarum valor se extendit vltra decem marcas regalium denariorum, talis soluat theolonium, sicut ab antiquo fuerat inolitum et conswetum, et non per aliquem vlterius arceatur. addicientes si theloniariorum quis iniqua motus presumpcione hanc donacionem nostram et vendicionem pie et liberaliter factam presumpserit violare, pena maiori siue capitali sentencia puniatur. In cuius rei testimonium et euidenciam pleniorem presens instrumentum conscribi fecimus nostro maiori sigillo roboratum. Actum et datum apud Opol Kalendas Septembris anno domini millesimo trecentesimo decimo presentibus testibus ad hoc specialiter vocatis et rogatis nostris fidelibus, Jeschone, iudice curie nostre Opuliensis, Taschone de Smilowicz, Jarozlao de Michelow,

Syfrido de Wilkow, Friderico de Scanisez, Johanne, preposito de domo dei, Jeschone, procuratore nostro, Heinricho de Cruceburk, notario curie nostre, et aliis multis fide dignis.

<small>An seidenen Fäden hängt das Fusssiegel des Herzogs mit der Umschrift: † S. DVCIS. BOLESSLAI. OPOLIENSSI (?)</small>

92. *Die Herzöge Bernhard, Heinrich und Boleslaw von Fürstenberg bekunden, dass sie für 200 Mark, welche ihnen die Städte Breslau und Schweidnitz gezahlt haben, an den Zollstätten zu Schweidnitz, Reichenbach, Frankenstein, Wartha, Strehlen, Wansen und Kant den Durchgangszoll, welchen die Fussgänger daselbst zu entrichten hatten, abgeschafft und Kaufmannsgut bis zum Werthe von zehn Mark frei durchzuführen gestattet haben. Schweidnitz den 31. October 1310.*

<small>Original im breslauer Stadtarchiv B 9. gedr. bei Sommersberg III 90.</small>

In nomine domini amen. Quoniam ea, que aguntur in tempore, ne simul labantur cum tempore et in obliuionis precipicium redigantur, necesse est, ut litterarum presidio et testium aminiculo roborentur. Nos igitur Bernhardus, Henricus et Bolko, duces Slezie et domini de Wrstenberch, ad omnium tam presencium quam futurorum deferre cupimus nocionem, quod diuina nobis inspirante gracia volentes illustrium ac preamantissimorum predecessorum nostrorum animabus aliquibus elemosinarum largicionibus subuenire et nostram equidem salutem ampliare cupientes missionisque extreme diem pietatis operibus preuenire tribulacionibus pauperum et doloribus condolentes matura habita deliberacione et consilio nostrorum fidelium discretis viris et fidelibus, aduocatis, consulibus et vniuersis ciuibus tam in Wratizlauia quam in nostra ciuitate Swidenicz dedimus et vendidimus rite et racionabiliter pedagium siue theoloneum, quod pedites dare solebant in ipsa ciuitate nostra Swidenicz, in Rychenbach, in Vrankensteyn et in Warta versus Glacz, in Strelin, in Wansow et in Kant pro ducentis marcis regalium denariorum, quam pecuniam in parato accepimus ab eisdem, et quia prius ad laudem dei donauimus et vendidimus theolonea siue pedagia in antiqua terra nostra videlicet in Lemberch et Boleslauia, prout in instrumentis super hoc confectis plenius continetur, damus et concedimus in predictis locis et simpliciter per totam terram nostram tam per antiquam quam per nouam omnibus peditibus venientibus et reuenientibus, transeuntibus et redeuntibus, cuiuscunque status condicionis fuerint, viris et mulieribus, portantibus et non portantibus sev in carrucis trahentibus plenam et omnimodam in perpetuum libertatem et istam libertatem inviolabiliter semper conseruare bona fide promittimus et fouere; volumus autem, ut si aliquis peditum in supradictis locis in carrucis res mercimoniales traxerit, quarum ualor se extendit ultra decem marcas regalium denariorum, talis soluat theoloneum, sicut ab antiquo fuerat inolitum et conswetum, et non per aliquem ulterius arceatur, adicientes, si theoloneariorum quis iniqua motus presumpcione hanc donacionem nostram et vendicionem pie et liberaliter factam presumpserit vyolare, pena maiori siue capitali sentencia puniatur. In cuius rei testimonium presens instrumentum conscribi fecimus super eo maiori sigillo nostre curie roboratum. Actum et datum in Swidenicz anno domini m° ccc x pridie Kalendas Nouembris presentibus hiis testibus specialiter ad hoc rogatis et vocatis pro testimonio fidelibus nostris militibus: videlicet Hermanno de Rychenbach, Thymone et Hertelone, dictis de Ronow, Petro Zeege, Syffrido de Gerlachsheym, Ryperto Bolz, Gunzelino de Hoeudorf et aliis pluribus fide dignis.

<small>An seidenen Fäden hängt das Fusssiegel des Herzogs Bernhard mit der Umschrift in gothischen Majuskeln: S. BERNHARDI DI GRA DV.. SLE ET DNI DE FVRSTES..</small>

93. *Herzog Heinrich VI bestätigt der Stadt Breslau alle ihre Rechte und Freiheiten. Breslau den 9. November 1311.*

<small>Original im breslauer Stadtarchiv B 15. gedruckt bei Drescher diplom. Nebenstunden S. 67.</small>

In nomine domini amen. Nos Heynricus, dei gracia dux Slesie dominusque Wratizlauie, ad vniuersorum noticiam tam presencium quam futurorum huius pagine testimonio cupimus peruenire, quod constituti in nostra presencia fideles nostri consules ac vniuersitas ciuium tocius nostre ciuitatis Wratizlauie nobis studiosius ac frequencius supplicantes, quatenus ipsos in eorum priuilegiis ac iuribus, magnis et paruis, singulis et omnibus, a nostris progenitoribus et antecessoribus erogatis super eorum ac ciuitatis nostre iuribus dignaremur confouere eciam et tenere. Nos vero gestientes pocius augmentare eorum iura quam minuere necnon pensantes ipsam ciuitatem nostram Wratizlauiam fore caput, a quo tamquam ab origine aliis ciuitatibus nostris iusticia debeat emanare, precibusque iustis et honestis nostrorum fidelium ciuium gratuite inclinati de innata nobis clemencia ac bona voluntate singula ac omnia eorum iura, magna et parua cum priuilegiis ipsis pro vtilitate, commodo et honore nostre ciuitatis a progenitoribus nostris et antecessoribus concessa seu donata laudamus, grata ac rata habere promittimus necnon per nos et nostros successores ipsa volumus inviolabiliter obseruari. In cuius confirmacionis et fruitionis maiorem euidenciam et robur amplius presencia scribi fecimus et appensione nostri sigilli firmiter communiri. Actum et datum Wratizlauie anno domini millesimo trecentesimo vndecimo presentibus fidelibus nostris Fritzchone de Waldou, Hermanno de Eychelborn, Jenlino de Porsnitz, Heynzcone de Danyelwitz, militibus, Heynrico de Waldou, Heynrico de Rydeburg et domino Johanne, capellano nostro, plebano de Schoneych, per quem presencia feria tercia proxima ante diem beati Martini episcopi sunt confecta.

<small>An seidenen Fäden hängt das Siegel des Herzogs mit der Umschrift: † S. HEINRICI. SEXTI. DEI. GRA. DVCIS. SLIE. ET. DNI. WRATIZAVIE (?).</small>

94. *Herzog Heinrich VI bestätigt den Bürgern der Neustadt bei Breslau alle ihnen von seinen Vorfahren verliehenen Rechte. Breslau den 13. December 1311.*

<small>Original im breslauer Stadtarchiv A 18. gedruckt bei Drescher schles. diplom. Nebenstunden 68.</small>

In nomine domini amen. Nos Henricus, dei gracia dux Slezie, dominusque Wratizlauiensis, notum facimus omnibus, tam presentibus quam futuris, presentem paginam audituris, quod exhibitis nobis ex parte ciuium nostrorum de noua ciuitate sita ante ciuitatem nostram Wratizlauiam priuilegiis progenitorum et antecessorum nostrorum super eorum iuribus et confirmacionibus eisdem nichilominus a nobis obnixius postulantibus, quatenus ipsos in eorum iuribus dignaremur singulis confouere; nos igitur volentes dictis ciuibus et ciuitati in nullo penitus derogare, sed pocius ipsos cum ciuitate in suis iuribus manutenere omnia eorum iura, magna cum paruis, quibus eadem ciuitas de nouo antiquitus est locata, et alie ciuitates suis consuetudinibus locantur, nec non ea iura ipsis a nostris progenitoribus seu antecessoribus erogata nostrum donec ad dominium et specialiter macella venalium rerum carnificum, pistorum, sutorum et quorumlibet talium, singula ac omnia laudamus, approbamus ac nostri sigilli munimine confirmamus volentes eciam eosdem ciues nostros in suis consuetudinibus simpliciter permanere non obstante eo, si predicti ciues nostri tempore adolescencie illustri principis ac dilecti fratris nostri domini Bolezlai, ducis Slezie ac domini de Brega, aliquem defectum percipere in suis iuribus videbantur omnibus talibus circumscriptis, volumus eorum iura inuiolabiliter obseruari omni contradiccionis scrupulo postergato. Datum Wratizlauie anno domini millesimo trecentesimo vndecimo in die beate Lucie virginis presentibus nostris fidelibus Friczone de Waldow, Hermanno de Eychilburn, Jenlino de Porsnicz, Henzcone de Danielwicz, Jescone de Semilwicz, militibus, Henrico de Waldow et domino Johanne de Schonoch, nostro capellano, per quem presencia sunt confecta.

Mit dem Siegel des Herzogs.

95. *Der Rath zu Breslau bittet den Papst, den Bischof von Breslau in seine Diöcese zurückzusenden. Breslau den 17. October 1312.*

Abschrift in den breslauer Handwerkerstatuten f. 8.

Sanctissimo in Cristo patri, domino, domino Clementi, diuina prouidencia sacrosancte Romane ac vniuersalis ecclesie summo pontifici, iudices, consiliarii ac communitas ciuitatis Wratislauie, humiles et deuoti eius filii, se ipsos ad pedum oscula beatorum etc.

Quia Polonie regnum, in quo ciuitas Wratislauia tamquam famosior situata [1]), tartaricorum et scismaticorum gencium adiacenciis in suis confinibus est vndique [2]), et incole prefati regni sicut sunt in plantacione catholice fidei ceteris Christifidelibus nouiores, sic ad maiorem fidei consolidacionem frequenciori irrigacione pastoris consolacione peribentur non immerito indigere; quam sit in grauibus dispendiis, quot ed quantis sit plena periculis nostri Wratislauiensis episcopi absencia diuturna, transacti consideracio temporis edocet et ipsius temporis mala multiplicia manifestant in crismatis confectione itaque in clericorum ordinacione, in basilicarum consecracione et subditorum correctione, quorum excessus quodammodo licenter iam pullulant, ac aliis ad officium episcopale spectantibus in ipsius absencia intollerabiles negliencie pro dolor sunt admisse, et, quod dolentes referimus, episcopatus predicti bona longe lateque diffusa per spoliatores et viros potentes tanquam defensore carencia ausibus sacrilegis vndique miserabiliter inuaduntur, et clericalis religio absente magistro iam grauius sauciatur, et ecclesia Wratislauiensis concussis columpnis iam disponitur ad ruinam. Quare vestram sanctitatem humiliter ac deuotissimis precibus duximus exorandam, quatenus malis plurimis et tam noxiis de benignitate solita cicius succurratis, occurratis. prefatum dominum nostrum episcopum columpniancium ipsius rabie conculcata nobis feliciter cicius remittatis pure propter deum ac plurimorum salute (!). Datum Wratislauie XVI° Kln. Novembris anno domini M°C°C°C°XII°.

1) fehlt est. 2) fehlt ein Wort wie circumdatum.

96. *Herzog Heinrich VI bestimmt, dass alle Streitsachen über Erbe, welche aus dem Erbgericht vor das Hofgericht oder des Herzogs Person gezogen werden, mit Zuziehung der Stadtschöppen nach dem Stadtrecht entschieden werden sollen. Breslau den 14. Juli 1313.*

Original im breslauer Stadtarchiv B 14.

In nomine domini amen. Nos Heinricus, dei gracia dux Slezie dominusque Wratizlauie, omnibus in perpetuum tam presentibus quam futuris huius pagine testimonio volumus esse notum, quod nostrorum ciuium Wratizlauiensium attendentes fidelitatis merita et grata scruitutis obsequia per ipsos nobis exhibita et adhuc in posterum exhibenda pro ipsis ac eorum heredibus nostre predicte ciuitati Wratizlauie tale ius dedimus et donamus, quod si alique cause pro hereditatibus emerserint intra muros ciuitatis vel extra spectantes ad pascua uel ad spacium ciuitatis nostro Wratizlauie, et si tales cause iam expresse ad iudicium curie nostro vel ad nostram presenciam de ciuili iudicio seu de iure hereditario pro hereditatibus tracte fuerint seu deducte, ibidem scabini nostre profate ciuitatis Wratizlauie sedere debeant et dare sentencias, et secundum ius ciuitatis iudicari salua tamen nostra maiori pena, que ad nos pertinet atque spectat, et nostro iudice iudicio presidente. Vt autem hec nostra donacio habeat robur perpetue firmitatis, hanc paginam nostri sigilli munimine duximus consignandam. Actum et datum Wratizlauie anno domini m° c°c°c° tercio decimo pridie Idus Julii presentibus hiis domino Johanne de Swarzcenhorn, Alberto Bauaro, Theoderico Schertelzcan, aduocato hereditario, Mathia de Muilnheim, Gyschone de Reste, Brunone de Olsna, Hermanno de Muilnheim, Petro de Vlogk, Alberto Leyshorn, necnon Johanne de Schoneyche, nostro capellano, per cuius manum presencia sunt confecta.

Mit dem Siegel des Herzogs.

97. *Aelteste breslauer Mühlenordnung vom 10. Juli 1314.*

Original im breslauer Stadtarchiv A 29.

In nomine domini amen. Cuncta negocia, que aguntur in tempore, ne simul labantur cum tempore, necesse est, voce [testium] et litterarum testimonio perhennari. Hinc est, quod nos consules ciuitatis Wratizlauie, Jensco de Gorliz, Petrus de Paxcowe, Helwicus de Mollesdorf, Nicolaus de Wazenrode, Thilo de Lûbauia, Conradus de Swideniz, Nicolaus de Cindato, Heindenricus de Brûnswic, tam presentibus quam futuris cupimus fore notum, quod nostri fideles conciues Sibotho de Cindato magister Cristanus loco et nomine filiarum Christi, scilicet domino Hedewige abbatisse et domine Hedwige marchionisse tociusque conuentus Wratizlauiensis cenobii sancte Clare, Heindenricus de Brunswic, Waltherus de Pomerio et magister Johannes hospitalis sancti Mathie nomine sui conuentus constituti in nostra presencia dederunt nobis extra manus non coacti ymmo beniuole supplicabant, vt ordinacionem super molendinis et decursu Odre, qui currit super ipsorum eciam molendina,[1]). Nos vero inclinati precibus eorum intendentes communi vtilitati, commodo et honori ad nos magistros alios expertos et probatos de aliis molendinis euocantes conmisimus vlterius ipsis hanc ordinacionem, hiis

1) fehlt ein Verbum wie: faciamus.

videlicet: Henrico Monacho, Conrado dicto Pariser, Rudgero in Knophetmolendino, Arnoldo, molendinario in fossato, qui deberent ordinare et disponere de eodem decursu aquarum saluis eorum consciencciis atque Odre, qui taliter vt infra dicetur. disposuerunt fideliter ordinantes de situ aquarum suo eciam et decursu: scilicet quod omnes habentes ibidem molendina obstruere debent foramina, que „fluitlocher" wlgariter nuncupantur.

2. Item debent equaliter tenere obstacula, que „wēr" lingva Theutonica appellantur.

3. Item quilibet eorum debet tenere suam aquam equo modo similiter sicut alter.

4. Item canalia ipsorum equaliter tenebuntur exceptis duobus canalibus, videlicet Heindenrici de Brůnswic et Waltheri de Pomerio, qui possunt deprimere, id est „vëllen", in tribus digitis, et hoc stat et est in eorum libero arbitrio voluntatis pro eo, quod iacent in piscina.

5. Item alia excepcio de molendino sancti Mathie, quod ipsorum „wochboům", qui iacet in eorum „fluitrinna", debet iacere profundius ad vnum „gemunde", quam in aliis molendinis et in eadem „fluitrinne" predicti hospitalenses debent ponere vnum asserem, cuius latitudo sit ad vnum „gemunde", et si necesse fuerit ciuitati, tunc illi hospitalenses debent trahere supra illum asserem, quoadusque lingna pertranssibunt, et eodem die obstruere et eundem asserem reponere et alium asserem super illum in paruis aquis.

6. Item hospitalenses habebunt tantummodo vnum „fluitloch" pro communi vsu ciuitatis.

7. Adiecerunt predicti molendinarii hanc ordinacionem vallantes cum hac pena, quod si aliquis inposterum ausu temerario istam ordinacionem presumeret contumaciter violare, quod talis tenebitur dare vnam marcam auri, que in tres partes diuidetur, prima pars debetur domino nostro duci, secunda vero ciuitati, tercia dominis molendinorum.

In huius rei testimonium hanc paginam appensione maioris sigilli nostre ciuitatis et dominarum sanctimonialium Christi filiarum monasterii sancte Clare, videlicet domine Hedwige abbatisse et conuentus magistri Johannis et conuentus cenobii sancti Mathie, Sibothonis de Cindato, Heynderici de Brůnswic et Waltheri de Pomerio. Data Wratizlauie anno domini m° c°c°c° xiiii° presentibus hiis testibus, Wichmanno, Brvnone de Olesniz et nobis consulibus, quorum nomina superius sunt conscripta, sexto Ydus Julii.

<small>An grünen und weissen seidenen Fäden hängen 1. ein kleines rundes Siegel mit dem agnus dei und der Umschrift S. SIBOTTI DE CENDATI 2. ein spitzrundes Siegel mit der Umschrift S. FRATRV HOSPITAIS SANTE ELISABET IN WRAT 3. ein spitzrundes Siegel mit der Umschrift S SOROR: ORDINIS: SCE: CLARE: IN WRATIZLAVIA 4. ein kleines rundes Siegel mit der Umschrift S. WALTERI DE POMERIO 5. ein kleines dreieckiges Siegel umschrieben S. EBERARDI DE MVLHEM. Von einem fünften Siegel sind nur die Fäden erhalten. Ausserdem finden sich im Pergament die Löcher für zwei andere Siegel.</small>

98. *Weisthum magdeburgischen Rechts, welches die Stadt Breslau der Stadt Gross-Glogau mitgetheilt hat. 23. November 1314.*

<small>2 Originalausfertigungen im glogauer Stadtarchiv, gedruckt bei Tzschoppe und Stenzel. S. 493.</small>

Die erste Urkunde, ein sehr grosses, auf beiden Seiten beschriebenes Pergamentblatt, hat auf der ersten zwei, auf der andern vier Columnen. Die erste Columne beginnt mit den Worten: Do man Magdeburch besazte, worauf die vollständige Urkunde vom J. 1261 bis zum Ende: umme die schult, folgt. Dann schliesst die zweite Columne und mit ihr die erste Seite mit den Worten in rother Schrift: Actum et datum Wratizlavie anno domini millesimo trecentesimo XIIII in die beati Clementis pape. Dies ist daz erste recht, das die stat van Meydeburk hat mitgeteilit unser stat zu Breslau.

Auf der zweiten Seite beginnt die erste Columne:
1. Von holzis unde vischerye unde grasis rechte. (Sächsisches Landrecht II 28. § 1—3.)
2. Worum keyn wyp mak vorspreche gesyn. Is en mag keyn wyp vorspreche gesyn, noch ane vormunde clayn. Das vorlos en allen eiene Moscherime, dy his Calofarnia, di vor dem gerichte varczte vor Rome, do ir wille ane vorsprechin nicht muste vortgen. (Vorcz vollos den vorsprech).
3. Das man ober keyn tragende wyp richten sal. (Sächsisches Landrecht III 3. bis: hor.)
4. Ab eyn cristen eynen ioden dirslet. (Sächsisches Landrecht III 7. § 3.)
5. Was einer vorbust, der einen slet adir roft ane wundin. (Sächs. Landrecht III 57. § 1.)
6. Wen kein erbe irst erben moge. (Sächs. Landrecht I 4. bis: her domite nicht.)
7. Von des sones erbe. (Sächs. Landrecht I 5. § 1.)
8. Von begrabenem gute adir schaczeze. (Sächs. Landrecht I 35. § 1—2.)
9. Von berhaften wiben. (Sächs. Landrecht I 33.)
10. Wy unvorstolin gut dube sye. (Sächs. Landrecht II 37. § 1. bis: So ist es eyn dube.)
11. Von ufbytene. (Sächs. Landrecht II. 37. §. 1. von: Was ein man vindet, bis zum Ende des § 2.)
12. Wy der spreche, der orteyl beschildet. (Sächs. Landrecht II 12. § 11.)
13. Wer synen herren totet. (Sächs. Landrecht III 82. § 2.)

Columne II.
14. Von virhende sachen, di echte not geheysin. (Sächs. Landrecht II 7.)
15. Welch swert der richter nemin sol um ungerichte. (Sächs. Landrecht I 62. § 2.)
16. Daz iczlich czan und vingir hot sin sunderlich buse. (Sächs. Landrecht II 16. § 6.)
17. Ab man einen man slet adir schildt ane wndin. (Sächs. Landrecht II 16. § 8.)
18. Das man keyn wyp tragende von eris mannis gut sal wisin. (Sächs. Landrecht III 38. § 2.)
19. Ab einer von gerichtes weine den lyp vorlust. (Sächs. Landrecht II 31.) (Doch fehlen die Worte: oder dut he yme selven den dot.)

Columne III.
20. Waz di ratman u. s. w. bis: herczoge nicht. (Schöffenurtel in Böhmes Beiträgen VI S. 121, 122., Alter Culm I 20., System. Schöffenrecht (Laband) 120.

21. Missetut bis: der stat wegen. (Schöffenrtel bei Böhme VI. S. 115. 116., A. C. I. 13., System. Schöffenrecht I. 13.)
22. Sächs. Landrecht I 38. § 3.
23. Sächs. Landrecht I 48. § 1.
24. Sächs. Landrecht I 38. § 2.
25. Magdeburg-Görlitzer Recht von 1304 (Tzchoppe u. Stenzel S. 448 ff.) § 37. bis: von iare zu iare.
26. Ebendaselbst § 111. doch für: burggreve immer: voyt.
27. Ebendaselbst § 112. bis: ouch solchier phenninge.
28. Alter Culm II 22., System. Schöffenrecht I 22.

Columne IV.

29. Sächs. Landrecht I 6. § 2. bis: alz recht ist.
30. Urkunde Nr. 66 § 8. und noch genauer übereinstimmend: Pölman V. 43.
31. Sächsisches Weichbildrecht. Art. 97.
32. Von des dibis rechte. Magdeburg-Görlitzer Recht von 1304. §. 36. von: Wirt ein dib begriffin, bis: den galgen.
33. Von hokin unde lutin di spisekouf veil habin. Ebendaselbst §. 2. bis: ane der rotman gelob unde der stat wille.
34. Ab ein man sinis herrin gut vorspil. Ebendaselbst §. 89.
35. Wer sine burgen roubit. Roubit ein man sine burgen, der eigen unde gut binnen wichbilde hot, unde tut her das unvorclaiter dinge vor sime landisherrin unde sime richter, dem sol man sin gebude vorteilen unde of howin und das gebude ist gemeine allir lute. Wirt abir einem manne sin gebude vorteilit also, das do mait adir wib inne genotczogit wirt, das gebude sol man uf howin unde nicht von dannen vuren.
36. Von czunen unde gengen. (Sächsisches Landrecht II 50. von: Swer czunit, bis 51. § 3. andirn hove sten.)
37. Was das wyp erbit uf den man nach erme tote. (Sächs. Landrecht I 31. § 1.)
38. Das man noch des mannes tode dem gesinde lon sol gebin. (Sächs. Landrecht I 22. § 1—2.)
39. Von munczern unde phennigen. (Sächs. Landrecht II 26.)

Die zweite Urkunde hat zwei Columnen. Die erste beginnt: In des borkgreven dinge, worauf die vollständige magdeburger Urkunde vom J. 1295 folgt. Die erste Columne endet mit dem § 11, worauf noch folgt: Actum et datum Wratizlauie anno domini millesimo trecentesimo XIIII in die scti Clementis pape. Die zweite Columne beginnt mit § 12. der Urk. und schliesst mit § 23. worauf noch folgt: Dis ist das leste recht das unser stat zů Breslau wart unde ist gesent unde mitgeteilit van der erbern stat zu Meydenburk.

Beide Urkunden mit dem Siegel der Stadt Breslau.

99. *Vertrag der Stadt Breslau und des breslauer Bürgers Bruno von Oels über die Ohlaumühlen. Breslau den 30. Juni 1315.*

Abschrift in den breslauer Handwerkerstatuten S. 7.

In nomine eterni dei amen. Igitur nos consules ciuitatis Wratislauie et nos magistri operum sub eodem anno fatimur (!) tenore presencium publice profitentes, quod accedente bona voluntate et consensu totius communitatis Wratislauie Brononi de Olesniz, nostro conciui, suisque heredibus seu successoribus terciam partem duorum mollendinorum iuxta ipsam ciuitatem in flunio, qui Olauia dicitur, situatorum ad ipsam tunc spectantem cum singulis suis pertinenciis pro quingentis et decem marcis grossorum regalium, quorum quelibet marca duobus scotis in purum argentum omnimode redditur deputata, vendimus racionabiliter atque rite et ipsam sibi et suis heredibus et successoribus publice resignauimus nomine ciuitatis. Ad quod quidem ipse predictus Brvno vice versa nobis ciuitatis nomine publice repromisit, quod si nos consules, iurati magistri operum supradicti, aut qui pro tempore fuerint, ipsam terciam partem dictorum molendinorum infra quinque annos a data presencium continuandos, hoc est a natiuitate Christi subsequenter et non alterius priuate persone sed tantum nomine ciuitatis apud ipsum vellemus reemere, quod eam ipsi ciuitati pro tanta debet reddere seu reuendere pecunia, prout emit. Ita tamen, quod si medio tempore eadem molendina uel alterum ipsorum ex suis melioraretur impensis, iuxta proborum estimacionem virorum tunc nos continget reemere preciosius ab eodem; si uero deteriora infra idem tempus currente (!) constiterunt, ex tunc remissius iuxta eandem taxacionem nobis dabit. Si autem infra predictos annos reemere non poterimus nec ualemus, ex tunc ipse Brvno et sui heredes sev successores predictam terciam partem predictorum molendinorum, prout ipsam ciuitas nostra prefata tenuit, debet preclusa ciuitati reempcionis via perpetuo possidere. Adjecit predictus Brvno eciam et promisit sua bona spontanea voluntate, quod si nos consules uel ciues aut iurati, qui tunc temporis fuerint, possemus liberare terciam partem jam dictorum molendinorum infra siue ante illos quinque annos aut quandocunque, quod ipse uellet dare ad liberandum ciuitati. Quas quidem empcionem et vendicionem et resignacionem suam insuper Brvnonis promissionem ratas et gratas habemus, ea patrocinio presentis priuilegii communiri fecimus, cui maius sigillum nostre ciuitatis cum duobus sigillis scabinorum efficaciter duximus apponendum. Actum et datum Wracz. presentibus nobis consulibus, iuratis magistris operum et aliis fidedignis anno domini M°C°C°C° decimo quinto in crastino Petri et Pauli, beatorum apostolorum.

100. Rechtsbelehrung des breslauer Rathes für den glogauer. Breslau den 6. October 1315.

Original im Archiv der Stadt Glogau, gedr. bei Tzschoppe u. Stenzel S. 496.

Dominis consulibus civitatis Glogoviensis consules Wratizlavienses salutem in omnium salvatore. Petiit a nobis vestra dilectio, ut vos expediremus de quibusdam ambiguis questionibus, quas vobis scribimus in hiis scriptis specialiter declarantes.

§. 1. Ad primam questionem vobis sic respondemus videlicet quod hii, qui sedent sub miliari, non astant juri coram nostro advocato hereditario in nostra civitate sed tantum illi astant, sicut se extendit districtus nostre civitatis, id est, ubi pascua nostre civitatis, terminantur.

§. 2. Item respondemus, quod specialis advocatus hereditarius est in nostra nova civitate, sed non habent privata macella carnium neque scampna sutorum.

§. 3. Item, quod naulum rupto ponte per inundationem aquarum non spectat ad nos, hoc scitote.

§. 4. Item in quocunque judicio homo rapitur seu detinetur, ibidem contingit eum respondere.

§. 5. Ceterum sciatis, quod nostri Judei non vigilant, sed dant exactionem de curiis ipsorum. Tantum predicti Judei singulis annis dant aliquas pecunias in subsidium et levamen, ut ipsos de vigiliis et aliis servitiis quibuscunque communibus sublevemus, quoniam ipsi Judei dederunt hoc anno civitati nostre triginta marcas.

§. 6. Item curie in nostra civitate site clericorum, baronum, militum, Judeorum aut quorumcunque hominum dant exactionem exceptis plebanorum curiis et una sola curia advocati hereditarii, in qua manet, nullam tantum dat exactionem de rebus mobilibus.

§. 7. Item aliquis occupans equm furatum vel spoliatum, si non potest eum acquirere jure, extunc ille occupans dabit reo triginta solidos, advocato vero suum gewette in judicio civili, sed in judicio, quod dicitur „voitdinc", dabit triginta solidos advocato, et reo similiter triginta, ita si illum equm non potest acquirere, et iterum, si ille occupatus, cujus est equs, dicit, quod possit habere illum, apud quem emit equm, it est suum gewer, scientes quod ipse reus, apud quem equm occupavit, debet ipsum occupatorem seu actorum sequi usque vulgariter, quod dicitur, ad magnum mare et Teutunice „wilde see."

§. 8. Item noveritis, quod Judei non debent carnes vendere Christianis et adhuc nostri concives cum Judeis invicem questionibus multimodis contendunt, quod volgariter dicitur „crigen", sed si terminatum fuerit, vobis scire dabimus consequenter.

Datum Wratizlavie anno domini MCCCXV infra octavas beati Michahelis.

Mit dem Siegel der Stadt Breslau.

101. *Grenzbestimmung des breslauer Judenkirchhofes*[1]).
gedr. in der Zeitschrift VIII S. 212.

In nomine eterni dei amen. Nulla verior est attestacio, quam que sentencia perficitur litterali, quum ea, que a memorie cellula rapit obliuio, literarum inspeccio et vox testium armario denuo recommendat. Exinde est, quod nos consules ciuitatis Wratislauie tam ad presencium quam futurorum deferre cupimus nocionem huius seriei sub tenore, quod cum quedam materia rancoris et questionis esset suborta ex vna parte inter ciuitatem Wratislaviam et ex altera parte inter Judeos pro eo, quod Judei septa sui cimiterii versus plateam Gallicam iniuste et indebite locauerant super hereditatem et aream ciuitatis limites et gades et suas grenicies taliter excedendo, nos vero prefati consules ex mandato tocius vniuersitatis nostre tam pauperum quam diuitum Judeos impetiuimus prenotatos pro talibus iniuriosis excessibus perpetratis eos(que) ad nostram euocando presenciam, qui se nostre gracie ob emendam talium excessuum subiecerunt non coacti sed spontena voluntate suplicantes, vt cum ipsis gracialiter ageremus. Nos siquidem eorundem Judeorum fidelia et continua seruicia atque beneficia creberrime inpensa et adhuc in futurum inpendenda [considerantes] predictorum Judeorum precibus beniuole inclinati accedente bona voluntate nostrorum seniorum, iuratorum necnon tocius vniuersitatis nostre consensu pariter et assensu admisimus loco et nomine ciuitatis nostre, ut gades et limites Judaici cimiterii locarent debite et directe, que locate sunt, secundum quod zona et mussa dyametraliter demonstrauit, que predicta zona tracta

1) Wegen der Zeitbestimmung s. Grünhagen Zeitschr. VIII S. 212.

fuit tunc temporis per Henricum Monachum dictum Tabernatorem, nostrum conconsulem, et de nostro ministerio (?) consulatus et Merbothonem Braxiatorem in longum et in latum in hunc modum, vt inferius in hiis scriptis exprimetur scilicet, quod quinque lapides angulares situati, quorum tres in medio super fossatum et vallum, quod wlgariter dicitur „warf," sunt positi et statuti, quod suple warf ad ciuitatem dinoscitur pertinere, reliqui vero duo lapides se extendunt a primo lapide angulari a dextris, cum itur ad sanctum Mauricium, vsque ad ortum Philippi Galici pie memorie positi super hereditatem et grenicies ciuitatis, qui predicti tres lapides stant super gades et grenicies ciuitatis.

Adiecimus, quod predicti Judei in perpetuum debent reficere et tenere mediam partem lapidei pontis, qui se extendit ab orto olim Philippi Gallici felicis memorie vsque ad primum angularem lapidem. Ceterum dicimus, quod illud fossatum versus ciuitatem · quod eorum cimiterium non debet aliqualiter ampliari, sed si forsan idem fossatum purgari contingerit, ex tunc illa scrobs, id est purgacio, que extra proicitur, debet iactari super vallum ciuitatis, quod „warf" wlgariter appellatur. Eciam mortuorum corpora non debent vllatenus exhumari sed manebunt sicut ab antiquis temporibus iacuerunt. Insuper prefatum cimiterium debet esse cum omni suo ambitu et vtilitatibus ab omnibus collectis ciuitatis et angariis quibuslibet liberum penitus et exemtum: presertim illi duo lapides qui iacent versus Strelin, iacent super grenicies Judeorum et spectant ad eos cum plancis astantibus retro lapides immediate. Preterea asserendo dicimus, quod Judei crebrius nominati plancare debent cum suis denariis et debent tenere plancas per medium fossatum transseuntes se muniendo vsque ad plancas ciuitatis quolibet impedimento penitus relegato. Ideoque ratificamus, approbamus et racionabiliter confirmamus, vt hec predicta ordinatio habita maturo consilio seniorum [et] iuratorum nostrorum in sempiternum inviolabiliter obseruetur. In cuius rei testimonium et cetera. Data Wratislauie Anno domini m°ccc°xvi° Kalendas (!) presentibus nos (!), qui tunc temporis consules ciuitatis fueramus, scilicet Wichmanno, Heinmanno de Wocesdorf et ceteris.

102. *Herzog Heinrich VI überlässt für eine alte Schuld seiner Eltern von 150 Mark und für 12 Mark, die er empfangen, einer breslauer Goldschmidfamilie den breslauer Brenngadem (die Münze). Breslau den 31. Januar 1318.*

Original breslauer Stadtarchiv A 23. gedr. bei Drescher schlesische diplomatische Nebenstunden 71.

In nomine domini amen. Nos Heinricus, dei gracia dux Slezie dominusque Wratizlauiensis, omnibus in perpetuum, tam presentibus quam futuris, huius pagine testimonio volumus fore notum, quod constituti in nostra presencia nostri aurifabri Wratizlauienses Tilo, Bertoldus et Jacobus, fratres vterini, cum Elysabeth et Margareta, filiabus quondam Margarete, sororis eorum, necnon cum suis patruelibus, Dithero, Nicolao et Margareta nobis indulserunt spontanea voluntate centum et quinquaginta marcas antiquorum debitorum quondam patris et matris nostre felicis memorie, pro quibus debitis et suis crebris seruiciis nobis dudum impensis et eciam duodecim marcis paratis super hoc propinatis ipsis, suisque heredibus seu legittimis successoribus dedimus et contulimus plenariam libertatem de omnibus vtilitatibus ac fructibus ipsis provenientibus in futuro do cremacione seu purificacione argenti nostre ciuitatis Wratizlauiensis, quod pro talibus nobis et nostris posteris perpetue nullo seruitutis onere sint adstricti. De quibus vtilitatibus, prouentibus seu fructibus prefati patrueles Ditherus, Nycolaus et Margareta quartam partem plenarie possidebunt, et quod talem libertatem vendere possunt, donare vel commutare, seu in suos vsus convertere pro sue libito voluntatis. In cuius donacionis et libertatis robur ipsis hanc literam dari et nostri sigilli robore mandauimus communiri. Actum et datum Wratizlauie predie Kalendas Februarii anno domini m° trecentesimo decimo octauo presentibus Dithero de Drogus, Hermanno de Wlchov, militibus, Paschone Gersebeuwiz, Andrea Radag, Heinmanno de Sunph, Petro Kockone et Johanne de Schoneiche, nostro protonotario, qui presencia habuit in conmisso.

Mit dem Siegel des Herzogs.

103. *Die Stadt Breslau und das Stift der h. Clara daselbst einigen sich über den Besitz des Angers zwischen der Nicolaikirche und dem äusseren Stadtgraben. Breslau den 4. Februar 1318.*

Original im breslauer Stadtarchiv A. 26.

In nomine domini amen. Omnis calumpnie via tunc precluditur et omnis ambiguitas suffocatur, cum res geste testium et litterarum amminiculo perhennantur. Hinc est, quod nos sanctimoniales cenobii sancte Clare apud Wratizlauiam, videlicet domina Hedewiga abbatissa et domina Hedewiga marchionissa totusque conuentus monasterii prefati super quibusdam controuersiis inter nos et ciuitatem Wratizlauiensem subortis pro quadam planicie, que wlgariter „angir" nuncupatur, syta inter fossata exteriora ciuitatis et ecclesiam sancti Nycolai ad dextris (!), cum exitur uersus Nouum Forum concordauimus propter commune bonum ac consequenciam boni finis racionabiliter et amice taliter, quod illa planicies debet iacere ad communes vsus ciuitatis Wratizlauie pariter et ad nostros et ville nostre dicte Schepin et vniuersaliter quorumcunque, et quod ille solus ortus contigue sytus prope fossatum ciuitatis dumtaxat, prout se extendit in longum et in latum vsque ad Oderam protendendo, debet et debeat ad claustrum sancte Clare pertinere et cum omni vsufructu ad nostrum comodum perpetuo deseruire. Nos eciam cum ciuibus dicte ciuitatis super alia planicie syta retro dictam ecclesiam sancti Nycolai ad iam dictam ciuitatem nichilhominus iure hereditario pertinente concordauimus in hunc modum, quod nostri villani de villa Schepin dicta dabunt in quolibet festo sancti Michaelis ipsi ciuitati de dicta planicie vnam marcam cum dimidia veri census, quem dare annis singulis tenebuntur, ita quod iam dictus census nullatenus debeat amplius augmentari, quamuis predicti nostri villani de dicta planicie censum trium marcarum vel paulo minus prius et alias dicte ciuitati soluere consueuerunt. Insuper honorabiles viri, consules et ciues predicte ciuitatis, nostro prouisori Cristano omnes causas, quas aduersus ipsum habuerunt temporibus retroactis donec ad datum presencium, indulserunt nostrum ob intuitum et respectum, ita quod tales cause nunquam debent amplius renouari, et si idem Cristanus, noster prouisor, forsan esset inscriptus litteris prefate ciuitatis, hec inscripcio sibi nullum vlterius erga ciues eiusdem ciuitatis debet esse preiudicium seu grauamen. Ob quas causas est adiectum, quod si de cetero ipse Cristanus vel alter prouisor seu quicunque seruitor noster vellet fodere vel aliquid facere in greniciis ciuitatis eiusdemque in districtu, hoc non debet facere sine scitu dictorum consulum et ciuium voluntate. Addicimus eciam, si crebrius dictus Cristanus, aut quicunque noster seruitor fuerit, dicte ciuitati aliquid fecerit hac in parte, hoc dicti consules ciuitatis debent deferre ad nostram presenciam personalem et si tales excessus a nobis aut per nostrum conuentum emendati non fuerint et correcti, extunc consules et ciues sepedicto ciuitatis de talibus nostris seruitoribus possunt expetere vel querere, quot (!) iura eiusdem ciuitatis exigunt et requirunt. Deinceps si nos prefate domine claustrales cenobii sancte Clare haberemus aliquas litteras, que essent in preiudicium dicte planiciei viciniori ciuitatis, tales esse debent nulle, friuole atque vane. Vt autem hec amicabilis composicio et ordinacio habeat robur perpetue firmitatis, hanc litteram appensione duorum nostrorum sigillorum videlicet domine Hedewigis abbatisse et nostri conuentus fecimus consignari. Actum et datum Wratizlauie pridie Nonas Februarii anno domini millesimo trecentesimo decimo octauo presentibus hiis testibus, dominis Heinrico, canonico Wratizlauiensi et plebano in Jeskytel, Johanne de Schoneiche, prothonotario Wratizlauiensi, nostris arbitris existentibus et ad hoc rogatis, Petro de Glogouia, Chonrado de Cindato, consulibus et arbitris nomine ciuitatis ad hoc similiter deputatis et aliis consulibus, quorum nomina sunt subscripta, qui tunc temporis consulatui prefuerunt, Nycolao de Nizsa, Alberto Lesschehorn, Nycolao Grasenuingero, Alberto textore, Johanne de Nuyz, Heinrico Schofesburgero, Petro Slancz, Hermanno Fuysil et Vlmanno pistore, ceterisque viris ydoneis et honestis.

An seidenen Fäden hangen 1) das Siegel der Aebtissin mit der Umschrift: S. ABBATISSE SCE CLARE IN WRATIZL. 2) ein Bruchstück von dem Siegel des Conuents.

104. *Bischof Heinrich gestattet dem breslauer Rathe, ein Grundstück vor dem Schweidnitzerthore zu einem Friedhofe für Fremde und Arme einzurichten und eine Begräbnisskapelle darauf zu erbauen. Breslau den 30. April 1318.*

Original im breslauer Stadtarchive M. 14, gedruckt bei Schmeidler urkundl. Beiträge zur Gesch. der Magdalenenkirche S. 10.

In nomine domini amen. Pietatis operibus conuenienter intentis promocionis pie nos decet impertiri subsidia, vt tanto feruenciores ad huiusmodi pia opera exercenda reddantur, quanto magis se senserint allectiuis subsidiis adiuuari. Eapropter[1]) nos Henricus, dei gracia episcopus Wratizlauiensis, notum esse volumus vniuersis presentem paginam inspecturis, quod cum honorabiles et prudentes viri, consules et ciues ciuitatis Wratizlauie, consideracione sollicita perpendentes Christianorum multitudinem tam immensam maxime pauperum cotidie Wratizlauie moriencium apud ipsos intra ciuitatem ipsam non posse absque graui periculo apud ecclesias sepeliri, agrum vnum siue ortum extra ciuitatem iam dictam Wratizlauiam ante portam Swidniczensem pro sepultura peregrinorum et pauperum comparassent, iidem consules atque ciues votiuis nobis precum instanciis supplicarunt, vt in eodem orto cimiterium pro peregrinorum et pauperum huiusmodi funeribus tumulandis et capellam pro diuinis ibidem officiis celebrandis de nouo fundare et erigere diguaremur, sic quod ipsi consules ciuitatis Wratizlauie in capella eadem, quam competentibus promiserunt dotare redditibus, ius patronatus tam nunc quam in posterum obtinerent. Nos itaque, quia cultum diuini numinis nostris cupimus temporibus augmentari, piis et iustis predictorum consulum et ciuium

1) Schmeidler quapropter.

Wratizlauiensium precibus fauorabili concurrentes affectu in predicto loco extra ciuitatem Wratizlauiam infra parrochiam tamen sancte Marie Magdalene posito, presertim quia viri discreti domini Henrici de Droguz, rectoris eiusdem ecclesie, ad hoc specialiter accedebat assensus, cimiterium pro sepultura peregrinorum et pauperum et capellam pro celebracione diuinorum ibidem ad honorem dei omnipotentis et beate Marie gloriose virginis, matris eius, erigi fecimus et fundari sine preiudicio tamen parrochialis ecclesie nostre, sic quod in dicta capella per rectorem ipsius, qui pro tempore fuerit, nec sacramenta aliqua ministrentur nec ad populum sermo fiat. De speciali vero gracia indulgemus, quod ius presentandi presbiterum ad capellam eandem ad predictos consules Wratizlauienses, qui pro tempore fuerint, debeat perpetuo pertinere. In cuius rei testimonium et euidenciam pleniorem presentes fieri iussimus et nostri sigilli munimine roborari. Datum Wratizlauie 11 Kalendas Maii anno domini millesimo ccc⁰ xviii⁰ presentibus dominis, Henrico de Baruth preposito, Fridmanno cancellario, Wratizlauiensibus, Arnoldo, archidyacono Glogouiensi, et Lutoldo, ibidem scolastico, Nicolao de Bancz, Taschone, archidyacono Legniczensi, magistro Conrado officiali, et Henrico de Jescotel, canonicis nostris Wratizlauiensibus, et multis aliis.

An seidenen Fäden hängt das runde Siegel des Ausstellers einen thronenden Bischof darstellend mit der Umschrift: † HEINRICVS. DEI. GRA. WRATISLAVIENSIS. ECCE. EPS. XVII.

105. *Heinrich von Waldow verkauft der Stadt Breslau sein Gut Scheitnig. Breslau den 1. Juli 1318.*

Original im breslauer Stadtarchiv A. 2.

In nomine domini amen. Nos Heinricus, dei gracia dux Slesie et dominus Wratizlauie, omnibus in perpetuum tam presentibus quam futuris huius pagine testimonio volumus fore notum, quod constitutus in nostra presencia fidelis noster Heinricus de Waldov bona mentis et corporis valitudine et deliberacione prehabita diligenti bona sua Schitenig nuncupata in districtu Wratizlauiensi sita cum omnibus suis vtilitatibus et pertinenciis, greniciis et metis, sicut suis gadibus circumferencialiter sunt distincta, eoque dominio, iure et libertate, quibus ad ipsum pertinebant temporibus retroactis, fidelibus nostris consulibus totique vniuersitati dicte ciuitatis Wratizlauiensis pro trecentis marcis grossorum regalium rite et racionabiliter vendidit, necnon ad manus ipsorum libere et spontanee resignauit abrenuncians nichilominus pro se et suis heredibus seu legittimis successoribus omni impeticioni, iuris accioni seu repeticioni, quibus gaudere possent in dictis bonis de presenti seu eciam in futuro. Nos vero dictam vendicionem gratam et ratam habentes predicta bona Schitenig cum omnibus suis iuribus et pertinenciis superius expressis prefatis consulibus totique vniuersitati dicto ciuitatis Wratizlauiensis contulimus iure feodali perpetue possidenda. In cuius rei euidenciam et robur hanc litteram nostri sigilli robore duximus muniendam. Datum Wratizlauie in octaua beati Johannis baptiste anno domini millesimo trecentesimo decimo octauo presentibus nostris fidelibus Dithero de Drogus, Johanne de Swarcenhorn, Johanne de Porsniz, militibus, Alberto de Pak, Paschone Gersebeuwiz, Andrea Radag, Petro de Glogouia, Petro de Richenbach, Mathia de Mulnheym, ciuibus Wratizlauiensibus, et Johanne plebano de Swidniz, nostro protonotario, per quem presencia sunt conscripta.

Mit dem Siegel des Herzogs Heinrich VI.

106. *Arnold, geschworner Meister der Reichkrämerinnung zu Breslau, bekundet, dass Nicolaus von Valkenberg, Johann, Daums Eidam, und Frau Katharine, Flemmings Wittwe, sämmtlich Mitglieder der Reichkrämerinnung, welche von dem Clarenkloster für 50 Mark Zinsen im Betrage von 5 Mark auf verschiedenen breslauer Krambuden erworben haben, das Rückkaufsrecht des Klosters ausdrücklich anerkannt haben. Breslau den 31. Januar 1320.*

Copialbuch des Clarenstifts S. 87b.

In nomine domini amen. Nouerint vniuersi presentes et posteri hanc paginam inspecturi, quod nos Arnoldus, magister institorum in Wratislauia, publice protestamur, quod in nostra constituti presencia Nicolaus de Valkinberg, Johannes, gener Pollicis, domina Katherina, relicta Flemingi, nostre confratres vnionis, de sua propria et libera voluntate sunt confessi, quod a venerabili in Christo domina, domina Anna, abbatissa monasterii sancte Clare in Wratislauia, quinque marcarum (!) census annui denariorum monete vsualis in quinque institis pro quinquaginta marcis grossorum denariorum pro se et suis heredibus emerunt rite et racionabiliter singulis annis percipiendas eo modo et iure, quo monasterium sancte Clare possedit et percepit in duobus anni temporibus, in festo natiuitatis domini terciam mediam marcam, in festo beati Johannis baptiste terciam mediam marcam, de qualibet instita medium marcam: unam quidem marcam de instita integra Conradi de Hurdis, secundam de instita integra domine Katherine, relicte Flemingi, quas pro viginti marcis emit Katherina iam predicta, terciam marcam de instita Johannis Pollicis, quam pro decem marcis emit Johannes iam predictus, quartam marcam de instita Nicolai de Falkinberg, quam pre decem marcis exsoluit idem Nicolaus antedictus, quintam marcam de instita Nicolai apothecarii, quam redemerunt in communi domina Katherina mediam marcam pro quinque marcis, Johannes et Nicolaus reliquam mediam marcam pro quinque marcis condicionem talem nichilominus adiungentes, quod in futuro domina abbatissa, que pro tempore fuerit, sev monasterium sancte Clare antedictum, si ad pinguiorem fortunam peruenerit et recuperare uoluerit in toto uel in parte censum memoratum oblatis decem marcis pro vna marca, vel viginti pro duabus uel simul totam pro toto, contractus nominatus pro rata partis uel in totum rescindatur et ad monasterium libere reuertatur. In omnium igitur testimonium predictorum et testimonialem euidenciam pleniorem ad preces confratrum nostrorum antedictorum communitatis nostre sigillum vna cum sigillo domine Katherine, relicto Flemingi, et liberorum suorum presentibus duximus apponendum. Actum Wratislauie IIo Kalendas Februarii anno domini m° ccc° xx° presentibus testibus infrascriptis Petro Ulmanni, Nicolao, fratre suo, Gunthero Steynochselone, Lamperto, institoribus et ciuibus Wratislauiensibus, et pluribus aliis fide dignis.

107. *Breslauer Willküren von 1321.*

Breslauer Handwerkerstatuten S. 7.

Anno domini M° CCC° XX° primo habitum est generale iudicium, et de consensu omnium seniorum inter cetera ista fuerunt publicata.

1. Primo vt nullus extra ciuitatem manens debeat tenere hospites, quibus vendat ceruisiam, panem et pabulum.

2. Item omnes ducentes frumenta ad forum cum curribus suis intrare debent ciuitatem singulis diebus et extra non manere excepto die forensi; tunc licebit illis extra manere, qui intrare non possunt.

3. Item nullus carnificum debet in macello suo construere edificia ad manendum nec ibi residere sicut prius conswoueruut, sed in arcis suis et alibi sibi domus faciant ad manendum. Hec ad alia ibi proclamata fuerunt et ab omnibus vniuersaliter approbata.

108. *Herzog Heinrich VI schenkt den Gebrüdern Johannes, Conrad und Jacob Schertelzan, Eigenthümern der breslauer Erbvogtei, seine Landvogteigefälle in der Neustadt bei Breslau. Breslau den 12. März 1321.*

Original im breslauer Stadtarchive B 18., gedr. bei Lünig Reichsarchir XIX 237.

In nomine domini amen. Nos Heinricus, dei gracia dux Slesie et dominus Wratislauie, ad noticiam vniuersorum tam presencium quam futurorum huius pagine testimonio cupimus deuenire, quod attendentes et respicientes fidelia et multimoda seruicia nostrorum fidelium aduocatorum hereditariorum Schertelzcanorum Wratislauiensium, videlicet Johannis, Conradi et Jacobi fratrum nobis et nostris progenitoribus per ipsos et eorum progenitores omni tempore fideliter impensa et adhuc impendenda in futurum aduocaciam provincialem seu iudicium provinciale, hoc est duos denarios, qui nos in iudicio provinciali contingunt in noua ciuitate prope muros ciuitatis Wratislauiensis dictis Schertelzanis, Johanni, Conrado et Jacobo, eorumque heredibus legittimis de nostra gracia speciali dedimus, donauimis et contulimus iure hereditario perpetue possidendum seu possidendos. In cuius rei euidenciam pleniorem huic litere nostrum sigillum duximus apponendum. Datum et actum apud Wratislauiam anno domini millesimo trecentesimo vicesimo primo quarto idus Marcii presentibus Johanne de Porsenicz, Johanne de Swarzenhoren, Andrea Radac, Heynderico de Mulheym, domino Alberto de Pak, Gyskone Colneri, domino Johanne de Ladimiria, nostro capellano et notario, qui presencia habuit in commissis, et aliis pluribus fide dignis.

Mit dem Siegel des Herzogs.

109. *Herzog Heinrich VI setzt für die Stadt Breslau als Strafe des Meineides die Verbannung fest. Breslau den 3. Mai 1323.*

Original im breslauer Stadtarchiv B. 10.

In nomine domini amen. Nos Henricus, dei gracia dux Slezie et dominus Wratizlauie, ad vniuersorum presencium et futurorum peruenire volumus nocionem, quod constituti coram nobis fideles nostri et dilecti nobis consules ciuitatis nostre Wratizlauie suorum cordium afflictione grauissima nobis efficaciter exponentes, quod quidam insensati et inbecilles, qui se pro tempore aggrauatos aliquibus senciunt casibus timore dei postposito sueque salutis inmemores perjurium committere minime formidarent. Nos itaque dictis nostris consulibus et ciuitati nostre super huiusmodi nepharia comissione condolentes ipsorumque fidelia seruicia attendentes habito super eo maturo nostrorum baronum consilio ipsis de nostra munificencia et gracia speciali damus et eternaliter concedimus sine preiudicio tamen omnium iurium suorum, ut quicunque ex conciuibus ipsorum, cuiuscunque fuerit condicionis, ausu temerario periurium notorium pro quacunque causa committere presumpserit, quod hic sub poena donacionis sex denariorum a consulibus de ciuitate et eorum ciuili consorcio repellatur perhenniter, et quod idem periurus tam ad ciuitatem nostram Wratizlauiam quam eciam ad terminos nostri ducatus peruenire de cetero non presumat, tali tamen adiecta condicione, quod si iidem consules eodem tempore consilio presidentes velint contra ipsum periurum simplici affirmacione prestiti iuramenti in presencia iuratorum suorum periurium approbare. Ne autem hec nostra donacio per nos uel successores nostros in posterum aliqualiter infringatur, has litteras ad maiorem corroboracionem nostro sigillo duximus muniendas. Actum et datum anno incarnacionis domini Millesimo c°c°c° vigesimo tercio quinto Nonas Maii presentibus fidelibus nostris, Johanne de Porsnicz, Henrico de Waldow, Andrea Radak, Alberto de Pak, Hermanno de Porsnicz, Apeczcone, aduocato Nouifori, et domino Ottone de Donin, prothonotario nostro, qui presencia habuit plenius in conmisso.

Mit dem Siegel des Herzogs.

110. Herzog Heinrich VI von Breslau bekundet, in welcher Weise sich der breslauer Rath und Anna, die Gattin des Heinrich von Slup über den Besitz des Gutes Schritnig geeinigt haben. Breslau den 28. Juni 1323.
Original im breslauer Stadtarchiv A 36.

In nomine domini amen. Nos Henricus, dei gracia dux Slesie et dominus Wratislauie, ad vniuersorum tam presencium quam futurorum peruenire volumus nocionem, quod constituta coram nobis Anna, vxor legittima Henrici de Slup, non per errorem sed sana mente et bona valitudine profitebatur se fecisse veram et inviolabilem diuisionem cum dilectis nostris consulibus ciuitatis nostre Wratislauie nomine et loco ciuitatis eiusdem in bonis seu hereditatibus in Shitenik; ita videlicet, quod ciuitas nostra dicte hereditatis in Shitenik ex uera diuisione duas partes sitas versus fluui[u]m, qui dicitur Olauia, possidere et tenere debeat hereditarie cum omnibus fructibus et vtilitatibus, pratis, pascuis, rubis, agris, fluuiis, piscaturis, prout eedem due partes de nouo metis et gadibus suis circumferentialiter sunt distincte. Dicta vero domina Anna prefate hereditatis in Shtenik terciam partem, que sita est versus Oderam, cum omnibus vtilitatibus et vsufructibus pro se et successoribus suis hereditario possidebit; excepta tamen quedam insula, que sita est trans Oderam, que eciam ex diuisione legittima ad nostram deuoluta est ciuitatem, quam eciam nostra ciuitas tamquam aliam hereditatem suam in Shtenik hereditarie possidebit. In piscatura siquidem Odere tantum per totam hereditatem in Shitenik prelibata domina Anna duos habeat piscatores, et ciuitas nostra tercium ibidem piscatorem pro utilitate et vsibus suis locacione debita collocabit. Nos vero dictam diuisionem gratam et ratam habentes ad peticionem vtrarumque parcium predictarum has patentes litteras nostro maiori sigillo duximus roborandas. Datum Wratislauie feria tercia in vigilia apostolorum Petri et Pauli anno domini millesimo ccc vigesimo tercio presentibus fidelibus nostris Andrea Radak, Hermanno de Porsnicz, Apeczcone, aduocato Nouifori, Johanne de Reste, Heidinrico de Molnhem, Henrico Heisonis, Ottone de Donin, prothonotario nostro, qui presencia habuit in conmisso.

Mit dem Siegel des Herzogs.

111. *Herzog Boleslaw III von Liegnitz bestätigt der Stadt Brieg und giebt der Stadt Grottkau die Rechte der Stadt Breslau, welche Herzog Heinrich V von Breslau im Jahre 1292 der Stadt Brieg als ihr von Herzog Heinrich IV verliehen bestätigt hatte. 1324.*

Original im Archive der Stadt Grottkau, gedr. bei Tzchoppe u. Stenzel S. 504.

In gotis namen amen. Nach gotis geburth tusint iar druhundirt iar vierundzwenzig iar. Wir Bolezlaus, von gotis gnader herzoge von Slens unde here zu Legniz, bekenen des vor allen den, dy keginwortig sin unde hernoch kumen, das unse getruwen burgere zu dem Brige quamen vor uns unde wysiten uns eyn buch, do inne geschriben stunden alle dy recht, dy in der edele furste, Herzoge Heynrich von Bretzlav unde von Legniz, unse vatir, so im got gnade, gegeben hatte noch der stat rechte zu Bretzlav, unde botin uns des, das wir in diselben recht bestetigiten unde bevestiten mit unsen briven. Nu habe wir angesehen den getruwen diust, den uns dyselben unse burgere manche zyt do her willeclich getan haben unde noch tuen sullen, unde wenne ouch unse vatir in demselben buche by namen hatte lasen shriben, das alle syne nachkumelinge den burgern dyselben recht gnedeclich bevestin unde bestetigen sullen; des quamen ouch unse getrwen burgere von Grotkov vor uns unde betin uns, das wir in dyselben recht geben unde bestetigiten; des habe wir ouch iru getruwen dinst angesehen, den si uns manche zyt do her willeclich getan haben unde noch tun sullen, unde geben in unde bestetigen in dyselben recht unde haben unsern shriber, Cunrade von Zessov, bevolen, das her in alle dyselben recht undir unsirn ingesigil beshriben gebe, als her sy in dem buche beshriben vunden hat.

Das selb buch hebet sich an:

§. 1. Nach gotis geburth tusint iar zweyhundirt iar zweyundenuyzig iar. Wir herzoge Heynrich, von gotis gnaden here von Bretzlau unde von Ligniz, bekennen des vor allin den, dy kegenwortig sin unde hernach kumen, dy dis buch horen lesen, das wir an haben gesehen willegin dinst unser getruwen burgere, und bedacht haben vrumen unde nutz unsir stat zu dem Brige, mit rate unsir getruwen manne gebe wir in den selben unsen burgeren alle dy recht, dy sy by unses vettirn gezyten gehabt haben, herzogen Heynrichs von Bretzlau deme got gnade, nach unsir stat rechte zu Bretzlau, und swas si do zu nach irs selbes sinne, der stat zu eren unde in selbe zu gute unde zu gemache irtychten unde dirdenken mugen, dy bestetige wir in unde bevestin dy recht unde dy gesetze also, das sy keyn unse nachkumelinge in nicht gebrechen noch vorrucken mugen, sundir si sullen in dy selben recht bevestin gnedeclich unde bestetigen glich als wir selbe.

§. 2. Zu dem ersten mole gebe wir unsen ratluyten alle dy recht zu behertenne unde zu behabene, dy unse ratluyte in unsir stat zu Bretzlau haben.

§. 3. Unde geben in gewald, mit dem pfarrer in der stat zu Grotkau zu kysen eynen shulemeystir unde eynen glockener, alle iar unde alse dicke binnen dem iare, als sin dy stat bedurfe.

§. 4. Derselbe glockener, wenne her eynr lyche mit allen glocken luyten sal, der sal nimmer vordirn wen eyn quart zu mite, luytet abir her mit drien odir mit zwen glocken, her sal vordirn eyn halbis quart unde nichte me.

§. 5. Sy sullen ouch haben gewald, eynen butel zu kysenalle iar unde als dicke, als syn dy stat bedurfe binnen deme iare.

§. 6. Wir wollen ouch, das dy ratluyte uz iclichem hantwerke suller heysen swern zwene man, ob man si gehaben mag, odir zu dem minsten eynen, das sy en helfen vor dy stat raten, ob sy ir bedurfen.

§. 7. Dy selben sullen bewaren mit flyse irs hantwerks gebrechen. Sy sullen ouch keyn gesetz noch keyn recht undir in machen noch haben ane der ratluyte wissen. Wer dy gesetze brichet, dy sust mit rate undir in gemachet werden, der sal dy kur, dy gemacht wirt, verbusen. Das selbe gelt, das dy meystir von in nemen, das sullen si in dry teyl teylen, der sullen sy zwey teyl den ratluyten antworten, das dritte teyl sullen sy mit wissen der selben ratluyte an der stat nutz keren odir an ir hantwerke, ab syn not ist.

§. 8. Wir geben in ouch gewald, zu richtene allen den gebrechen, der do geshyet an allirleye mose, an wyne, an mete, an bire, an gebrechen unrechir woge, an allirleye dingen, dy man mit der woge wiget, ane an silbir unde an golde, das wolle wir selbe richten.

§. 9. Sy sullen ouch richten gebrechen an der wache in der stat unde an allim deme, das man mit dem scheffil gemessen mag, is sy korn, weyse, gerste, habir, mohen, erweys unde salz, wy is in al der werlde geheysen sy, das man mit dem scheffil gemessen mag, das sullen sy richten mit unsir wissen.

§. 10. Wir wollen ouch, das sy gewalt haben zu weren allen vorkouf, der der stat shedelich sy.

§. 11. Wir wollen ouch, das sy gewald haben zu weren, das eyn iclich wirt keynen man, her sy gast odir burgir, hoher spilen lase, is sy in dem wynkelre, odir in dem bierhuse, den her ubir den gurtil vorpfenden muge. Man sal ouch keynen man durch spiles willen vahen. Wer dy zwey gesetze brichet, der ist der stat eynr marke bestanden unde mus den gewangen lassen.

§. 12. Wir wollen ouch, das keyn cyns odir erbe binnen der stat mure, von unsen voyten keynerleye reysigen luyten, is sin rittir odir knechte, noch keynirleye begebenen luyten, is sin munche odir nunnen, gereychet werde, wider der ratluyte wille und der stat gemeyne.

§. 13. Wer ouch cyns, odir cyns andirn erbe vor gerichte im reychen leset, unde das vorswyget, her in tu is mit wissen der ratluyte, der ist der stat eynir marke bestanden unde mus das selb erbe uf lasen.

§. 14. Eyn man, der eyne hochzyt mit synen kinden, is syn sune odir tochtir odir andir syne vrunt, haben wolle, der sal drysig shussel haben unde nicht me. Wer das brichet, der ist der stat eynr halben marke goldis bestanden. Zu der selben hochzyt gehorn vir spileman unde nicht me. Welchem manne der spileluyte eynir gesant wirt, der sal im nimme geben, wen eyn scot, dem zu eren, der in im gesant hat. Is in sal ouch zu den selben hochzyten nymand nicht senden, sundir, wenne man gessen hat, so sal eynr des bruytegames vrunt, der do zu gekorn wirt, von den drysig shusseln, von iclichir eyn lot nemen, unde sal dy geben deme, der dy kost hat getragen mit der wissen.

§. 15. Wir wollen ouch, wer erbe habe in den dorfern, dy mit der stat shossen unde dinen, das (der sal) dy binnen der stat mure erbe zuygen unde haben sulle, (der auch) unde alle burgerrecht begen glich eyme andirn burger.

§. 16. Wir wollen ouch, das keyn man, der gerichtes pflege, is sy in der stat odir uzwendig der stat, das her keynen veylen kretzmen in der stat haben sulle.

§. 17. Wir wollen ouch, das keyn burger keyn uzwendigen reysigen man lenger halden sulle, wen eyne nacht, hern tu is mit wissen der ratluyte.

§. 18. Wir geben in ouch das zu eyme rechte, das welch rittir odir knecht, odir was mannes her sy, dem man vor gerichte der stat nicht beclagen muge, das den keyn andir burger in syn hus zu gaste intpfahen sulle, hir in habe syme ersten wirte vorgolden odir halte in mit synem willen.

§. 19. Wir wollen ouch das, wo eyn mayt odir eyn wyp wider irs vatir oder ir mutir willen eynem manne volgit, dyselbe vorluyset irn rechtin erbeteyl, nymt abir eyn man der eyne mit gewald, wirt her begriffen, her ist bestanden synes hohestin rechtis; kumt abir her hin, derselbe sal keyne wonung in der stat me haben, her in mag ouch an synes swehers gute odir an syme erbe keyne vorderunge nicht gehaben; wil abir der sweher dem eydeme unde der tochtir irkeyne hulfe tun, der vorkoufe in der stat, was her habe unde zyhe zu dem eydeme, wor her wolle.

§. 20. Wir wollen ouch das, (das kein man) wenne syn birmos zu dem dritten mole uff gehaben wirt unde ungerocht also dicke vunden, deme selben sal man synen kretzmen eyn ganzes iar nidir legen.

§. 21. Wir wollen ouch, welch man sich in der stat legen wil, der sal mit reysigen noch mit keynirhande luyten ryten odir gemeynschaft haben, do von der stat unrede intsten muge; get sin der selbe nicht abe, noch deme das is im von den ratluyten undirsaget wirt, der selbe sal mit wyben unde mit kinden uz der stat varn unde keyne wonunge drinne me haben.

§. 22. Wir wollen, welch man odir wyp zu selegerete cyns odir erbe gebe odir besheyde, das den selben cyns odir erbe ire nestin vrunt wider zu in brengen unde losen; were abir, das si syn nicht gelosen mochten, so sullen dy ratluyte mit der stat pfenningen in zu der stat losen, also das her von der stat nicht intpfrendet werde.

§. 23. Wir wollen ouch, das keyn selegerete, das von sichen luyten gemach wirt, ich kraf gehaben muge, is in geshe vor zweyn vrumen mannen, den man des gelouben muge.

§. 24. Wir wollen ouch, welch man in der stat erbe habe, der sal nicht wen eynen erbecyns geben binnen eyme iare zwissen sente Michels tage unde sente Mertins tage zu nemene; ist is abir eyn ungeerbit man odir wyp, dyselben sullen nicht me, wen eynen erbecyns geben binnen der zyt, als vor geshriben stet. Wolle abir ymand zu der zyt sich intpfrenden von dem markte, als man den cyns geben sal, den sal man pfenden da nach, wenne man in vindet, ab man is von im haben wil.

§. 25. Wir wollen ouch das, ob eyn hus durch fuyers not gebrochen wirt, do by das fuyer uz kumt, wendit das fuyer an dem selben zubrochenen huse, wenne man dasselbe hus widir buwen wil, dem sal man von der stat wegen den vierden pfenning zu hulfe geben; wirt abir eyn hus ubir di gasse zubrochen, deme sal man, ouch wenne man is buwen wil, den dritten pfenning zu hulfe geben, ob das fuyer dar an wendet; get abir das fuyer vorbas, so ist man in beyden nichtis pflichtig.

§. 26. Wir wollen ouch, wo eyn fuyer uzkumt, treyt man uz dem huse, e den man is beshryet, der wirt ist der stat eyner marke bestanden; bewyset abir her geshreye, e denne man uztreyt, her ist der marke ledig; ubirget abir in das fuyer, so das her wedir us getragen mag noch geshryen, und das der selbe wirt vor vorchte intwichet, der selbe mus gnade suchen, als her mag, an der stat ratluyten.

§. 27. Wir wollen ouch das, wenne der stat ratluyte, mit rate der eldesten von der stat nach den eldesten senden, dy durch iren willen, wen sy besendet werden, zu in gen, der stat nutz zu bedenkene, und das noch iren besten sinnen zu wege brengen, ob das eyn andir burger strafen wolle, der do by nicht gewest were, unde dazu nicht kumen welde, ob man in ouch besendet, des selben strafunge sal man nicht lyden, sundir her sal is bessern der stat, ob man is von im haben wil.

§. 28. Wir wollen, das was mit rate (yme) der eldesten von den ratluyten gered unde gemacht wirt, ob von sulchen dingen, adir dy sust mit rate gemacht werden undir in, eynir, welchir das were, von ymande vordacht wurde, odir keynirleye vede kegen eyme vor den andirn ymand haben wolde, do zu sullen dy selben von unsirme geheyse zu hulfe haben alle dy, dy vor dryen iaren an dem rate sin gewesen, do zu dy noch in den rat kumen, dozu dy geswornen alle von der stat, dozu alle di, dy in der stat recht unde rat geben unde nemen, also lange, bis sy is zu rechte brengen.

§. 29. Wir wollen ouch, wer zu kamern stet, der sal zu cynse geben eyne halbe mark eyn iar, unde sal shossen vor zehen mark, unde in ytslicher koufkamer sal eynir alleyne sten, is in wollen zwene in eynir kamer sten unde wollen zwene cynse geben unde yudir man shossen vor zehen mark.

§. 30. Wir wollen ouch, das keyn wolenweber sal keyn tuch inkinen; wirt hers ubirwunden, her sal eyne mark an dy stat geben, unde eyn wollenweber sal eyn tuch nicht me luyten, den funfen vorkoufen, unde sal is in uf der geysilbanc messen; tut her andirs icht, so ist her der stat eyne marke bestanden.

§. 31. Wir wollen ouch, das man alle iar zu pfingisten eynen nuwen ratmeystir sal kysen.

§. 32. Unde wollen ouch, wer wider den rat tut unde wider dy ratluyte, deme sal man syn hantwerk eynen monden niderlegen.

§. 33. Wir wollen ouch das, was vor eyme vollen rate wirt gesprochen unde gelobt, das [sal] alle kraft haben, glych eyme gehegeten dinge.

§. 34. Vorbas wolle wir, swas gebrechnis sy an der stat mure, an planken, an graben, an zuynen, an stegen, an wegen, an stegen, an allen dem, das in der stat gebyte lyge, ob man is nicht gedenket zu nennen, das is dy ratluyte der stat sullen richten unde zu rechte brengen.

§. 35 Wir wollen ouch das, ob eyn uzwendig gast eynen burger in der stat umme gelt beclagen wolle, so sal der burger dem gaste zu hant antworten; bekennet her im des, des her im shult gibt, her sal is im gelden an dem dritten Tage mit des richters hulfe: loykint her obir im, so sal her im das lanrech tun an dem dritten tage: wolde abir der antworter boben (in) disen dingen suche beboten, do mite man den gast ufzuge, odir den burger, das sullen dy voyte den schepfen uf im eyt geben, den sy gesworn haben, das sy dorzu gen unde das beshen, als das sy beyde by rechte blyben.

§. 36. Ob allen disen dingen wollen wir unde gebiten by [unsen] hulden, welch man disen gesetzen, dy von uns bestetiget syn, ungehorsam frevelichen wolde syn widir dy ratluyte, (es) das sullen unse voyte und anewald in der stat dozu mit flyse helfen, das is hertlichen gerichtet werde unde der stat gebessirt werde noch der ratluyte willen.

Das Siegel ist verloren.

112. *Artikel, zu deren Beobachtung sich die breslauer Garnspinner in ihrem gewerblichen Verkehre mit den dortigen Tuchwebern verpflichtet haben. 1324.*

Aus den breslauer Handwerkerstatuten p. 10., gedr. im C. D. Silesiae VIII S. 14.

Noch dem iare gotis thusint iar ccc iar in deme vir und czenczegisten iare do geschach eine berichtunge vor den rathman czwisschin den webirn und den garnczugern in sulchir wise, das di garnczuger sich des verlobetin haben (!), das si kein garn vorbas me bindin sullin mit keinem baste, sundir mit deme selbin garne.

2. Se in sullin ouch kein bose garn undir das gute mengin; das gute sullin si besundirn vorkaufin unde das bose besundirn, ikslichis noch sime werde.

3. Vorkoufte ouch ein garnczuger einim webir garn, das fuchte were, das sal im an der wage ane vor sten bi eime pfunde.

113. *Breslauer Rathswillkür über den Bau massiver Häuser von 1324.*

Aus den breslauer Handwerkerstatuten p. 8.

Anno domini M° C° C° C° XXIII° statutum est a dominis consulibus et omnibus senioribus ciuitatis Wratislauie, quod omnes volentes edificare intra vel extra ciuitatem non debent in domibus suis vel extra domos suos facere parietes suos cum asseribus uel lignis sed cum argilla tantum. Omnes eciam domus vel alia edificia non debent tegi asseribus vel cilindriis sed cum straminibus et argilla aut lateribus, quod vtilius esse videtur. Hec ciuitatis constitucio bona et vtilis ab omnibus laudata et approbata seruari debet et per nullum penitus violari.

114. *Breslauer Willküren vom 19. März 1324.*

Aus den breslauer Handwerkerstatuten p. 6.

Anno domini M° C° C° C° XXIIII° feria secunda post oculi habitum fuit iudicium generale, quod approbatum et laudatum fuit ab omnibus senioribus. Primo quod quicunque homicidium fecerit et pro eodem proscriptus fuerit, quod proinde infra annum non poterit graciam ciuitatis obtinere.

2. Item pro wlnere pugnabili proscriptus non inueniet graciam infra dimidium annum.

3. Item quicunque percusserit vnum ex budellis, hic per mensem iaceat in valua aliqua, sicut placet dominis. Si vero talis non fuerit hereditatus, iaceat in trunco per mensem.

4. Item quicunque laborat cum aliena pecunia, talis dabit collectam de ipsa.

5. Item igne superueniente duo consules ibidem veniant et proximam domum rumpere faciant; si vero ignis ibidem manserit, vicini circumsedentes et ciuitas sibi in edificando subueniant.

6. Item si aliquis presumptuose receperit (!) licenciam, vt ille nolet esse ciues, hic exiget ciuitatem infra XIIII dies cum vxore et familia et infra annum non reuertatur. Sin autem post annum redire voluerit, dabit ciuitati x marcas aut componat secundam graciam dominorum.

115. *Herzog Heinrich VI bekundet, dass Jacob Schertelzan durch Prozess und Kauf drei Viertel der breslauer Stadtvogtei erworben hat. Breslau den 31. März 1324.*

Original im breslauer Stadtarchiv A 30, theilweis gedr. bei Sommersberg I 336.

In nomine domini amen. Ne per obliuionem actus humani temporales temporaliter euanescant, expedit scriptis et testibus eos publicis roborari. Ex eo est, quod nos Henricus, dei gracia dux Slezie et dominus Wratizlauie, notum esse volumus singulis presencium noticiam habituris, quod fidelis noster Wernherus senior Zchertilzeanus clare memorie, olim aduocatus hereditarius Wratizlauiensis, quatuor habens filios legittimos, videlicet Johannem, Theodericum, Conradum et Jacobum, cum adhuc viueret, eandem aduocaciam hereditariam vni filiorum iam dictorum scilicet Theoderico suisque legittimis successoribus pro parte sua hereditarie assignauit. Qui quidem Theodericus cum filio suo Wernhero felicis memorie, quem solum post se dereliquit, dum in eadem aduocacia diem clausisset extremum, et non aliquis de ipsius semine fructus remaneret, preterquam filius filie eiusdem Theoderici, quam fidelis noster Johannes de Molnstorf habuit legittima pro vxore, quedam dissensionis materia cum querela pro predicta aduocacia inter fideles nostros Johannem, Conradum et Jacobum Zchertilzeanos, fratres prefati Theoderici, ex vna et Johannem de Molnstorf, generum eiusdem, nomine filii, pro quo promissum, quod wlgariter „gewer" dicitur, per digiti prestitit eleuacionem, quem quidem filium ex ipsiusdem filia genuit, parte ex altera orta fuerat coram nobis, et quia nec amicabiliter, nec secundum iuris sentenciam poterat multo coram nobis tempore hec questio terminari, nam diuersi diuersimode in huiusmodi materia sensuum suorum iudicio discrepabant, tandem volentes huius negocii habere finem conclusorie diffinitum de fidelium nostrorum consiliariorum ac Wratizlauiensium consulum maturo consilio direximus nostras ac nostre pretacte ciuitatis literas ciuitati Magdeburgensi cum instancia supplicantes, vt nobis huius casus eis literaliter expressi sentenciam inuenirent et inuentam rescriberent diffinitiuam secundum exigenciam veri iuris. Qui cum hanc diffiniuissent materiam secundum iuris dictamen nobis ac ciuitati nostre Wratizlauiensi sentencionaliter rescripserunt, quod prenotati tres fratres Johannes, Conradus et Jacobus Zchertilzeani tres antedicte aduocacie partes habere deberent, et quarta tantum pars filio filie Theoderici prenarrati, puero preexpressi Johannis de Molnstorph, hereditarie deberetur. Quam eciam sentenciam ratificamus presencium et firmauimus per tenorem. Post hoc vero fideles nostri Johannes, Conradus et Jacobus predicti fratres ad nostram venientes omnes tres presenciam duo seniores Johannes et Conradus tercio scilicet Jacobo Zchertilzeani, eorum fratri iuniori, suisque legittimis successoribus duas eorum partes in sepedicta aduocacia ad cius terciam partem rite et racionabiliter vendicionis titulo resignarunt abrenunciantes accioni, inpeticioni, repeticioni et generaliter omni iuri, quod ad dictam aduocaciam ipsi vel eorum posteritas legittima in presenti habere valeant vel eciam in futuro. Nos igitur volentes omnia et singula premissa fore rata et permanere penitus illibata dignis Zchertilzeanorum meritis nobis multipliciter exhibitis inclinati prehabitas aduocacie hereditarie Wratizlauiensis tres partes fideli et dilecto nostro Jacobo Zchertilzeano sepius expresso et suis heredibus conferimus in hiis scriptis et contulimus habendas, tenendas ac perpetuis temporibus possidendas eo iure, quo pater

14

eius Wernherus Zchertilzcan pretactus totam tenuit aduocaciam, habuit ac plurimis possedit temporibus retro actis saluis tamen instrumentis et iuribus ciuitatis. In cuius perpetuam rei firmitudinem presentes dedimus litteras nostri robore sigilli publico confirmatas. Datum et actum Wratizlauie anno domini millesimo trecentesimo vigesimo quarto presentibus fidelibus nostris dominis Jan de Borsnytz milito, et Alberto de Pac, Andrea Radak, Hermanno de Borsnytz et Gizelhero Colneri. ciuibus eciam, Cunrado de Cindeto, Bertoldo de Munsterberg, Johanne de Richenbach, Gunthero Thuringi, Petro Brunonis, et domino Ottone de Donyn, ecclesiarum Wratizlauiensium sancti Johannis et sancte crucis canonico, nostre curie prothonotario, qui presencia habuit in commisso, proximo sabbato ante diem dominicum, quo cantatur iudica.

Mit dem Siegel des Herzogs.

116. *König Ludwig der Baier belehnt Herzog Heinrich VI von Breslau mit den Städten Breslau und Neumarkt und der Feste Auras, wie solche Herzog Heinrich IV vom Reiche zu Lehn hatte. Fulda den 20. April 1324.*

Sommersberg I 893. u. Lünig Cod. dipl. Germaniae II 107.

Ludovicus, dei gratia Romanorum rex, semper Augustus, universis sacri Romani imperii fidelibus, ad quos praesentes pervenerint, gratiam suam et omne bonum. Ad utilitatem et incrementum honoris nostri et imperii pervenire non ambigimus, cum subdictis nostris, maxime eis, per quos nostra et ipsius imperii commoda poterunt efficacius promoveri, regiam adhibemus benevolenciam liberalem. Hinc est quod vobis tenore praesentium facimus esse notum, quod nos hac consideratione ad petitionem illustris Heinrici ducis Vratislavie, principis et affinis nostri dilecti, ac propter obsequia, que nobis et imperio utilia in futurum inpendere poterit et debebit, civitatem Vratislaviensem, oppidum Newenmark et castrum Uras, cum eorum pertinenciis et appendicibus universis, que quondam Henricus dux Vratislaviensis illustris bone memorie dictus „der biderbe hertzog Heinrich," olim ab imperio tenuit et possedit, eidem Heinrico duci, nostro affini et Elisabet, Offumie et Margarethae, ipsius filiabus nunc existentibus, ac aliis suis liberis tam masculini quam feminini sexus, quos ipsum in futurum habere contingerit favorabiliter et gratiose in feodum a nobis et imperio tenendum per ipsos et habendum, contulimus et concessimus ac eciam concedimus per praesentes volentes nichilominus et addicientes de gratia speciali, quod si praefatum ducem et suas filias praenominatas aliis ejusdem ducis masculini vel feminini sexus liberis nullis superstitibus decedere contingerit ab hac luce, extunc illustris Anna, dicta ducis nunc contoralis, si supervixerit, usufructum civitatis, oppidi, castri et pertinenciarum ipsarum praedictarum habeat et possideat tanquam in feodum a nobis et imperio pro tempore vite sue. In cujus rei testimonium praesentes conscribi et sigillo nostro majestatis jussimus comuniri. Datum in Fulda XII° Kalendis May anno domini millesimo C°C°C° XX°III°, regni vero nostri anno decimo.

117. *Mühlenvertrag der Stadt Breslau mit dem Sandkloster. Breslau den 29. August 1324.*

<small>Original im breslauer Stadtarchiv M. 2 b.</small>

In nomine domini amen. Nos Michahel, dei paciencia abbas, Nicolaus prior, Gallus camerarius, Lessota custos, Jescho cantor, Pacoslaus prepositus, ceterique fratres regularium canonicorum monasterii sancte Marie apud Wratizlauiam omnibus tam presentibus quam futuris huius pagine testimonio volumus esse notum, quod cum inter nos et iamdictum nostrum monasterium parte ex vna et inter honorabiles viros consules nostre Wratislauiensis ciuitatis parte ex altera quedam orta fuisset dissensio pro eo, quod nos terram seu cespites fodere consueueramus in hereditate ciuitatis Schitnik nuncupata pro vsibus nostris et pro reparacione quorundam obstaculorum, et qualiter quedam piscature ex eisdem obstaculis in quibusdam aquarum decursibus inibi defecissent. Ne igitur videretur ex parte nostra dicte hereditati Schytnik aut ciuitati aliquod grauamen aut preiudicium generari cum antedictis consulibus et cum bona voluntate et consensu omnium partem habencium in molendino, quod situm est in fossato, secundum arbitrium virorum sapientum de supradictis casibus concordauimus hoc modo, quod pro terra in prenominata hereditate recepta aut eciam in posterum recipienda de communi cista prenominati molendini tres marce veri census ciuitati memorate a festo beati Michahelis proxime venturo ad annum et deinceps singulis annis in ipso festo beati Michahelis sine dilacione qualibet persoluentur pro eo, quod nos in sepedicta hereditate Schytnik terram et cespites pro reparacione obstaculorum nostrorum in loco debito recipiendi plenariam habeamus facultatem addicientes eciam, quod viam sitam ante currifices, que ducit ad inferius molendinum, que si aliquo eueniente periculo rupta in posterum fuerit, quicunque de ea necessarius fuerit, ipsam debita reparacione reficiet et reformet. Preterea si littora in capitibus poncium aliqua rumperentur lesione, extunc molendinarius quicunque fuerit, ea de communitate molendini ex vtraque parte fluminis tenebitur reparacione debita reparare. Ad cuius rei memoriam sygilla abbacie et conuentus nostri presentibus sunt appensa. Datum Wratislauie feria quarta infra octauas beati Bartholomei anno domini millesimo trecentesimo vicesimo quarto presentibus hiis arbitris Giscone de Reste, Petro de Glogouia, Merbotone Brasiatore, Tilone Nigro, qui presencia arbitrati sunt cum aliis pluribus fidedignis.

<small>An Pergamentstreifen hängt 1. das spitzrunde Siegel des Convents in rother Siegelerde auf Wachs die thronende Mutter Gottes mit dem Jesusknaben auf dem linken Knie darstellend mit der Umschrift: „GILL ECCLESIE SCE MARIE IN WR. 2. das gleichfalls spitzrunde Siegel des Abtes einen stehenden Abt in pontificalibus darstellend mit der Umschrift „ABBATIS SCE MARIE IN WRA.</small>

118. *Herzog Heinrich VI überlässt seinem Kämmrer Willusch seine Unschlitthebung von den alten Fleischbänken zu Breslau. Breslau den 1. Juni 1325.*

<small>Original im breslauer Stadtarchiv A 41.</small>

In nomine domini amen. Nos Henricus, dei gracia dux Slesie et dominus Wratislauie, notum esse volumus omnibus ad quos peruenerit presens scriptum, quod attendentes fidelia atque grata seruicia fidelis nostri Willuschonis, camerarii nobis per eum hactenus multociens exhibita et adhuc in posterum exhibenda, volentesque ipsum nobis magis beniuolum et paratum reddere sibi suisque legitimis successoribus bono atque deliberato animo de consilio nostrorum fidelium omnem censum nostrum, quem in sepo inter antiqua maccella carnium Wratizlauie habere dinoscimur, de nostre liberalitatis munificencia dandum duximus ac conferendum ab ipso Willuschone prefato et a suis heredibus siue legitimis successoribus, vt premittitur, tenendum et habendum nec non temporibus perpetuis pacifice possidendum dantes eidem atque suis legitimis successoribus plenam ac liberam facultatem dictum censum vendendi, commutandi et in vsus suos conuertendi pro sue libitu voluntatis. In cuius rei testimonium presentem literam sibi dandam duximus sigilli nostri munimine consignatam. Actum et datum Wratizlauie in vigilia sancte et indiuidue trinitatis anno domini millesimo c⁰c⁰c⁰ xx quinto presentibus nostris fidelibus Hermanno de Borsnicz, Andrea Radak, Johanne Colmas, nostro marschalko, Henrico Colmas, Jeschkone de Smolcz, Hermanno burgrauio de Wraz, Nicolao, nostro notario, qui presencia specialiter habuit in commisso et aliis.

Mit dem Siegel des Herzogs.

119. *Herzog Heinrich VI bekundet, dass Jacob Schertelzan seinen Antheil an der breslauer Erbvogtei der Stadt verkauft habe. Breslau den 28. Juni 1326.*
Copialbuch 29 f. 53, gedruckt bei Thebesius II 162.

In nomine domini amen. Decet excellenciam principum suorum subditorum commodis intendere, ut dum eorum profectibus inuigilant, eos in honoris sui promocione senciant prompciores. Hinc est, quot nos Heinricus, dei gracia dux Slesie et dominus Wratislauiensis, omnibus in perpetuum tam presentibus quam futuris huius pagine testimonio volumus esse notum, quod constitutus in nostra presencia fidelis nostre (!), Jacobus Schertilczani, ciuis ciuitatis nostre Wratislauiensis, non per errorem sed bona mentis et corporis ualitudine ac de consilio suorum omnium amicorum tres partes aduocacie hereditarie ciuitatis nostre Wratislauie prefate eo iure, quo et ipse dictas tres partes aduocacie eiusdem actenus possedit et habuit, fidelibus et dilectis nostris consulibus ciuitatis nostre Wratislauie sepedicte nomine et loco ciuitatis eiusdem pro quadringentis et viginti marcis rite et racionabiliter vendidit ac ad manus ipsorum uoluntarie resignauit abrenuncians nichilominus pro se et suis heredibus seu legitimis successoribus omni inpeticioni, iuris accioni seu repeticioni, quibus in dictis tribus partibus gaudere posset in presenti aut eciam in futuro. Nos uero considerantes dictorum nostrorum consulum et ciuitatis nostre predicte grata et accepta seruicia nobis et nostris progenitoribus exhibita dictam eciam resignacionem ratam et gratam habentes ipsis et ciuitati nostre predicte prefatas tres partes aduocacie contulimus iure prenominato inperpetuum possidendas hac tamen inserta condicione, quot de fauore nostro et speciali gracia dicti nostri consules iudicem, quemcunque habere decreuerunt ad presidendum iudicio locare et statuere poterunt, quociens et quandocunque ipsis oportunum uidebitur, qui omnes causas ipsum contingentes secundum scabinorum senteciam iudicabit; ita tamen quot dicti nostri consules et non alius in prefato iudice statuendi et destituendi plenariam habeant facultatem. In cuius rei testimonium et robur perpetuo ualiturum presentem literam nostro sigillo dedimus communitam presentibus fidelibus nostris dominis, Nycolao de Banseh, iudice curie nostre, Johanne de Borsnicz; Cunrado de Rideburk, Hoygero de Pritticz, militibus, Alberto de Pak, Hermanno de Borsnicz, Gisilhero Colneri, Giscone de Reste, Johanne de Lubek et domino Ottone de Donin, canonico Wratislauiensi atque curie nostre prothonotario, qui presencia specialiter a nobis habuit in commisso, et aliis quam pluribus fidedignis. Actum et datum Wratislauie III Kalendas Julii anno domini M°CCC XXVI.

120. *Herzog Heinrich VI bestimmt die Strafen für die Fälle, dass eine entführte Frauensperson den Entführer ehelicht, oder dass eine Jungfrau oder Wittwe ohne Rath ihrer Blutsfreunde zur Ehe schreitet, und (§ 2) verordnet, dass ein Todtschläger, selbst wenn er sich mit den Verwandten des Erschlagenen abgefunden hat, dennoch zwei Jahre aus der Stadt verbannt sein soll. Breslau den 6.—13. Januar 1327.*

Original im breslauer Stadtarchiv B. 11a.

In gotis namen amen. Alle dinc, di in der czyt geshen, di müsin in der czyt vorgen: dorvmme ist des not, das man vorgencliche dinc bestetege mit der herin gezuknisse vnde mit brifin. Douon ist das: das wir Heinrich, von gnadin gotis furste zu Slesien vnde here czu Wretslaw, tun kunt allin den, di disin keginwertegin bryf gesen adir gehorin, das wir an habin gesen das getruwe stete langis dinist, das vnsir getruwin burger vnsir stat czu Wretslaw vns vnde vnsirn eldirn getan habin, vnde habin si di selbin vnsir burger vnde alle ire nochkumelinge mit gutim willin vnde mit bedechtnisse von rate vnsir getruwin manne begnadit vnde begabit in sundirlichin gnadin an den sachin, di her noch geshribin sten: Wirt ein mayt adir ein wyb mit gewalt inpfurit, vnde do mayt adir das wib dornach bi der he blibit mit dem, der si inpfurit hat, di shal darbin vnde inperin allis irs gutis vnde erbis, das si hat, adir si anirsterbin mac. di wile der selbe intfurer lebit. Des selbin iris gutis vnde aneuallis shal sich di stat vndirwindin, der vrowin vnde irin kindin adir irin nestin erbin czu behaldine bis noch des inpfurers tode. Neme abir ein mayt adir ein wyb an' ire nestin vnde wiczegestin frunde rat einin man von iris selbis willin, di shal inperin alle irs gutis vnde aneuallis, di wile das si lebit. Gewinnit abir si kindir, di sullin is habin noch irre mutir tode; di wile abir di frowe lebit, so shullin sich di ratman czu Wretslaw von der stat wegin iris gutis vnde aneuallis vndirwindin, czu behaldene der vrowin kindin adir irin nestin erbin.

2. Dornoch gebe wir ouch den vorgenantin vnsin getruwin burgern vnde der stat czu Wretslaw von genadin vnde sundirlichir gunst, ab ein vngeshicht geshyt, des got nicht welle, das ein man den andirn czu tode sluge, vnde ab der selbe morder sich vmme den totslac berichte kegin den sachwaldin, das her doch noch der berichtunge obir czwey iar czu der stat noch czu des landis hulde widir muge komin.

Des habe wir czu eime vrkunde vnsir ingesigil gehangin an disin brif, alse man czelit noch gotis geburthe driczen hundirt iar in dem sebin vnde czwenczegistim iare bin den acht tagin des obirstin tagis vnsirs herin in der keginwertekeit vnsir manne hern Niclos von Banez, hern Jan von Borsnicz, hern Hogir von Preticz, Albrechte von Pak, Hermanne von Borsnicz, Giskin von der Wide, hern Ottin von Donin, vnsirm obirstin shriber, dem disir brif beuolin was.

Mit dem Siegel des Herzogs.

121. *Herzog Heinrichs VI Bestimmungen über die Eidesleistung der breslauer Rathmannen, die Erbfolge in die Allodialgüter und die Competenz des Zaudengerichts. Breslau den 13. Januar 1327.*

<small>Original im breslauer Stadtarchive B 19., gedr. bei Lünig Reichsarchiv XIV 236.</small>

[I]¹)n nomine domini amen. Etsi ad nostros fideles singulos nostre dexteram liberalitatis libenter extendimus, illis tamen nostre graciam munificencie liberalius ex debito inpertimur, quos tam grati promptitudo obsequii, quam approbata feruentis fidei et meritorum constancia nobis per amplius representat acceptos. Ex eo nos Henricus, dei gracia dux Slezie et dominus Wratizlauie, notum facimus vniuersis presencium noticiam habituris, quod consideratis fidelium et dilectorum ciuium nostrorum Wratizlauiensium gratis obsequiorum meritis, que nobis actenus inpenderunt et ad inpendendum in futuro adhuc se promptos exhibent nobis pariter et paratos, perpendentesque fidei, quam in eis reperimus, puritatem, volentes ipsis de nostrorum maturo consilio fidelium graciam facere specialem ciuibus nostris prefatis elargimur publice per presentes, quod annis singulis noui consules in ciuitate nostra Wratizlauiensi per antiquos electi idem iuramentum, sicut nobis iuramentum illud iurauerunt prius, iurare deinceps antiquis nostris consulibus tenebuntur.

2. Insuper ad memoriam cum diligencia reuocantes, quod dissensionis et controuersie multiplex materia inter predictos nostros bone fidei ciues Wratizlauienses pro porcione, que wlgariter „mutirtel vnde vatirtel" nominatur, sepius est suborta, propter bonum pacis volentes rancoris scrupulum quo ad hoc penitus suffocare inter ciues nostros prius nominatos eandem matris et patris partem per presentes totaliter irritamus concedentes sepedictis constantis fidei nostris ciuibus Wratizlauiensibus ymo maritis et mulieribus legittimis eorum vtriusque sexus et etatis hominibus eorumque posteris vniuersis, quod villas, predia, allodia et generaliter omnia bona eorum tam mobilia quam inmobilia, que in ducatus nostri dominio habent pro presenti aut habituri sunt temporibus in futuris, tenere, habere et possidere debent, quo ad hanc predictam porcionem, que „mutirtel vnde vatirtel" vocatur, consequendam eo iure, quo in ciuitate nostra Wratizlauiensi prenarrata habent, tenent et possident bona sua; exclusis tamen illis bonis, que nomine pheodi possident ciues nostri, in quibus pro nobis et nostris successoribus pheodum cum nostro iure et dominio specialiter reseruamus. Adicimus tamen prehabitis gracia pretacta facta ciuibus non obstante, quod omnium bonorum predictorum, que extra ciuitatem in terra nostra possident, presentacio resignacioque debet fieri coram nobis; dominium vero et ius, quod nobis in eisdem bonis conuenit, per huiusmodi graciam a nobis nolumus remoueri.

3. Eciam ex fidelium nostrorum multiplici querela aduertentes multos in zeuda et iure Polonicali pro debitis, expensis et sumptibus minus debite fatigari, predicte ciuitati nostre Wratizlauiensi deliberato animo duximus erogandum, quod nullus pro debitis in iure, ligwa et zeuda Polonicali questionem mouere aut respondere de cetero alteri debeat quoquammodo.

Vt igitur omnia et singula in premissis expressa in perpetuum maneant illibata, presentes dedimus super hiis nostri robore sigilli publice consignatas pro-

---

<small>1) Fehlt im Original, wahrscheinlich sollte es als kunstvolles Initial später hinzugefügt werden.</small>

sentibus fidelibus nostris dominis Nicolao de Bancz, iudice curie nostre, cantore sancte crucis et canonico sancti Johannis Wratizlauie ecclesiarum, Jan de Borsnicz et Hogero de Pritticz, militibus. Alberto de Pak, Hermanno de Borsnicz, Ticzcone de Rideburg, Giscone Colnero et domino Ottone de Donyn, nostro prothonotario, qui premissa habuit in commisso. Datum Wratizlauie per manum Johannis de Gubin, nostri notarii, anno domini millesimo trecentesimo xx septimo feria tercia in octaua epiphanie domini.

Mit dem Siegel des Herzogs.

122. *Herzog Heinrich VI verkündet den breslauer Zolltarif. Breslau den 13. Januar 1327.*

Original im breslauer Stadtarchiv A 5, gedruckt bei Grünhagen, Breslau unter den Piasten S. 119—122.

In nomine domini amen. Etsi quibuslibet nostrorum commoditatibus subditorum cura pervigili solerter intendimus, illorum tamen singulari nostre liberalitatis magnificentia profectibus et commodis ex debito innitimur atque intendere compellimur, quibus non solum in presenti sed etiam nostri memoria et anime salus videtur accrescere procul dubio infuturo. Ex eo est, quod nos Henricus, dei gratia dux Slesie et dominus Wratislauie, profitemur singulis et recognoscimus universis presentium notitiam habituris, quod dilectorum et fidelium nostrorum consulum, civium et totius universitatis civitatis nostre Wratizlauiensis ad memoriam revocatis meritis nobis atque patri nostro clare memorie fideliter atque multipliciter impensis, consideratis insuper gratis fidelibus et continuis obsequiorum servitiis, que nobis iidem et progenitoribus nostris benivole ex eorum fidei integritate summa diligentia actenus impenderunt, et ad impendendum se promptos adhuc exhibent ac paratos, ob nostre etiam anime perpetuam memoriam principaliter et salutem, de nostrorum consilio fidelium volentes civitati nostre predicte suorum prescriptorum et precedentium obtentu meritorum in theolonio nostro, quod inibidem huc usque exstitit indistinctum, et ob hoc ab hominibus res suas inibi deferentibus graviter et sine determinata regula est exactum, et cupientes gratiam super his facere specialem, ne Latinum eloquium gratie nostre presentibus subscripte dubium in exponendo ingerat, aut in intelligendo simplicibus prestet aliqualiter difficultatem, ne etiam verborum intricatio audientibus tedium parturiat quoquam modo, singulos gratie nostre de theolonio articulos civitati nostre Wratizlauiensi inibi in perpetuum obseruandos ex nostra donatione et collatione singulari, presentibus de verbo ad verbum distincte fecimus scribi et expresse in ydiomate Theuthonico sub hoc ordine atque forma:

1. Welch gast her in di stat czu Wretslaw vurt shone gewant, der shal gebin von dem tuche ein halbis scoth vnde von dem pferde, das is gewant czuhit, ein loth. Wer shone gewant ws der stat fürit, das dorinne gekouflt ist, der shal gebin von dem tuche ein qvart.

2. Welch gast her in fürit poperish, gistlish, borel vnde alle dünne tuch ane yrish, der shal gebin von dem tuche ein qvart: gewant von Görlitz, Steincalish, brunner, sägit, vnde den glich shal gebin das tuch czwene pfenninge vnde das pfert ein halb lot.

3. Welch gast her in brengit lant gewant, das tuch gibit czwene pfenninge, vnde das pfert gibit nicht: fürit ein gast lant-gewant einim burger, das pfert gibt

ein halb lot. Wer lant gewant ws fürit undir gestin, der gebin czwei tuch ein qvart, das qfert ein halbis scot; welch gast her in fürit linwat adir ws, das hundirt gibt ein qvart.

4. Welch gast her in fürit sidin gewant, czindal, syde, baldekin, guldine bortin, adir das dem glich ist, das do heisit cromgewant, der shal gebin von dem czenthener czwei scoth, von dem pferde ein lot.

5. Welch gast brengit parchan, lesh, czethir vnde alle sin glich, das do heisit cromgewant, pfeflir, ingeber, czukir, safferran, mushatin vnde allirleige gekrude, die den glich sin, der czenthener gibt ein lot vnde von dem pferde ein lot.

6. Welch man cromerie von hinnin fürit, der gibt von dem pferde ein halbis scot. Swer cromerie durch di stat fürit, slet her si nicht vf, so gibit das pfert einin halbin virdune, vnde das gwt gibit nicht; fürit her halbe ladunge, so shal her halbin teil gebin.

7. Welch gast brengit alune, seife, komil, lorber, sweuil, winstein vnde alle sin glich, der czenthener gibt ein halb lot vnde das pfert ein halb lot.

8. Welch gast brengit vegin, rosinekin, adir sin glich, der korp gibit ein halbis scot, von dem czenthener risp vigin, also vil, vnde das pferd ein lot. Welch man das vorgenante gwt ws fürit durch gewin, das pfert gibt ein halbes scot, vnde das gwt nicht.

9. Welch gast brengit gegossin czin, messink, beckin, kessil adir sin glich, das czu cromerie horit, der czenthener gibt ein halb lot vnde das pfert ein halbis scot, wer das selbe gwt ws furit, das pfert gibt ein halbis scot, vnde das gwt ist vry.

10. Welch gast brengit ungegossin czin vnde blie, das pfert gibt ein halbis scot, vnde das gwt nicht. Wer aber das gwt ws furit vf gewin, der gibt glich also vil.

11. Welch gast brengit cuppir, di last gibt czwei scot, vnde das pfert ein scot. Wer das gwt ws furit, der gibt halb so vil.

12. Welch gast herin furit adir ws stol, ysin, das pfert gibt ein quart.

13. Welch gast brengit sensin, brendo, kessele, pfannin, glockin vnde sin glich, das pfert gibt ein scot vnde das gwt nicht. Wer eine pfanne ws furit, der gibt ein halbis scot, der grose kessil ein quart. Ein gast gibt von einir thunnin mit messirnn, vnde ir glich ein scot, das pfert nicht; das gut halb also vil, wene mans ws furit.

14. Welch gast brengit wachs, der czenthener gibt ein halb lot, das pfert nicht. Wer wachs ws furit, der czenthener gibit ein halbis scot vnde das pfert nicht.

15. Des gastis hundirt grosis ledirs gibt einen firdune, das pfert nicht, furit mans ws, das pfert ein lot, das gwt nicht; des gastis cleine huett gebin nicht, das pfert ein lot; ist do volle ladunge, wer is ws furit, der gibt halbin teil.

16. Des gastis thusint schonis werckis, gibt einin halbin virdunk, das pfert czwei scot, wer is ws furit, das pfert ein scot, das gut nicht.

17. Des gastis thusint smashin, grutshin, lantwerk, hasinbalge, vnde sin glich, ein lot, das pfert nicht, ws czu fürin halbin teil.

18. Des gastis eine last heringis gibt czwei scot, das pfert ein halbis scot, ws vert di last czwei scot, das pfert nicht; des gastis vassunge mit lechsin

gibt czwei scot, das pfert ein halbis scot. Wer ein shoc ws furit, der gibt ein halbis scoth; des gastis grosse vassunge mit hechtin gibt czwei scot, das pfert ein halbis scoth; di weninge vassunge ein scoth, das pfert ein halbis scoth. Wer di grose vassunge ws furit, ein loth, di cleine ein halb loth, di pfert nicht. Sust czollin andir vish disin glich in vnde ws. Des gastis gautze stoere tunne ein loth, ws ein halb loth, di halbe halbin teil, di pfert nicht, in vnde ws; des gastis vassunge husin einin virdunk, das pfert ein loth.

19. Des gastis reinual vas gibt acht scoth, di pfert nicht; furit ein gast einim burger ein vas reinuals, der burger gibt einen halbin virdunk vor die pfert. Wer ein vas reinuals ws furit, der gast gibt nicht, wenne einin halbin virdunk: des gastis welsh vas gibt einin virdunk; des gastis ostir vas vire scoth; des gastis gubinish vas czwey scoth, eyn burger vrigit eime gaste, der ihn furit ein vas welshis winis, sine pfert mit czwen scotin, von dem ostir vasse ein loth, von dem gubinishe ein scoth. Wer dise vas ws furit, der gibt von den pferdin also vor geshrebin stet. Welch gast brengit lant win, der gibt nicht, furit hern ws, her shal gebin von den pferdin ein halbis scoth.

20. Des gastis czenthener boumoleis gibt in ein halbis scoth, das pfert ein loth; wer das ws furit, das pfert ein scoth, vnde nicht von dem gute.

21. Der gast, der ein cromer ist, der shal gebin in dem jarmarkte von eime ganczin crome ein scoth adir ein halb pfunt pfeflirs, der halbe krom halb also vil, der minnir lyt nach gnadin.

22. Welch gast her fürit vleish, smer, vnslit adir ir glich, der gibt von dem pferde ein scoth, von dem gute nicht.

23. Welch gast brengit wolle ws vremdin landin, der gibt von dem pferde ein loth, von der wolle nicht. Wer die wolle ws fürit, der gibt von dem pferde ein scoth.

24. Welch gast her in fürit vlockin ws vremdin landin, der gibt von czwei steinin einin pfennink, ws zu fürin also vil.

25. Welch gast ws der stat fürit ein goczal heringis, der shal gebin einin pfennink.

26. Welch gast her in furit honik ws vremdin landin, der gibt von der mestin czwene pfenninge, von dem pferde ein quart. Wer honik ws furit, so gibt die meste einin pfennink, vnde die pfert nicht.

27. Welch gast her in brengit salcz von Halle, der shal gebin ein halb loth von dem pferde vnde ein halb vierteil salczis. Welch gast her brengit salcz von Cracow, der gibt von dem pferde andirhalb virteil salczis vnde czwene ochsin also vil. Wer abir salcz von hinnin furit vf gewin, der gibt von dem pferde ein halbis scoth.

28. Welch gast her in brengit heidenische oder ungerische ochsin, der shal gebin von [dem] houbete dry pfenninge, vnde von andirm grossen vye ws vremdin landin getrebin czwene pfenninge von dem houbete, dornoch von cleinin vye, das ws lendish kumt, alse swin, shaf, bocke vnde czegin ikslich houbit einin pfennink. Wer abir das vye ws tribit vf gewin, der gibt also vil.

29. Welch gast hi köufit ledir, es si gegerwit adir nicht, furit her is hin wek, so shal er gebin von dem grosin stucke einin pfennink, von czwen cleinin also vil.

30. Welch gast her brengit vladir adir bochsboum besundirn adir mit ein andir, der shal gebin von dem pferde ein scoth vbiral.

31. Welch gast her brengit horn, der gibt von dem grosin hundirt einin pfennink.

32. Welch gast durch di stat vert mit ganczim burate in vremde lant, der shal gebin einin halbin virdunk, wil her abir in dem lande blibin mit sime burate, so gibt her nicht.

33. Welch gast her brengit einin mölstein, do von gibt her ein quart, vnd von dem slifstein also vil, vnde alle andire steine sullin vry sin.

34. Welch pfert hoppfin czuhit her ws vremdin landin, das shal gebin ein scoth vbir al. Wer den hopfin weg fürit, das pfert gibt halb so viel.

35. Welch gast her in furit weyt ws verrin, vremdin landin, der shal gebin von dem pfert ein halbis scoth, adir andir gwt, das dem glich ist. Welch gast her in brengit etislich gwt, welchir hande das si, gibt er is hi vmme andir war, so shal her die war fry wegfurin.

Ut igitur omnia premissa in perpetuum permaneant illibata, hujusmodi gratiam, quam fidelibus nostris ciuibus Wratislauiensibus predictis deliberato animo benivole duximus conferendam, presentes super eo dedimus nostri robore sigilli publico confirmatas universa in lingwa materna prius distincte de exactione theolonii nostri Wratizlauiensis preexpressa immutabiliter per presentium seriem confirmantes. Actum Wratislavie anno domini millesimo trecentesimo vicesimo septimo feria tertia in epiphan. Domini octava presentibus fidelibus nostris dominis Nicolao de Banez, judice curie nostre, Jan de Borsnicz et Hogerio de Preticz, militibus, Alberto de Pak, Hermanno de Borsnicz, Giscone de Reste, Joanne de Lubek, consiliariis nostris, Ticzcone de Rideburg, Giscone Kolneri, et domino Ottone de Donyn, nostro prothonotario, qui presentia habuit in commisso.

Mit dem Siegel des Herzogs.

123. *Breslauer Krämerordnung vom 26. März 1327.*

Gedruckt in Codex dipl. Silesiae III 96.

In gotis namin amen. Wir ratman der stat czu Wretslaw, wir bekennin des offenbar an disin keginwortigin brifin, das vor uns gestandin habin di ersamin luete unse burger, di cromer algemeine unsir stat czu Wretslaw, vnde claitin uns manchirhande gebrechin, den si hettin an irre cromerie, vnde botin vns, daz wir in dor czu beholfin werin uf ein recht, des habe wir di vorgenante sache unsir cromere nach rate vnde lere unsir eldistin beide kein unsin burgern vnde kein gestin alsust inczscheidin, vnde sprechin czu dem erstin, ab ein burger brengit cromerie, di mak her wol vorkoufin in sime huse, also das her der nicht insnide.

2. Ist das ein burger cromerie bedarf czu sinir kost adir czu sime gewande adir czu sime gesinde, die mak her wol koufin swo her wil, ir si wenink adir vil.

3. Ist abir daz ein burger inpheit adir koufit widir einin gast vnde si vorbas enczilin vorkoufet czu des gastis geniz, der schal bestandin sin czweigir marke czu der koer, koufet her abir di cromerie czu sime nucze, di shal her vorkoufin umme czwu mark vnde nicht dor vndir; brenget auch ein gast unbeslagin gwt in seckin alse seife vnde alune vnde komil vnde lakericze, das sal her nicht enczilin sundir bi deme sacke vorkoufin.

4. Ist abir daz ein gast brengit ein vas mit oley, is si cleine adir gros, das shal her gancz vorkoufin vnde nicht enczilin.

5. Ist das abir rys adir mandil, das sal her vorkoufin bi dem czentener vnde nicht dor undir.

6. Brengit auch ein gast cromerie, welchir hande di si, is si von speczerie adir guet, das man mit der elin snidit, das shal ser vorkoufin umc czw mark vnde dor vndir nicht.

7. Brengit ein gast cromerie, die shal her vorkoufin, also hi vor beschribin stet, in sinir herberge vnde nirgin andirswo an' in dem jarmarkte.

8. Die crome, di hindin us gen, di sullin abe gen an ledin, vnde was do crome czu buwin ist, di shal man buwin mit czigelin adir mit leime, unde mit czigelin deckin.

9. Ein itslich cromer, der sal habin einin ganczin crom, adir einin halbin, unde dorundir nicht.

10. Die armin cromer sullin sten dri thage ouf dem aldin markte vnde dri tage uf dem nwin markte an dem suntage vnde an andirn heiligin tagin mugen sie sten vor den kirchin vnde in der wochin nicht.

11. Obir alle dise rede, di bi vor geschribin stet, so sullin di ratmann czu allin geczitin gewaldik sin di vorgenantin sachin czu merin vnde czu minrin noch dem, das sich di dink schickin in den landin unde in der stat.

12. Is sullin ouch di vorgenantiu cromer obir di vorbeschribin sache die geste nicht hindirn an irme koufe noch keine nuwe sacczunge widir di geste machin, di der stat schedelichin werin; wo si des obirwundin wurdin, das sullen si busin nach der ratman genade, des habe wir czu einer bestetung dirro sache vnsir stat ingesigil gehangin an disin brif. Noch gotis geburtho thwsint drihundirt jar, in dem sebin vnde czwenczigistin jare an dem donirstage noch mittevastin, alse man singit Letare Jerusalem.

124. König Johann von Böhmen bekundet, dass Herzog Heinrich VI von Breslau, der ihm sein Fürstenthum und die Stadt Breslau aufgelassen hat, für die Dauer seines Lebens Herr derselben bleiben soll, und bestimmt, in welcher Weise die Hoheitsrechte während dieser Zeit ausgeübt werden sollen. Breslau den 6. April 1327.

Original im breslauer Stadtarchiv D 25, gedruckt bei Sommersberg I 893, Lünig Cod. Germ. dipl. II 111, und Corp. juris feudalis II 63.

[In][1]) nomine domini amen. Fidelitatis nostro dexteram merito hiis liberalius inpertimur, in quibus fidei caritatisque sinceritas peramplius reperitur. Ex eo nos Johannes, dei gracia Boemie et Polonie rex comesque Lucemburgensis, ad memoriam sincera fidei puritate reuocata, quam nobis illustris princeps, dominus Henricus, dux Slesie et dominus Wratizlauiensis, pre ceteris amicis suis exhibuit propter fauorem et fiduciam, quam ad nos toto corde suo gessit et adhuc gerit, adeo quod totam terram suam Wratislauiensem eo iure, sicut ipse eam habuit et possedit, ad manus nostras virium compos suarum voluntarie resignauit ob commune terre suo commodum et honorem, discretis et constantis fidei viris nobis quam plurimum dilectis feodalibus, consulibus, iuratis, scabinis Wratizlauiensibus

1) Fehlt im Original, vgl. die Anmerkung zu Urkunde Nr 121.

atque aliarum ciuitatum eiusdemque terre tocius incolis vniuersis bona fide omnique sine dolo per presentes damus, promittimus publice et spondemus, quod idem ingenuus princeps, amicus noster dilectus, dominus Henricus, dux Slesie et dominus Wratizlauie, cui ex debito eandem tenemus fidem quam nobis, debet esse tocis vite sue temporibus et permanere ciuitatis Wratizlauie, aliarum ciuitatum, castrorum, opidorum, villarum, vasallorum atque tocius terre Wratizlauiensis verus cum plena possessione dominus et non alter, videlicet cum tytulo, auctoritate, dinguitate, vtilitatibus prouentibus, percepcionibus, exaccionibus, pertinenciis, feodo, iudiciis, iure patronatus suorum omnium beniliciorum ecclesiasticorum et generaliter cum omni dominio et iure nullo penitus excluso, quibus hucusque vsus est, veluti ex paterna successione predictam suam terram post diuisionem cum fratribus suis magnificis principibus ducibus Slesie, Bolezslao Bregensi et Wladeslao Legniczensi dominis habitam tenuit annis pluribus et possedit solo homagio per predictos ciues ac fideles seu feodales Wratizlauienses nobis heredibus ac successoribus nostris Boemie regibus semper reseruato, ita quod nullum debeant habere dominum verum, quamdiu vixerit, quam eundem, fide firma addicientes certo et voluntario ex promisso, quod si dominus dux Henricus predictus tempore succedente per nos et heredes nostros vel per quoscunque legitimos successores nostros Boemie reges, quod absit, ex quocunque proposito et occasione a terra Wratizlauiensi eius, iuribus et dominio predictis, quibuscunque censeantur nominibus, attemptatus fuerit alienari, transponi aut quocunque modo ab ea transmutari, eciam si de hoc nostras, heredum nostrorum et successorum nostrorum regum Boemie receperint literas speciales, ex nunc prout ex tunc libera ex eleccione sepedictis feodalibus, ciuibus ac aliis predicte terre Wratizlauiensis incolis precipimus firmiter et mandamus, quod huiusmodi mandatum, quemadmodum eorum fidei bene conuenit et honori, reputare debeant irritum et inane. Eciam si quodcunque feodum suo tempore vacare contigerit, illud a nobis debet suscipi, sed idem dominus dux Henricus prefatus debet habere conferendi ipsum plenariam potestatem. Insuper si aliquas nostris cum inimicis guwerras inicierimus, tunc omnes municiones predicte nobis debent tunc et omni tempore apperiri; sic tamen quod dictarum municionum dominus Henricus, dux predictus quietus maneat possessor vite sue temporibus sicut prius. Ut igitur per nos, heredes nostros atque nostros successores legitimos, reges Boemie omnia premissa qualibet postergata contradiccione inviolabiliter obseruentur et ne ex aliqua occasione publice vel oculte quoquammodo contrarium attemptetur, presentes dedimus literas nostri maioris sigilli munimine consignatas. Actum Wratizlauie presentibus spectabilibus et nobilibus viris fidelibus nostris dilectis Joffrido de Liningin et Georio Irsuto, comitibus, Hincone Birka de Duba, burkgrauio Pragensi, Henrico de Lypa iuueni, Ottone de Bergow, Benessio de Warthinberk, Heynmano de Duba dicto de Nachod, Henrico de Luchtinburk, Arnoldo Bittingin et Henrico Bauaro de Boppardia et aliis quam pluribus fidedingnis anno domini millesimo trecentesimo vicesimo septimo proxima feria secunda post diem palmarum.

An einem Pergamentstreifen hängt das grosse Reitersiegel des Königs mit der Umschrift:
JOHANNES. DEI. GRATIA REX. BOEMEI. ET. LVCEMBVRGENSIS. COMES.

125. *König Johann von Böhmen bestätigt und beschwört das Psiuilegium Herzog Heinrichs V vom 22. Juli 1290. Breslau den 6. April 1327.*

<small>Original im breslauer Stadtarchiv D 26, gedr. bei Lünig XIV 238.</small>

In nomine domini amen. Nos Johannes, dei gracia Bohemie et Polonie rex ac Luczemburgensis comes, notum facimus vniuersis presentem paginam inspecturis, quod venientes ad nostram presenciam fideles nostri consules Wratizlauienses nomine tocius vniuersitatis ciuitatis Wratizlauiensis nobis humiliter supplicarunt, quatenus ipsis omnes donaciones, concessiones, iura et priuilegia ipsorum, que vel quas ab illustrissimo principe domino Henrico quinto felicis memorie obtinuerant, qui ventrosus dicebatur, prout in priuilegio vidimus super eo confecto similiter dare, concedere et confirmare sub iuramento consimili, prout idem priuilegium domini Henrici quinti continet, dignaremur, cuius tenor per omnia talis erat.

<small>folgt die Urkunde Nr 56.</small>

Nos igitur dictorum consulum fidelium nostrorum Wratizlauiensium iustis precibus inclinati dicte ciuitati nostre Wratizlauiensi ac vniuersitati ipsius omnes donaciones, concessiones, iura et priuilegia ipsis per prefatum dominum Henricum et suos patruos progenitores et ipsius successores data et concessa et singulos articulos eorundem sub debito prestiti iuramenti, quo eciam omnes nostros successores regni Bohemie stringi volumus ac eciam obligari, ratificamus, approbamus, damus, concedimus et efficaciter confirmamus. In cuius rei testimonium presentes eis dedimus nostro sigillo munitas. Actum et datum Wratizlauie secunda feria post diem palmarum anno domini m° ccc° vicesimo septimo presentibus dominis Goffrido de Liningen, Georio Irsuto, comitibus, Henrico de Duba dicto Berca, burcrauio Pragensi, Henrico de Lypa iuuene, Ottone de Bergow, Conrado de Slyden, Benussio de Wartinberc, Heynmanno de Duba de Nachotin, Henrico Bauaro de Buchpartin et aliis.

<small>Das Siegel ist verloren gegangen.</small>

126. *König Johann verspricht der Stadt Breslau, sie bei allen ihren Rechten und Freiheiten zu erhalten, befreit sie von der Berna und den Zöllen im Königreiche Böhmen und incorporirt Stadt und Fürstenthum Breslau der Krone Böhmen unter der Versicherung, sie niemals zu veräussern oder zu versetzen. Breslau den 6. April 1327.*

<small>Original im breslauer Stadtarchiv D 14 a.</small>

Nos Johannes, dei gracia, Bohemie et Polonie rex ac Luczemburgensis comes, recongnoscimus et ad vniuersorum tam presencium quam futurorum noticiam tenore presencium volumus peruenire, quod dilectorum fidelium nostrorum ciuium Wratislauiensium grato deuocionis et sincere fidei promtitudine, quibus nostre celsitudini complacuerunt hactenus et complacere tenentur et poterunt in futurum, benigno pensantes affectu ac volentes ipsos perinde, quanto vberius poterimus, prosequi graciose, sincere promittimus eos et eorum quemlibet ac vniuersos terre Wratislauiensis incolas et feodales in omnibus sibi competentibus iuribus et libertatibus seu immunitatibus super omnibus bonis suis in ciuitate Wratislauiensi et extra eam sitis, super quibus priuilegia uel quascunque autenticas literas vel alias euidens poterunt testimonium demonstrare, ex quascunque racionabili aut euidenti concessione uel donacione diue memorie ducum Silesie ac dominorum Wratislauiensium sibi facta de benignitate regia in perpetuum conseruare et iura, libertates ac inmunitates huiusmodi ipsis uel ipsorum cuipiam nullatenus uiolare. Quas pocius, prout prouide et racionabiliter facte sunt ipsis, ut super diuersis suis incommodis ac pressuris, quibus attriti sunt hactenus, noue respiracionis sub nostro felici dominio remedia votiua suscipiant, approbandas duximus et eciam confirmandas absoluentes eos perpetuis temporibus a dacionibus seu solucionibus generalis collecte regie, que wulgo „bernna" dicitur, et volentes seruiciis suis et subsidiis, que seruire ac dare conswcuerunt, hactenus graciose in posterum contentari. Predictam quoque terram Wratislauiensem et vniuersos eius incolas in quibuslibet iustis causis contra quascunque personas seculares et ecclesiasticas principes ac principum subditos super hereditatibus, debitis vel culpis aliis confouere vbilibet potencie nostre dextera disponentes prefatos ciues Wratislauienses ac eciam Nouiforenses nec non tocius terre Wratislauiensis incolas vniuersos, quandocunque et vbicunque per regni nostri Boemici et aliarum terrarum nostrarum loca, in quibus thelonea de mercibus requiruntur, transitum cum quibuscunque suis mercimoniis fecerint, de solucionibus theloneorum hujusmodi liberos perpetuo esse volumus et exemptos. Ad maioris eciam expressionem nostre gracie sepedictis Wratislauiensibus ciuibus ac terre Wratislauiensis inhabitatoribus vniuersis duximus nostro heredum et successorum nostrorum Boemicorum regum nomine firmiter promittendum, quod ipsam terram a predicti regni nostri Boemici vnione nullis vnquam temporibus vendicionis, permutacionis, obligacionis, infeodacionis, vel cuiuscunque alienacionis titulo disiungemus nec ipsam alicui capitaneorum locabimus sub determinata annua pensione, que vtique sepedicte terre Wratislauiensi et eius incolis vergeret in notabile detrimentum. Nullum eciam alium preterquam aliquem terrigenam ydoneum ipsi terre capitaneum preficiemus aut prefici paciemur. Et quascunque terras Polonicales aut earum partes vel loca a nostris rebellibus deo nobis cooperante quomodocunque obtinuerimus, illas et illa prefate terre, vt ex eo status eius in melius proficiat, coadjuncturos inseparabiliter nos spondemus nolentes, quod aliquis ciuium Wratislauiensium extra ciuitatis Wratislauie iudicium pro vllis debitis, hereditatibus aut causis aliis quibuscunque alibi responsurus trahatur, vel eciam vllus feodalium et incolarum terre Wratislauiensis sepedictorum extra ipsius terre iudicium pro debitis, hereditatibus aut causis huiusmodi ad judicium longinquius vel eidem intolerabilius aliquatenus euocetur. Promittimus preterea nullum terre ac ciuitatis Wratislauiensis proscriptorum irreconciliatum leso uel propinquis, si idem lesus non extiterit, nostre gracie reformare uel ei trengas pacis aut quascunque inducias in terra vel ciuitate Wratislauia sepedicta manendi vel standi aliquatenus indulgere volentes firmiter, vt vniuersus dyocesis Wratislauiensis clerus diuina in ciuitate Wratislauia sine racionabili et legittima causa ammodo suspendere non presumat, et super quibuslibet causis suis dilectos fideles nostros ciues ac feodales Wratislauienses ad orum ecclesiasticum, ante quam ciues ipsos in judicio ciuili et feodales predictos in judicio prouinciali conueniat, idem clerus trahere similiter non presumat; in quibus siquidem iudiciis, si ipsi clero justicia conueniens fuerit denegata, extunc prosequendi jura sua coram spirituali iudice plenam habeat potestatem. In quorum omnium predictorum robur et testimonium presentes literas fieri et sigillo nostro maiori iussimis roborari. Actum Wratislauie presentibus spectabilibus et nobilibus viris fidelibus nostris dilectis Joffrido de Liningen et Georio Irsuto, comitibus, Hincone Berka de Duba, burcgrauio Pragensi, Henrico de Lypa iuueni, Ottone de Bergow, Benessio de Warthinberg, Heynmanno de Duba dicto de Nachod, Henrico de Luchtinburk, Conrado de Sleyda, Arnoldo de Bittingin et Henrico Bauaro de Bopardia et aliis quam pluribus fidedignis anno domini millesimo trecenthesimo vicesimo septimo proxima feria secunda post diem palmarum.

Mit dem Siegel des Königs.

127. *König Johann schafft den Durchgangszoll an der Weide ab.   Breslau den 8. April 1327.*

Original im breslauer Stadtarchiv D 6 a.

Nos Johannes, dei gracia Bohemie et Polonie rex ac Luczemburgensis comes, notum facimus vniuersis presentem paginam inspecturis, quod attendentes fidelia et grata obsequia nostrorum fidelium ciuium ciuitatis nostre Wratislauiensis pro nostro ac progenitorum nostrorum animarum remedio pariter et salute necnon pro commodo, utilitate ac emendacione eiusdem nostre ciuitatis Wratislauie, quibus quantum decet, intendimus et uolumus insudare, teoloneum Widauiense quot hucusque est a transeuntibus requisitum, de regalis nostre libertatis munificencia relaxamus, tollimus ac simpliciter perpetuis temporibus abolemus, ita quod vniuersi ac singuli equites siue pedites necnon currus vacui uel onerati descendentes per uias siue loca, vbi dictum theoloneum Widauiense perpetue sic per nos abolitum a transeuntibus hactenus est exactum, sine qualibet requisicione uel extorsione deinceps libero ualeant pertransire. In cuius rei testimonium presentes eis dedimus nostri sigilli appensione munitas. Actum et datum Wratislauie VI Idus Aprilis anno domini M° CCC XXVII presentibus dominis Goffrido de Liningen, comite Heinrico de Duba dicto Berka, nostro Pragensi castellano, Heinrico iuuene de Lipa, Ottone de Bergow, Heinrico Bauaro de Buchpartin, Frederico de Dûn, Arnoldo de Betingen et aliis pluribus fide dignis.

Mit dem Siegel des Königs.

128. *König Johann bestätigt den Schutzbrief der breslauer Juden. Breslau den 8. April 1327.*

Copialbuch 29 f. 66.

Nos Johannes, dei gracia Bohemie et Polonie rex ac Lucilburgensis comes notum esse uolumus vniuersis presencium noticiam habituris, quot quia illustris princeps dominus Heinricus, dux Wratislauiensis, amicus noster karissimus, ex speciali gracia dedit et indulsit iudeis Wratislauiensibus quasdam literas libertatis suo sigillo munitas, videlicet quod eos capere ac eciam depactare non debeat sub aliquibus condicionibus in literis predicti domini Heinrici ducis Wratislauiensis expressis, et similiter ciuitas nostra Wratislauia pro eodem domino duce promisit et suis literis roborauit; quas quidem literas in singulis suis articulis in eisdem literis contentis presentis scripti patrocinio confirmamus et inuiolabiliter nos promittimus seruaturos. In cuius rei testimonium presentibus nostrum sigillum est appensum. Actum et datum Wratislauie VI Idus Aprilis anno domini M°CCC XXVII presentibus dominis Goffrido de Liningin, comite Heinrico de Duba dicto Berka, nostro castellano Pragensi, Heinrico de Lipa iuueni, Ottone de Bergow, Heinrico Bauero de Bubardin, Friderico de Dûin, Arnoldo de Bitingin et aliis.

129. *König Johann von Böhmen gestattet den breslauer Bürgern die Auflassung der Allodialgüter vor dem Burggrafen und den breslauer Rathmannen. Breslau den 10. April 1327.*

<small>Original im breslauer Stadtgericht D 7.</small>

Nos Johannes dei gracia rex Bohemie et Polonie ac Lucemburgensis comes, notum esse volumus vniuersis presencium noticiam habituris, quod dilectorum ac fidelium ciuium nostrorum Wratizlauiensium comodis et profectibus tam graciose quam prouide intendentes ipsis de benignitate regia liberaliter duximus concedendum, vt omnia bona et possessiones eorum siue sint ville, molendina vel allodia, que uel quas hereditarie vel proprietatis titulo possident, vendere, emere vel resignare debeant coram burcgrauio nostro, quem pro tempore in nostra terra Wratizlauiensi duxerimus preficiendum, presidentibus nichilominus consulibus Wratizlauiensibus exceptis quibuslibet feodis penitus et exclusis sine qualibet pecunie requisicione, que quidem pecunia occasione contractuum huiusmodi predictorum posset exigi vel requiri. Preterea omnia, que taliter coram dicto burcgrauio, qui pro tempore fuerit, et consulibus Wratislauiensibus supradictis acta fuerint vel ordinata, robur habere volumus perpetue firmitatis. Ne autem huiusmodi nostra concessio graciosa per nos et nostros heredes vel successores valeat aliqualiter violari, presentibus nostrum sigillum in testimonium predictorum est appensum. Actum et datum Wratizlauie IIII° idus Aprilis anno domini M° CCC° XXVII° presentibus dominis Goffrido de Liningin, comite Henrico de Duba dicto Berca, burcgrauio Pragensi, Henmanno de Duba, domino de Nachotin, Ottone de Bergow, Henrico Bauaro de Buchparten, Wolueramo de Panowicz, Arnoldo de Bitingin et aliis.

<small>Mit dem Siegel des Königs.</small>

130. *Herzog Boleslaw von Liegnitz bewidmet Brieg mit dem Rechte der Stadt Breslau. Breslau den 20. Juni 1327[1]).*

<small>Original im Archive der Stadt Brieg I Nr. 17, gedruckt bei Böhme dipl. Beiträge I 19., Gaupp Magdeburgisches und Hallisches Recht 330, und Tschoppe und Stenzel U S. 515.</small>

In nomine domini amen. Swes sich furstelich erberkeyt bedenket und tut mit rate, das sal ganz stete blyben unvorrucket ebeclich ymmir me. Darumme ist, daz wir, herczoge Bolezlaw, von gotis genadin furste von Slesien unde herre czu Legnicz, tun kunt, und wollyn lazen wissintlich werdin allyn den, dy nu sint, adir czu kumftik werdyn, di dezen kenwortegen bryf gesen unde horen lezen, daz wir begern unsis landis, unde unsir lute gemach czu meren, unde besundirn

<small>1) In demselben Jahre erhielt die Stadt Brieg die Weisthümer magdeburger Rechts von 1261 und 1295 abschriftlich von Breslau zugesendet; gedruckt bei Böhme dipl. Beiträge I 20 ff. vgl. dazu auch Gaupp a. a. O. S. 257 u. 267 und Tschoppe und Stenzel US. 432 Anm. 2.</small>

in unsir stat czu dem Brige, mit bedachtim mute und von rate unsir getruen rittir darczu andir unser manne durch eynes gutyn aldirs willen czu nutzperkeyt und czu vrumen. so gebe wir unde lyen von unsir angebom furslichen genadyn unsir vor genantyn stat dem Brige und alle unsin getruven burgern, dy darynne wonen, mit der stat dinen, adir dar in kumen Breczlaus recht. daz di selbe stat Breczlaw hat, und dy burger darinne haldin und haben, von genadyn unde mit rechte also glicher wyes; alles daz recht habe wir unsin getruen burgern czu dem brige gereychet unde besteteget czu habyn unde czu haldin, ouch unserm andir undirtan mit czuteylen ebeclichen ymmirme. Unde daz dy erber gabe, dy von unsir vurstlicher genadin geschen ist, hernach von uns nach von unsin nochkumelingen icht muge vorruckeyt werdin, wen mugelicher blybe stete. gancz, ebeclich, ymmyrme. des habe wir dezen kenwortegen brif lazen gen undir unsirn ingesegil besteteget unde bevestet. Iz ist geschen czu Breczlaw, nach gotis geburde tuzynt iar dry hundirt iar in sebenden zcwenzcegesten iar amme neysten sunnabende vor sente Johannis tage, gotis toufer, zcu kenwortec unsen getruon rittir unde manne, dy beschreben sint, hern Stephan von Parschwicz, hern Henrich von Sylicz, hern Pilgerim von Ebirsbach, hern Heyger von Priticz, hern Petir von Poschwicz, Jekil Wyner, hern Thammen, der unse obirste schriber ist, unde Gerlach unse schriber, der desen kenwortegen brif hat geschreben und von uns ym wart bevolen, und och vil andirn bedirwen lute.

<small>An seidenen Fäden hängt das Fusssiegel des Herzogs mit der Umschrift: † S. BOLEZLAI DI GRA DVCIS SLEZIE ET DNI DE LEGNICZ. Das Rücksiegel ist umschrieben: S. BOL. DVC. SLIE ET DE LEGNICZ.</small>

131. *Herzog Heinrich VI gestattet den breslauer Rathmannen, den freien Brotmarkt zu Breslau nach Gutdünken zu erlauben und zu verbieten. Breslau den 2. August 1327.*

<small>Original im breslauer Stadtarchiv A 6., gedr. im C. D. Silesiae VIII 14.</small>

In nomine domini amen. Et si quibuslibet nostrorum peticionibus fidelium libenter annuimus, illorum tamen precibus magis debito inclinamur, quorum diutina sollicitudo pro nostro nostrorumque honore et commodo cura peruigili feruencius emolitur. Ex eo nos Henricus, dei gracia dux Slesie, Wratizl. et Glaczensis terrarum dominus, recognoscimus vniuersis presencium noticiam habituris, quod consideratis in ciuitate nostra Wratizlauiensi in panis commutacione, id est empcione et vendicione panis, defectibus adeo notabilibus et negligenciis ex parte pistorum nostrorum dicte ciuitatis multipliciter contingentibus, quod sepe habens numisma datiuum debito nostro Wratizlauiensi karactere figuratum panem pro sua necessitate venalem non reperit, quo communis propellit populus et reficit famem suam, huiusmodi irregularitati, id est deordinacioni in ciuitate predicta succurrere cupientes, de nostrorum consilio maturo fidelium ex nostre munificencie gracia singulari dilectis et fidelibus nostris inibidem consulibus damus et concedimus huiusmodi prerogatiuam propter commune bonum pauperum diuitumque salutem et per se sufficienciam, quo in ciuitate bene ordinata principaliter est habenda, quod quandoque et quociescunque providencie eorum expediens videbitur atque bonum, possunt statuere et indicere liberum forum et prohibere seu reclamare idem commune forum, cum ipsorum discrecioni videbitur expedire. Insuper eandem a nobis habere debent autoritatem diebus dominicis licenciandi liberum panis forum et reuocandi propter communem hominum vtilitatem eciam disponendi modo, quo predicitur, iuxta sue libitum voluntatis, non excludentes liberum forum. quod singulis septimanis in ciuitate nostra Wratizlauiensi feria quinta habitum est vsque modo, sed volumus dictam nostram ciuitatem eadem, qua hactenus functa est, frui vlterius libertate, vt non solum esse et viuere, sed bene esse et bene viuere in ciuitate nostra predicta pro vite humane necessitatibus et commodis in perpetuum conseruetur. In cuius testimonium presentes literas dedimus nostro sigillo publice confirmatas. Actum et datum Wratizlauie quarto Nonas Augusti presentibus nostris fidelibus domino Jan de Borsnicz milite, Alberto de Pak, Hermanno de Borsnicz, Andrea Radak, Petro de Glogouia, Johanne Colner, domino Ottone de Donyn, nostro prothonotario, qui presencia habuit in commisso, et aliis anno domini millesimo trecentesimo vigesimo septimo.

Mit dem Siegel des Herzogs.

132. *Herzog Heinrich VI vereinigt die Neustadt mit der breslauer Altstadt zu einem Gemeinwesen. Breslau den 9. August 1327.*

Original im breslauer Stadtarchiv B. 17., gedruckt bei Lünig Reichsarchiv XIV 237.

In nomine domini amen. Rei publice vtilitas in monarchia legibus bene regulata salutis non immerito generale suscipit incrementum, cum omnes et singuli, qui sub vnius monarche et principis potestate sunt naturaliter constituti, vnius et eiusdem salubri iugo legis ac iuris politice regulantur. Ex eo nos Henricus, dei gracia dux Slesie, Wratizlauiensis et Glacensis terrarum dominus, ad vniuersorum tam presencium quam futurorum memoriam cupimus perpetuam deuenire, quod fideles et dilecti nostri consules, iurati seniores, necnon tota Wratizlauiensis antique et noue ciuitatis vniuersitas coram nobis sanis mentibus et in bona suorum valitudine corporum preconsiliato animo presencialiter constituti nobis voce vnanimi maxima cum instancia votiuis eorum precibus supplicarunt feruentissime nos hortantes, quatenus iura, leges et locaciones nostre noue ciuitatis legibus, iuribus ac locacionibus nostre antique ciuitatis Wratizlauie vnire de nostra dignaremur gracia singulari propter nostrorum ciuium commune bonum, commodum et honorem: ita quod hii, qui antiquis et diutinis pro temporibus cum periculo sunt disiuncti, ob vtriusque nostre salubrem ciuitatis statum et concordem monostice et regulariter legibus tanquam vinculo eos vniente in unum redigerent et in idem, vt quorum mansio a natiuitatis sue principio est simul totaliter et vicina, mentibus non discrepent, moribus maxime neque legibus, que in omni principatu politico debito sunt regula racionis. Effectui uero huius peticionis fideles ciues nostri ciuitatis noue Wratizlauie adeo innitebantur, quod omnibus priuilegiis super fundacione noue ciuitatis, locacione, legibus et iuribus ab antiquo habitis et confectis voluntarie renunciarunt et priuilegia eadem in manus fidelium et dilectorum nostrorum consulum antique ciuitatis presencialiter obtulerunt ita, si aliqua in postremo tempore instrumenta in lucem producerentur de dicte noue ciuitatis iuribus, legibus et locacionibus, nullius debeant esse reputacionis penitus nec vigoris. Nos vero de nostrorum maturo fidelium consilio motiuis predictis et fidelium nostrorum consulum, iuratorum, seniorum atque tocius vniuersitatis vtriusque ciuitatis antique et noue Wratizlauiensis precibus et instanciis racionabiliter inclinati nouam ciuitatem, ciues, incolas eius et totam inibi vniuersitatem cum omnibus suis pertinenciis, iuribus, legibus fundacione, locacione et greniciis, quibus fuit a ciuitate antiqua disiuncta vsque modo, transferimus in iura, leges, fundacionem, locacionem et grenicias predicte nostre ciuitatis antique Wratizlauiensis de nostre liberalitatis munificencia singulari, omniaque eorum priuilegia super locacione, legibus et iuribus per dictam nouam ciuitatem habita nostre antique ciuitatis consulibus presentata, aut si quo negligenter, accidentaliter aut scienter fuerint occultata, totaliter irritantes, eorumque efficaciam, quam hucusque dicte littere habuerant, simpliciter annullantes, cupientes, qui sibi actibus in omnem diem communicant, videlicet nostros ciues et incolas vtriusque ciuitatis predicte sub una et eadem iuris regula imperpetuum contineri: sic enim in nostro principatu et monarchia mali possunt ob eorum excessibus penis congruis melius coerceri, bonique ob eorum meritum laudis premio coronari, et in dictis ciuitatibus pax tranquillitasque magis persistere in perpetuum poterit et manere, nam ad amicicie, pacis et concordie federa exigitur connutritos eisdem legibus et iuris regulis obedire. In cuius euidenciam pleniorem presentes dedimus litteras nostri robore sigilli publice consignatas. Actum Wratizlauie in vigilia beati Laurencii anno domini millesimo cc°c xx° septimo presentibus fidelibus nostris dominis Jan de Borsnicz, Conrado de Rideburg, militibus, Alberto de Pak, Andrea Radac, Hermanno de Borsnicz, Tyczcone de Rideburg et domino Ottone de Donyn, canonico Wratizlauiensi, nostre curie prothonotario, qui premissa specialiter habuit in commisso.

Mit dem Siegel des Herzogs.

133. *Herzog Heinrich VI hebt auf Bitten der Breslauer den Zoll an der Weide auf. Breslau den 9. October 1327.*

Original im breslauer Stadtarchir A 27 a.

In nomine domini amen. Eternus rerum opifex, qui humanum genus propter transmigracionem primi parentis ab ameno et viridi expulit paradiso, ille humanam respiciens fragilitatem lapsum humani generis per incarnacionem suam gloriosissimam misericorditer reuocauit. Nos igitur Henricus, dei gracia dux Slezie, dominus Wratizlauie et in Glacz, recognoscimus singulis et publice protestamur vniuersis, ad quorum cognicionem peruenerit presens scriptum, quod toto cordis desiderio vestigiis atque doctrinis omnipotentis dei totis viribus inherere cupientes fauente nobis diuina clemencia saluatoris volentes extremum diem iudicii necnon diem coacte solucionis bonis operibus preuenire, quantum humana fragilitas nos permittit, in remedium et salutem anime nostre ac anime coniugis nostre, domino Anne felicis recordacionis, atque omnium nostrorum progenitorum theoloneum nostrum circa flumen, quod Wydauia nuncupatur, bono ac deliberato animo de maturo et prouido consilio nostrorum fidelium et precipue propter deum necnon ob instanciam et peticionem fidelium nostrorum ciuium Wratizlauiensium pro testamento salubri voluntarie relaxamus, tollimus ac simpliciter perpetuis temporibus abolemus, ita quod vniuersi et singuli equites siue pedites necnon currus vacui vel onerati vel pellentes pecora descendentes per vias siue loca, vbi dictum theoloneum Wydauiense perpetuo sic per nos abolitum a transountibus hactenus est exactum, sine qualibet requisicione vel extorsione deinceps libere valeant pertransire. In cuius libertatis euidens testimonium dilectis atque fidelibus nostris ciuibus Wratizlauiensibus in robur perpetuo valiturum presentem litteram nostri sigilli munimine dedimus consignatam. Actum et datum Wratizlauie septimo Idus Octobris anno domini millesimo trecentesimo vicesimo septimo nostris presentibus fidelibus dominis Jan de Borsnicz, Hoygerio de Pritticz, militibus, Alberto de Pak, purgrauio nostro Glaczensi, Hermanno de Borsnicz, Thiczkone de Rydeburg, Petro de Glogouia, ciue nostro Wratizlauiensi, domino Ottone de Donyn, nostre curie prothonotario, qui presencia a nobis specialiter habuit in conmisso et aliis.

Mit dem Siegel des Herzoga.

134. *Herzog Heinrich VI von Breslau bekundet, dass Johann Tzschambor den Wasserzoll zu Breslau an drei breslauer Bürger versetzt hat. Breslau den 22. Januar 1328.*

Original im breslauer Stadtarchiv E 22., gedruckt bei Sommersberg II 91.

Nos Henricus, dei gracia dux Slesie, dominus Wratizlauie et in Glacz, recognoscimus singulis et publice protestamur vniuersis, ad quorum cognicionem peruenerit presens scriptum, quod veniens ad nostram presenciam fidelis noster, dominus Johannes Tzchamborii, miles dictus de Schiltbere, sanus mente et in bona sui corporis ualitudine sano ac maturo prehabito consilio suorum amicorum discretis viris et honestis fidelibus ciuibus nostris Wratizlauiensibus, Nicolao, Conrado et Henrico, fratribus, dictis de Wacenrode, omne ius suum, quod habuit in theoloneo aque apud Wratizlauiam et censum suum eiusdem theolonei, prout ipse habuit, tenuit et possedit multis temporibus retroactis pro centum marcis rite et racionabiliter obligauit atque coram nobis eisdem voluntarie resignauit. Nos itaque dictam obligacionem et uoluntariam resignacionem gratas, ratas habentes et inuiolabiles predictis Nicolao, Conrado et Henrico de Wacenrode, fratribus, ciuibus nostris Wratizlauiensibus, presentem litteram dedimus nostri sigilli robore communitam presentibus fidelibus nostris Ticzcone de Rideburc, Johanne de Colmas, Hancone Colueri, Gunthero de Krsisanowicz, Jeschcone de Smolcz, Hancone Engilgeri et domino Ottone de Donyn, nostro prothonotario, qui presencia specialiter a nobis habuit in commisso, et aliis pluribus fide dignis. Actum et datum Wratizlauie feria sexta in die sancti Vincencii, martiris gloriosi, anno domini m° ccc xx octauo.

Das Siegel fehlt.

135. *Herzog Heinrich VI bekundet, dass das Hospital zum heiligen Geiste im Gute Frobelwitz eine jährliche Hebung von drei Malthern Roggen erworben hat. Breslau den 27. Januar 1328.*

Original im Archiv des Hospitals zum heiligen Geiste.

In nomine domini amen. Nos Henricus, dei gracia dux Slesie et dominus Wratislauie et in Glacz, notum fore cupimus tam presentibus qvam futuris hanc paginam inspecturis, qvod venientes ad nostram presenciam nostri fideles Zcamborius et filius fratris sui Vrozkonis bone memorie Petrus dictus de Vroblewicz sana mente ac bona eorum corporis valitudine confessi sunt, Johannem dictum Schel, civem novae civitatis nostre prope muros civitatis Wratislauie, apud eos pro pecunia sua in bonis eorum Vroblewicz nuncupatis in viginti quinque mansis et in sculteto et in rusticis in eisdem viginti quinqve mansis residentibus comparasse tres malderatas siliginis, qvas qvidem malderatas dicti Zcamborius et Petrus dicto Johanni Schel infra quatuordecim dies post festum beati Michaelis ad domum suam propria vectura adducere tenebuntur, ad tempora vite prefati Johannis singulis annis reuolutis. Post mortem vero sepedicti Johannis Schel praefati Zcamborius et Petrus, suus patruus, memoratas tres malderatas domino preposito sancti spiritus prope Wratislauiam, qu cunque erit pro tempore, similiter soluent et adducent propria vectura in termino prenotato temporibus perpetuis contradictione qualibet procul mota. Eciam si omnes antedicti viginti quinque mansi, qvod absit, desertarentur vsque ad vnicum mansum, adhuc sepe dictas tres malderatas solvere de eodem tenebuntur, hoc adjecto, si in prenominato termino non solverentur, ut est premissum, ex tunc iudex nostre curie debet in supradictis bonis sine omni strepitu et figura iudicii sufficiencia pignora recipere et prenotato Johanni Schel aut preposito sancti spiritus post suam mortem presentare nobis irrequisitis In cuius rei testimonium huic litere nostrum sigillum duximus apponendum. Datum et actum apud Wratislauiam infra octauas beate Agnetis anno domino M°CCCXXVIII° presentibus nostris fidelibus Johanne et Hermanno dictis de Porsenicz, Thizkone de Rydeburc, Petro de Glogouia, Johanne Colmas, Opezkone, iudici curie, domino Johanne de Ladimiria, curie nostre notario, qui presencia habuit in commissis.

Mit dem Siegel des Herzogs.

136. *Herzog Heinrich VI schenkt der Stadt Breslau zu dem Erbzins in der Altstadt, den seine Vorfahren derselben verliehen haben, den in der Neustadt hinzu. Breslau den 27. Juli 1328.*

Original im breslauer Stadtarchiv A 13 a.

In nomine domini amen. Nos Henricus, dei gracia dux Slezie, dominus Wratizlauie et in Glacz, omnibus in perpetuum presentibus et futuris huius pagine testimonio volumus esse notum, quod cum serenissimi principes duces et domini olim progenitores nostri pie recordacionis censum hereditarium, qui ad ipsos pertinebat in antiqua ciuitate nostra Wratizlauiensi ob suarum remedium animarum ciuibus et ciuitati nostre predicte ad strvcturam sev poncium reparacionem specialiter de ipsorum munificencia contulissent, nos vero cupientes, vt tenemur, predictorum nostrorum progenitorum inherero vestigiis censum hereditarium noue nostre ciuitatis consulibus nostre ciuitatis Wratizlauie antique pro reparacione et structura poncium swadentibus nostris fidelibus ducali munificencia damus et perpetuis temporibus clargimur ex vnione, qua dictas nostras ciuitates antiquam videlicet et nouam de beneplacito nostro ac speciali beniuolencia fecimus adunari. In cuius rei euidens testimonium has patentes litteras nostri sigilli appensione firmiter fecimus roborari. Datum et actum Wratizlauie anno domini millesimo trecentesimo vigesimo octauo feria quarta post diem beati Jacobi apostoli presentibus nostris fidelibus Janone de Borsnicz, Hermanno de Borsnicz, Tyczcone de Rideburg, Petro de Glogouia, Hancone Kolneri, Johanne Colmas et domino Ottone de Donyn, prothonotario curie nostre, et aliis multis.

Mit dem Siegel des Herzogs.

137. *Herzog Heinrich VI bekundet, dass Lutko von Waldow die Erbvogtei über die Neustadt bei Breslau an den breslauer Rath mit Zustimmung seiner Ehefrau Margaretha verkauft und aufgelassen hat. Breslau den 13. Januar 1329.*

<small>Original im breslauer Stadtarchiv A 7., gedruckt bei Drescher schles. diplom. Nebenstunden 72.</small>

In nomine domini amen. Nos Henricus, dei gracia dux Slezie dominus Wratizlauiensis et in Glacz, ad noticiam vniuersorum et singulorum huius pagine testimonio volumus peruenire, quod cum fidelis noster Lutko de Waldow aduocaciam in noua ciuitate prope muros ciuitatis nostre Wratizlauio ad se cum vxore sua legittima Margareta, filia quondam Waltheri de Pomerio, racionabiliter perduxisset, ipse Lutko prefatus matura prehabita deliberacione ac sano vsus consilio in nostra constitutus presencia eandem aduocaciam suam fidelibus nostris consulibus atque ciuibus Wratizlauiensibus de voluntate vxoris sue Margarete prefate ibidem in nostra stantis presencia cum omnibus pertinenciis suis, vsibus, vtilitatibus et vsufructibus vniuersis, prout ad ipsum et antecessores suos spectare noscebatur, pro certa summa pecunie vendidit, tradidit atque donauit et in nostra presencia voluntarie resignauit ab ipsis consulibus ac ciuibus nostris prefatis eo iure et dominio, quo ipse retroactis temporibus eandem aduocaciam tenuit, perpetuo possidendam abrenuncians omni iurisdicioni, impeticioni et repeticioni, quas ipse Lutko prefatus et quiuis successores sui legittimi super aduocacia memorata habere possent in presenti vel eciam in futuro. Nos itaque precibus partis vtriusque fauorabiliter annuentes prehabitam empcionem atque voluntariam resignacionem ratam et gratam habentes ipsam presentis scripti patrocinio confirmamus, cui in eiudenciam clariorem sigillum nostrum duximus appendendum. Actum et datum Wratizlauie Idus Januarii anno domini m°ccc°xx°nono presentibus nostris fidelibus dominis Jan de Borsnicz, Alberto de Pak, militibus, Hermanno de Borsnicz, Andrea Radak, Johanne Colneri, Petro de Glogouia, domino Ottone de Donyn, nostro prothonotario, qui presencia habuit in commisso et aliis.

Mit dem Siegel des Herzogs.

138. *Die Gürtlermeister zu Breslau verbinden sich vor dem Rathe, da die Gürtlergesellen sich vereinigt haben, ein Jahr lang alle Arbeit einzustellen, während dieser Zeit auch ihrerseits keinem derselben Arbeit zu geben. 4. November 1329.*

<small>Aus den breslauer Handwerkerstatuten p. 9., gedruckt im Codex diplom. Silesiae VIII. 15.</small>

Anno domini MCCCXXIX in die quatuor coronatorum coram nobis consulibus cingulatores asseruerunt, quod famuli operis eorum talem constitucionem fecerunt inter ipsos, quod neuter eorum infra vnius anni spacium alicui predictorum eorum magistrorum cingulatorum seruire deberet seu se recipere ad seruicium alicuius. Quapropter ibidem predicti cingulatores eciam talem constitucionem prehabito consilio vnanimiter vicouersa inter ipsos fecerunt et se nobis taliter constrinxerunt, quod quicunque ex eis infra eiusdem anni spacium quemquam predictorum famulorum in familiam seu seruicium suum resumserit, vnum fertonem nomine pene dare debeat ciuitati.

139. *Notariell beglaubigte Quittung der florentiner Lombardgesellschaft in Flandern über empfangene 600 Mark päpstliche Einkünfte aus Polen, welche beim breslauer Rathe hinterlegt gewesen waren, vom 7. Mai 1330.*

<small>Nach dem Original im päpstlichen Archive, gedruckt bei Theiner Vetera monumenta Poloniae I. 329.</small>

In nomine domini amen. Hoc est exemplum litterarum non rasarum, non abolitarum, nulla macula conspersarum, omnique vicio et suspicione carencium, ac in sui prima figura manencium, scriptarum manu Johannis dicti Cramme publici notarii, quas ego notarius subscriptus auctoritate et de mandato venerabilis viri domini Conradi, canonici et officialis Wratislaviensis, de verbo ad verbum fideliter transumpsi, quarum tenor dignoscitur esse talis: In nomine domini amen. Universis et singulis hoc presens publicum instrumentum visuris et audituris pateat evidenter, quod anno a nativitate eiusdem MCCCXXX, indictione XIII, mensis Maii die septima, pontificatus sanctissimi patris ac domini nostri, domini Johannis digna dei providentia pape XXII anno XIV in mei, notarii publici, ac testium subscriptorum ad infrascripta vocatorum specialiter et rogatorum presentia propter hoc personaliter comparentes discreti viri, Andreas Portinarius aliique socii et mercatores societatis Bardorum de Florentia in Flandria commorantes exhibuerunt, ostenderunt et assignaverunt discreto viro Johanni de Dresdem, nuncio civitatis Wratislaviensis, ut dicebat, litteras apostolicas patentes vera bulla plumbea inpendenti cum filo canapis bullatas, ut prima facie earundem apparebat, sanas et integras omnique suspicione carentes, quarum tenor sequitur in hec verba: Johannes Episcopus etc. dilectis filiis Andree Portinario et Rogerio Gerardi Johannis ac Lothoringo de Collina, mercatoribus et sociis societatis Bardorum de Florentia in partibus Flandrie commorantibus, salutem etc. Dudum dilectus filius Petrus de Alvernia, canonicus Noviomensis, in partibus Regni Polonie apostolice sedis nuncius, sexcentas marchas argenti ad pondus civitatis Wratislaviensis de proventibus cameram nostram contingentibus in partibus supradictis collectas, penes dilectos filios Hermannum dictum Scriptorem, Johannem Lubek, Thylonem Nigrum, Jacobum Schertelczan[1], Johannem de Resta, Nicolaum de Legnicz, Arnaldum Kusuest et Conradum Baran, cives et consules[2] civitatis predicte, nostro et camere nostre predicte nomine deposuit, per ipsos cives vel eorum alterum procuratori eiusdem nuncii, aut illi vel illis, qui a nobis vel camera nostra predicta recipiendi predictas marchas haberent potestatem, in partibus Flandrie certo iam elapso termino sub obligationibus assignandas. Volentes itaque sexcentas marchas predictas vobis nostro et eiusdem camere nomine assignari, eas dicto nomine a prefatis civibus vel eorum altero, aut alio vel aliis pro ipsis solventibus, seu a procuratore dicti nuntii, si forsan iam recepisset easdem, ac ipsos et eorum singulos et alios quoslibet vobis dictas marchas solventes quitandi et absolvendi plenarie de hiis, que inde receperitis ab eisdem, vobis et cuilibet vestrum insolidum plenam concedimus tenore presentium facultatem. Volumus autem, quod marchas huiusmodi fideliter, cum ipsas receperitis, conservetis illi vel illis, cui vel quibus mandabimus per vos integraliter postmodum assignandas, quodque super solutione vel assignatione vobis facienda de illis duo confici faciatis consimilia publica instrumenta, quorum altero penes assignantes ipsos dimisso

<small>1) Theiner: Johannem Schilczan. 2) vom Jahre 1327.</small>

reliquum ad prefatam cameram transmittatis. Datum Avinione VII Kalendas Februarii pontificatus nostri anno terciodecimo. Quibus litteris apostolicis per dictum Johannem de Dresdem, procuratorem et nuncium honorabilium virorum Hermanni dicti Scriptoris, Johannis Lubek, Thiloni Nigri, Jacobi Schertelezan, Johannis de Resta, Nycolai de Lenigcz (!), Arnoldi Kusuest et Conradi Baran, civium Wratislaviensium, dominorum et magistrorum suorum, humiliter et devote receptis, ut decuit, idem Johannes ex speciali mandato per dictum dominum papam facto, prout in dicta littera apostolica superius continetur, numerando tradidit dicto Andree Portinarii, habenti super hiis recipiendi speciale mandatum ab eodem domino nostro papa, ipsosque debitores ac pro ipsis solventes quitandi et absolvendi 480 marchas argenti Trogani ponderis de signo Brugensi, item ex parte et pro parte Nicolai Mosnarii de Ranconia, notarii et clerici dicti domini Petri Legati, XII marchas argenti Trogani ponderis et signi Brugensis, quibus marchis argenti, ut predicitur, in mei, notarii publici, et testium infrascriptorum presencia numeratis, assignatis, et eidem Andree et sociis suis traditis memoratus Andreas confessus fuit et recognovit, se dictas marchas argenti habuisse et recepisse integre, ut sepius est expressum, et eosdem debitores vigore mandati supradicti eidem Andree facti quitavit penitus et absolvit. Acta fuerunt hec in domo[1]) Scabinorum ville Brugensis, que vulgariter dicitur „Ghiselhuz" sita in burgo Brugensi hora tertia vel circiter presentibus honorabilibus viris dominis Johanne Cortstoef, Jacobo Scentelacer, scabinis dicte ville Brugensis, ad hoc pro corpore dicti scabinarii deputatis, Petro, notario ducis Bolconis de Furstenberch, Nicolao de Sitim, Paulo Rutheni, Johanne de Opavia, Nicolao, plebano de Wiazd, civibus Wratislaviensibus, Henrico de Gandavo, Godefrido Kelreman, Francisco Brant et aliis Tornacensis diocesis, testibus ad premissa vocatis in testimonium specialiter et rogatis. In quorum omnium testimonium et munimen prefatus Andreas Portinarii antedicto Johanni presentes litteras sive instrumentum contulit sigillo dicte societatis Bardorum ac sigillo dicte ville Brugensis ad causas una cum mei, notarii publici infrascripti, subscriptione et signo ad maioris[2]) roboris firmitatem concorditer roboratum. Et ego Johannes dictus Cramme, clericus Morinensis diocesis, publicus sacrosancta apostolica et imperiali auctoritate notarius, premissis litterarum apostolicarum assignationi dictarum marcharum deliberationi et traditioni ac receptioni, quitationi et absolucioni, omnibusque aliis suprascriptis una cum prenominatis testibus presens interfui, ideoque hic me subscripsi, et huic publico instrumento ex causa duplicato una cum sigillis predictarum societatis Bardorum et ville Brugensis signum meum consuetum apposui requisitus specialiter et rogatus in testimonium et memoriam omnium et singulorum premissorum. Huic publico instrumento erant duo sigilla ad pressulas pergameni appensa orbicularis figure, quorum unum ex una parte sui in medio continebat clipeum, et in ipso clipeo quatuor lineas, et super easdem lineas ymaginem leonis, et ipsum leonem tres dracones circumiacentes, et in circumferentia ipsius sigilli ex eadem parte tales littere cum cruce erant sculpte: S. scabinorum Brugensium ville Brugensis ad causas. Item alia parte eiusdem sigilli erat sigillum minus etiam orbicularis figure impressum, in medio sui eciam super lineas in clipeo leonem continens, in cuius circumferentia littere legi non poterant. Aliud vero sigillum minus ibidem appendens in medio sui clipeum et in clipeo tria

1) Theiner: domino. 2) Theiner: moris.

puncta oblonga quasi filo colligata continebat, in circumferentia cuius tales littere cum cruce erant expresse: S. Andree Portinarii de Florentia. Nos autem, officialis supradictus, presens transumptum infrascripto notario legente et altero originales litteras auscultante, utrumque in omnibus et per omnia concordare invenimus, vidimus et audivimus, idcirco presens exemplum per ipsum infrascriptum notorium conscribi et publicari mandavimus et nostri sigilli munimine roborari pro tribunali sedentes decernimus et volumus auctoritate nostra ordinaria, ut ipsi transumpto plena et indubitata fides adhibeatur in iudiciis et extra, sicut ipsis originalibus litteris, ipsumque transumptum fidem faciat in agendis, ac si eedem littere originales apparerent. Quibus omnibus et singulis auctoritatem nostram interponimus et decretum. Actum ante ecclesiam sancti Egidii prope ecclesiam Wratislaviensem Kalendis Junii anno domini millesimo ccc tricesimo, indictione terciadecima, hora quasi sexta, presentibus viris discretis Thamone Qwas, Henrico de Bancz, canonicis, Petro de Semyrow, presbiterio vicario, Nycolao de Watzerode, Johanne de Dresden, civibus Wratislaviensibus, et aliis testibus fidedignis ad promissa vocatis specialiter et rogatis.

Et ego Jacobus Petri de Jelyn, clericus Wratislaviensis dyocesis, publicus auctoritate imperiali notarius, predictas litteras de dictis originalibus litteris auctoritate et mandato predicti domini officialis et ad peticionem magistri Frantzconis de Golthberg, procuratoris civitatis Wratislaviensis, ibidem presentis nil addens vel minuens, quod sensum mutet vel viciet intellectum, preter forte litteram vel sillabam, que sensum mutare vel intellectum viciare minime possunt, fideliter transcripsi, factaque collatione cum originalibus litteris utrumque concordare inveni, et omnibus factis per predictum dominum officialem premissis interfui, ideoque hoc transumptum in formam hanc publicam redegi meo consueto signo et nomine consignando. Constat michi de interlineari dictione „socii", quam manu mea ante publicationem per oblivionem obmissam posui hoc in publico instrumento propter iusticiam ad implendam.

140. *Rathswillküren von 1331.*
Aus den breslauer Handwerkerstatuten p. 5.

Anno domini MCCC tricesimo primo istis subscriptis inhibitum est a dominis consulibus, quod non debeant emere nec vendere sal. Primo Heydinrico de Mulheym, Rudolfo Truchtlip, Hartmanno, Martino de Olesna, Riswecke, Martinus (!) claudus Puftil.

2. Item de consilio seniorum et iuratorum statutum est, vt quandocunque aliqua causa tractatur coram consulibus et si aliquis consulum fuerit, qui habeat amicum, quem illa causa tetigerit, idem consul surgere debet et exire, quamdiu eadem causa pertractatur.

3. Item statutum est, quod quiuis hospitum veniens cum vino propinare potest vinum et dabit de vase Reuole aut Gallici vini alteram dimidiam marcam et de vase Australici vini marcam.

141. *König Johann von Böhmen verbietet in der Stadt Breslau Waffen zu tragen und erlaubt dem breslauer Rathe von jedem Wagen der die Stadt berührt, zur Besserung der Landstrassen einen Pfennig zu erheben. Prag den 1. September 1331.*

<small>Original im breslauer Stadtarchiv D 3a, gedruckt bei Lünig XIV 240.</small>

Nos Johannes, dei gracia Boemie et Polonie rex ac Lucemburgensis comes, constare volumus, quibus expedit, vniuersis, quod nos affectantes, quod ciues et incole ciuitatis Wratizlauiensis assumptis disciplinatis moribus et facetis vnus alterum armis, cultello, ense, et gladio non offendat, . . consulibus ipsius ciuitatis, vt vniuersis ciuibus et incolis ciuitatis eiusdem ac singulis ipsam ciuitatem intrantibus cuiuscumque dignitatis, preeminencie, status seu condicionis existant, cultellos, enses et gladios ac arma alia qualiacumque inhibeant imperpetuum, omnesque eos, qui contra eorum inhibicionem dicta offendicula gestauerint, modo, quo eis expedire videbitur, punire possent et debeant, plenam damus et concedimus potestatem.

2. Addicimus eciam ob specialem, quam contra ipsos ciues Wratizlauienses habemus, fauoris beniuolenciam, volentes, quod consules ciuitatis ipsius de quolibet curru ciuitatem ipsam Wratizlauiensem de ciuitatibus, oppidis et villis quibuscumque intrante uel accedente vnum denarium vsualem ibidem pro melioracione et reparacione stratarum et viarum pre muris ciuitatis Wratizlauiensis existencium exigant et recipiant ad nostre beneplacitum voluntatis. In cuius rei testimonium presentes litteras fieri et sigillo nostro fecimus communiri. Datum Prage Kalendis Septembris anno domini millesimo trecentesimo tricesimo primo.

<small>Mit dem Siegel des Königs.</small>

142. *König Johann giebt dem Rathe zu Breslau Gerichtsbarkeit in peinlichen Sachen insbesondere über Verfestete, wenn sie sich in Breslau betreten lassen. Breslau den 19. October 1331.*

<small>Original im breslauer Stadtarchiv D 18, gedruckt bei Lünig XIV 239.</small>

Nos Johannes, dei gracia rex Boemie et Polonie ac comes Lucemburgensis, recognoscimus et ad congnicionem vniuersorum volumus peruenire, quod dilectorum fidelium nostrorum consulum Wratislauiensium grate deuocionis et sincere fidei puritatem, quibus nostre celsitudini conplacuerunt hactenus et conplacere poterunt in futurum, benigno pensantes affectu dantes et concedentes eisdem nostris consulibus et omnibus suis successoribus, vt si quis ex ipsorum conciuibus vel alter cuiuscumque condicionis ausu temerario excessus seu insolencias aut enormitates aliquas perpetrare presumserit vel mouere, quod de hoc ipsi nostri consules pro commodo et honore ciuitatis nostre predicte corrigendi et cohercendi ac eciam iudicandi (!) modo, quo eis expedire videbitur, plenam et omnimodam habeant potestatem. Addicimus eciam ob specialem, quam ad ipsos consules Wratislauienses habemus, fauoris beniuolenciam, vt si quis proscriptorum in ipsa ciuitate Wratislauiensi vel extra ciuitatem deprehensus vel inuentus fuerit, quod de ipso iudicium facere poterunt, quantum iusticia persuadebit. In quorum testimonium has patentes literas fieri et sigillo nostro fecimus roborari. Actum Wratislauie in crastino beati Luce ewangeliste anno domini m⁰ ccc⁰ tricesimo primo.

<small>Mit dem Siegel des Königs.</small>

143. *König Johann setzt auf Bitten der breslauer Bürger den Zoll zu Königsbrück auf einen böhmischen Groschen für jedes Pferd herab. Breslau den 19. October 1331.*

<small>Original im breslauer Stadtarchiv D 10, gedruckt bei Köhler C. D. Lusatiae superioris I 294 (II Aufl.)</small>

Nos Johannes, dei gracia Boemie et Polonie rex ac Lucemburgensis comes, constare volumus et tenore presencium notum facimus vniuersis, quod fideles ac dilecti nobis ciues Wratislauienses in nostra conparentes presencia sua nobis querimonia referebant super grauamine et rigiditate theolonii in Kunigesbrucke, ciuitate nostra, vt in extorsione eiusdem theolonii nimium grauarentur, petentes nostre dominacionis clemenciam humiliter et obnixe, quatenus rigorem dicti theolonii dingnaremur graciosius mitigare. Nos vero ob specialem, quam ad ipsos habemus fauoris beniuolenciam, eisdem nostris ciuibus ac omnibus aliis predictum theolonium transeuntibus damus et concedimus ac de nostre celsitudinis gracia munificencialiter elargimur, vt, quocienscunque per predictum transierint theolonium, de mercibus suis nichil soluere debeant, nisi quod quiuis equorum, qualescunque res mercimoniales traxerit, tantum vnum grossum Pragensem soluere teneatur. In cuius testimonium has patentes literas sigilli nostri appensione dedimus communitas. Datum Wratislauie in crastino beati Luce ewangeliste anno domini m° ccc° tricesimo primo.

<small>Mit dem Siegel des Königs.</small>

144. *Der breslauer Bürger Nicolaus von Münsterberg verpfändet dem breslauer Rathe seinen Grundbesitz in Gabitz. Breslau den 5. Februar 1333.*

<small>Original im breslauer Stadtarchiv FF. 26e.</small>

Nos Henricus, dei gracia dux Slezie, dominus Wratizlauiensis et in Glacz, tenore presencium recognoscimus publico vniuersis, quod constitutus in nostra presencia fidelis noster Nicolaus de Munstirberg, ciuis Wratislauiensis, sanus mente et corpore omnem hereditatem suam, quam in allodio Gayn nuncupato habere dinoscitur districtus nostri Wratizlauiensis prope Wratizlauiam cum vtilitate rerum omnium mobilium et inmobilium fidelibus nostris consulibus Wratislauiensibus pro quinque marcis grossorum regalium nomine veri pignoris voluntarie ac animo deliberato rite et racionabiliter obligauit, ita videlicet, quod si prefatus Nicolaus super festo beati Michaelis nunc affuturo proxime predicta sua bona seu hereditatem non redimeret et ipsos consules non pagaret de pecunia memorata, ex tunc elapso solucionis termino ipsi consules in hereditate predicta ac in aliis rebus, vt premissum est, se debent recuperare de prenotatis quinque marcis et de dampnis, si qua accrescerent, vniuersis. In cuius rei testimonium presentem literam super eo dandam duximus nostro sigillo publice consignatam. Actum et datum Wratizlauie in die beate Agate virginis anno domini millesimo trecenthesimo tricesimo tercio presentibus fidelibus nostris Jan de Borsnicz, Ottone de Donyn, Canonico Wratislauiensi et plebano in Swidnicz, Hermanno de Borsnicz et Johanne Colmas, nostro marschalco et aliis fide dignis.

<small>Mit dem Siegel des Herzogs Heinrich VI.</small>

145. *Herzog Boleslaw III von Liegnitz bekundet den Erwerb einer Mühle zu Zedlitz an der Ohlau durch den breslauer Rath. Breslau den 11. August 1333.*

<small>Original im breslauer Stadtarchiv B 20a.</small>

In gotes namen amen. Wir Bolezlaw, von gotes gnaden herczoge von Slesien vnd herre czu Legenicz, tun offenbare czu wissen, daz vor vns komen vnse getruwer man Heinrich Sagadil mit gesundem lybe mit bedachten mute vnd vnbetwungen vnd hot vorkoufet den ersamen luiten den rotmannen czu Breczlaw von der stat weyne syne moel, di do gelegen ist in syme gute czu Cedelicz an deme wasser der Olow mit alle deme, daz do czu gehoret in der erden vnd beoben der erden, vnd dor czu eynen ruem, do man eynen wayn wol mag vmmo gekeren[1]), vnd ouch einen morgen weesen, der do gelegen ist an derselben moel, vnd vorczech sich mit willen alles des rechtis, daz er ader sine kint gehabet han bis her, ader her noch eweclich mochten gehabet han ader ouch sine noch erben, vnd gab se vff die selbe moel vnd daz do czu gehort mit gutem willen den vorgenanten rotmannen von der stat weyne czu Breczlaw czu eime rechten erbe eweclich czu besiczen, vorkoufen, czu wechselen, czu vorseczen vnd an eren nucz, als se aller bekomelichest dunket, czu wenden; dez lobete wir vnd libeten den selben kouff vnd ouch die vorczyunge vnd die vffgobe vnde rechten vff den vorgenanten rotmannen czu der stat hant czu Breczlaw die selbe moel mit allen deme nucze, als hie vorgeschreben stet, czu eyme rechten erbe eweclich czu besiczen vnd czu nuczen, als hie vor geredet ist, vnd dor an czu schaffen vnd czu buewen eren nucz vnd vromen, so se besto mugen, vnd ouch vrie ane allerleye dinst, eyns vnd geschos, also daz der vorgenante Heinrich Sagadil vnde syne nochkumelinge die selbe moel vordinen sullen mit anderme eren gute, vnd ouch also, daz daz selbe wassir, daz do vluset vor die moel vrie vnd vngehindert eweclich sal vlizen czu nucze vnde czu vromen allen den moelen, die do nedewendik legen biz an die stat czu Breczlaw; also ouch, daz der selbe Heinrich vnd sine erben sullen ere wege vnd stege vber die Olow han, als se vor gewest sin. Dez gebe wir vnsen briff vnder vnsem ingesegele, vnd ist geschen czu Breczlaw an der metewochen noch sende Lorenczen tage von Cristes geburt tusent iar drihundert iar vnd in deme drie vnd driesigesten iare vor vnsen getruwen mannen hern Mathies von Mulheim, Pecz Brunen, Hannuze Pralticz, Boruch von Crenow, Hawel Czambur, Bernhard von Muczyn, Hancz Abescacz vnd Niclause, vnsen hofeschreiber, deme der kouff wart bewolen.

<small>An gelben und blauen seidenen Fäden hängt das Reitersiegel des Herzogs mit der Umschrift: † S. BOLEZLAI. DEI. GRA. DVCIS. SLESIE. ET. DOI. LEGNICZENSIS. Das Rücksiegel hat den herzogl. Stechhelm und die Umschrift: † S. BOL. DVCIS. SLE. DOI. LEGNITZENSIS.</small>

<small>1) Vgl. Sachsenspiegel, Landrecht I 34, § 1: ene word, dar man enen wagen uppe wenden moge. Es war das mindeste, was für eine Hofstätte verlangt ward.</small>

146. *Herzog Boleslaw III von Liegnitz verkündet den Vertrag der Stadt Breslau mit Ulrich von Seifersdorf über die Anlage eines Mühlgrabens. Breslau den 11. August 1333.*

<small>Original im breslauer Stadtarchiv B 20b.</small>

In nomine domini amen. Wir Bolezlaw, von gotes gnaden herczoge von Slezien vnd herre czu Legenicz, bekennen offenbare an disem kenwortigen briffe, daz vor vns ist gestanden vnser getruwer man Vlrich von Syfredisdorf mit gesundem libe vnde guten bedechtnisse vnd vnbetwungen vnd hot vorkoufet redelich vnd rechtlich den ratmannen czu Breczlaw von der stat weyne vnd allen den die do von Heinrich Sagadels muel moelen haben ligen bis an die stat czu Breczlaw, daz se beoben Heinrich Sagadels moel als verre als dez selben Vlrichs gut wendet, mugen vnd sullen einen graben machen vnde rinnen, der do beheldit czwenczik elen an der wite, daz do ouch nimant me vurbaz kein vach sulle slaen in den selben graben, sunder daz daz selbe wasser vrie vnd vngehindert vlizen sulle eweclichen czu nucze vnd czu vromen allen den moelen, die do legen an deme wasser der Olow biz an die stat czu Breczlaw. Des habe wir den vorgenanten kouff gelobet vnde gelibet vnd den vorgenanten rotluiten von der stat weyn vff gerechet vnd gegeben in alle der wise als hie vorgeschreben ist. Vnd daz dicz eweclichen blibe, se gebe wir vnsen briff vor in gesegelet mit vnsem ingesegele, vnd ist geschen czu Breczlaw an der necsten metewochen noch sende Lorenczen tagen von Cristes geburte tusent iar driehundert iar vnd in deme drie vnd driesegistem iare vorn unsern getruwen mannen hern Mathies von Mulhein, Pecz Brunen, sime eydeme, Hannuze Praltiz, Boruch von Crenow, Hawol Czambir, Bernhard von Muczein, Hancz Abescacz vnd Niclause, vnsem hoffeschriber, deme der kouff waz beuolen.

Mit dem Siegel des Herzogs.

147. *Vertrag der Stadt Ohlau mit der Stadt Breslau über die Wiederherstellung eines alten Wassergrabens zwischen Oder und Ohlau, den 19. October 1334.*

Original im breslauer Stadtarchiv A 39.

In gotis namen amen. Wir ratman der stat czu der Olow, Petir Westeual, Vlrich Schroter, Nyclos Webir vnde Niclos der Kinde, bekennen des offinbar an desym briue, daz wir mit rate vnde mit gutem bedechtnusse vnsirs erbeuoytes Arnoldes, vnsir gesworn vnde allir vnsir eldesten von vnsir stat wegin vns habin bericht vnde voreynet mit den ersamen luten, den ratmannen der stat czu Breslau von der selbin stat wegin vmme den grabin, den sy habin gehabit von gnadin vnde gabe der furstin, der von aldir gegangin hat durch vnsir stat vyweide vs der Oder bis in das wassir der Olow, der do von ettislichem hindirnusse gefullit vnde vorslemmet was, dorumme si vns habin gegebin ire pfennynge, der wir bedorft habin czu vnsir stat not, das sy dyselbin ratman von Breslau den vorgenantin grabin wyten mogen durch vnse vyweide vier vnde czwencic ellin, als her von aldir gewest ist, vnde mogen den vegin vnde slemmen als dicke, als des not geshit, also das das wassir vs der Oder in di Olow vlysen solle ewiclichen vngehindert. Ys sollin ouch di vorgenantin ratman von Breslaw einin vlogel czwelf ellin lanc slan vnde machen, ab is not geshit, von deme were des grabin gerichte bis in dy Oder, vnde dor czu vnde czu andir notdurf des grabin mogen si wol nemyn rys vnde rasin uf vnsir vyweide, wen si des bedurfen. Di brucke, dy do obir den selbin grabin geet, dy do wart gedackit mit hurden vnde mit erdin, do von der grabe gefullit wart, die globe wir [von] vnsir stat wegin vorwert me czu haldin mit delin, also das der grabe do von vorwert vngofullit blibe. Von vnsirm vie, das da durch giuck, do ouch ettiswenne der grabe von vorfullit wart, das globe wir en helfin czu werin vnde czu wedirn, daz do von deme grabin keyn shade vorwert me geshe. Dor obir habe wir desin brif mit vnsir stat ingesigil gegebin vorsigilt. Nach gotis geburt tusint drihundirt yar in deme vier vnde drisigestin yare an der mittewocho nach sente Lucas tac des ewangelisten.

<small>An seidenen Fäden hängt das runde Siegel der Stadt Ohlau einen Hahn darstellend mit der Umschrift: † S. VNIVERSITATIS. CIVIVM. OLAVIENSIUM.</small>

148. *König Johann erlaubt der Stadt Breslau, alle Uebellhäter, Räuber und Verfestete in Haft zu nehmen und abzuurteln. Brünn den 16. August*[1]) *ohne Jahr.*

<small>Original im breslauer Stadtarchiv D 17.</small>

Johannes, dei gracia Bohemie rex ac Lucilburgensis comes, prudentibus uiris, magistro ciuium, consulibus . . et iuratis ciuitatis Wratislauie, fidelibus suis dilectis, graciam suam et omne bonum! Swadet hoc nobis magnificencie regalis sublimitas, ut subiectis nobis populis pacis tranquillitatem et iusticiam congruam, quibus malignorum occurratur insultibus et nocendi precludatur aditus, procuremus. Eapropter comodis et bono ciuitatis nostre Wratislauiensis atque vestris intendere cum efficacia disponentes volumus, concedimus, admittimus et nichilominus de benignitate regia indulgemus, vt omnes et singulos spoliatores, predones ac invasores personarum aut rerum vestrarum violentos infames eciam aut proscriptos uestris tabulis annotatos captiuare, occupare seu arrestare ac iudicare in uita uel in morte secundum iusticiam ualeatis. Si quos autem ex dictis spoliatoribus aut inuasoribus vestris propter dominorum suorum potentatum uel eciam perhorescenciam inuadere non possitis, quot consciencie vestre relinquimus, extunc ipsos et eorum quemlibet quandocunque aut ubicunque locis (!) et oportunitas se congrue uobis obtulerint, apprehendentes et ipsis quot swaserit iusticia faciatis. Datum Brünne in crastino assumpcionis beate virginis Marie gloriose.

<small>1) Nach dem November 1335, da in diesem Jahre Johann auf den Titel eines Königs von Polen verzichtet.</small>

149. *König Johann bestimmt die Lohnsätze für die breslauer Müller. Prag den 1. Februar 1336.*

<small>Original im breslauer Stadtarchiv D 16.</small>

Johannes, dei gracia Boemie rex ac Lucemburgensis comes, notum esse volumus harum serie vniuersis, quod (quia) nonnullorum fidedignorum ciuium et fidelium nostrorum Wratislauiensium relacione informati, quod molendinatores in ciuitate et terra Wratislauiensi vltra debitam laboris ipsorum mercedem ab hominibus deferentes (!) frumenta et blada ad moliendum exigant et requirant; cupientes igitur subiectorum commodo intendere et eorum vbilibet indempnitatibus graciosius precauere volumus, statuimus et ordinamus obseruari firmiter precipientes, quatenus omnes et singuli molendinatores de blado seu annona ipsis ad conterendum seu moliendum portatis per metretam non cumulatam dumtaxat et nichil vltra nec pecuniam vel aliquid aliud recipere et exigere audeant, prout antiquis solui et dari est consuetum et presumant exceptis brasiis, de quibus per metretam cumulatam per eos licite exigatur non obstantibus statutis, iuribus, consuetudinibus seu aliis ordinacionibus quibuscunque, quibus quoad presentem nostram ordinacionem et decretum esse volumus et intelligi penitus derogatum indignacionem regiam et penam grauissimam pro motu proprio infligendam irremissibiliter incursuri, si qui contrarium presumpserint attemptare. In cuius rei testimonium presentes scribi et sigillo nostro iussimus communiri. Datum Prage in vigilia purificacionis beate Marie virginis anno domini millesimo trecentesimo tricesimo sexto.

Mit dem Siegel des Königs.

150. *König Johann von Böhmen erlaubt dem breslauer Rathe aufs neue, Verbrecher jeder Art zu verfolgen und zur Bestrafung zu ziehen und das Parteiwesen in der Stadt Breslau sowie die damit zusammenhängenden Unruhen nach Kräften zu unterdrücken. Prag den 2. Februar (ohne Jahr).*

Original im breslauer Stadtarchiv D 17.

Johannes, dei gracia Boemie rex ac Lucemburgensis comes, fidelibus suis dilectis magistro consulum et . . consulibus ciuitatis Wratislauiensis graciam suam et omne bonum.

Cum de commoditatibus e tvtilitatibus ciuitatis vestre vbilibet et potissime qualiter ipsius et incolarum eius status pacificus successuris temporibus procuretur, ad quod primum mentem nostram dirigimus, salubriter intendamus, pacem et iusticiam vnicuique homini tam pauperi quam diuiti in personis et rebus equa ministracione per uos et vestrum quemlibet, qui presidatus fungitur officio in ipsa ciuitate vestra, statuimus et decernimus firmiter exhiberi iuxta priorum a nobis obtentarum continenciam literarum permittentes bona fide easdem nostras literas firmiter et sincere illesas in posterum obseruare, concedentes vobis nostris vice et nomine virtute presencium, quatenus in facinorosos et malos ac delinquentes quoslibet iuxta excessus et qualitatem delicti animaduertere possitis et, prout demerita delinquencium exigunt et requirunt, penam infligere debitam et condignam, ita ut pena vnius sit ceteris in exemplum. Preterea sicut alias, dum nuper et vltimo a Wratislauia recessimus, vobis iniunximus viua voce, ita presentibus denuo vos hortamur volentes ad remouendum a vobis impedimentum quodlibet, per quod iusticia possent et iudicium desiderantibus denegari, et presertim ad resistendum parcialitatibus, vnde nonnulla interdum scandula (!) oriuntur, si que insurgerint in ciuitate vestra, et tranquillandum eas hincinde, prout honori et commodo vestro visum fuerit vtilius expedire, nisi eminens forte causa subesset, quemlibet iudicetis, dantes vobis in eo et premissorum quolibet liberam potestatem ita, quod super huiusmodi excessu[u]m correccionibus possitis coram nobis vnicuique racionabiliter, si opus fuerit, respondere literas nostras[1]), si quas daremus hiis contrarias, quas ex nunc de certa nostra sentencia subrepticias et inanes decernimus tamquam a nobis per obliuionem seu per inportunitatem impetrancium traditas et concessas, in posterum minime valituris harum serie et testimonio literarum. Datum Prage feria sexta proxima post dominicam, qua cantatur circumdederunt.

Mit dem Siegel des Königs.

1) Verschrieben für literis nostris.

151. König Johann verleiht der Stadt Breslau den Salzmarkt. Znaym den 16. October 1336.

<small>Original im breslauer Stadtarchiv D 20a.</small>

Johannes, dei gracia Boemie rex ac Lucemburgensis comes, fidelibus nostris dilectis . . consilio et communitati ciuium ciuitatis Wratislauiensis graciam regiam cum salute!

Grata valde et accepta habentes in oculis nostris uestre fidelitatis obsequia, quibus conspectu (!) regio non modicum placere curauistis, volentesque premissorum contemplacione vobis graciam facere specialem, attendentes quoque muracionem ciuitatis vestre, qua mediante condicionem ciuitatis ipsius cupitis facere meliorem, sal quodcumque (!) ad ciuitatem vestram perduci contingerit, vndecumque deductum, liceat vobis dumtaxat emere libere et vendere perpetuo in ciuitate vestra et non alii hominum aut persone. Mandamus itaque . . capitaneo presenti et qui pro tempore fuerit, quatenus vos et vestram ciuitatem in huiuscemodi nostra gracia et indulgencia non debeat aliqualiter molestare; indignacionem nostram, si secus attemptare presumpserit, se nouerit incursurum. Harum serie et testimonio literarum. Datum Znoyme in die beati Galli anno domini millesimo trecentesimo tricesimo sexto.

<small>Mit dem Siegel des Königs.</small>

152. König Johann schafft das polnische Recht, Zaude genannt, im Fürstenthum und der Stadt Breslau ab und verbietet die Einwohner und Bürger von Gebiet und Stadt Neumarkt vor das breslauer Landgericht zu laden. Breslau den 7. Januar 1337 [1]).

<small>Copialbuch 29 f. 74b.</small>

In nomine domini amen. Nos Johannes, dei gracia Bohemie rex ac Lucilburgensis comes, ad vniuersorum noticiam presencium et futurorum tenore huius pagine uolumus peruenire nos fidelium et discretorum nostrorum, consulum Wratislauie ciuitatis et incolarum terre eiusdem multiplicem querelam audiisse, quot ipsi tam ciues quam incole Wratislauienses in iure Polonicali „czuda" nominato minus debite variis vexacionibus existunt hucusque [2]) fatigati. Nos igitur affectantes talem remouere enormem aggrauacionem et indebitam vexacionem dictum ius Polonicale siue czudam presentibus in nichilum redigimus ac in perpetuum absolemus volendo, ut nullus de cetero in ipsa czuda alteri debeat pro debitis aut alia quacunque causa aliquo modo respondere.

2. Preterea intercludimus, quot terrigene et ciues Nouiforenses ad iudicium prouinciale in Wratislauia pro debitorum contractibus aut aliis quibuscunque causis ortis et oriundis in ciuitate et districtu Wratislauiensibus citari debeant per ciues Wratislauienses ac ibidem ipsis, quantum iuris fuerit, respondere. In cuius rei robor perpetuo ualiturum presentes literas fieri et nostro sigillo fecimus uigorare. Datum Wratislauie in crastino epyphanie domini anno eiusdem millesimo trecentesimo tricesimo [3]) septimo.

<small>1) Die deutsche Uebersetzung dieser Urkunde, gedr. in der Dissertatio de jure Silesiorum Saxonico (Deliciae juris Silesiaci p. 65. seqq.) p. 92 und daraus bei Meister, Aufnahme des Sachsenrechts in Schlesien S. 125 enthält den Sinn völlig verändernde Zusätze. 2) Handschrift: huiusque. 3) In der Handschrift stehen beide Worte in umgekehrter Reihenfolge.</small>

153. *Die Rathmannen zu Breslau bezeugen als Verweser der Temporalien des dortigen Katharinenklosters, dass der Provinzial des Predigerordens die Aufnahme von noch zehn Schwestern in dasselbe ausser den vorgeschriebenen sechzig zugelassen habe, damit durch deren Mitgiften den dringenden Geldbedürfnissen des Klosters abgeholfen werde, und verbinden sich, die demselben durch den Eintritt von Jungfrauen zufliessenden Gelder in Zukunft auch wirklich zum Besten des Klosters zu verwenden. Breslau den 7. Februar 1337.*

Original im Staatsarchive zu Breslau, Urkunden des breslauer Katharinenklosters Nr. 22.

Nouerint vniuersi presentes literas habituri, quod nos .. consules Wratizlauienses, prouisores in temporalibus monosterii beate Katherine virginis apud nos in Wratislauia, eiusdem monosterii summopere ad vtilitatis et profectus augmentum inteudentes reuerendo patri domino Mathie, prouinciali Polonie ordinis predicatorum, cum instancia supplicauerimus, quatenus admittere dignaretur, quod vltra statutum numerum sexagenarium sanctimonialium monosterii predicti confirmatum prius per magistrum ordinis et sigillis ipsius nostrisque roboratum locari possent et recipi decem puelle, vt exinde defectus notabiles corrigi possent monosterii supradicti. Qui quidem dominus Mathias nostris annuens precibus suum ad hoc benignum prebuit assensum, videlicet quod vltra prefatum sexagenarium numerum recipere possumus et debeamus decem puellas non claudas, non cecas sed per omnia bene sanas, que non in habitu seculari educari et teneri debeant sed in habitu spirituali ordinis recipi et vestiri. Nec aliqua puella, cuiuscunque fuerit condicionis, recipienda non minus dare debeat nisi quinquaginta marcas denariorum et duas marcas certorum reddituum pro expensis, vestibus et aliis necessariis comparandis. De qua quidem pecunia curam diligentem adhibere promittimus, vt in ipsius monosterii vsus et vtilitates vtiliter conuertatur, nec liceat nobis aut nostris successoribus .. consulibus, qui pro tempore fuerint, vltra prefatum numerum in prefatum monosterium aliquam recipere puellam, nisi prius idem numerus per mortem decem sororum fuerit totaliter diminutus. Ius eciam fratrum, quod ipsis super eodem competit monosterio, saluum conseruare promittimus et illesum, pro quo sigillum nostrum presentibus est appensum. Datum Wratizlauie anno domini millesimo ccc xxx septimo die crastina beate Thorothee virginis.

Das Siegel, welches an Pergamentstreifen hing, ist verloren gegangen.

154. *König Johanns Landesordnung für das Fürstenthum Breslau vom 20. März 1337.*

Original im breslauer Stadtarchiv D 12a, gedr. bei Lünig Reichsarchiv XIV 312.

In nomine domini amen. Anno domini m° ccc° xxx° septimo in crastino annuncciacionis beate Marie nos Johannes, dei gracia rex Boemie ac Lucemburgensis comes, presentibus consiliariis nostris dominis Arnoldo de Blankinhaym, Ottone de Bergow, Johanne de Klingenberk, Johanne Czamborii, Gyscone de Reste, magistro Hermanno, prothonotario nostro, et consulibus ciuitatis nostre Wratislauiensis pro commodo et necessitate terre nostre ibidem statuimus hec infrascripta obseruari.

1. Primo quod vniuersa theolonia inconsueta et de nouo instituta in terris principum siue in aqua aut in terra omnimode debeant remoueri.

2. Item quod vniuersa obstacula in fluuio Odre facta, vbicunque sint, remoueantur, et aque cursus vsque ad amplitudinem sedecim vlnarum et vnius palme dilatetur propter nauium transitum commodosum infra Bregum et Crosnam.

3. Item si aliqua spolia committuntur de terris quorumcunque principum aut dominorum, et si iidem principes aut domini requisiti per capitaneum Wratislauiensem spoliatis expeditam recusauerint facere iusticiam, ex tunc idem capitaneus ipsos spoliatores aut maleficos pro spolio perpetrato aut quacunque alia causa criminali ad satisfaccionem debitam in rebus et corpore tenebitur cohercere, et eciam hii, qui tales fouent spoliatores, pena consimili puniantur.

4. Item quod de duce Bolkone de Munstirberk et de ciuibus suis pro debitis suis ciuibus Wratislauiensibus fiat debitum iusticie complementum.

5. Item quod pons in Symansdorf pro communi transitu reparetur et reparatus perpetue reseruetur.

6. Item quod propter viarum emendacionem circumquaque ad vnum miliare civitatem Wratislauiensem per quatuor annos continuos de quolibet curru onerato intrante et exeunte Wratislauie vnus paruus denarius recipiatur[1]).

7. Item si aliquis canonicorum uel clericorum cuiuscunque status aut dingnitatis existat, per aliquem laicum in rebus uel persona offenderetur, vel si forte inter ipsos questio mota fuerit pro quibuscunque causis criminalibus uel ciuilibus debitorum et decimarum exceptis causis, que ecclesiastica sacramenta tangere dinoscuntur, si tunc dictus laycus offensor in ciuitate Wratislauia resideat, et pro satisfaccione et emenda . . consules ciuitatis eiusdem requirantur, qui si clerico leso sufficientem et racionabilem satisfaccionem ordinauerint, extunc clericus predictus molestatus contentari omnimode debet et deinceps nullum spiritualis iudicii in dictum laicum inferre debet sentenciam aut grauamen. Si vero predicti ciues prefato clerico leso minus debite uel in nullo satisfaccionem et iusticiam procurarent, extunc capitaneus Wratislauiensis, qui pro tempore fuerit, de offensa et iniuria requiratur pro iusticia facienda, quod si fortassis idem capitaneus de iusticia facienda neggliens esset uel remissus, extunc clerus per censuram ecclesiasticam seu interdictum pro facienda satisfaccione conpellere poterit laicum offensorem. Si autem offensor laicus clericorum in districtu seu territorio extra ciuitatem resideret nec iuri ciuili frueretur, extunc pro facienda iusticia capitaneus Wratislauiensis, quicunque fuerit, requiri debet, qui si iusticie complementum, prout conueniens et racionabile fuerit, fecerit, predictus clericus, ut premittitur, stare debet contentus nullo inde ecclesiastico interdicto subsequto; sed si pro exhibenda iusticia dictus capitaneus omnino reggliens esset aut remissus, ex tunc talis offensor, ut premissum est, per censuram ecclesiasticam ad emendam conpelli poterit et artari.

8. Item si vasalli aut terrigone terre Wratislauiensis ad ipsam ciuitatem Wratislauiensem peruenerint, ibidem pro causis, que contra eos mouentur, coram iudice et iudicio ciuitatis tenebuntur respondere.

1) Vgl. die Urkunde vom 1. September 1331. § 2.

9. Item debitum septingentarum marcarum, pro quibus illustris princeps dominus Bolezlaus, dux Legnicensis, ciuitatem Olauiam et ipsius districtum racione pingnoris obligauit, repeti debet et exigi, et ipsa ciuitas obligata cum districtu pro eisdem pingnorari, prout in literis ipsius ducis Boleslai et ciuitatis Olauie desuper confectis plenius continetur.

10. Item capitaneus Wratislauiensis, qui pro tempore fuerit, secundum informacionem consulum Wratislauiensium scrutabitur et se intromittet de omnibus prouentibus et vtilitatibus ducatus Wratislauiensis intra et extra ciuitatem in territorio, vbicunque fuerint situati.

11. Item curie nociue et dampnose, vbicunque fuerint, per capitaneum Wratislauiensem destruantur.

Datum Wratislauie anno, die et loco, quibus supra.

An Pergamentstreifen hängt das kleine Siegel des Königs.

155. König Johann befreit die Stadt Breslau vom Landgericht und bestimmt, dass der Beweis der vergoltenen Schuld durch den Erben fortan ohne die bisher dazu nothwendigen sechs Eideshelfer zu führen sei. 29. März 1337.

Original im breslauer Stadtarchiv D 23, gedruckt in der Zeitschrift VI S. 373.

Nos Johannes, dei gracia Boemie rex ac Lucemburgensis comes, constare volumus tenore presencium vniuersis, quod fideles et dilecti nobis consules ciuitatis nostre Wratislauiensis se regio offerentes conspectui nonnullos notabiles defectus jam dicte ciuitatis nostre nobis rationabiliter proponebant, in eo videlicet quod propter prouincialis judicium aduocati wlgo „voytding" nominatum tribus vicibus in anno quolibet seruari consuetum multi in suis iuribus impedirentur, ac etiam quod post obitum parentum wlguriter „noch totir hant" dictum heredes eorum conuenti judicio pro debitis, si iidem heredes tale negauerunt debitum, sex sibi assumptis testibus iuramentum pro eodem debito facere contingebat: nos igitur consideracione habita, quod ipsa dicta nostra ciuitatis Wratislauiensis eapropter dispendium non modicum patitur et grauamen, dictorum nostrorum fidelium grata ac accepta seruicia pre oculis nostris habentes ipsorum votiuis precibus acquiescendo benigniter talia prouincialis aduocati judicium et iuramentum, quod sic post obitum per sex testes hactenus est seruatum, presentibus reuocamus et temporibus perpetuis omni modo abolemus. In cujus rei robur firmitatis presentes literas fieri et nostri Sigilli appendio fecimus communiri. Datum Wratislavie anno domini millesimo trecentesimo tricesimo septimo sabbatho ante dominicam, qua cantatur letare Jerusalem, presentibus fidelibus nostris dominis, Ottone de Bergow, Arnoldo de Blankinheim, Johanne de Clingenberg, Johanne Czamborij, Henrico de Hugwicz, Cunado de Falkinhain, Giscone de Reste et aliis.

An seidenen Faden hangt das grosse Siegel des Königs mit dem kleinen als Rücksiegel, welches letztere die Umschrift hat: SECRETVM JONIS REGIS BOEMIE ET COMITIS LVCELBVRGEN ..

156. *König Johann verleiht der Stadt Breslau einen zweiten Jahrmarkt und völlige Zollfreiheit für denselben. Prag den 17. Juni 1337 [1]).*

<small>Original im breslauer Stadtarchiv D 24.</small>

Johannes, dei gracia Boemie rex ac Lucemburgensis comes, fidelibus nostris dilectis, consilio et vniuersitati ciuium in Wratisslauia graciam regiam et omne bonum!

Cupientes statum ciuitatis vestre comodo, vtilitate et libertate continue, prout decet, efficere meliorem concedimus, admittimus et perpetuo sancimus, quatenus nundinas siue annuale forum in ciuitate Wratisslauia preter nundinas, quas in festo beati Johannis baptiste celebrare conswevistis, annis singulis secundario anni tempore, quo vobis instituendum placuerit, et prout vos consultiue deliberaueritis, celebrare liberaliter valeatis, et cum tales nundine instituende regalibus munificenciis graciose debeant libertari, vt mercatores ibidem confluentes graciis et libertatibus gaudeant et pociantur, volumus et decreto incommutabili presentibus statuimus, vt in celebracione nundinarum et fori ipsius annualis omnes et singuli mercatores et alii quicunque ingredientes ciuitatem ipsam et exeuntes siue recedentes cum quibuscunque mercibus a qualibet exaccione theolonei infra dies octo penitus sint liberi et soluti harum nostrarum, quas sigillorum nostrorum munimine roborandas duximus, testimonio literarum. Datum Prage tercia die post beati Viti martiris anno domini millesimo trecentesimo tricesimo septimo.

<small>[1]) Klose, von Breslau II 108. und nach ihm Böhmer, Regesten Kaiser Ludwigs und seiner Zeit S. 204. datiren die Urkunde vom 17. Juni, indem sie tercia die gleichbedeutend mit feria tercia nehmen; doch ist dies keineswegs ausgemacht, so dass die Urkunde mit eben so viel Recht vom 18. Juni dem dritten Tage nach s. Veit datirt werden kann.</small>

<small>An seidenen Fäden hängt das grosse Siegel des Königs mit dem Rücksiegel.</small>

157. *König Johann bestimmt, dass alle Vermächtnisse an geistliche Personen und Stiftungen, welche Grundstücke oder Renthen betreffen, zu ihrer Giltigkeit der Bestätigung durch den Landesherren bedürfen. Luxemburg den 11. Juli 1338.*

<small>Original im breslauer Stadtarchiv D 13 a.</small>

Johannes, dei gracia Boemio rex ac Lucemburgensis comes, ad vniuersorum noticiam tenore presencium volumus peruenire, quod cum hactenus in ciuitate et territorio Wratislauiensi per nonnullos condita et facta sint testamenta ecclesiasticis personis de hereditatibus, possessionibus et redditibus in ciuitate et territorio predictis situatis nulla loci aut persone domini naturalis sed tantum officialis ecclesie Wratislauiensis aut alterius persone ecclesiastico, ad quem huiusmodi iurisdiccio, vt per nonnullos sapientes edocti sumus, non pertinet, confirmacione subsecuta, propter quod memorata ciuitas et territorium Wratislauiense grauamina maxima paterentur, si non eis certum remedium adhiberetur; nos vero, prout regiam condecet maiestatem, volentes dictis ciuitati et territorio Wratislauiensibus super dictis defectibus salubriter prouidere sancimus et presencium auctoritate statuimus, quod omnia et singula testamenta facta quocunque modo et legata de hereditatibus, possessionibus vel redditibus in ciuitate et territorio Wratislauiensibus situatis in quibuscunque rebus consistant, vel quocunque vocentur nomine, aut in posterum facienda et leganda ecclesiis quibuscunque nullius esse debeant roboris uel momenti, nisi confirmacio dominii naturalis legittime subsequatur, non obstante iurisdiccione, quam officialis predictus aut quecunque alia persona secularis uel ecclesiastica se dicunt habere, quod eorum confirmacione subsecuta tantum omnia testamenta habere debeant perpetuum (!) roboris firmitatem. Mandamus igitur vniuersis et singulis officialibus ceterisque hominibus in ciuitate et territorio Wratislauiensibus antedictis residentibus, fidelibus nostris dilectis, firmiter et expresse ac volentes omnino, vt circa testamenta legata aut leganda ecclesiis uel personis quibuscunque modum et statutum nostrum, vt premittitur, expresse et nullum alium teneant inantea perpetuis temporibus et obseruent. In cuius rei testimonium presentes conscribi et nostri sigilli munimine iussimus communiri. Datum Lucemburch anno domini millesimo tricentesimo tricesimo octauo vndecima die mensis Julii.

Mit dem grossen Siegel des Königs.

158. *König Johann bestimmt, dass alle Auswärtigen, welche Renthen in der Stadt Breslau haben, daselbst steuerpflichtig seien. Luxemburg den 11. Juli 1338.*

Original im breslauer Stadtarchiv D 9a.

Johannes, dei gracia Boemie rex ac Lucemburgensis comes, fidelibus suis dilectis . . consulibus Wratislauiensibus graciam regiam et omne bonum!

Cupientes comodum vestrum nostris temporibus graciosius augmentare vobis et ciuitati vestre auctoritate presencium indulgemus statuentes decreto regio, quod omnes extranei extra ciuitatem vestram morantes habentes in Wratislauia redditus siue censum in macellis aut alias vbicunque, siue sint seculares aut religiosi, c[u]iuscunque status aut condicionis siue dignitatis existant, quod illi eque onera cum ciuitate Wratislauia, quociensrunque opportunum fuerit, subportabunt nullo penitus prohibente, exceptis dumtaxat feodalibus nostris, qui in nostris dominiis et territoriis sunt residentes. Harum testimonio nostrarum literarum, quibus sigillum nostrum est appensum. Datum Lucemburg vndecima die mensis Julii anno domini m° ccc tricesimo octauo.

An Pergamentstreifen das kleine sonst zur Rücksiegelung benutzte Siegel des Königs.

159. *Heinrich u. Rüdiger von Haugwitz verkaufen an die breslauer Bürger Nicolaus von Krakau u. Arnold von Kreutzburg den halben Zoll zu Breslau u. Lissa für 700 Mark u. verpflichten sich mit ihren Bürgen zu gesammter Hand zur Nachwährschaft für die Frist von Jahr u. Tag oder zum Einlager in eine gemeine Herberge zu Breslau, bis die 700 Mark vor dem Rathe zu Breslau zurückgezahlt sein werden. 17. August 1338.*

Original im breslauer Stadtarchiv BB. 5.

Ich Heinrich von Hugewicz vnd Rudiger, sin son, bekennyn offinbar an disme briue, das wir recht vnd redelich haben vorcouft mit gewissin vnd wille allir vnsir geerben den erbern lwtin, Niclosin von Krocou, Noldil von Krwczeburc, burgern czu Breslou vnd irin nochkwmelingin den halben czoll czu Breslou vnd czu der Lesyn czu eyme rechtin erbe vm sebin hundirt marke grosyr pregischer pfennynge, dy sy vns gar berichtit haben mit allir herreshaft, nwcz vnde wromen, als wir den selben halben czol bys her an dese czit besessin vnd behalden haben. Des gelobe wir mit guten trwin an' argelist, yn den selben halben czol czu Breslou vnd czu der Lesyn also vf czu gebin bii czwisshin vnde dem nesten vnsir vrowin tage wurczewye ¹), der no czukunftik ist, vor vnsim herren dem kunge czu Bemen, vnde den selben burgern czu Breslou gelobe wir czu schaffen, daz vnsir herre der kung czu Bemen den selben halben czoll yn reychin sal czu eyme rechtin erbe vnde daz bestegene mit simen briuen; vnde noch der czit, so gelobe wir sy des selben halben czollis czu geweren vor allir anesproche vnd hindirnis, nichsnicht vs czu nemyn, ior vnde tag noch des landis recht. Daz gelobe wir Heinrich von Hugewicz vnde Rudiger sin son, vnde mit yn gelobe wir her Niclos von Bancz, her Rudiger von Hugewicz, her Cunroth von Borsnicz, her Heynman von Peterswalde, her Hannos von dem Hayn vnd Hanke Wustehwbe, das alle dy vorbeschreben rede an allen irin stuckin gar vnde gancz gehalden sullen werden. Geschege abir daz, das keyn bruch doran wurde, wy daz her queme, so gelobe wir alleczumole vngesundirt mit gesamtir hant czu Breslou czu komen in eyne gemeyne herwerge, dorinne eyn recht inlegyr czu halden, bis also lange, daz wir dy vorgenanten burgern czu Breslou vor den . . ratmannen do selbis czu Breslou vnde nyrgen andirs wo sehinhundirt mark grosir bemyscher pfenninge polnesher czal gar vnde gancz haben beczalt, vf den selben vorgenanten tag vnsir vrowin wurczewye. Des habe wir vnsin keginwertegin brif mit vnsir vnde mit vnsir burgen der vorgenanten ingesigiln bestetegit. Noch gotis geburthe twsunt drihundirt iar in dem achtin vnd drisigstim iare an dem nestin montage noch vnsir vrowin tage wurczewye.

1) 15. August des nächsten Jahres.

Von den acht an Pergamentstreifen hängenden Siegeln enthalten das erste runde einen Stechhelm mit einem Widderkopfe als Helmzimier und die Umschrift. † S. HENRICI. DE. HVGEWITZ, das zweite gleichfalls runde einen Widderkopf im schräg gestellten Schild und als Helmzimier mit der Umschrift † S. RVDGERI DE HVGEWITZ, das dritte spitzrunde die Mutter des Heilands von zwei zu beiden Seiten und einer unterhalb derselben angebrachten schlecht zu erkennenden Figuren verehrt mit zerstörter Umschrift, das vierte ebenfalls einen Widderkopf im schräg gestellten Schilde mit einem Stechhelm ohne Zimier darüber und die Umschrift † S. RVDGERI. DE. HVGW .., das fünfte runde im grad gestellten Schilde ohne Helm eine Hausmarke mit nicht zu lesender Umschrift, das sechste runde im grad gestellten Schilde ohne Helm 3 Krebse und † S. JOHANNIS. D. HAYN., das siebente ist verloren, das achte runde enthält im grad gestellten Schild ohne Helm in den drei Ecken drei Lilien, deren Stengel sich im Mittelpunkte treffen und zwischen ihnen drei Rosen mit der Umschrift † S. JOHANIS. WVSTHVBE.

160. *König Johann schreibt dem breslauer Landeshauptmann Heinrich von Haugwitz, dass bei Veräusserungen von Erbgütern für die Bestätigung und Auflassung seitens des Landeshauptmanns in Zukunft, wenn breslauer Bürger die Contrahenten sind, kein Geld zu erheben ist. Nürnberg den 28. April 1339.*

Original im breslauer Stadtarchie D 5, gedruckt bei Lünig Reichsarchiv XIV 241.

Johannes, dei gracia Boemie rex ac Lucemburgensis comes, strennuo viro Henrico de Hugowicz, capitaneo Wratizlauiensi moderno, ac eciam qui pro tempore fuerit, fideli nostro dilecto, graciam regiam et omne bonum!

Cum alias per nostras literas ciuibus Wratizlauiensibus talem duxerimus graciam faciendam, videlicet quod occasione empcionis, vendicionis, exposicionis seu modo quocunque bonorum siue hereditatum quorumcumque commutacionis, que capitaneus conferre et ratificare habet et propterea prius pecunias de hoc requisiuit et recepit, per ipsos ciues contrahendis nulla in antea capitaneo presenti uel futuro pecunia debeat ministrari. Et hoc vtique velimus perpetuo habere roboris firmitatem, dileccioni tue seriose precipimus et mandamus omnino volentes, quatenus racione premissorum nullam vlterius requiras pecuniam quouismodo indignacionem nostram grauissimam, si secus feceris, incursurus. Insuper volumus et mandamus precise, vt prefatos ciues nostros Wratizlauienses in omnibus eorum iuribus, inmunitatibus, priuilegiis siue literis, antiquis et nouis, ac graciis omnibus eis per nos seu predecessores nostros datis et concessis nostro nomine fauorabiliter conserues nullum eis in hoc inferendo aut inferri sinendo per quempiam alium impedimentum, iniuriam vel grauamen, sicut nostram cupiueris graciam conseruare, harum serie et testimonio literarum. Datum Nürmberch proxima quarta feria post festum beati Georgii martiris anno domini m° ccc° tricesimo nono.

<small>An einem Pergamentstreifen hangen die Bruchstücke von dem grossen königlichen Siegel.</small>

161. *König Johann von Böhmen ordnet das Vormundschaftsrecht in der Stadt Breslau und gestattet dem Rathe daselbst gegen jugendliche Ercedenten und Verschwender mit Strafen einzuschreiten. Nürnberg den 28. April 1339.*

<small>Original im breslauer Stadtarchiv D 1a.</small>

[N]¹)os Johannes, dei gracia Boemie rex ac Lucemburgensis comes, ad vniuersorum noticiam tenore presencium volumus peruenire. quod nos cupientes commoditatibus dilectorum fidelium nostrorum ciuium ciuitatis Wratizlauie intendere per effectum, vt sub nostro felici regimine continuis proficere valeant incrementis, ipsis ciuibus hanc duximus graciam de liberalitate regia faciendam, quod quilibet ciuis seu incola dicte ciuitatis, quamdiu vitam habuerit, pueris suis et heredibus ad etatem legittimam nondum profectis dare, constituere et eligere possit curatorem, tutorem et procuratorem, quemcunque decreuerit expedire. Si autem dictus ciuis vel incola non constituto, dato vel electo tutore vel curatore pueris suis fortasse decederet, volumus et statuimus, vt consules ciuitatis predicte, qui pro tempore fuerint, dictis pueris huiusmodi defuncti tutorem et curatorem iuxta arbitrium ipsorum dare et eligere possint, donec annos legittimos, quibus iuri stare et se iuuare et tueri personabiliter possint, plene fuerint adepti.

2. Ordinamus insuper et dictis consulibus concedimus liberam facultatem et potestatem, vt ipsi pueros et iuuenes ipsorum insollencias exercentes aut exercere volentes aut ipsorum bona et hereditates inutiliter dilapidare et consumere satagentes corrigere valeant et artari ad bene faciendum, prout dictorum consulum industrie melius videbitur expedire.

Nulli igitur hanc concessionis nostre graciam, prout indignacionem regiam et penam grauissimam euitare cupiuerint, ausu temerario violare presumat (!). In cuius rei testimonium presentes literas nostro sigillo dedimus roboratas. Datum in Nurenberch feria quarta proxima ante Philippi et Jacobi beatorum apostolorum anno domini millesimo trecentesimo tricesimo nono.

<small>1) Fehlt im Original.
An einem Pergamentstreifen hängt das grosse Siegel des Königs mit Rücksiegel.</small>

162. *König Johann führt das Repräsentationsrecht der Enkel in das Erbrecht des Fürstenthums und der Stadt Breslau ein und bestimmt, dass die Gerade in der Stadt Breslau nach breslauer Recht und Herkommen gegeben werden soll. Breslau den 9. August 1339.*

<small>Original im breslauer Stadtarchiv D 17, gedruckt bei Gaupp schlesisches Landrecht S. 94 und bei Gengler deutsche Stadtrechte S. 46.</small>

In nomine domini amen. Nos Johannes, dei gracia Boemie rex ac Lucemburgensis comes, tenore huius scripti vniuersorum memorie perpetue conmendamus, quod quamuis dilecti nostri consules et ciues Wratisslauienses pro iure Maydeburgensi, quo vtuntur, habeant, quod pueri puerorum mortuis parentibus ab auis et auabus nullam sumpserunt deuolucionis porcionem; hoc erronium ius et deuiam conswetudinem precibus eorum possibilibus et honestis moti volentes remouere et perpetue reuocare de benignitate regia et ob bonarum rerum augmentum volumus, concedimus et donamus, vt pueri puerorum vtriusque sexus mortuis parentibus equam et consimilem, quantum parentes eorum contingere posset, ab auis et auabus deuoluciariam sumere debeant porcionem. Preterea ius seu conswetudinem videlicet quod receptores seu receptrices parafrenalium wlgo „gerad" dictorum in eorundem percepcione in ciuitatis Wratisslauiensis districtu siue dicione minus congrue, vt expertum est, receperunt, taliter statuimus et sanccione perpetua sanccimus, vt quiuis receptor aut queuis receptrix dictorum parafrenalium, cuiuscunque status aut condicionis existat, extra ciuitatem siue in ciuitate Wratisslauiensi aut districtu et territoriq eiusdem in omnibus bonis non alio modo parafrenalia a ciuibus nostris Wratisslauiensibus recipere debebit, nisi secundum iura et recepcionis conswetudinem dicte ciuitatis nostre Wratisslauiensis nunc et tempore perpetuato. In quorum omnium testimonium et robur perpetuo valiturum presentes litteras conscribi fecimus et nostri maioris sigilli appensione ex certa nostra sciencia iussimus communiri. Datum et actum Wratisslauie in vigilia beati Laurencii martiris anno domini millesimo trecentesimo tricesimo nono.

<small>An seidenen Fäden hängt das grosse Siegel des Königs mit dem kleinen Rücksiegel.</small>

163. *König Johann von Böhmen genehmigt das Achtbündniss der Städte Breslau, Neumarkt, Glogau, Görlitz, Bautzen, Kamenz, Löbau, Strehlen und Ohlau. Breslau den 10. August 1339.*

<small>Original im Stadtarchiv zu Görlitz, gedruckt bei Köhler Cod. dipl. Lusatiae superioris S. 330. (II Aufl.)</small>

Wir Johannes, von gnaden gotis kunnic zcu Behme vnd graue zcu Lucemburg, tun kunt allen dy dysin brif sehen adir horin lesin, das wir han angesehen getruwe dinste vnsir stete Breslow, Nuwenmarkte, Glogou, Gorlicz, Budesin, Kamencz, Lubou vnd der zweir stete, dy vnse pfant sin, Strelin vnd Olow, vnd bugnadin sy zcu vride vnd zcu gemache vnsir stete vnd vnsir lande, das welchs man in eynir statt, dy vorbenannt sin, mit rechte in dy achte bracht wirt, vmme obilthat, als vmme roub, brant, dwbe, vnd das sich zcu so gethanen sachen zut, das derselbe adir dyselbin, wi vil der werin, in alle den vorgenanthin steten vnd landen, dy dorczu gehorin, in der achte sullen syn, also das dy stat nicht me dorczu tun sulle, do her von erste in dy acht komin ist, wenne das sy brife sendin sal der stat, do dy selbin echtir sint, er sint mer adir eynir, do sal dy-

selbe stat dyselbin echtir vohin, is sy in der stat adir of dem lande, zcu zcu
vuren in der stat gerichte vnd zcu im zcu richten vor der stat richter, noch deme
als her in dy achte komin ist. Dorobir wolle wir das vnd gebithin das, das dy
vorgenanthen stete an den sachen nymant hindirn sulle by vnsirn huldin. Wer
ouch das sache, ab dy vorbeschrebinen echtir ymant huste adir hofte, dy sullen
der selbin sache bestandin sin czu lydin, vnd wollen ouch das, das sich dy vorgenanthen stete alle vorlobin mit iren brifen, dyse ochte stete vnd gancz czu
haldin von dem nesten senthe Michelstag obir czwelf jar, vnd ab keyn vurste
sich vorlobin wolle, dyselbe achte czu haldin glichirweise, mit dem sullen si
sich ouch desselbin vorbindin vnd vorbrifin. Dorobir czu eynir steten beuestunge
gebe wir yn dysin brif mit vnsirm ingesigil vorsigilt, noch gotis geburt tusent
drihundert iar in deme nwn vnd drisegistin iare an senthe Lorenczintage.

164. *König Johann erlaubt der Stadt Breslau, die Zölle zu Breslau und Lissa,
welche er an das Handelshaus des Arnold von Kreuzburg, Nicolaus von
Krakau und ihrer Gesellschaft für 1200 Mark wiederkäuflich verkauft
hat, für dieselbe Summe abzulösen, so dass diese Zölle ferner von Niemand entrichtet werden sollen. Arlon den 24. Mai 1340.*

Original im breslauer Stadtarchiv D 2.

Nos Johannes, dei gracia Boemie rex ac Lucilburgensis comes, dux Slesie
dominusque Wratislauiensis et cetera, ad vniuersorum noticiam tenore presencium
volumus peruenire, quot nos fidelibus seruiciis dilectorum nostrorum ciuium Wratislauiensium nobis per eos hactenus inpensis ac eciam in posterum inpendendis
consideratis ad earum precum instanciam in emendacionem ac melioracionem ciuitatis ac terre nostre Wratislauiensis seu ciuium eiusdem ac incolarum eisdem de
nostra benignitate solita graciose concedimus ac donamus, quod dicti ciues Wratislauienses theolonium seu prestimonium persolui solitum ab invectis, illatis ac
conductis in dictam ciuitatem Wratislauiam ac Lecznam opidum per nos venditum
Arnoldo de Cruceburc et Nicolao de Cracouia ac societate (!) eorundem pro millo
et ducentis marcis pagamenti in Wratislauia soliti ea condicione, ut ab eisdem
seu eorum heredibus dictum theolonium ac prestimonium redimere seu reemere
possemus pro dicta summa pecunie, quando nostre placeret voluntati, reemere
seu redimere valeant pro quantitate pecunie prenarrata. Volumus tamen, quod
nullus pretextu cuiuscunque officii post reempcionem ac redempcionem dicti theolonii seu prestimonii de cetero ab aliquo ciuium ac incolarum ciuitatis Wratislauiensis predicte seu eciam aliunde veniencium extraneorum vndecumque pro invectis, inductis, illatis ac conductis in dictam ciuitatem Wratislauiam seu opidum
Leiznam nomine theolonii ac prestimonii aliquid exigat et requirat, sed omnes
predicti et singuli in veniendo in dictam ciuitatem Wratislauiam ac opidum Leiznam stando eciam et redeundo sint perpetue a theoloniis ac prestimoniis dicte
ciuitatis Wratislauie ac Leyzne opidi exempti, liberi, quieti et inmunes. Actum
et datum in Arluno nostri commitatus Lucilburgensis sub annis domini m°ccc xl
nono Kalendas Junii, in cuius rei testimonium ad euidenciam pleniorem hanc
literam nostro sigillo fecimus roborari.

An seidenen Fäden hängt das grosse Siegel des Königs.

165. *König Johann bestätigt dem Hospital zum heiligen Geiste in Breslau alle Besitzungen und Rechte. Breslau auf dem Rathhause den 9. August 1340.*

Abschrift im Copialbuch des Hospitals zum heiligen Geiste. Fol. 2 b.

In nomine domini amen. Si loca divino cultui dedicata benigno favore prosequimur eis aliquo genere beneficia largiendo, nequaquam ambigimus, quin pro eo etiam aeternae beatitudinis praemia consequamur. Eapropter nos Joannes, dei gratia Boemiae rex, comes Luczemburgensis et dominus Wratislaviae, constare volumus tenore praesentium omnibus, quod religioso viro fratri Joanni, praeposito hospitalis sancti spiritus, ac ipsi hospitali prope Vratislaviam propter gravia illius allata damna et injurias vexationesque angarias in praediis et bonis suis, videlicet Unarcowiz, Somowiz, Treschin et Wissoka nostri Vratislaviensis districtus et eorum censibus, reditibus, utilitatibus, et obventionibus nec non dominiis et iuribus qualitercunque per nos, officiales quosdam et alios erogatas et praecipue pro salut[ar]i animae nostrae remedio et quod in omnibus orationibus suis deum pro nostra sanitate libentius quotidie deprecentur, dexteram nostrae munificentiae extendere cupientes, ne detentionem, violentiam, molestiam et iniuriam aliquam in dictis praediis et bonis, ac suis pertinentibus, iuribus et dominiis universis per nos, heredes, et successores nostros aliqualiter patiantur; omnia privilegia eis ab illustribus ducibus Slesiae bonae memoriae, praedecessoribus nostris, aut aliis personis quibuscunque data et concessa et omnes libertates, immunitates, gratias, iura, iurisdictiones, et dominia, quae in eisdem privilegiis clarius exprimuntur, in perpetuum de regia clementia approbamus, ratificamus, gratificamus et ex certa nostra scientia confirmamus, et speciali etiam gratia et favore ipsi praeposito aut qui pro tempore fuerit, ac hospitali praedicto nec non infirmis pauperibus in ipso hospitali degentibus favemus et concedimus gratiose, quod duo magna retia ad piscandum, ut etiam in eorum continetur privilegiis antiquis, per totam terram nostram Vratislaviensem in aquis et piscaturis nostris et aquarum ascendentibus et descendentibus habere debeant et sine impedimento quorumlibet perpetuis temporibus possidere, mandantes illustri Carolo, primogenito nostro charissimo, nec non capitaneo, qui pro tempore fuerit, ac omnibus nostris officialibus Wratislaviensibus gratiae nostrae sub obtentu, quod ipsum praepositum et hospitale sancti spiritus in dicta nostra approbatione, confirmatione et libera donatione nullatenus debeant nec praesumant impedire seu molestare nec sinant ipsos per quempiam molestari et impediri, sed ipsos circa omnia iura, dominia, libertates et gratias, de quibus habent literas et privilegia, ut praescribitur, permittere, manutenere et plenius nostra authoritate conservare. In horum omnium testimonium et robur perpetuum praesentes ex certa nostra scientia eis dari iussimus literas et sigillo nostro ducatus nostri Wratislaviensis ad haereditates et causas firmiter communiri. Actum et datum in praetorio Vratislaviae anno domini MCCCXL. in profesto beati Laurentii martyris gloriosi.

166. *Bischof Nanker von Breslau spricht über den König Johann von Böhmen und den breslauer Rath den Bann, über die Stadt Breslau das Interdict aus. Neisse den 15. December 1340.*

Abschrift im Archive des Domcapitels NN 8. gedruckt bei Stenzel BU. S. 282 ff.

Nankerus, divina et apostolice sedis providencia episcopus Wratislauiensis, venerabilibus et discretis viris dominis. Wratislauiensi, Lignicensi, Glogouiensi et Oppuliensi archidiaconis, vel eorum vices gerentibus et rectori ecclesie in Nysa salutem in domino. Olim a felicis recordacionis dom. Benedicto, papa XImo, dum in minoribus constitutus in partibus Polonie legacionis officio fungeretur, extitit constitutum, quod nullus invadere, occupare, illicite detrahere presumeret decimas, tributa, castra, villas, municiones, possessiones et bona ad ecclesias et pia ac religiosa loca, ad ecclesias ac personas ecclesiasticas spectancia vel pertinencia quoquomodo sentencia ex communicacionis prolata in huiusmodi invasores, occupatores et illicitos detentores. Deindeque statutum postmodum per olim fratrem Gentilem, tit. s. Martini in montibus presbyterum cardinalem, in eisdem partibus apost. sed. legatum extitit innovatum, mandavitque idem cardinalis ipsum statutum inviolabiliter observari, ipsum volens in suo robore permanere, addiciens nichilominus penas graves hiis, qui talibus invasoribus, occupatoribus et illicitis detentoribus adheserint, terris ipsorum suppositis ecclesiastico interdicto, reverendusque pater dom. Janizlaus, s. Gneznensis ecclesie archiep., in provinciali synodo de suorum suffraganeorum assensu prohibuit, statuendo ne quis princeps qualicunque honoris vel dignitatis prerogativa prefulgens vel quivis alius decimas ecclesiis et ecclesiasticis personis debitas et alia bona ecclesiarum et ecclesiasticarum personarum occupet, rapiat vel occupari et rapi mandet, sentenciam excommunicacionis in contra facientes proferens, quamque incurrere debeant ipso facto, addiciens, quod civitates, ville et terre ipsis subjecte, si infra mensem de huiusmodi excessu non satisfecerint, ipso facto subiecte sint ecclesiastico interdicto. Statuit eciam, quod omnis locus, ad quem deducerentur res ecclesiis et ecclesiasticis personis violenter ablate, ipso facto subjectus sit ecclesiastico interdicto.

Et quoniam Cunadus de Valkinhain, capitaneus regis Boemie districtus Wrat., et Petrus Glesil, Nicolaus de Nisa, Hanco Glogow, Hanco Salomonis, Petrus Dumelose, Petrus Stengil, Franczco Hartlibi et Hellinboldus, cives et consules Wrat. priores, decimas, census, pensiones et bona nostra, capituli nostri Wrat. et aliarum personarum ecclesiasticarum regularium et secularium infra civitatem et districtum Wratislauiensem et Nouiforensem consistentes et consistencia nomine et mandato dom. Johannis, regis Boemie illustris, illicite invaserunt, occuparunt et occupare et detinere presumunt notorie et manifeste, sic quod per edictum publicum prohibuerunt, ne quis clericis et ecclesiasticis personis de eorum fructibus, redditibus et proventibus seu quibuscunque iuribus responderet vel ipsis quidquam solveret, sed sibi mandaverunt omnes clericorum redditus presentari, eosdem quoque redditus, decimas et proventus receperunt violenter et Wrat. deduxerunt et deduci fecerunt et ibi detinent occupatos, deinde Gisco Glesil, Johannes Troppow, Nicolaus Lemberg, Paulus Dumelose, Ticheo Trebnicz, Hanco Schertilczan, Petrus de Paczcow, Peczco Rulco, consules et cives predictis prioribus subrogati, predicta omnia invasa et occupata per capitaneum et antecessores eorum illicite occupare et detinere presumunt continue, notorie et manifeste anno et amplius quoad capitaneum et consules priores et plus quam sex mensibus quoad substitutos elapsis, ideo auctoritate ordinaria declaramus et pronunciamus in hiis scriptis tam dom. Johannem regem Boemie supradictum quam Cunadum de Valkinhain, Petrum Glesil, Nicolaum de Nisa, Hanconem Salomonis, Hanconem Glogow, Petrum Dumelose, Petrum Stengil, Hellinboldum et Franczconem Hartlibi, Gisconem Glesil et Johannem Troppow, Nicolaum Lemberg, Paulum Dumelose, Ticzconem Trebnicz, Hanconem Schertilczan, Petrum Paczcow et Petrum Kulco et omnes et singulos, qui ipsis in crimine dampnato participant, et omnes et singulos occupatores domorum ad nos, canonicos et alias personas ecclesiasticas pertinencium, fuisse a tempore occupacionis et detencionis predictorum et adhuc esse auctoritate dictorum statutorum legatorum sedis apostolice et dom. archiepiscopi predictorum excommunicacionis et anathematis sentencie innodatos, Wratislauiam quoque et Nouiforum, terras subjectas dicto dom. regi cum earum districtibus post mensem ab invasione, occupacione et detencione decimarum et proventuum, que facte sunt a decima die Septembris anno domini 1330 nono et circa et post et per dictum tempus, declaramus subjectas fuisse et esse predictarum constitucionum auctoritate ecclesiastico interdicto.

Preterea idem frater Gentilis constitucione sua duxit firmiter adhibendum, ne quis archiepiscopatum, episcopatum, dignitatem inferiorem, personatum, parrochialem ecclesiam, beneficium cum vel sine cura seu alicuius predictorum administracionem vel detencionem de manu laycali recipere vel iam recepta tenere quovis colore presumat, si qua autem contra fecit, ad sic receptum beneficium esset inhabilis ipso facto et nisi locum sic receptum infra duos menses desereret, ad quodlibet beneficium esset inhabilis eo ipso, nec ad aliquod beneficium ecclesiasticum sine dispensacione sedis apostolice vel legati de latere assumatur, insuper beneficio, si quod forsan prius canonice optinebat, esset ipso facto privatus, illi vero clerici vel laici, cuiuscunque status vel condicionis existant, qui talibus parent et intendunt, si universitas fuerit, interdicti, si vero singulares persone, excommunicacionis sentencie virtute dicti statuti subjaceant ipso facto. Verum quia consules et capitaneus supradicti dominis Thammone Quas, s. Marie Magdalene et fratro Johanne Baran, s. Elizabeth, fratre Johanne, s. Spiritus, Nicolao Romea, s. Nicolai et Johanni, s. Mauricii ecclesiarum Wratislauiensium parrochialium rectoribus, canonice per diocesanum episcopum institutis, de predictis ecclesiis violenter et ignominiose eiectis anno quo supra die decima Septembris cum sequencium continuacione dierum, ut asserebant de mandato regis predicti in ecclesiam s. Marie Magdalene Reynhardum de Thuringia, Martinum, apostatam de ordine Cisterciensis monasterii de Grisouia, et Wenceslaum, in ecclesiam s. Elizabeth Henricum Pistorem, Luduicum, Nicolaum de Fredek et Jacobum de Morauia, in ecclesiam s. Spiritus Wolfmarum de Lubek et Petrum de Margiburg, in ecclesiam s. Nicolai Henricum de Cuncindorf, in ecclesiam vero s. Mauricii Johannem sola laicali potencia intruserunt dictique intrusi ab eisdem laicis predictas ecclesias receperunt et eas iam amplius quam anno continue et notorie detinent occupatas, quare nos auctoritate dicti statuti pronunciamus in hiis scriptis prefatos et omnes alios intrusos, quibuscunque nominibus nominentur, subjacere penis in supradicta constitutione contentis. Ceterum quia capitaneus et dicti consules supradicti ac universitas civitatis Wrat. dictis intrusis parent temere et intendunt audiendo ab eis velud ab ipsorum plebanis divina officia prophanari, ideo pronunciamus et declaramus dictos capitaneum et omnes predictos consules et cives singulares excommunicacionis, universitatem vero prescriptam interdicti sentencie subjacere.

Cum itaque uniuersitas predicta sit supposita interdicto, declaramus et dicimus de cetero non licere singularibus personis ipsius alicubi audire divina vel percipere ecclesiastica sacramenta casibus a jure expressis (declaramus) dumtaxat exceptis universis et singulis ecclesiarum rectoribus districcius prohibentes, ne quascunque personas dicte Wrat. civitatis deinceps admittant ad divina officia vel ecclesiastica sacramenta, si suspensionis et irregularitatis penas capiunt evitare, non obstantibus indulgenciis de audiendis divinis, percipiendis sacramentis extra loca interdicta a katholicis et toleratis presbyteris ante presentem declaracionem per nos, officialem nostrum seu Andream, subcustodem Wratislauiensem, quibuscunque concessis, per presentem enim declaracionem ipso jure huiusmodi indulgencie, revocantur nec deinceps de jure fieri possunt, quamdiu prefata universitas remanet interdicta.

Preterea memorati capitaneus et consules Wrat. predictis excessibus non contenti, reverendum virum fratrem Hermannum cruciferum cum stella vite plurimum commendatum in ecclesia et oracione repertum de monasterio suo s. Mathie sed et religiosos viros fratres, Henricum de Polsnicz, Conradum Bauarum, Johannem de Brega et Volpertum, canonicos regulares de monasterio s. Marie, injectis tam in ipsos quam in fratrem Hermannum predictum temerariis et sacrilegis manibus per Theodricum de Mulheim et Godinum, Adolfum fratrem Godini dictum Kaczinschinder, Hanconem famulum Godini, Sidlonem Kithelicz et Friczconem, famulos consulum Wratislauiensium, anno dom. 1340 sexta feria proxima post octavas pasche heresi novo exportari et eici fecerunt et mandarunt publice et notorie facto rumore magno et concursu populorum. Insuper predicti capitaneus et consules ecclesiam kathedralem, dominam et patronam suam, violaverunt et violari fecerunt anno domini 1330 nono, octavo kalendas Decembris, hoc est precedenti die s. Katherine et citra et continue per totum tempus et adhuc et faciunt locando in ipso satellites suos, prohibentes ne quis clericus vel minister ipsius ibi possit accedere et de rebus, casulis, calicibus capis, libris, crucibus et aliis ornamentis ecclesie disponere, imo ostium sacristie in ecclesia ipsa, in qua eiusdem ecclesie ornamenta deposita et servata esse noscuntur, violenter ledi et infringi fecerunt, idem faciendo irrumpi et per fabrum perforari et violenter inponi ferramenta et seras, sic quod ostium predictum clavibus ecclesie aperiri non potest, namque ecclesiam sic suo mandato violentam cum omnibus ornamentis et rebus suis detinent occupatam nos et nostrum capitulum dicta nostra Wrat. ecclesia et omnibus rebus predictis in ea existentibus spoliando, que quidem omnia et singula sunt adeo notoria et manifesta, quod nulla possunt tergiversacione celari, unde nos omnes et singulos predictos, tam Theodericum et Godinum ac alios eorum complices facientes premissa ac fabrum quam capitaneum et consules prenotatos, quorum sunt perpetrata consilio et mandato, auctoritate juris communis et nichilominus vigore constitucionis olim domini Urbani pape quarti dum in minoribus esset apostolico sedis in partibus Polonie vices gerens, declaramus et pronunciamus excommunicacionis sentencia innodatos.

Insuper cum capitaneus, consules et . . . . et alii prescripti ac singulares cives Wrat. pro satisfacione facienda in civitate et districtu Wrat. moneri et requiri non possint ex parte nostra ex eo, quod nulla persona ecclesiastica propter metum mortis . . . . . vel presumit exequi aliquod mandatum dom. nostri pape, dom. archiepiscopi, nostrum inquisitoris heretice pravitatis officium vel alterius cuiuscunque ecclesiasticam iurisdicionem habentis in civitate et districtu Wrat., ideo ne propter dictorum potenciam, violenciam et tirannidem ipsorum perversitas remaneat impunita, monemus et requirimus canonice dom. Johannem regem Boemie, Cunadum de Valkinhain capitaneum, consules tam anni preteriti quam presentis superius nominatos, Godinum Kaczinschinder ac Nicolaum dictum Kozil et alios prenominatos, ut de predictis dampnis, rapinis, spoliis, violenciis et iniuriis, ut prefertur, per eos illatis, nobis, capitulo et singularibus personis ipsius ac clero religioso et seculari satisfaciant et satisfieri procurent cum effectu dictosque instrusos et prophanos nobis presentent infra XXX dies a prima dominica, qua presentes in ecclesia vestra, domine rector Nisensis ecclesie, publicaveritis computandos, quorum decem eis et eorum singulis pro primo et alios decem pro secundo et reliquos decem dies immediate sequentes pro tercio et peremptorio termino ac monicione canonica assignamus, alioquin ipsos et quemlibet eorum propter eorum notorios et enormes excessus predictos exnunc prout extunc in hiis scriptis excommunicacionis vinculo iterum innodamus, civitatem quoque ipsorum et cives ad puniendum dominum ipsorum in ipsis, cum et ipsi culpabiles existant, in hiis scriptis supponimus ecclesiastico interdicto. Monemus eciam primo, secundo et tercio ac peremptorie omnes et singulos intrusos per potenciam secularem prenominatos nec non fratres Petrum antiquum et Petrum Kaczinschinder, qui se intruserunt in monasterium s. Vincencii, quatenus infra predictos dies, quos eis et cuilibet eorum pro primo, secundo, tercio et peremptorio termino et monicione canonica assignamus, predictas ecclesias et loca ad quas vel que intrusi sunt omnino dimittant nec in eis celebrent vel celebrantibus ministrent neque quempiam procurent ecclesiasticis sacramentis nec confessiones audiant nec predicent ac de violenciis, injuriis et dampnis, que abbas et conventus dicti monasterii s. Vincencii, fratres predicatorum et minorum ordinum ac rectores cieti predictarum ecclesiarum parrochialium passi sunt, ipsis et nobis satisfacient integraliter et complete, alioquin ipsos et quemlibet eorum sentencie excommunicacionis in modum, quo supra lata est, volumus subjacere. vobis, domine rector de Nisa, in virtute sancte cobediencie districcius iniungendo, ut hunc nostrum processum duabus dominicis diebus proximis, cum populus advenerit ad divina, in ecclesia matrice s. Jacobi in Nisa publicetis et legatis et legi et publicari solempniter faciatis. omnibusque, quorum interest, huius nostri processus copiam fieri faciatis. Volumus eciam, ut nos de execucioni nostri mandati et publicacioni nostri processus certificetis per publica instrumenta. Vobis autem dominis archidiacono et cuilibet vestrum districte precipiendo mandamus, quatenus absque more periculo, quam cito poteritis, convocacione clericorum vestrorum archidiaconatuum facta presentem processum nostrum publicetis vel coram ipsis publicari per alios faciatis mandantes dictis rectoribus, ut juxta prescriptas declaraciones eosdem capitaneum, consules et cives excommunicatos, universitatem vero Wratislauiensem interdictam nunciet in ipsorum ecclesiis singulis diebus dominicis et festivis. Volumus eciam, ut de publicacione presencium, quam congregacionibus clericorum feceritis vel fieri feceritis, faciatis fieri publica instrumenta, nobis quantocius remittenda. In cuius rei testimonium etc. Datum Nise 18. kalendas Januarii anno domini 1340.

167. *König Johann bestätigt den Gebrüdern Conrad und Heinrich von Watzenrode den Besitz des Wasserzolles bei Breslau. Prag den 26. April 1341.*

<small>Original im breslauer Stadtarchiv R 13.</small>

[J]ohannes, dei gracia Boemie rex ac Lucemburgensis comes, vniuersis presentes literas inspecturis volumus esse notum, quod pro parte fidelium nostrorum dilectorum Conradi et Heinrici, fratrum de Waczinrod, ciuium Wratizslauiensium, nobis cum humilitatis instancia extitit supplicatum, vt obligacionem seu vendicionem theolonii lingnorum super fluuio Odere prope Wratislauiam, quod wlgariter „wassirczol" dicitur, dictis fratribus olym factam per Johannem Schamborii dicti de Schiltberch, quemadmodum fratres predicti Conradus et Heinricus super eo literas domini Heinrici, ducis Slesie et domini Wratislauie, antecessoris nostri pie memorie, dinoscuntur habere efficaces, dignaremur graciosius confirmare. Nos igitur condignis et racionabilibus moti supplicacionibus dictum contractum obligacionis seu vendicionis ex utraque parte factum et celebratum per omnem modum et formam, sicuti in literis dicti domini ducis Heinrici continetur, approbamus, ratificamus et presentis scripti patrocinio confirmamus harum nostrarum testimonio literarum. Datum Prage in crastino beati Marci ewangeliste anno domini m° ccc° xxxx° primo.

<small>An Pergamentstreifen hangt das grosse Siegel des Königs mit dem Rücksiegel.</small>

168. *Markgraf Karl von Mähren, ältester Sohn des Königs von Böhmen, schwört der Stadt Breslau als deren zukünftiger Herr, sie bei ihren Freiheiten und Rechten zu erhalten. Breslau den 24. September 1341.*

<small>Original im breslauer Stadtarchiv F 2a, gedruckt im C. D. Moraviae VII S. 265.</small>

In nomine domini amen. Nos Karolus, domini regis Boemie primogenitus, marchio Moravie, recognoscimus tenore presencium vniuersis, quod attendentes ad nostram presenciam fideles paterni nobisque sincere dilecti . . consules Wratislauienses nomine tocius vniuersitatis ciuitatis Wraczlauiensis facto nobis ex mandato predicti domini genitoris nostri carissimi, quod summam deliberacionem propriam et suorum consiliariorum pociorum pertractato fidelitatis promisso sic quod post decessum prenominati genitoris nostri, quod absit, ad nos dumtaxat tamquam ad primogenitum suum et non ad alium habere deberent respectum nobisque tamquam regi Boemie et domino eorum legittimo et naturali et hereditario parere intendere et obedire fideliter cum effectu sicque, prout pridem per predictum dominum genitorem nostrum priuilegiatorie ordinatum existat, quod a corona regni Boemie totaliter indiuisibiles et irremotabiles in perpetuum esse deberent. Iidem paterni et nostri consules Wratislauienses nomine ciuitatis et vniuersitatis humili precum instancia petiuerunt, quatenus ipsis omnes donaciones, concessiones, inmunitates, libertates, iura et priuilegia ipsorum, que vel quas ab omnibus et singulis dominis eorum principibus a prima fundacione ciuitatis et specialiter a sepedicto domino genitore nostro optinuerunt, super quibus suarum habent litterarum confirmaciones, similiter ratificare, approbare et gratificare de beningnitate solita sub iuramento prestito dignaremur. Ea propter nos . . dictorum consulum, fidelium paternorum et nostrorum Wratislauiensium iustis precibus fauorabiliter inclinati dicte ciuitati Wraczlauiensi et vniuersitati ipsius omnes donaciones, concessiones, inmunitates, libertates, iura et priuilegia ipsis per omnes et singulos predecessores nostros et specialiter per dominum nostrum genitorem predictum data et concessa in singulis articulis et clausulis eorundem qualitercumque innotatis et maximo quod a corona regni Boemie predicti non debent aliqualiter alienari, sub debito iuramenti prestiti, quo nos pridem dominus genitor noster sepedictus suo iuramento astrinxit, prout in priuilegiis desuper datis euidencius declaratur. et quo eciam iuramento omnes nostros successores regni Boemie astringi volumus ac eciam sine qualibet occasione obligari ratificamus, approbamus et gratificamus, ipsis nostrum benigne prebendo consensum pariter et assensum volentes eis in nullo penitus derogare sed ea pocius in omnibus ad statum conuertere meliorem. Harum nostrarum testimonio litterarum, quibus nostrum maius sigillum duximus appendendum. Datum Wratislauie anno domini millesimo trecentesimo quadragesimo primo feria secunda proxima post festum beatorum Mauricii et sociorum eius.

An grünen und rothen seidenen Fäden hängt das Reitersiegel des Markgrafen mit der Umschrift: KAROLUS: PRIMOGENIT: REGIS: BOEMIE: MARCHIO: MORAUIE. Das Rücksiegel hat die Umschrift: SECRETVM: KAROLI: PRIMOGENITI: REGIS: BOEMIE: MARCHIONIS: MORAVIE.

169. *König Johann von Böhmen überträgt dem Rathe zu Breslau den Schutz der dortigen Juden, seiner Kammerknechte. Prag den 16. October 1341.*

Abschrift im Antiquarius f. 13, gedruckt von Grünhagen, Zeitschrift 6, 375.

Johannes, dei gracia Boemie rex ac Lucenburgensis comes, prudentibus viris magistro consulum et consulibus in Wratislavia, qui nunc sunt vel pro tempore fuerint, fidelibus suis dilectis graciam suam et omne bonum. Cum Iudei nostri dictam nostram civitatem Wratislaviensem inhabitantes camere nostre servi, a retroactis temporibus non modicum sint gravati, ipsorum incomoditatibus et oppressionibus, ut ipsi sub nostre proteccionis velamine et melius respirare valeant, generosius duximus succurrendum et cum ipsis pactum inivimus, quod a dato presencium ad 10 annos continuos quilibet ipsorum censum deputatum iuxta suam facultatem nobis annuatim solvere debeant, prout in nostris literis super eo datis et confectis plenius continetur. Quo soluto ipsi Iudei omnes et singuli ab omni contribucione, imposicione, taxacione, captivitate et quibuslibet gravaminibus et oppressionibus exempti sint penitus et securi. Si vero aliqui alii Judei infra dicti temporis spacium ab aliis dominis et civitatibus ad Wratislaviam se receperint et sub nostra proteccione suas fixerint mansiones, iidem secundum vestrum et Iudeorum nostrorum Wratislaviensium consilium deputatum tenebuntur solvere et cum aliis Iudeis gaudere debent omnimoda libertate. Quocirca fidelitatem vestram hortamur attencius, vobis nichilominus seriose committimus et mandamus, quatenus ipsos Iudeos nostros presentes protegere pre quorumlibet violenciis et insultibus et alios se ad nos recipere volentes in proteccionem nostram suscipere fideliter debeatis, ipsos universaliter singulos literis civitatis vestre de predicta ordinacione, libertate et securitate assecurantes presentibus statim visis promittimus cum bona et sincera nostra fide et nostro et heredum nostrorum ea, que ipsis Iudeis promiseritis, rata et grata infra dictum decennium tenere et in nullo violare penitus nec sini per quempiam violari. Harum, quibus nostrum maius sigillum ex certa nostra sciencia appendendum duximus, testimonio litterarum. Datum Prage anno domini 1341 die beati Galli.

170. *König Johann bestimmt, dass die breslauer Bürger, welche Grundbesitz oder Grundrenthen im Fürstenthum Breslau erwerben, dem Landschreiber als Taxe nur eins vom Hundert des Kaufpreises zahlen sollen. Znaim den 1. December 1341.*

Original im breslauer Stadtarchiv D 22.

Nos Johannes, dei gracia Romanorum rex ac Lucemburgensis comes, ad vniuersorum tam presencium quam futurorum noticiam volumus peruenire, quod licet pridem, vt meminimus, fidelibus nostris dilectis . . ciuibus Wratizlauiensibus gracias fecerimus speciales ob ipsorum seruicia fideliter nobis exhibita et adhuc in posterum exhibenda, verum eciam dictis nostris ciuibus de beningnitate regia cupientes amplioribus graciis prouidere statuimus et ordinamus volentes omnino, vt quicunque ex dictis nostris ciuibus census, redditus, possessiones seu hereditates in terra Wratizlauiensi vel alibi in nostre iurisdiccionis dominio comparauerint, que ad centum marcas se extendunt, quod de centum marcis terre notario, qui est vel pro tempore fuerit, vna tantum marca occasione sui officii siue sallarii tribuatur; si vero hereditates siue bona huiusmodi vltra centum marcas vel infra se extendunt, volumus, vt secundum ratam dicte nostre ordinacionis prefatus terre notarius pro suo iure vltra hoc nil recipere debeat contradiccione qualibet quiescente. Harum, quibus nostrum maius sigillum appendendum duximus, testimonio literarum. Datum Znoyme in crastino beati Andree apostoli anno domini millesimo trecentesimo quadragesimo primo.

An seidenen Fäden hängt das grosse Siegel des Königs mit Rücksiegel.

171. *König Johann erlässt der abgebrannten Stadt Breslau, damit sie um so schneller wieder auferbaut werden könne, das Münzgeld, welches jährlich 160 Mark betragen hat. Pont Saint-Esprit den 3. Juli 1342.*

Original im breslauer Stadtarchiv D 11a, gedr. bei Lünig Reichsarchiv XIV 241.

Johannes, dei gracia rex Bohemie et comes Lucemburgensis, consulibus et vniuersitati ciuitatis nostre Wratislauiensis, dilectis fidelibus nostris, graciam nostram et bonam voluntatem!

Quia sicut vita regis salus est populi sibi subditi, sic eciam status bonus et pacificus subditorum ad regis[1]) cedit continuum incrementum; idcirco decet quoslibet reges et principes subditorum suorum dampnis et oppressionibus compati et eos gracia sue clemencie a iacturis et dispendiis releuare. Sane oblata nostro culmini pro parte uestra peticio continebat, quod ciuitas uestra, que inter alias ciuitates illarum parcium erat edificata magnifice et constructa et alias nobilissima et insignis, casu fortuito nouiter totaliter est combusta et in combustione huiusmodi preter edificiorum consumpcione in bonis mobilibus uestris in ipsa ciuitate consistentibus subiistis irreparabilia et innumerabilia detrimenta, quare nobis humiliter supplicastis, vt in releuationem aliqualem dampnorum huiusmodi et celeriorem restaurationem ipsius ciuitatis aliquas gracias et immunitates uobis et ciuitati predicte concedere de nostra clemencia dignaremur. Nos igitur, qui in afflicionibus uestris et aliorum subditorum nostrorum affligimur et in dampnis dampnificamur eorum, attendentes uestram fidelitatem eximiam et deuocionem constantem, quibus erga maiestatem nostram iugiter claruistis ac huiusmodi uestra

1) Original hat: regia.

dampna et dispendia, que uobis et ciuitati uestre sunt ex combustione huiusmodi subsecuta, debita consideracione pensantes ac in illis fidelitati uestre pio compacientes affectu, cupientes quoque, ut ciuitas uestra ad statum felicem et prosperum auctore domino celeriter reducatur et propterea volentes uos speciali gracia nostre liberalitatis regie preuenire seruicium annuum centum sexaginta marcarum grossorum denariorum Pragensium, qui (!) pecunia monetalis uulgariter nuncupatur, nobis et antecessoribus nostris ducibus dicte ciuitatis debitum annuatim et in duobus terminis a vobis solui annis singulis consuetum, uidelicet medietatem in beati Michaelis et reliquam in beatorum apostolorum Philippi et Jacobi festiuitatibus vobis et successoribus uestris imperpetuum de nostra speciali gracia regia et liberalitate munifica presencium tenore remittimus ac vos uestro et successorum uestrorum nomine ab huiusmodi census solucione liberos et immunes imperpetuum reddimus et exemptos. Et in huiusmodi gracie nostre singularis testimonium et vestram futuram cautelam et vestrorum eciam posterorum presentes litteras maiestatis nostre paruo sigillo in absencia nostri maioris sigilli munitas vobis et ciuitati uestre predicte duximus concedendas. Datum apud sanctum Saturninum alias sanctum spiritum nuncupatum Vticensis diocesis die tercia mensis Julii anno domini millesimo trecentesimo quadragesimo secundo.

An seidenen Fäden hängt das kleinere Siegel des Königs.

172. *König Johann, welcher der durch eine Feuersbrunst in Asche gelegten Stadt Breslau zu den Freijahren, die sein Sohn Karl derselben verliehen hat, noch zwei weitere hinzugefügt, und ihr bereits früher 60 Mark bei den breslauer Juden angewiesen hatte, verleiht derselben noch 40 Mark jährlicher Hilfsgelder für die Dauer der Freijahre und ordnet die gewissenhafte Erneuerung der verbrannten Urkunden an. Paris den 31. März 1343.*

Original im breslauer Stadtarchir D 11b.

Nos Johannes, dei gracia Boemie rex ac Lucemburgensis comes, tenore presencium recongnoscimus vniuersis, quod omnem libertatem nostris fidelibus ciuibus Wratislauiensibus propter multa et inenarrabilia dampna, que occasione ingnis a voragine incendii [1]) multipliciter susceperunt, per karissimum nostrum primogenitum Karolum, marchionem Morauie, et gracias ac libertates conditas et factas litteris quoque ipsius patentibus firmatas, quibus libertatibus et graciis dictis nostris ciuibus virtute quarundam nostrarum aliarum litterarum ex beningnitate nostra regia ipsis addidimus duos annos libertatis exspiratis dicti filii nostri libertatibus, quas gracias et libertates in dictis nostris et filii nostri predicti litteris contentas presentibus approbamus et totaliter confirmamus, acsi de verbo ad verbum tenores omnium litterarum predictarum huic littere plenius essent inserte. Quas gracias propter ciuitatis nostre melioracionem augmentare cupientes, prout alias apud Iudeos nostros Wratislauienses, camere nostre seruos, assingnauimus quadraginta marcas et viginti marcas, quibus sexaginta marcis ex nunc indylate addimus quadraginta marcas mox habendas et tollendas inpedimento quolibet non obstante vsque ad vltimum annum libertatis et gracie supradicte. Volumus eciam et seriose mandamus, vt fideles nostri mercatores ciues Wratislauienses de ipsorum

1) Original: voragine a inc.

pecuniis in Scornstein ex parte nostra amissis sine contradiccione et opposicione qualibet expedientur in terminis ipsis per nos pridem assingnatis. Cum eciam in libertatibus vobis traditis dictorum mercatorum solucio sit exclusa, ideo districta precepcione mandantes dictam solucionem integraliter nullatenus retardare¹). Preter-[e]a statuimus et ordinamus, quod omnibus terrigenis, ciuibus et ceteris hominibus nostris, cuiusque fuerint condicionis, ex vero testimonio et efficaci demonstracione proborum virorum priuilegia et littere ipsis conbuste²) littere noue equeformes prioribus sine omni dolo erogentur et recipientur sine variacione ac mutacione aliquali gracie nostre sub optentu. Super quo in testimonium presentes litteras nostro sigillo maiore fecimus communiri. Actum et datum Parisius feria secunda proxima post dominicam, qua iudica decantatur anno domini m⁰ ccc quadragesimo tercio.

An einem Pergamentstreifen hängt das grosse Siegel des Königs.

1) Fehlt ein Wort wie volumus. 2) Hier scheinen einige Worte ausgefallen zu sein.

173. König Johann setzt zu Breslau an Stelle der jährlich wechselnden Rathmannen dreissig lebenslängliche. Paris den 31. März 1343.

Copialbuch 27 f 91.

In nomine domini amen. Nos Johannes, dei gracia Bohemie rex ac Lucilburgensis comes, ad vniuersorum tam presencium quam futurorum deferre cupimus nocionem, quod graciose auditis et diligencius intellectis fidelium nostrorum consulum ac ceterorum ciuium et nostre dilecte ciuitatis Wratislauiensis defectibus, dampnis et quam plurimorum grauaminibus per fidelem nostrum Tylonem de Lignicz, ciuem ibidem, sufficienter et clare nobis recitatis et plenarie expositis, quemadmodum a consulibus, suis collegis, et senioribus ciuitatis plenius et firmius habuit in commisso, inter cetera uero, quod ipsa ciuitas et incole seu inhabitatores ex innouacione, mutacione et eleccione nouorum consulum, qui annis singulis die cinerum consules preficiuntur, negligencio, dampna et grauia pericula ex multis causis ciuitati nostre predicte eueniunt et occurrunt, quibus necessario et oportuno remedio ammodo per consilium perpetuum succurrere et prouidere nobis humiliter supplicarunt. Nos igitur dictorum nostrorum consulum Wratislauiensium necessariis, iustis et licitis peticionibus fauorabiliter inclinati ex clemencia nostre regie maiestatis statuimus, ordinamus, damus et in perpetuum beniuole concedimus, quot de cetero in ciuitate nostra Wratislauia perpetuum et sedule absque omni variacione bonum debeat esse et laudabile consilium de triginta duabus personis sapientibus et discretis constitutum, que persone ad uite sue tempora iuxta deum et ipsorum consciencias ac secundum fidelitates nobis nostrisque successoribus legittimis prestandas sub ipsorum bona fide et sine dolo populum et ciuitatem nostram nomine nostro et successorum nostrorum regere debeant et pro¹) ipsorum viribus fideliter gubernare; hoc autem excluso, quot si quis uel qui, quod fieri non credimus nec putauimus (!), aliquibus maculis infamie grauissime fuerint notati et per effectum reperti, per quas deposicio seu degradacio hoc modo delinquencium merito sit inploranda, in ceteros sonsules degradandi et deponendi presentibus plenariam transferimus potestatem. Ex quibus eciam consulibus si quis vel qui diem suum clauserint extremum, aut si per tractum muta-

1) Handschr.: quod.

cionis de nostra ciuitate seu prouincia ibidem se continue ad manendum reciperet, ex tunc a die obitus illius aut illorum et nichilominus a die recessus predictorum infra dies octo alius uel alii sapientes et discreti per ceteros consules tunc domi existentes more solito in consulem seu consules eligentur cum conswetudinibus huic eleccioni de iure conpetentibus. Et cum in omnibus premissis et in aliis ciuitatis predicte utilitatibus, comodis, iuribus et honoribus semper beniuole insistere anhelamus ideoque nostro nostrorumque omnium successorum nomine dictis fidelibus nostris triginta duobus consulibus damus et plenariam concedimus facultatem, vt omnia eorum et ciuitatis nostre iura, parua et magna, ac singulas libertates et priuilegia ipsis pro utilitate, comodo et honore ab antecessoribus nostris et a nobismet ipsis et a nostro karissimo primogenito Karulo, marchione Morauie, tradita, concessa et donata in omni loco non obstantibus aliquibus aliis litteris in contrarium ex aliquibus causis datis uel unquam dandis seu ex ordinacionibus concordie alicuius absque omni metu et nostra ac successorum nostrorum offensa dirigere ualeant et effectualiter contra quemlibet secundum sua demerita conseruare, prout actenus a iure et a laudabili conswetudine extitit obseruatum. Ceterum omnino volentes, quot inter populum et gentes ciuitatis nostre predicte partes odiose non sint, nec fieri debeant, sed quod equa iusticia ac rigor iuris pauperi ut diuiti equaliter tribuatur, et quod omnia edicta facta et facienda ex maturitate ab omnibus vniformiter custodientur, aduocatum eciam hereditarium mutandi aliumque locandi, cum necesse fuerit, ad hoc noster accedit fauor, uoluntas et consensus. Preterea si dicti consules nostri in uocato consilio sapientum pro iure, conmodo, honore et utilitate ciuium et ciuitatis nostre predicte ex racionabilibus et necessariis causis quidquid boni condere et facere contigerit, ex vnione, uel quod nomine vulgari „korin" dicuntur, conuenientibus ac racione pacis, tranquillitate seu aliorum bonorum negociorum occasione nobis ad honorem ipsisque ad profectum cum aliquibus ipsorum uicinis, cuiusque status existant, ac ciuitatibus ipsis annexis inire et facere decreuerint; ista et alia superius singulariter expressa ex nunc prout ex tunc et ex tunc prout ex nunc approbamus et presenti (!) scripti patrocinio confirmamus. In quorum omnium predictorum robur et testimonium presentes literas fieri et sigillo nostro maiori iussimus roborari. Actum et datum Parisius proxima feria II post dominicam, qua iudica domino decantatur anno domini m⁰ ccc⁰ xl iii.

174. *König Johann ordnet die Besetzung des Landgerichts im Fürstenthum Breslau, den Rechtszug aus demselben an das Hofgericht und die Einholung von Rechtsbelehrungen beim breslauer Rathe. Paris den 31. März 1343.*

<small>Original im breslauer Stadtarchiv D 8 a, gedruckt bei Drescher diplomatische Nebenstunden S. 1. und im Cod. dipl. Morauiae VII 335. nach der Bestätigung vom 3. Dec. 1344.</small>

In nomine domini amen. Nos Johannes, dei gracia Bochemie rex ac Lucemburgensis comes, ad vniuersorum tam presencium quam futurorum noticiam cupimus deuenire, quod pro aliquibus certis et multis erroribus et causis iudicio terre nostre ac prouinciali nostri districtus Wratislauiensis remediis salubribus et opportunis sucurrere cupientes statuimus et ordinamus ac omnino sic habere volentes, quod de cetero sint et esse debeant duodecim scabini prouinciales, de quibus mox sunt eligendi sex scabini per fideles nostros feodales ex nostris terrigenis, residui vero sex scabini de ciuibus nostris bona feodalia et hereditates eciam in terra nostra habentes per fideles nostros .. consules Wratislauienses eligentur. Eleccione huiusmodi, quomodo et quandocunque necesse fuerit, facta et terminata dicti duodecim scabini iuramentum prestabunt conswetum in pretorio nostrorum consulum Wratislauiensium capitaneo nostro presente. Et si quod dubium iuris aut sentencio alicuius esset uel euenire contingeret inter scabinos nostros memoratos, huius iuris informacionem aut sentencie, de qua dubitatur, apud fideles nostros .. consules Wratislauienses recipient et decetero querent; ad prestandum iura scabinis supradictis in dictos nostros Wratislauienses consules presentibus perpetuam et plenariam transferimus potestatem reseruatis dumtaxat nobis nostrisque successoribus omnibus iuribus et dominiis ex prouocacione appellacionum nobis de iure conpetentibus, quas appellaciones ad dandum sentencias iuris dicti duodecim scabini per citacionis edictum per modum conswetum ad iudicium curie et ad alia necessaria iudicia euocentur, sic quod sentencie iuris a predictis scabinis deinceps debeant emanare. Sin autem capitaneum nostrum, qui pro tempore fuerit, propter aliquas causas abesse contingerit (!), ex tunc loco sui idem iudex curie, qui prouinciali iudicio presidebat, in curia nostra nobis eidem iudicio curie nostre more solito assumptis sibi scabinis supradictis sine aliqua iniusta dylacione tenebitur presidere, sic quod vnicuique, cuiuscumque condicionis aut status existat, plenum reddatur iusticie conplementum. Ad meliorandum et emendendum (!) adicionibus aliquibus iudicium supradictum noster plenus accedit fauor, voluntas et assensus. Ne autem in posterum per aliquem hec nostra donacio et concessio infringatur, presentem paginam nostro sigillo maiore efficaciter fecimus communiri. Actum et datum Parisius proxima feria secunda post dominicam, qua iudica decantatur, anno domini m⁰ ccc quadragesimo tercio.

An seidenen Faden hängt das grosse Siegel des Königs.

175. Papst Clemens VI befiehlt dem Bischofe von Prag, mit der Stadt Breslau wegen Entrichtung des Peterspfennigs zu unterhandeln und das über sie verhängte Interdict aufzuheben. Villa nova den 17. August 1343.

Theiner Monumenta Poloniae I p. 467.

Clemens Episcopus etc. Venerabili fratri Arnesto, episcopo Pragensi, salutem etc. Nuper ad noticiam nostram extitit relatibus fidedignis perductum, quod dudum ex eo, quod dilecti filii, cives, habitatores et incole civitatis Wratislaviensis, a solutione censuus annui, qui denarius beati Petri vulgariter nuncupatur, in illis partibus nobis et ecclesie Romane debiti cessaverant per aliqua tempora et cessabant eandem ecclesiam possessione dicti census, in qua erat et ab antiquo fuerat, quantum erat in eis, temere spoliando, diversi processus facti fuerant auctoritate apostolica diversis temporibus contra eos, quodque subsequenter cum inter carissimum in Christo filium nostrum Johannem, regem Boemie illustrem, cui eadem civitas ac terre vicine alique sunt subiecte, ac dilectum filium magistrum Galhardum de Carceribus, prepositum ecclesie Titulensis Colocensis diocesis, in partibus regnorum Ungarie et Polonie apostolice sedis nuncium, super solutione dicti census per subditos eiusdem regis Boemie prestanda ecclesie Romane predicte futuris extunc temporibus quedam compositio seu concordia esset facta, videlicet quod subditi regis eiusdem in partibus Slezie consistentes annis singulis in quadragesima pro quolibet humano capite unum denarium currentis et cursualis monete illius patrie pro dicto censu ecclesie Romane predicte absque contradictione quacumque solvere perpetuis temporibus dolo et fraude cessantibus tenerentur se ad hoc sollenniter et efficaciter obligando, prefati cives, habitatores et incole premissa et alia, que continebantur in compositione seu concordia predicta, nolentes¹) adimplere cessaverunt a solutione census huiusmodi sicut prius, propter quod prefatus nuncius, eorundem civium, habitatorum et incolarum rebellione, contumacia et inobediencia exigentibus civitatem eandem ecclesiastico supposuit interdicto et adversus singulares personas eorum excommunicationis sentencias promulgavit. Sane pridem ad nostram veniens presenciam dilectus filius Thilo de Lignicz, cives Wratislaviensis, universitatis civium, habitatorum et incolarum predictorum procurator et sindicus, nobis humiliter supplicavit, ut super iuribus ad nos et ipsam ecclesiam ratione dicti census in predicta civitate spectantibus per aliquos probos viros deputatos super hoc informationem recipi, ac ordinare, quod certa summa pecunie per prefatos cives, habitatores et incolas pro dicto censu suis periculis et sumptibus apud sedem apostolicam perpetuis temporibus annis singulis solveretur, eisque gratiose illa, que debent de censu eodem pro tempore preterito, quo cessaverunt a solutione illius, ut premittitur, remittere dignaremur. Nos igitur attendentes, quod in antiquis registris eiusdem Romane ecclesie continetur expresse, quod ipsi ad prestationem et solutionem dicti census tenentur astricti, et indubitatum existat, quod illum consueverant eidem ecclesie ab antiquis temporibus solvere, ac solverunt, quousque, ut superius est expressum, a paucis citra temporibus, non sine contemptu et preiudicio ecclesie memorate suarumque animarum periculis, per decem septem annos proximo iam elapsos a solutione cessaverunt illius, et insuper quod modum solucionis antique dicti census, quem ob reverenciam beatorum Petri et Pauli apostolorum, ac propter alias honestas et racionabiles causas estimamus fuisse pie ac rationabiliter introductum, mutare de facili expediens non videtur, supplicationi huiusmodi non duximus annuendum, sed prefatis civibus, habitatoribus et incolis civitatis predicte per modum alium favorabiliter providere super hiis intendimus, videlicet quod si prefati cives, habitatores et incole se sollenniter et efficaciter obligent ad solvendum, sicut premissum est, futuris perpetuis temporibus dictum censum, super illis, adque tenentur ratione dicti census pro tempore preterito, graciose agemus cum eis terminosque super solutione illorum sibi faciemus competentes concedi, ac predictum interdictum de speciali gracia relaxari, personisque ipsorum singularibus beneficium absolutionis impendi. Quocirca fraternitati tue per apostolica scripta committimus et mandamus, quatenus quantum communiter singulis decem septem annis proximo iam elapsis, quibus incluso hoc anno presenti cessaverunt prefati cives, habitatores et incole a salutione predicta, valere potuit dictus census, te fideliter et solerter informans nos exinde clare, particulariter et distincte, ut melius scire possimus, quid et qualiter per nos agendum erit circa hec, efficere studeas, quantocius comode poteris, certiores, et nichilominus ab eisdem civibus, habitatoribus et incolis, ac eorum procuratoribus et sindicis super hoc legitime constitutis super solvendo dicto censu annis singulis in quadragesima perpetuis futuris temporibus ecclesie Romane predicte, videlicet uno denario currentis et cursualis

1) Theiner volentes.

monete illius patrie pro quolibet humano capite liberaliter et fideliter absque contradictione quacumque obligacionem sollennem et efficacem nostro et successorum nostrorum Romanorum Pontificum canonice intrancium et ecclesio predicte nomine recipias, et exinde confici facias publicum instrumentum presencium seriem continens, quod nobis e vestigio studeas destinare. Postquam autem obligationem receperis antedictam, interdictum, cui civitas ipsa propter premissa subiacere noscitur, relaxare ac singularibus personis predictis, que absolutionis beneficium ab eadem excommunicationis sentencia pecierint humiliter, illud impendere iuxta formam ecclesie auctoritate nostra procures adiecto tamen, quod si universitatem civitatis eiusdem contra obligationem predictam non solvendo dictum censum, ut premissum est, venire, quod absit, contingeret, eo ipso civitas eadem interdicto simili subiaceat, et persone singulares predicte, que dictum censum non solverent, in easdem relabantur sentencias ipso facto. Datum apud Villamnovam Avinionensis dioceais XVI Kalendas Septembris anno secundo.

176. König Johann erlaubt der Stadt Breslau, königliche Befehle, deren thatsächliche Voraussetzungen sich als unrichtig erweisen, in Zukunft nicht auszuführen und gegen übermüthige junge Männer Zwangsmittel anzuwenden. Luxemburg den 27. October 1343.

Original im breslauer Stadtarchiv D 4 a, gedruckt in C. D. Moraviae VII, 414, nach der Bestätigungsurkunde vom 3. December 1344.

Nos Johannes, dei gracia Bohemie rex ac Lucemburgensis comes, vos, fideles nostros . . consules ac totam vniuersitatem ciuitatis nostre Wratislauiensis scire volumus per presentes, quod licet nuper ex quibusdam odiosis informacionibus littera quedam a nobis ad vos emanauerit sic, quod inter vos actu partes existere deberent periculose, de quibus destruccio vestra ciuitatisque nostre indubitanter, incomoda grauia et non modica pericula possent prouenire, et cum de hiis quam plurimum terrore sitis concussi, vt percepimus, necnon de contrario, de quo magis gratulamur, melius per completum effectum simus informati; ideo de premissis et pro tempore futuro de inminentibus ac de nouo emergentibus factis seu negociis pro conmodo et vtilitate ciuitatis nostre opportuno remedio sanius prouidere cupientes statuimus, quod si quis uel qui decetero, cuiuscumque condicionis vel status existant, litteras aliquas ciuitati nostre predicte suspectas seu contrarias euentu qualicumque inpetrauerint, si ad exequucionem ac perfeccionem litterarum earundem occasione melioracionis ciuitatis vos cum effectu procedere non contingeret, ex hoc nostre gracie offensam habere nec aliqualiter reportare fidelitas vestra nullatenus se formidet sed pocius optinere fauoris et gracie nostre incrementum.

2. Intelleximus eciam indubitanter, quod nonnulli iuuenes de ciuitate sufficienter rebelles et extra modum contumaces existant ipsorum parentibus ac senioribus nolentes parere consiliis, beneplacitis et mandatis sed pocius spem in ipsorum aliqualiter generacionem diffusam ponentes, ex quibus non est dubium dampnosa incommoda ciuitati nostre populoque nostro pericula infinita prouenire. Idcirco vobis . . consulibus firmiter et districte gracie nostre sub optentu presentibus iniungimus et precipiendo mandamus, quatenus talium indomitatam (!) rebellionem ac contumaciam plenaria auctoritate nostra vobis in hac parte specialiter et firmiter concessa omni pauore et suspicione totaliter pretermissis, quando-

cunque et quociescumque fuerit necessarium, indifferenter iuxta ipsorum demerita conpescere et in integrum corrigere non tardetis, prout ciuitati nostre vtilius videbitur expedire taliter quod disciplina et pacis tranquillitas ciuitatis nostre ab omnibus inhabitatoribus sub arta custodia nutriatur necnon irrefragabiliter absque intermissione qualibet teneatur.

In testimonium omnium premissorum nostrum sigillum presentibus est appensum. Datum in Lucemburg anno domini millesimo trecentesimo quadragesimo tercio feria secunda in vigilia apostolorum Symonis et Jude.

<small>An Pergamentstreifen hängt das grosse Siegel des Königs.</small>

177. *König Johann transsumirt und bestätigt die Urkunde Herzog Heinrichs III vom 5. October 1263. Luxemburg den 31. October 1343.*

<small>Original im breslauer Stadtarchiv D 19.</small>

In nomine domini amen. Nos Johannes, dei gracia Boemie rex ac Lucemburgensis comes, notum facimus vniuersis, tam presentibus quam futuris presentem paginam inspecturis, quod dilecti nostri . . consules Wratislauienses per fidelem nostrum Tylonem de Legnicz, ciuem ibidem, nomine tocius vniuersitatis ciuitatis nostre predicte nobis humiliter supplicarunt, quatenus ipsis quoddam priuilegium, quod ab illustrissimo principe, domino Henrico felicis recordacionis, optinuerant, graciose similiter ipsis dare, concedere et confirmare dignaremur, prout eciam alias in Wratislauia in presencia nostri et nostrorum fidelium propter instantem dictorum nostrorum ciuium necessitatem onere probacionis huiusmodi priuilegium illesum neque in aliqua parte viciatum effectualiter produxerunt per omnia, tenoris et continencie infrascripte:

<small>Hier folgt die Urkunde No. 25.</small>

Nos igitur dictorum nostrorum fidelium consulum ac tocius vniuersitatis nostre dilecte ciuitatis Wratislauiensis iustis et licitis peticionibus fauorabiliter inclinati ipsis omnia et singula iura et libertates in iam dicto priuilegio de verbo ad verbum plenius contenta ratificamus, approbamus, damus, concedimus, innouamus et efficaciter presentis scripti patrocinio confirmamus. Ne autem inposterum per quempiam hec nostra donacio, concessio et confirmacio aliqualiter infringatur, presentibus nostrum sigillum maius ex nostra certa sciencia et mera liberalitate duximus appendendum. Datum in Lucemburg in vigilia omnium sanctorum anno domini millesimo trecentesimo quadragesimo tercio.

<small>An seidenen Fäden hängt das grosse Siegel des Königs mit dem Rücksiegel.</small>

178. *König Johann erklärt alle Anwartschaften auf noch nicht vacant gewordene Güter im Fürstenthum und in der Stadt Breslau, welche bereits ertheilt seien oder von ihm oder seinen Nachfolgern jemals ertheilt werden könnten, von vorn herein für null und nichtig. Brünn den 3. December 1344.*

<small>Original im breslauer Stadtarchiv D 27.</small>

Nos Johannes, dei gracia Boemie rex ac Lucemburgensis comes, ad vniuersorum noticiam tenore presencium volumus peruenire, quod nos cupientes scandala et lites de medio subditorum nostrorum et presertim de ciuitate et terra Wratislauiensibus amouere, que et quas plerumque dampnose inter eos suboriri contingebat, ex eo, quod nonnullis per inportunitatem a nobis inpretrantibus sub ambiguitatis dubio super bonis et possessionibus incertis et nondum vacantibus in terra et ciuitate nostris Wratislauiensibus predictis ad nos de jure et consuetudine terre illius deuoluendis contigit nostras concedere litteras donacionis super nobis et possessionibus taliter vacaturis, ex quibus multa pericula et scandala contigit pluries suboriri. Nos itaque volentes hujusmodi scandalis et controuersiis innumeris ex officii regii debito salubrius prouideri decernimus et decreto perpetuo sancimus statuentes et volentes ex certa nostra sciencia, quod deinceps nullus omnino cuiuscumque status uel condicionis aut preeminencie existat, possit uel valeat bona quecumque in ciuitate uel terra Wratislauiensi aut possessiones, predia uel domos, census aut redditus uel res quascumque innobiles, mobiles uel sese mouentes, que et quales sint, et in quibuscumque rebus consistant uel consistere poterunt, in futurum a nobis, heredibus uel successoribus nostris quomodolibet impetrare et si impetrare quemquam contingerit, impetratis careat huiusmodi penitus et ex toto, nisi ea bona et possessiones uel res predictas actu protunc contingat vacare. Quamquidem impetracionem de vacaturis modo superius expressam ipso iure et facto irritam et nullam nulliusque volumus et decernimus fore uel esse efficacie (!) aut momenti litterasque nostras uel aliorum quorumcumque proinde confectas dicimus et fatemur ex nunc prout ex tunc nullum robur firmitatis obtinere non obstantibus eciam quibuscumque aliis nostris uel aliorum litteris uel promissionibus prius super hiis factis uel imposterum faciendis, quibus omnibus et singulis et eorum cuilibet volumus in toto et in sui qualibet parte totaliter derogari harum serie et testimonio litterarum. Datum Brvnne feria sexta post festum sancti Andree apostoli proxima anno domini millesimo trecentesimo quadragesimo quarto.

An seidenen Faden hängt das grosse Siegel des Königs mit dem Rücksiegel.

179. *Markgraf Karl von Mähren und Herzog Johann von Kärnthen versprechen der Stadt Breslau auf deren Ansuchen, sie bei allen von ihrem Vater, dem Könige Johann von Böhmen, derselben verliehenen Freiheiten und Rechten zu erhalten und bestätigen namentlich die Urkunde vom 27. October 1343, welche sie transsumiren. Brünn den 3. December 1344.*

Original im breslauer Stadtarchiv F 5, gedr. im Codex dipl. Moraviae VIII 414.

Nos Karolus, domini .. regis Boemie primogenitus, marchio Morauie, necnon Johannes, dei gracia dux Karinthie, Tyrolis et Goricie comes, ad vniuersorum noticiam tenore presencium volumus peruenire, quod ad nostram accedentes presenciam fideles paterni et nostri dilecti consules ciuitatis Wratislauiensis nobis quasdam exhibuerunt literas domini .. genitoris nostri regis Boemie supradicti petentes cum instancia suo ac predicte Wratislauiensis ciuitatis nomine, vt easdem approbare et ratificare literas de benignitate solita dignaremur. Quarum quidem literarum tenor per omnia dinoscitur esse talis:

Folgt die Urkunde Nr. 176.

Nos itaque paternis inherere, prout decet, vestigiis cupientes iustisque predictorum ciuium et ciuitatis Wratislauiensis precibus fauorabiliter inclinati predictas domini nostri .. genitoris literas, prout de verbo ad verbum presentibus sunt inserte ratas et gratas habentes eis nostrum beniuolum et expressum prebemus consensum, ipsasque de certa nostra sciencia approbamus. Et vt ipsa Wratislauiensis ciuitas nostris eciam adiuta beneficiis votiua recipere valeat incrementa, promittimus et volumus predictos ciues ipsamque ciuitatem Wratislauiensem circa vniuersa et singula priuilegia siue literas generales ipsis hactenus per predictum dominum nostrum genitorem data pro commodo, iure, vtilitate et honore ciuitatis forma sub quacunque, tamquam de verbo ad verbum presentibus essent inserta, firmiter et inuiolabiliter obseruare. Harum nostrarum testimonio literarum datum Brunne anno domini millesimo trecentesimo quadragesimo quarto feria sexta post festum beati Andree apostoli proxima.

<small>An seidenen Faden hangt das grosse Reitersiegel des Markgrafen Karl mit einem Rücksiegel. Für das Siegel des Herzogs Johann sind die seidenen Faden an der Urkunde befestigt, doch ist der Siegel nicht angehangen worden.</small>

180. *Markgraf Karl von Mähren und Herzog Johann von Kärnthen gewährleisten der Stadt Breslau alle derselben vom Könige Johann von Böhmen verliehenen Vorrechte und Freiheiten, die sie bestätigen, insbesondere die von ihnen transsumirte Urkunde vom 31. März 1343. Brünn den 3. December 1344.*

<small>Original im breslauer Stadtarchiv F 8 a, gedr. im Cod. Dipl. Moraviae VIII 413.</small>

Die Urkunde stimmt ihrem Wortlaute nach mit der vorhergehenden überein.

181. *Conrad von Falkenhain, Landeshauptmann des Fürstenthums Breslau, beurkundet, dass Hans von Mollendorff seinen Theil der breslauer Erbvogtei an die Stadt Breslau verkauft hat. Breslau den 12. März 1345.*

<small>Original im breslauer Stadtarchiv A 32 a.</small>

Nos Conradus de Valkinhayn, regia maiestate Boemie capitaneus Wratislauiensis, notum facimus publice recognoscentes vniuersis harum serie litterarum, quod in nostra constitutus presencia famosus vir Henselo de Mollinsdorf, sororius noster dilectus, sanus mente et corpore matura secum et cum amicis suis deliberacione prehabita omnem partem aduocacie siue iudicii hereditarii ad ipsum spectantem tam in antiqua quam in noua ciuitate Wratislauiensi ac eciam in ipsius suburbiis cum omni iurisdiccione, baylia ac gladii potestate, cum mero et mixto imperio, prouentibus, vtilitatibus, honoribus et honoracionibus necnon iure hereditario, quibus ipsam ex successione et iure naturali seu radice hereditaria ad ipsum deuolutam habuisse liberam sine omni seruicio et possedisse noscitur. prouidis viris .. consulibus ciuitatis predicte nomine et ad manus tocius communitatis seu vniuersitatis ciuium ibidem in perpetuum tenendam, regendam, habendam et possidendam cum facultate faciendi et dimittendi cum eadem parte ac ipsam vendendi, commutandi, obligandi, alienandi et in vsus placidos dicte ciuitatis conuertendi pro certa pecunie quantitate eidem Henseloni ad plenum et integraliter persoluta, ut coram nobis est confessus, vendidit, tradidit et resingnauit renunccians pro se et heredibus suis omni impeticioni, repeticioni, iurisdiccioni et iurisaccioni, quam in, pro et super dicta parte aduocacie et iudicii habere, facere uel mouere posset, uel heredum et successorum suorum quispiam in presenti seu quomodolibet in futuro. Nos vero huiusmodi vendicionis contractum in suis clausulis, ut prefertur, gratum habentes et ratum ipsum auctoritate, qua fungimur regia, duximus confirmandum harum, quibus sigillum regium ducatus Wratislauiensis ad hereditates et causas est appensum, testimonio litterarum. Actum Wratislauie sabbato proximo ante dominicam, qua cantatur iudica me, anno domini millesimo trecentesimo quadragesimo quinto presentibus strennuis viris dominis Ticzcone de Borsnicz, Johanne de Reste, Conrado Mulich de Rydeburg, Mathia de Mulheym, militibus, Jescone de Smolcz, Henrico Calow de Pracz et domino Luthcone de Culpe, notario terre Wratislauiensis.

<small>An seidenen Fäden hängt das Siegel der Hauptmannschaft mit einem Rücksiegel, beide mit beschädigten Umschriften.</small>

182. Bischof Preczlaw erlaubt dem Rathe zu Breslau, im dortigen Rathhause eine Kapelle einzurichten, in welcher an einem tragbaren Altare nach Erforderniss Messe gelesen werden darf, jedoch sollen dadurch die Parochialrechte der breslauer Pfarrer nicht beeinträchtigt werden und insbesondere etwaige in dieser Kapelle dargebrachte Offertorien dem Pfarrer zu St. Elisabeth gebühren. Breslau den 31. März 1345.

<small>Original im breslauer Stadtarchiv M 4a.</small>

Preczlaus, dei gracia episcopus Wratislauiensis, prudentibus et legalibus viris .. consulibus ciuitatis Wratislauie salutem in domino! Deuocionis uestre nobis exhibita peticio continebat, quod uobis, ut oratorium seu capellam in pretorio dicte ciuitatis erigere et construere ac in eodem missam audire possitis, concedere dignaremur. Nos uestris iustis precibus affectu beniuolo concurrentes vobis ex speciali gracia presentibus indulgemus, quatenus in dicto pretorio, cum ad id vestri plebani de sancta Elizabeth accesserit specialis conniuentia et consensus, capellam seu oratorium erigere et construere, ut prefertur, ac in eodem, dum tempus et affectus deuocionis expostulat, missam sine nota a presbitero ydoneo nostre diocesis de altari uiatico saluis interdicti senteciis excommunicatis seclusis audire ualeatis; ita tamen, quod per hanc nostram concessionem nullum ipsi parrochiali ecclesie seu ecclesiis, ad quam uel ad quas de iure pertinetis, in eius seu earum offertorio seu quibusuis aliis iuribus uolumus preiudicium generari, quodque in dicta capella nulla penitus campana, sed solummodo nola exigua habeatur, et si quod offertorium per quospiam oblatum fuerit in eadem, hoc ad ipsum plebanum de sancta Elizabeth cessante dubio pertinebit. Datum Wratislauie feria quinta infra festem Pasce anno domini millesimo trecentesimo quadragesimo quinto nostro sigillo sub appenso.

<small>An seidenen Fäden hängt das Siegel des Bischofs mit der Umschrift: S: PREDZLAI: DEI: GRA: EPI: WRATISLAVIEN.</small>

183. *König Johann erlaubt der von Schulden bedrückten und der Wiederherstellung ihrer Befestigungen bedürftigen Stadt Breslau, alle Grabsteine des dortigen jüdischen Begräbnissplatzes zur Ausbesserung der Festungswerke zu verwenden, und die Zölle in der Stadt Breslau und um dieselbe, welche sie mit ihrem Gelde abgelöst hatte, zur Bezahlung ihrer Schulden und zur Bestreitung anderer Bedürfnisse wieder zu erheben. Prag den 27. September 1345.*

<small>Original im breslauer Stadtarchiv D 21, gedr. von L. Oelsner im Archiv für Kunde österreichischer Geschichtsquellen XXXI S. 106.</small>

Nos Johannes, dei gracia Boemie rex ac Lucemburgensis comes, notum facimus vniuersis, quod nos attente conspicientes ciuitatem nostram Wratislauiensem multis fore debitorum honeribus aggrauatam et in aliquibus eciam ipsius partibus reparacione muniminis indigentem volumus de solito regie benignitatis affectu ipsam ciuitatem de talibus defectibus releuare ac eius et inhabitancium inibi fidelium nostrorum condicionem fieri meliorem, ideoque admittimus et fauemus illud simpliciter et omnino uolentes, quatenus dilecti nobis fideles nostri consules ciuitatis nostre Wratislauiensis aut ipsorum nomine illi homines, quos ipsi ad hoc duxerint statuendos, vniuersos lapides de cimiterio Iudeorum coniuncto predicte ciuitati, qui super terram aut sub terra poterunt inueniri, accipere, effodere aut deducere debeant et in vsus pro muri reparacione necessarios, ubicunque iuxta prouidenciam seu industriam eorundem consulum opus fuerit, conuertere non obstante iudeorum seu alterius cuiuscunque contradicentis repugnancia, quibus silencium circa premissa imponimus in hac parte.

2. Preterea decernimus ac sano nostrorum nobilium precedente consilio diffinimus, quod predicti consules ciuitatis Wratislauiensis theolonium eiusdem sue ciuitatis et appendiciarum ipsius olim ipsius premisse ciuitatis denariis comparatum, quod pro bono communi actenus libertauerunt, nunc resumere debeant atque possint et idem theolonium ad soluciones, dacia et pagamenta conswetae remittere et restaurare de nouo necnon vniuersa et singula, quecunque ex eodem theolonio et eius fructibus ac utilitatibus poterunt aliquomodo deriuari, in vsus utiles ipsius ciuitatis tam in extingwendis debitis quam eciam pro aliis eiusdem ciuitatis honoribus, incrementis ac profectibus instaurandis perpetuis inantea temporibus tamquam aliam rem, que est de corpore utilitatum seu prouentuum ciuitatis pro suo beneplacito valeant applicare, promittentes nostro, heredum ac successorum nostrorum regum Boemie nomine atque vice predictam nostre concessionis graciam nullis vnquam futuris inmutare temporibus aut aliquo pretextu quomodolibet reuocare, mandantes illustribus Karolo, marchioni Morauie, primogenito nostro, Johanni, duci Karinthie, filiis nostris dilectis, capitaneo, vicecapitaneo, camerario, subcamerariis, officialibus, viceofficialibus nostris presentibus et futuris, nominatim capitaneo nostro Wratislauiensi, qui est aut qui pro tempore fuerit, quatenus predictos consules nostros ac ciuitatem Wratislauiensem aduersus presencium tenorem non perturbent, inquietent, impediant aut permittant ab aliquo molestari, presencium sub nostro sigillo testimonio litterarum. Datum Prage in vigilia sancti Wencezlai anno domini millesimo trecentesimo et quadragesimo quinto.

<small>An seidenen Fäden hängt das grosse Siegel des Königs mit Rücksiegel.</small>

184. *König Johann von Böhmen verfügt, dass so oft sich Zweifel und Lücken in den Privilegien der Stadt Breslau herausstellen würden, diese durch drei Rathmannen, welche die Vassallen des Fürstenthums Breslau, und durch drei Vassallen, welche die breslauer Rathmannen zu wählen hätten, ausgelegt und ergänzt werden sollen. Prag den 15. Febr. 1346.*

<small>Original im breslauer Stadtarchiv D 28, gedr. bei Drescher diplomatische Nebenstunden II S. 4 und bei Gaupp schles. Landrecht S. 63.</small>

Nos Johannes, dei gracia Boemie rex ac Lucemburgensis comes, notum facimus vniuersis, quod nos aduertentes et in animo sollicite reuoluentes, quia propter humane racionis fragilitatem non possunt communiter mortales homines inscii euentuum futurorum quibuslibet futuris periculis obuiare, eoque ex accionum nouitate noua cottidie dubia generantur, que propter nostram absenciam non possunt, vt opus foret, vtiliter diffiniri, volentes itaque viam iniuriis precludere et patentem facere semitam veritati decernimus ac eciam edicto perpetuo sanccimus, quod quocienscunque et quandocunque in priuilegiis et literis dilectorum nobis consulum et ciuium Wratislauiensium fidelium nostrorum graciam uel iusticiam continentibus aliquales defectus in quibuscunque punctis seu clausulis ipsarum reperti fuerint seu poterunt inueniri, mox auctoritate nostra, quam virtute presencium ad infrascripta concedimus specialem, conmunitas vassallorum nostrorum Wratislauiensis districtus tres de numero consulum ciuitatis debebunt eligere, et consulum vniuersitas tres de congerie vassallorum eligent viceuersa, qui sex rite et racionabiliter sic electi arbitrio communi potestate regia, quam ipsis in hac parte copiosius delegamus, omnem huiusmodi defectum, siue sit in literis vel tenoribus earundem, quascunque materias videatur respicere, siue sit in sessione banci scabinalis, in ordine iudicii aut iuramentis prestandis vel aliis iuribus et vtilitatibus instaurandis, statutis condendis, commodis procurandis vel in quibuscunque aliis causis uel negociis, quibus specialiter nominibus appellantur, debebunt, tenebuntur et poterunt iuxta fidelitatem suam, qua nobis et corone regni nostri fore videntur astricti et iuxta prudenciam ipsis a deo collatam, vbi iuxta premissorum contenenciam opus extiterit, pro suo beneplacito pari consensu et voto communi fideliter emendare; gratum eciam ratum et illesum ab omnibus seruari mandamus et volumus, quicquid correctum, emendatum seu declaratum fuerit per eosdem, inhibentes omnibus et singulis fidelibus nostris, ne quis sub optentu nostre gracie presenti nostre ordinacioni ausu temerario contradicat, nostre indignacionis aculeos contradictor quilibet se cognoscat grauiter incursurum. Presencium sub nostro sigillo testimonio literarum datum Prage in crastino sancti Valentini anno domini millesimo trecentesimo quadragesimo sexto.

185. *König Karl IV trägt dem breslauer Rathe den Schutz seiner Kammerknechte, der breslauer Juden, auf und gestattet, ihre Abgaben nach Belieben zu erhöhen. Prag den 8. September 1347.*

<small>Original im breslauer Stadtarchiv L 22.</small>

Karolus, dei gracia Romanorum rex, semper Augustus, et Boemie rex, consulibus ciuitatis nostre Wratislauiensis, fidelibus nostris dilectis graciam et salutem! Cordi nobis est et semper extitit Iudeos, per quorum facultates principum indigenciis oportuno tempore subuenitur, ad residenciam nostrarum ciuitatum et regni nostri precipue quibus possumus cautelarum presidiis animare: ideoque fidelitati vestre committimus et mandamus illud seriose et precise volentes, quatenus vniuersis Iudeis Wratislauiensibus, camere nostre seruis, qui ad neminem, nisi tantum ad vos respectum habere debebunt de omnibus suis defectibus, quociens et quando super illatis sibi iniuriis duxerint requirendos, de oportuno debeatis et congruenti remedio prouidere et ipsos ab omnibus offensis, grauaminibus et iniuriis auctoritate regia, quam vobis in hac parte concedimus, sollicite et adhibita magne sollicitudinis diligencia defensare. Onera quoque solucionum regalium et collectarum nostrarum siue contribucionum, prout discrecione vestra videritis, secundum temporis exigenciam augendi vel eciam diminuendi vobis largimur plenam et omnimodam facultatem presencium sub nostro sigillo testimonio literarum. Datum Prage anno domini millesimo trecentesimo quadragesimo septimo, indiccione xv, vi Idus Septembris, regnorum nostrorum anno secundo.

An Pergamentstreifen hängt das kleine Siegel des Königs mit der Umschrift: † SECRET. KAROLI. DEI. GRA. ROMANOR. REGIS. SEMPER. AVGVSTI. ET. BOEMIE. REGIS.

186. *König Karl IV befiehlt der Stadt Breslau, das Recht ohne Ansehen der Person unparteiisch zu handhaben, alle Zwistigkeiten beizulegen und die auf das gemeine Beste abzielenden Gesetze zu beobachten. Prag den 8. September 1347.*

Karolus, dei gracia Romanorum rex, semper Augustus et Boemie rex, discretis viris, consulibus ciuitatis nostre Wratislauiensis, fidelibus nostris dilectis graciam suam et omne bonum!

Per sancciones sacras indicitur, quoniam idcirco lex proditur, vt appetitus noxius sub iuris regula limitetur, quapropter fidelitati vestre committimus et mandamus, quatenus constituciones, iura et consuetudines vestre ciuitatis vobis a principibus antiquis et a celebris memorie illustri Johanne, genitore nostro dilecto, olim rege Boemie, indultas seu indulta ab omnibus eque pauperibus et diuitibus, parentatis seu non parentatis, magnis et communibus, ita quod non seruetur accepcio iu personis, constituatis communiter obseruari, ita quod virtuosus sua probitate letetur et noxius sua turpitudine corrigatur, et apud omnes fiat equalis iusticia secundum merita et demerita personarum.

2. Mandamus eciam, quod nullas dissensiones fieri permittatis, sed omnes litium materias vestra discrecione interposita ea, qua potestis sollicitudine, sopiatis auctoritate nostra vobis in premissis concessa et in quolibet premissorum.

3. Edicta eciam, que ad bonum commune deliberacione preuia edita fuerint, mandamus sine reuocacione inuiolabiliter obseruari. Datum Prage anno domini millesimo trecentesimo quadragesimo septimo, indiccione xv, vi idus Septembris, regnorum nostrorum anno secundo.

An Pergamentstreifen hängt das kleine Siegel des Königs.

187. *König Karl IV bestimmt, dass die Einwohner von Breslau zu Kant und die Einwohner von Kant zu Breslau zollfrei sein sollen. Prag den 8. September 1347.*

Original im breslauer Stadtarchiv E 23, gedruckt bei Lünig Reichsarchiv XIV 242.

Karolus, dei gracia Romanorum, rex semper Augustus et Boemie rex, notum facimus vniuersis, quod nos iusta racione sencientes ex vnione et concordia terris et earum incolis vtilitatem et comodum resultare, regia duximus celsitudine decernendum, quod ciuitates nostre videlicet Wratislauia et Kanth inseparabiliter iam coniuncte ab hominibus suis et habitatoribus vtrobique theolonia non repetant, sed vicissim pociantur plenaria libertate, sic quod Wratislauienses in Kanth et Kanthenses in Wratislauia ad nulla simpliciter theolonia theneantur. Datum Prage anno domini millesimo trecentesimo quadragesimo septimo, indiccione xv, vi Idus Septembris, regnorum nostrorum anno secundo.

<small>An Pergamentstreifen hängt das kleine Siegel des Königs.</small>

188. *König Karl schreibt den schlesischen Herzögen, sie sollten alle Feindseligkeiten wider einander einstellen und keinen flüchtigen Räuber oder Uebelthäter zum Nachtheile seiner Lande besonders des breslauer Fürstenthums Schutz gewähren. Nürnberg den 22. November 1347.*

<small>Original im breslauer Stadtarchiv E 6.</small>

Karolus, dei gracia Romanorum rex, semper Augustus et Boemie rex, vniuersis et singulis illustribus . . ducibus in partibus Polonie constitutis nostre dicioni subiectis, ad quos presentes peruenerint, graciam regiam cum plenitudine omnis boni! Inter alia desiderabilia cordis nostri, quibus pectori nostro materia cogitacionis infunditur, precipuum gerimus in affectu, qualiter terre nostre dicioni subiecte et specialiter Wratislauiensis nostra mediante sollicitudine sub amenitate pacis et comodi nostris temporibus feliciter perseuerent; magnificenciam igitur vestram vniuersaliter et singulariter attente requirimus et hortamur ac omnino volentes mandamus, quatenus nullas guerras hinc inde inter vos mutuo velitis gerere et habere nostre celsitudini in hoc plurimum placituri. Eidem eciam vestre magnificencie specialiter inhibemus, ne aliquos profugos, malificos(!) et raptores in dispendium terrarum nostrarum presertim terre Wratislauiensis tenere et fouere quomodolibet presumatis, prout regie celsitudinis graciam diligitis et fauorem. Datum in Nurenberch x Kalendas Decembris anno domini millesimo trecentesimo quadragesimo septimo, indiccione xv, regnorum nostrorum anno secundo.

<small>An Pergamentstreifen das grosse Siegel des Königs mit der Umschrift: † KAROLVS: DEI: GRACIA: ROMANORVM: REX: SEMPER: AVGVSTVS: ET: BOEMIE: REX.</small>

189. *Correspondenz der Stadt Breslau mit Kaiser Karl IV in den Jahren 1347—1355.*

<small>Nach der Handschrift des breslauer Stadtarchivs gedruckt von Grünhagen im Archiv für Kunde östreichischer Geschichtsquellen 1865.</small>

Nota legaciones civitatis ad dominum nostrum Romanorum regem sub anno domini MCCCXLVII.

1347.

Primo die beate Cecilie litera eidem domino directa est per Obir, ipsius nunccium, in qua continetur, quod civitas de ipsius successibus prosperis gratuletur et quod Tilo de Legnicz a rege Polonie sive Fino de Pobedist omnino sit separatus. <small>November 23.</small>

Item quod dignetur mercatoribus providere de transitu a partibus Flandrie per Nwrinberg mitigatis conductibus viarum.

1348.

Januar 12. Item sabbato post epiphaniam domini litera directa est per Vugin continens, quod civitas Landishute sit expugnata et quod sine treugis stat cum rege Cracouie. Item dominus rex petitur, quod nulla castra aut bona alienet a ducatu Wraczlaviensi et quod breviter unum ydoneum nuncoium de diversis negociis terrarum dirigere.

April 5. Item sabbato ante iudicia litera directa est domino regi per Nicolaum Boemum continens, quod domini consules regraciati sunt domino regi de animo benigno ostenso Tiloni Scriptori et Jacobo de Opul in legacionibus civitatis. Item quod dominus rex disponere dignetur tradendo in mandatis firmiter dominis episcopo et capitulo, militibus et terrigenis Wraczlauiensibus, ut se disponant nobiscum in defensionem terrarum usque ad ipsius domini regis adventum contra Polonos et ceteros. Item quod Poloni de Hurla exeuntes et redeuntes villam Rosintal incendiis nocturnalibus devastarunt.

April 27. Item die dominica, qua canitur quasimodogeniti, litera directa est per Gotschalcum continens, quod dominus rex dirigere dignetur unam literam generalem episcopo, capitulo et terrigenis, ut assistant civitati pro defensione terrarum per effectum.

April 23.
Juni 8. Item quod treuge a festo Georgii prorogate sint inter dominum regem et ducem Swidniczensem usque ad festum penthecostes, et quod Rydeburgenses nituntur mandata domini regis adimplere per invasionem terre ducis Swidniczensis, unde petitur dominus rex, quod ipsis Rydeburgensibus tradat in mandatis literatorie, ut de talibus desistant pendentibus treugis aut usque ad domini regis adventum. Item quod Wolframus de Kemenicz pendentibus treugis spoliavit homines et captivavit et quod rogatus nostris literis minime curavit homines captos solutos dimittere et ablata reddere. Item si quando et ubi dominus rex cum rege Polonie convenire contingeret, ut nobis intimaret et quod pro statu pacifico meditaretur nostro et terrarum.

Mai 11. Item die dominica post Stanislai litera directa est per Vugin, in qua continebatur, quod dominus meditari dingnaretur pro pacifico statu terrarum, et si quando et ubi eum convenire cum rege Polonie contingeret, quod civitati intimaret, in qua litera sibi missa fuit inclusum rescriptum litere regis Polonie continentis, quod Wolframus de Kemenicz suos homines de Polonia captivaverit receptis ipsis 400 equis.

Juni 2.
Mai 25. Item feria secunda post ascensionem domini litera est missa domino regi per Vugin, continens primo de exspiracione treugarum vocem jocunditatis, demum post hoc Poloni cum magna valitudine gencium, videlicet 300 hastarum, inter quas fuerunt 100 thoraces et pedestres 600, districtum Wrasiensem cremaverunt, homines mutilaverunt pluresque captivos cum maxima preda 15 sex^a pecorum magnorum abduxerunt, de quo eventu per certam investigacionem nunciorum nostrorum per vestrum judicem curie disposuimus eundem locum et diem intimare terrigenis et clero juxta continenciam literarum vestrarum eis directarum. Loco et die supradictis nostratibus ibidem venientibus de predictis quasi nullus subvenit; tandem fortificavimus nostrates cum curribus armatorum et equitibus, attamen propter nimiam multitudinem hostium, quum soli eramus cum dom. Hermanno de Porsnicz, invadere non poteramus, et sic illesi recesserunt nisi 10 captivatis per nostrates in primo aggressu oppidi Wras.

Nunc iterum cottidie presumimus, terram ubique a° predicto devastari per eos, quum neminem habemus repugnantem nec nobis in hoc adherentem, hucusque et Odera parvus est, quod undique transitur, et cottidie premunimus, quod de die in diem fortificantur terram intrare volentes.

Item quod Conr. de Rideburg captivavit aliquos de hominibus ducis Swidn. qui dux dicit, si hoc permittimus, quod hoc idem permittere velit contra nos tempore veniente. Libentissime vidissemus treugas inter eos, et si placet, potestis sibi, Conrado, mandare, ut quiescat tempore treugarum durante, quum nostris inductibus hoc facere refutavit.

Item Wolframus de Kemnicz ad literas vestras dicit, se habere literas et mandata genitoris et vestra, quod debeat se vendicare et de ablatis se coram vobis velle expurgare. Item judex curie nostre verenter tenetur propter absenciam capitanei, quod veniunt armati propter rixas, et ibi nullus rigor juris observatur. Item capitulum ecclesie Wrat. mixit mandata ad judicium curie provinciale et nostrum, quod nullus ordo juris Hellinboldo, quem dicunt excommunicatum, debeat subvenire, quod nunquam plus est auditum et pluries per eos est attemptatum, et nisi regia celsitudo in hiis promissis de oportuno providerit remedio, tota terra desoletur.

Die dominica ante Joh. bapt. per Vugin directa est litera dom. regi, quod in gwerris cum Polonis stamus, et quod treuge cum duce Swidnic. expirabunt super Johannis, et quod pro nobis dignetur meditari. Juni 21.
Juni 24.

Sabb. a. Kiliani litera per Vugin directa est in qua continetur, quod cum Polonis in gwerris stamus, et quoniam et qualiter nostrates in Polonia ante Hurlam fuerunt et quasdam villas cremaverunt, et quod treuge cum duce Swidnic. die dominica proxima exspirabunt, et quod dom. rex meditari dignetur pro remediis oportunis. Juli 5.

Juli 6.

Fer. 2. post ad vincula Petri litera directa est per Johannem, quod pro nobis dignetur meditari, si ipsum cum rege Polonie venire contingeret, quod mercatores nostri [cum] suis mercibus Russyam sine solucionibus novi theolonii et aliis gravaminibus inconsuetis procedere valeant, et quod dux Swidnic. mandavit extritulare in terra sua. August 4.

Item die Barthol. per Johannem directa est [litera], in qua petitur dom., quod memoriam civitatis habeat in tractatibus apud marchionem Brandinburgensem et fratres suos, quod securi nostrates per terram marchionis transire valeant, quia per Poloniam non presumunt transire. August 24.

Item quod juxta mandatum regium treuge cum duce Swidnicensi fidejussoribus sint firmate usque Galli. October 16

1349.

Fer. 6. ante Judica per Johannem intimatum est de duce Swidnicensi, quod noluit inire treugas, quia dixit, omnia esse concordata. Item de transitu Russie, et quod Krig de Rydeburg deturpavit regem Polonie verbis et literis. Item quod civitas propter absenciam capitanei graves sufferat expensas. Item quod Judei timent sibi propter famem communem. Item quod dominus nulli credat, qui aliquid dicat sibi de jure vel de consuetudine civitatis, sed differat et audiat responsum. Item quod litere petebantur ad regem Polonie et ad cruciferos quod si velint contendere, quod permittant mercatores Wratislavienses salvos transire. März 27.

Juni 6. Item fer. 6. p. penth. per Johannem literatorie intimatum est, quoniam Iudei
Mai 29. fer. 5. a. penth. per quosdam extraneos et exules et ignotos dom. consulibus occisi sunt, et qualiter civitas devastata est per ignis voraginem, et quod dom. coss. propter repentinam accensionem prohibere non poterant, et quod dom. impetratores rerum et arearum Iudeorum ponat in dilacionem, quousque nuncii breviter ad dom. regem mittendi ante conspectum ipsius apparebunt.

Juli 20. Fer. 2. a. Mar. Magd. scriptum est dom. regi per Joh. nuncium, quod capitaneus petit bona Iudeorum et quid sit in eo faciendum. Item quid sit faciendum cum debitis et literis inventis Iudeorum.

Item si dom. Tiroliensis velit habere hereditates et bona Iudeorum, quid ad hoc sit faciendum. Item si quid inveniretur in bonis et debitis Iudeorum, si civitati dare nollet, quod tum reditus ad ducatum spectantes reemantur. Item
Juli 14. de racione capitanei qui raciocinatus est in crastino 6. Margar. presente dom. de Donyn, quod summa omnium debitorum dom. regis antiqui se extendit ad 214 M. et 8. sco. Item summa racione capitaneatus sibi promissi de 4 annis 1200 M. Item summa omnium distributorum in dampnis, reysis et expensis omnium districtuum 1784 M. 3. fert. et sco.

Summa totalis distributorum 3199 mrc. et ¹/₂ fert. Item summa omnium perceptorum de exaccionibus, de pecuniis monetalibus, serviciis, captivis, penis, excessibus et omnibus aliis proventibus 1101 m. et sco.

Item omnibus computatis et defalcatis restant 2098 m. et 2 sco. capitaneo solvenda.

1354.

März 2. A° dom. 1354 die dom. invocavit directa est litera ad dom. regem per dom. Pecx. de Gogelow, in qua continebatur, quod civitas retulit dom. regi graciarum acciones pro eo, quod legaciones civitatis ad eum delatas per Petr. graciose audivit et auditis finem imposuit concupitum. Item quod ad mandatum regium super recepcione literarum civitatum ducis Swidnic. quedam oriebatur altercacio super eisdem literis dandis, tamen inito consilio dom. Dithmari cancellarii ac aliorum consulum dixerunt cum eisdem: melius est nobis tales recipere literas in profectum dom. regis quam omittere, et sic eedem litere primo in Swidnicz concepte
Februar 19. in presencia dom. regis date sunt fer. 4. a. fest. St. Matthie apost. tali forma, secundum quod in copia inclusa literis dom. Dithmari missis dom. regi continetur.

Item quod rex Polonie dixerit, se terram Russye propriis suis hominibus expugnasse, et quod illa via solum suis hominibus et mercatoribus patere deberet. Item quod dom. rex mandaverit suis literis, ex quo strate et vie publice versus Russyam per regem Polonie nostris mercatoribus indebite sic precluduntur, quod universos cives et mercatores dicti regis Polonie, quicumque ad loca nostra venirent, nullo alio expectato mandato dom. regis a nobis recedere et redire, unde venirent, cogere debeamus ipsos non sinendo res ipsorum apud nos dissolvere, religare aut vendere aut quaslibet alias negociaciones exhercere. Item si secundum premissa scripta dom. regis adversus cives et mercatores regis Polonie civitas se regere deberet, quod dom. rex hoc ipsi intimaret et suas dirigeret literas magistro generali et preceptoribus terre Prussye, virtute quarum cives et mercatores regis Polonie impedire valerent. Item quod due membrane dom. regis secundum ejus mandatum essent cancellate et deposite servate in deposito usque ad adventum dom. regis.

Item sabb. p. invocavit per dictum dom. Pecz. litera directa est ad dom. regem transsumpti super cives Bregenses, cui litere inclusa fuit quedam copia litere Bregensis in qua quidem litera ultimo supplicabatur domino, quidquid pro iuris sentencia adversus dictos cives Bregenses virtute literarum regalium ac copie huiusmodi dandum sit, ut de hoc suis regalibus literis coss. Wrat. dignetur expressius informare.

De rege Cracoviensi occasione novitatum, quomodo nititur ducere aliam reginam prout dicitur a Tartaris fore exortam, sicut Nicol. Wirsingi scripsit civitati.

De dissensione inter regem Cracovie et Maczconem Borcowicz quomodo ipse rex propellit eundem Maczconem a suo regno, eciam quomodo idem Maczco exquisivit a civitate Wratislav. suis literis, ut in timore non debeat poni sed in tranquillitate pacis occasione civitatis.

De privilegiis civitatum ducis Swidnicensis quomodo presentata sint per civitates, et quomodo civitates eiusdem ducis contradixerint ultimum articulum in literis positum occasione promissi dominorum dom. regis et ducis partibus ex utrisque. Eciam dicatur dom. regi, quomodo dux Swidn. publice ad suos cives et homagiales, milites et vassallos dixit talibus verbis: si vos iubebo alteri prestare homagium, oportet quod iussum meum facietis.

Item dicatur, quomodo sui subditi et nuncii ducis Swidnic. Nic. de Syffridow et Nic. Zachinkirche literam dom. regis civitati per mandatum speciale, quod civitas deberet suffragium prestare duci Swidnic. in omnibus oportunitatibus et necessariis articulis contra quoslibet sibi adversantes, et dum hoc negocium hii duo predicti cum civitate tractassent, duos pociores et diciores Iudeos abduxerunt sine scitu civitatis, et sic Iudei recedere nituntur, quamvis omne promissum tam ex parte dom. regis quam civitatis firme et infragibiliter ipsis Iudeis secundum literarum suarum tenorem observatur.

(Verto Folium C.)

1355.

C. De debitis, que Bregenses in censu et in alia pecunia civibus Wrat. tenentur, quomodo iuramentis suis evadere nituntur, et solvere non curant, quamvis litere et privilegia satis manifesta et pura super eosdem Bregenses et civitatis et dom. ibidem ducis Boleslai, ducis Wenczeslai, ducis Ludevici et ducisse nomine eorundem debitorum et census possunt perhibere sufficienter.

De maleficis, stragitundinariis, furibus, spoliatoribus, hominum occisoribus et ipsis consimilibus, qui morantur et hospitantur in bonis illorum dominorum et hominum, qui bona sua cum iure supremo possidere nituntur, et potissime sacerdotum, petatur ideo dom. rex, ut det medium huius, ut iudicium super eosdem maleficos habeatur. Simile sit huius, ut accidit in Muchobor, quia ibi quidam dimissi fuerant per sacerdotes, et statim homines pauperes occiderunt.

De monachis et monialibus et aliis personis spiritualibus, qui petunt porciones devolucionum ipsarum parentibus mortuis et indebite et minus iuste homines invexant et alios eorum affines et amicos foro spirituali.

De magnis debitorum honeribus ipsius civitatis, quomodo incole eius depauperati sunt per ignis voraginem, per impetum aquarum, sicuti nunc quod in reparacione molendinorum constat 300 m. Item quod debita ducis Wenczeslai et illorum Bregensium, quia suis creditoribus debita non solvunt. Eciam quia plures depauperati sunt de labore aurifodinarum in Niclosdorf.

De stratis versus Russyam, quomodo rex Polonie dedit responsum occasione stratarum earundem, ita quod nulli hominum vellet favere nisi suis, qui sibi adiuti fuissent contra Tartaros et ad alios sibi inimicantes.

De debitis Nicol. de Cracovia assignatis per dom. regem.

De Franczonne Stillen, qui fovetur per ducem Swidnicensem, qui tum multum nostris concivibus insidiatur ad interitum rerum et personarum et potissime fratribus Slanczen dictis.

De Henselino de Nyssa ad dom. Lutherum.

November 20. A⁰ dom. 1355 in crastino St. Elyz. directa est litera dom. imperatori per Wolfelmanum, in qua continebatur, quomodo per mercatores inter dominos terre Prussye et Lythwanos tractatum sit de quadam strata propinque ducente de Prussia per Lythwaniam versus Russiam, ubi metas regni Polonie attingi non oportet, nulla tamen solucione theolonii mediante, et quod dom. imperator petatur, ex quo omnes strate sue subiciant maiestati, ut mandet dominis Prussie ad presens secus eum existentibus, quod opem et operam adhibeant, ut incepta debitum sorciantur effectum, mercatores dom. imperatoris tamquam ipsorum mercatores assumendo; nam si processum habere videretur, quod mercatoribus exinde profectus et commoda non modica oriantur.

190. *König Karl IV bestätigt der Stadt Breslau alle Privilegien und Freiheiten, welche ihr von schlesischen Herzögen und seinem Vater, dem Könige Johann von Böhmen, verliehen worden sind, und verspricht, alle in Schlesien noch zu machenden Erwerbungen gleich wie Breslau mit der Krone Böhmen zu vereinigen. Prag den 22. März 1348.*

Original im breslauer Stadtarchiv F. 17.

In nomine domini amen. Karolus dei gracia Romanorum rex, semper Augustus et Boemie rex, notum facimus vniuersis, quod accedentes ad nostram presenciam fideles et dilecti nostri .. consules ciuitatis nostre Wratislauienses nomine suo et tocius vniuersitatis sue nostre celsitudini humili et deuota precum instancia supplicarunt, quatenus ipsis de benignitate nostra solita, qua ipsos et eandem ciuitatem Wratislauiensem specialibus gracia et fauore complectimur, omnes donaciones, concessiones, inmunitates, libertates, iura, litteras et privilegia graciam et iusticiam continentes ipsis per celebris memorie .. duces et .. principes Wratislauienses, predecessores nostros, a prima locacione et constructione ciuitatis eiusdem et nominatim per clare memorie illustrem Johannem, quondam Boemie regem, genitorem nostrum carissimum, indultas seu indulta approbare, ratificare et confirmare dignaremur; nos igitur eorundem precibus fauorabiliter inclinati, prout de iure tenemur, paternis vestigiis inherere firmiter cupientes supradictis .. ciuibus nostris necnon .. vniuersitati ipsorum et ciuitati predicte omnes donaciones, concessiones, inmunitates, libertates, iura consuetudines, statuta, litteras et priuilegia, prout a predictis .. ducibus et .. principibus Wratislauiensibus, predecessoribus nostris, et a predicto genitore nostro pridem optenta sunt, in omnibus suis tenoribus, clausulis et sentenciis super quibuscumque iuribus, graciis vel ceteris materiis sint confecte, tamquam de verbo ad verbum hic forent expressa, de certa nostra sciencia approbamus, ratificamus et de nostre celsitudinis speciali gracia confirmamus; nominatim et expresse pro incolumi et felici statu eiusdem ciuitatis Wratislauiensis, vt felicibus incrementis proficiat, promittimus et spondemus omnes terras Polonie, ciuitates, villas, districtus, opida, castra, municiones, que et quas empcione, expugnacione, deuolucione aut alio quouis tytulo conquisierimus, eidem ciuitati et ipsius territorio sub eisdem condicionibus, libertatibus et graciis, prout ad nos deuenerint, et demum regno nostro Boemie ad instar eiusdem ciuitatis Wratislauiensis incorporare, adunare et coniungere, neque predicta seu aliquid premissorum ab ipsa ciuitate et eius territorio et a corona regni Boemie coniunctim seu diuisim aliqua racione vel causa alienare, remouere seu quomodolibet sequestrare. Insuper promittimus, quandocumque requisiti fuerimus per dictos nostros .. consules Wratislauienses (quod) ipsis speciales eorum gracias, libertates, concessiones, consuetudines laudabiles, iura, priuilegia, tam parua quam magna, que vel quas habent a quibuscunque dominis eorum, nostris predecessoribus, de verbo ad verbum specialiter et distincte nostris sigillis et litteris confirmare.

Preterea promittimus omnes et singulos redditus ad ducatum nostrum Wratislauiensem spectantes penes ipsum ducatum, vt ex eo .. capitaneus, qui fuerit aut est, ipsam terram eo commodius et forcius gubernare poterit, sine diminucione omnimode conseruare. Sin autem ex obliuione vel importunitate impetrancium quid contrarii attemptatum fuerit, vel si quidquam contra nostra priuilegia, donaciones, iura, laudabiles consuetudines, concessiones, gracias, et libertates supradictas modo qualicunque tacita veritate a nobis vel a nostris successoribus .., regibus Boemie, fuerit impetratum vel obtentum, illud virtute presencium decernimus irritum, cassum et inane et de regie potestatis plenitudine ex nunc prout ex tunc viribus vacuamus non obstantibus aliquibus litteris vel priuilegiis, concessionibus seu graciis quibuscumque personis, cuiuscumque gradus, preeminencie seu condicionis existant, sub quacunque forma verborum indultis seu indulgendis, quibus virtute presencium de certa nostra sciencia derogamus. Presencium sub nostre maiestatis sigillo testimonio litterarum datum Prage anno domini millesimo trecentesimo quadragesimo octauo, indiccione prima, xi Kalendas Aprilis, regnorum nostrorum anno secundo.

An seidenen Fäden hängt das grosse Siegel des Königs.

191. *Herzog Wenzel von Liegnitz bestätigt der Stadt Goldberg das magdeburgische Recht und gestattet ihr, Rechtsbelehrungen in Liegnitz oder in Breslau zu suchen. Liegnitz den 9. April 1348.*

Original im Archive der Stadt Goldberg, gedr. bei Tzschoppe und Stenzel S. 563. und Schirrmacher, Liegnitzer Urkundenbuch S. 110.

Wir Wenczlaw, von gotis gnadin herczoge in Slezien unde herre czu Legnicz, bekennen offinbar an diseme brive allen den, dy nu sint adir her nach werdin, daz wir an habin geseen dy getruwen dinst, dy uns unse burger von dem Goltberge in manchirley wyze beyde mit hulfe unde ouch mit andirm dinste dicke unde ofte bewist unde getan han, unde gebin yn unde eren nachkomelingen von gnadin ewiglich alle Meydeburgische recht unde bestetegin dy in disem brive, wen sy dy zelbin recht ouch vor habin gehat, alzo daz sy dy zelbin recht, wen sy ir bedorfen, mogen unde sullen holn czu Legnicz adir czu Broslaw, wo ys yn allir fuglichst ist. Dorczu gebe wir yn ouch, unde eren nachkomelingen, daz sy ir goltgewychte beyde kleyne unde gros gliche sullen habin, als is unse stat Legnicz hat. Czu eyme gedechtnisse dirre vorgeschreben rede zu habe wir disen brif heysen werdin vorzegilt mit unserem yngezegil, unde ist gegebin czu Legnicz an der metewoche vor dem palmetage nach gotis geburt tusunt unde dryhundirt iar in dem acht unde virczegisdem iare.

192. *König Karl IV weist dem Rath zu Breslau wegen der 500 Mark Groschen, deren er zum Rückkauf der Stadt Frankenstein benöthigt gewesen, die Einkünfte von seinen Kammerknechten, den Juden zu Breslau und Neumarkt an. Breslau den 24.¹) November 1348.*

Original im breslauer Stadtarchiv EE 11.

Karolus, dei gracia Romanorum rex, semper Augustus et Boemie rex, notum facimus tenore presencium vniuersis, quia fideles et dilecti nostri . . consules et ciues Wraczlauienses ad nostram requisicionem nobis pro redempcione ciuitatis Frankinstein et eius appendiis quingentas marcas grossorum numeri Polonici grauiter sub dampnis conquisierunt, volentes ideo eos indempnes reddere ipsis omnem censum nostrum annuum a camere nostre seruis, Iudeis Wraczlauiensibus et Nouiforensibus dumtaxat exclusa percepcione trium annorum a Iudeis Nouiforensibus deputata Burghardo Monacho de Basil damus, deputamus et assignamus vsque ad totalem extenuacionem dictarum quingentarum marcarum cum dampnis iam adauctis et adaugendis nolentes prioribus suis literis datis super pristina deputacione eis in aliquo derogari presencium sub nostro sigillo testimonio literarum. Datum Wraczlauie anno domini millesimo trecentesimo quadragesimo octauo octauo Kalendas Decembris, regnorum nostrorum anno tercio.

An Pergamentstreifen die Bruchstücke vom kleinen Siegel des Königs.

1) Im Cod. dipl. Moraviae VII 623. angef. mit dem 23. November.

193. *König Kasimir von Polen verspricht zur Aufrechterhaltung der Verträge zwischen seinen Städten und der Stadt Breslau, dass den Bürgern von Kalisch die Bestrafung eines Verbrechers oder Verfesteten zu keinem Nachtheil gereichen soll. Brest den 17. Juni 1349.*

Original im Besitze des Grafen Struczynski.

Notum sit omnibus tam presentibus, quam futuris, ad quorum noticiam devenerit scriptum presens, quod nos Kazimirus, dei gracia rex Polonie, volentes pactata et ordinata inter nostras civitates terre Polonie parte vna et ciues Wratislauienses parte ab altera firmiter et inviolabiliter observare fideles nostros consules et vniuersos ciues Kalisenses, si ipsos aliquem proscriptum seu maleficum ob ipsius excessus quantitatem iuris suam dictante pena debita punire contingerit, liberare et penitus ab omnibus, per quos pro huiusmodi facto impedirentur, exbrigare volumus et spondemus taliter, quod pro eodem malefico, quem ipsos punire contigerit, ut superius est expressum, nullum debent curare nec aliquas insidias seu comminaciones timere, quia ad hoc faciendum videlicet ut malefici per nostros cives predictos Kalisienses puniantur, nostrum mandatum et voluntas accedit specialis. In quorum omnium testimonium et evidenciam pleniorem presentes dari fecimus nostri sigilli munimine roboratas. Actum in Brest feria IV infra octavas corporis Christi anno m°ccc xl nono.

194. *Markgraf Ludwig von Brandenburg öffnet den Kaufleuten und Unterthanen König Karls wiederum den freien Verkehr in seinen Landen. Frankfurt a. O. den 25. Juni 1349.*

Gedruckt im Codex diplomaticus Moraviae VII S. 662.

Wir Ludwig, von gots gnaden marggraf ze Brandenburg vnd czu Lusicz, dez heyligen romischen reichs oberster kamrer, phalenczgraf bym Reym, herczog in Beiern vnd yn Kernden, graf czu Tirol vnd czu Görz vnd der goczhauser vogt Aglay, Trient vnd Brichsen, vorgehen vnd tuen chunt mit diesem brief allen den, dy yn sehent oder horent lesen, daz wir mit den allerdurchluchtigesten fürsten, hern Karl dem römischen kuning, cze allen czeiten merer dez reichs, vnd kuning czu Beheim, vnserm hern vnd lieben ohem, vmb allen krieg vnd mishellung, dy czwissen im vnd seinen Brudern, vns vnd vnsern geswistergiden gewesen ist, fruntlich vorrichtet sein, vnd haben vnsern offen brief gegeben, daz alle ir lüt, burger, chaufleut vnd sundir dy von Prage vnd auch andir, die in vnsers vorgenant herren vnd oheme landen cze Beheim vnd andirswa wonend sint, mugen vnd schullen ledik vnd frey vnd sicher vor allem vfhalten vnd hindernüsse in vnsrer lant, wi dy genant sint, wandern vnd czihen, also daz sie czollen, müten, recht vnd gewonheit, di von alter her gewesen ist, berichten vnd tuen suln. Dovon gebiten wir allen vnsern amptleuten, vicztumen, richtern, pflegern, wie sie genant sind, vnd auch burgermaistern, reten vnd burgern gemainlichen aller vnser lande vnt stet, vnsern lieben getreuwen, ernslich vnd vesticlich by vnsern hulden, daz sie dez vorgenanten vnsers heren vnd ohemen burger, kaufleut vnd auch ander seine leute, wan sie in vnsre lant varen vnd wandern, weder an lieb noch an güt nicht auf halten noch hindern suln noch enturren, noch iemant anders gestaten, daz man sie aufhalt adir hinder, sundir schullen sie in ir vordrung hilf vnd rat bewisen vnd mittailen, daz sie vngehindirt bliben. Mit vrchund dicz briefs vorsigelt mit vnserm ingesigel, der geben ist zu Frankenfürt nach Cristes gepurt dreuczehundirt iar vnd in dem neun vnd vierczigsten iar, an donerstag nach sant Johansem baptisten tag.

195. *König Karl IV befiehlt der Stadt Breslau, alle Wehre aus dem Oderstrome zu entfernen. Eger den 8. October 1349.*

Original im breslauer Stadtarchiv E 18a, gedr. bei Lünig Reichsarchiv XIV. S. 313, und Riedel C. D. Brandenburgensis II. 6. 54. mit erheblichen Auslassungen und kaum verständlich.

Karolus, dei gracia Romanorum rex, semper Augustus, et Boemie rex, fidelibus suis dilectis, capitaneo et consulibus ciuitatis Wratislauiensis graciam suam et omne bonum!

Fidelitati vestre damus firmiter in mandatis volentes, quatenus vniuersa et singula obstacula wulgariter „wüer" dicta super aqua Odera nouiter instaurata et per quemcumque locata, que hactenus et ab antiquo ibidem aqud vos non fuerunt, annichilare et remouere pro vtilitate ipsius ciuitatis vestre totaliter debeatis facturi in eo taliter, prout vestre industrie in hac parte melius videbitur expedire. In cuius rei testimonio presentes nostras literas vobis dedimus sigillo nostro regio consignatas. Datum Egro VIII die mensis Octobris anno domini millesimo trecentesimo quadragesimo nono, regnorum nostrorum anno quarto.

An Pergamentstreifen hängt das grosse Siegel des Königs.

196. *König Karl IV bestimmt, dass der Rath zu Breslau in Zukunft wieder aus acht jährlich wechselnden Mitgliedern bestehen soll. Liegnitz den 8. December 1349.*

Copialbuch 29 f. 100, gedr. bei Lünig Reichsarchiv XIV 242 und bei Gengler Codex juris municipal. Germ. I 370.

Karolus, dei gracia Romanorum rex semper Augustus et Bohemie rex, tenore presencium recognoscimus vniuersis regiam nostram celsitudinem prouidis et solertibus documentis fidelium et dilectorum nostrorum consulum Wratislauiensium realiter fore clarius informatam, quod consilium Wratislauiense et tota ciuitas nostra ibidem penes octo consules antiquo more electos pocioribus uiguerit profectibus commodosius quam iuxta triginta duos nouella electos consuetudine per felicis recordacionis illustrem Johannem, olym Bohemie regem, genitorem nostrum reseruata. Quam ob rem iustis et deuotis eorum precibus inclinati ex solita nostre celsitudinis clemencia annuimus et fauemus propter instaurum melioracionis dicte nostre ciuitatis Wratislauie, ut ammodo electio triginta duoruim consulum in octo solito priori modo per predictos nostros consules in perpetuum resumetur, nolentes per hoc iuribus, libertatibus et inmunitatibus eorum in aliquo derogari presencium sub nostro sigillo testimonio literarum. Datum Legnicz anno domini m ccc xl nono viii Decembris, regnorum nostrorum anno tercio.

197. *König Karl IV schreibt den Breslauern, er habe zwar ihrer Stadt einen freien Brotmarkt für jeden Sonntag ohne jede Beschränkung verliehen, doch um die armen Bäcker, deren Handwerk schon bei der Aussetzung der Stadt betheiligt gewesen wäre, nicht zu sehr zu drücken, solle es mit diesem Brotmarkte gehalten werden wie mit dem Donnerstagsbrotmarkte. Prag den 23. December 1349.*

Original im breslauer Stadtarchiv E 16, gedr. C. D. Silesiae VIII. S. 34.

Karolus, dei gracia Romanorum rex, semper Augustus et Boemie rex, fidelibus nostris dilectis .. consulibus ciuitatis nostre Wraczlauiensis graciam regiam et omne bonum.

Quamuis moti clamoribus communitatis pauperum liberum forum vendendi panes apud uos diebus singulis dominicis ex beninginitate regia sine condicione indulserimus, tamen propter nimiam suppressionem tollendam pistorum ibidem pauperum cum quibus prima locacio ciuitatis est exculta, si expediens videbitur. indulgemus, ordinamus et disponimus, quatenus dictum liberum forum panum diebus dominicis eo modo, sicut quintis feriis sine difficultate qualibet inantea debeat obseruari. Datum Prage anno domini millesimo trecentesimo quadragesimo nono X° Kalendas Ianuarii, regnorum nostrorum anno quarto.

<small>An einem Pergamentstreifen hängt das kleine Siegel des Königs.</small>

198. *König Karl IV erlaubt dem breslauer Rathe, den breslauer Wildprethändlern nach Gutdünken zu gestatten, ihr Wildpret auf dem gemeinen Markte feil zu halten. Prag den 23. December 1349.*

<small>Original im breslauer Stadtarchiv E 20.</small>

Karolus, dei gracia Romanorum rex, semper Augustus et Boemie rex, magistro consulum et consulibus ciuitatis Wratislauiensis, fidelibus nostris dilectis, graciam regiam! Grata et fidelia seruicia, que hactenus nostre obtulistis maiestati nec cessatis attenta sedulitate cottidie exhibere, hoc exigunt et requirunt, vt vobis reddamur ad gracias liberales. Hinc est, quod ob communem ciuitatis Wratislauie predicte vtilitatem vobis hanc graciam specialem duximus liberaliter faciendam, vt ferinariis Wratislauiensibus, quando et quociens uobis placuerit et videbitur oportunum, auctoritate regia, quam vobis in hac parte plenarie committimus, indulgere possitis, vt carnes ferinas quascumque, magnas siue paruas, integras et non dimembratas siue dimembratas, diuisas et peciatas, prout eorum vtilitati magis conuenerit, in foro communi Wratislauiensi habere venales possint et valeant absque contradiccione quorumcunque, et huiusmodi indultum ab eisdem possitis reuocare, quando et quociens vobis videbitur expedire harum sub nostro sigillo testimonio litterarum. Datum Prage anno domini millesimo trecentesimo quadragesimo nono, indiccione secunda, X Kalendas Ianuarii, regnorum nostrorum anno quarto.

<small>Das kleine Siegel des Königs hängt an Pergamentstreifen.</small>

199. *König Karl IV erlaubt der durch eine Feuersbrunst schwer heimgesuchten Stadt Breslau, zwölf neue Fleischbänke anzulegen. Bautzen den 21. Februar 1350.*

<small>Original im breslauer Stadtarchiv E 8, gedruckt bei Oelsner, Archiv für Kunde öster. Geschichtsquellen XXXI, S. 110, Nr. 12.</small>

Karolus, dei gracia Romanorum rex, semper augustus et Boemie rex, . . capitaneo, . . magistro consulum et consulibus ciuitatis Wratislauie graciam regiam et omne bonum!

Volentes ciuitati vestre prefate, que pluries per incendium siue ignis voraginem grauiter dampnificata dinoscitur, et ex parte nostri ymmo eciam clare memorie . . genitoris nostri occasione plerisque oneribus debitorum extitit aggrauata, graciosum impendere releuamen vobis, quod possitis de nouo duodecim maccella carnium pro censu perpetuo antedicte ciuitati vestre soluendo erigere, regia auctoritate permittimus et ex certa sciencia irreuocabiliter indulgemus presencium sub nostre maiestatis sigillo testimonio literarum. Datum Budyssin anno domini millesimo trecentesimo quinquagesimo XXI die Februarii regnorum nostrorum anno quarto. R.

<small>An einem Pergamentstreifen hängt das grosse Siegel des Königs.</small>

200. *König Karl IV macht bekannt, dass er dem Landeshauptmann des Fürstenthums Breslau, Conrad von Falkenhain, und dem breslauer Rathe den Auftrag ertheilt habe, über die, welche die breslauer Juden getödtet haben, zu richten, doch sollen sie auch befugt sein, sich mit ihnen im Guten auseinanderzusetzen. Bautzen den 21. Februar 1350.*

<small>Original im breslauer Stadtarchiv F 3, gedr. bei Oelsner im XXXI Bande des Archivs für Kunde östreichischer Geschichtsquellen S. 110.</small>

Wir Karl, von gots genaden romischer kung, zu allen ziten merer des richs vnd chung ze Beheim, bekennen vnd tun chunt offenlichen mit disem brief allen den, die in sehent oder horent lesen, das wir vnsern lieben getrwen Cunraden von Valkenhein, vnserm hauptman zu Bresslawe, vnd den ratluten der selben stat zu Bresslawe vollen vnd ganczen gewalt vnd auch maht gegeben haben vnd geben mit disem gegenwertigin brief ze rihten mit dem rehten vber alle die, die vnser iuden in der obgenanten stat zu Bresslawe ermurt vnd erslagen haben, wa sie die begriffen, es sie in der stat zu Presslawe oder vf dem lande, daz si mit den selben luten geuarn sullen, wie si das reht wiset. Wir haben auch dem vorgenanten hauptman vnd den ratluten den gewalt geben, wa si die selben lut bekümernt vnd begriffent, das si mit den selben lüten teidingen¹) mügen mit der minne²), oder wie es in aller beheglihst vnd allernuczlihst ist, vnd das sol vnser gut wille sin. Wir wellen vnd sullen in auch zu den selben lüten beholffen sin gegen allermenclich, wa sie die bekumernt, da es in ze swer wurde, vnd da sie vnser hilffe zu bedurffen vnd vnser genad hilff ermanent. Mit vrkund dicz briefs, den wir in dar vber gegeben haben besigelt mit vnserm kunchlichen insigel, der geben ist zu Budissin, da man zalt von gots geburt druzehenhundert vnd funfzig iar des suntags, so man singet reminiscere in der vasten, in dem vierden iar vnserer riche.

<small>An einem Pergamentstreifen hängt das grosse Siegel des Königs.

1) Oelsner liest teedingen, doch hat die Urkunde die correctere mittelhochdeutsche Form taidingen. 2) Original: minne.</small>

201. *Konrad von Falkenhain, Landeshauptmann des Fürstenthums Breslau, bekundet, dass Adam von Watzenrode und seine Gattin ihren Antheil an der Landvogtei in der Neustadt Breslau dem breslauer Rathe verkauft haben. Breslau den 9. Juni 1351.*

<small>Original im breslauer Stadtarchiv M 10.</small>

Nos Conradus de Falkinhain, regia maiestate Boemie capitaneus Wraczlauiensis, perpetue singulorum memorie presens scriptum inspecturis (!) serie notificamus eiusdem, quod in nostra constituti presencia honesti Adam de Waczinrade, ciuis Wraczlauiensis, necnon Katherina, conthoralis ipsius legittima, bona mencium et corporum perfruentes sanitate ceterarumque suarum bene compotes virium ac perfecti racionum non coacti nec dolo quouis sev fraude circumuenti prouida et matura premeditacione secum mutuo pregustata prudentibus ac fidedignis consulibus necnon ciuitati Wraczlauiensi omnem partem, quam habuerunt in aduocacia prouinciali noue ciuitatis Wraczlauie cum omnibus et singulis suis bailiis, iurisdiccionibus, honoribus, prouentibus, fructibus et iuribus, quibuscumque nominibus appellatis nichil penitus excepto nec excluso libere, hereditarie et perpetue tenendam, habendam, quiete et pacifice possidendam pro certa pecunie summa eisdem, vt coram nobis confessi sunt, totaliter iam pagata vendiderunt, tradiderunt et ad manus dictorum consulum et ciuitatis libere resignarunt renuncciantes wltu hylari ac mente iocunda pro se et suis heredibus et legittimis successoribus erga dictos emptores omni iuri, iurissectioni, repeticioni, vendicationi, sibi nunc aut quomodolibet in futurum conpetentibus in parte aduocacie prenotate. Nos vero vendicionem, resignacionem et renuncciacionem predictas gratas habentes et ratas regia, qua fungimur auctoritate, auctorizamus et approbatam sigillo regio ducatus Wraczlauiensis ad hereditates et causas presentibus appenso confirmamus. Datum et actum Wraczlauie anno domini millesimo tricentesimo quinquagesimo primo feria quinta in conductu Penthecostes presentibus domino Heynczeone de Swarczinhorn, Hermanno de Vweras, Henrico de Kalow, Henrico de Molnsdorf, Paulo Dumlosi, Petro Stengil, Nicolao de Strachewicz et Henrico de Sittin, feodalibus victoriosissimi Romanorum et Boemie regis, domini nostri, et domino Dythmaro de Meckbach, canonico et cancellario Wraczlauiensi, testibus super premissis.

<small>An seidenen Faden hängt das Siegel der Hauptmannschaft.</small>

202. *König Karl IV weisst dem breslauer Rathe, welcher sich bei verschiedenen Personen für eine Schuld von 1350 Mark Groschen verbürgt hat, seine Einkünfte in den Wrichbildern Breslau, Neumarkt, Glatz und Frankenstein an. Breslau den 9. November 1351.*

<small>Original im breslauer Stadtarchiv E E 16.</small>

Karolus, dei gracia Romanorum rex, semper Augustus et Boemie rex, notum facimus tenore presencium vniuersis, quod nos fidelibus nostris dilectis .. consulibus ciuitatis Wraczlauiensis nomine ciuitatis eiusdem in mille trecentis et quinquaginta marcis grossorum Pragensium Polonici numeri, pro quibus se ex parte nostri apud certas personas obligarunt et constituerunt fideiussores, tenemur et existimus obligati, volentesque eos de huiusmodi fideiussionis onere penitus releuare et seruare indempnes predictis .. consulibus pro se et ciuitati Wraczlauiensi predicta deputamus et assignamus vniuersas et singulas pecunias de precariis et exaccionibus per nos de nouo impositis seu alias quomodocunque prouenientes et prouenire valentes in districtibus Wraczlauiensi, Nouiforensi, Glaczensi et Frankinsteinensi per eos tollendas, percipiendas et leuandas integraliter et ex toto; ita tamen, quod de eisdem pecuniis pretactam mille trecentarum quinquaginta marcarum summam ante omnia soluere teneantur, et quidquid facta huiusmodi solucione residuum fuerit, pro nostris vsibus reseruare, et si fortassis per obliuionem vel importunitatem impetrancium aut alio quocumque modo personis quibuscunque pecunias aliquales per quascunque literas in antea deputauerimus super precariis et obuencionibus supradictis, volumus et decernimus, quod huiusmodi litere viribus omnino careant et nullius existere debeant roboris vel momenti et ad eos prefati .. consules absque indignacionis nostre offensa se quomodolibet conuertere seu earundem pretextu quidquam soluere minime tenebuntur presencium sub nostro sigillo testimonio literarum. Datum Wraczlauie anno domini millesimo trecentesimo quinquagesimo primo IX⁰ die mensis Nouembris, regnorum nostrorum anno sexto. Per d. regem Dithmarus.

<small>Am Pergamentstreifen hängt das kleine Siegel des Königs.</small>

203. *Die Stadt Olmütz bekennt, die Rechte der Stadt Breslau erhalten zu haben und verspricht, diese beobachten und Rechtsbelehrungen in Breslau suchen zu wollen. 25. Januar 1352.*

<small>Original im breslauer Stadtarchiv B 27 b, gedr. bei Tzschoppe und Stenzel S. 568. u. Gaupp, magdeb. und hallisches Recht S. 339.</small>

Nos, Ogerius advocatus, consules, scabini iuratique cives, qui iam actu sumus, aut nos, consules scabini iurati cives, qui pro tempore erimus in futuro totaque civium universitas civitatis Olomucz tenore presencium recognoscimus universis, quod, quia legales et famosi viri, consules, scabini et iurati de consensu tocius universitatis civitatis Wratislavie iuxta mandatum invictissimi domini Karoli, Romanorum regis, semper Augusti et Boemie regis, necnon ad instanciam precum rerenissimi domini nostri, domini Iohannis, marchionis Moravie, iura municipalia, leges, consuetudines et gracias, tam in scripto quam extra scriptum habita et in posterum habenda, nobis et civitati nostre predicte in specialis consolacionis tripudium inpartiri favorabiliter sunt dignati, ut in eisdem, dum et quociens ambiguitas eorundem insurgeret, recursum et respectum et reportacionem iugiter cum tota perfruicione sine ministracione predictorum iurium aliis civitatibus porrigenda habere debeamus, promittentes bona et sincera nostra fide nostro et omnium iuratorum et singularium personarum nomine prelibatis consulibus et scabinis et iuratis, in premissis a quolibet premissorum perpetuatis temporibus, secundum iuris formam parere et firmiter obedire, sic quod de quolibet iure, consilio aut gracia in antea requirendis vigintiquatuor et notario ipsorum quatuor grossos regales sine diminucione et renitencia solvere debeamus. In cuius rei testimonium presentes literas sigillo nostro maiori dedimus roborari. Datum, anno domini millesimo trecentesimo quinquagesimo II feria quarta in die conversionis sancti Pauli.

<small>An seidenen Fäden hängt das Siegel der Stadt (gekrönter Aar) mit der Umschrift: † SIGILLVM CIVIVM DE OLOMVCZ.</small>

204. *König Karl IV bestätigt der Stadt Breslau alle ihre Privilegien und verspricht derselben, alle noch in Schlesien zu machenden Erwerbungen gleich wie Breslau dem Königreich Böhmen einzuverleiben. Prag den 10. Februar 1352 [1]).*

<small>Original im breslauer Stadtarchiv E 1.</small>

Karolus, dei gracia Romanorum rex, semper augustus, et Boemie rex, ad perpetuam rei memoriam. Quamuis innata cordi nostro benignitas ad vniuersorum fidelium, quos nostre potestatis dicio circumquaque complectitur, vtilitates et comoda procuranda piis et graciosis inclinetur fauoribus, ad illorum tamen profectus quadam singulari clemencia specialius dignamur intendere, qui ad nostre

<small>1) Von dieser Urkunde erhielt die Stadt Breslau von Karl IV nach dessen Krönung zum römischen Kaiser eine zweite Ausfertigung (Stadtarchiv E 2 gedr. bei Sommersberg I 909), welche als Kaiserurkunde mit den Worten beginnt: In nomine sancte et indiuidue trinitatis feliciter amen' Karolus quartus, diuina fauente clemencia Romanorum imperator, semper Augustus sc.</small>

maiestatis honorem flagrantioribus votis aspirant, quosque in regni et corone seruiciis fidei promptitudine et mentis immota constantia inuenimus continuo puriores. Sane dilectorum nobis consulum et vniuersitatis ciuitatis Wratislauiensis fidelium nostrorum probitatis merita et puritatem constantis fidei, quibus nostre celsitudini et clare memorie illustri Iohanni, quondam Boemie regi, genitori nostro dilecto, placuisse noscuntur et in futurum habundantius placere poterunt, proinde mentis intuitu limpidius intuentes ipsis, heredibus et successoribus eorum necnon ciuitati Wratislauiensi imperpetuum animo deliberato et maturo nostrorum procerum accedente consilio omnia priuilegia, literas, iura, gracias, consuetudines, donaciones, concessiones, statuta, emunitates et libertates, que et quas a clare memorie illustribus condam ducibus et principibus Wratislauiensibus, dominis eorum et a predicto genitore nostro optinuerunt hactenus, in omnibus suis tenoribus, sentenciis, punctis et clausulis de verbo ad verbum, prout scripta seu scripte, obseruata seu obseruate sunt, ac si tenores et sentencie huiusmodi exprimerentur seriatim et distincte in presentibus literis, de certa nostra sciencia approbamus, ratificamus, et de solita regie benignitatis gracia confirmamus. Et vt prefata ciuitas Wratislauiensis, ciues et inhabitatores ipsius eo felicioribus incrementis proficiant, quo iurisdiccionem ducatus et dominii Wratislauiensium latioribus auxiliante deo contigerit limitibus ampliari, promittimus et de regia benignitate spondemus prefatis consulibus et vniuersitati ciuitatis predicte pro nobis, heredibus et successoribus nostris, regibus Boemie imperpetuum omnes terras, ciuitates, castra, opida, municiones, villas et districtus Polonie, qui et que donacione, empcione, expugnacione, deuolucione aut alio quouis tytulo ad nos, heredes et successores nostros reges Boemie modo quocumque peruenerint, predicte ciuitati Wratislauie, ducatui, dominio et territorio ipsius sub eisdem iuribus, libertatibus, graciis et condicionibus, sicut ad nos peruenerint et demum regno nostro et corone Boemie ad instar dicte ciuitatis Wratislauiensis incorporare, inuiscerare, adunare, coniungere et inseparabiliter couuire et terras, ciuitates, castra, opida, municiones, villas et districtus huiusmodi a prefata ciuitate, ducatu, dominio et territorio Wratislauiensi, regno et corona Boemie in toto seu in parte, coniunctim seu diuisim, aliqua racione uel causa, ingenio seu colore quesitis nullis vmquam temporibus alienare, rescindere seu quomodolibet remouere. Promittimus eciam dictis consulibus et vniuersitati ciuitatis predicte, dum per consules ipsorum, qui pro tempore fuerint, requisiti fuerimus, ipsis vniuersa priuilegia, literas, iura, gracias, consuetudines, donaciones, concessiones, statuta, emunitates, et libertates super quibuscumque magnis seu paruis rebus a quibuscumque ducibus seu dominis eorum pridem obtinuisse noscuntur, specifice et distincte de verbo ad verbum in omnibus suis tenoribus, sentenciis, punctis, clausulis et obseruanciis approbare, ratificare et de regie benignitatis clemencia confirmare, necnon redditus, census, prouentus et obuenciones ad ducatum et dominium predictum spectantes penes ipsum illeso et integraliter cunctis futuris temporibus conseruare non obstantibus quibuscumque priuilegiis, literis, concessionibus seu graciis, si que a maiestate nostra ex importunitate petencium, obliuione, ignorancia et ueritate suppressa impetrata seu impetrate sunt hactenus, aut infuturum impetrari contingeret, quibus omnibus, si et in quantum predictis priuilegiis, literis, iuribus, graciis, consuetudinibus, donacionibus, concessionibus, statutis, emunitatibus et libertatibus in toto seu in parte in fraudem seu preiudicium consulum vniuersitatis ciuitatis Wratislauiensis heredum et successorum suorum et ipsius ciuitatis aduersari seu contraire censentur, auctoritate regia et de regie potestatis plenitudine derogamus eadem et eorum quodlibet, sub quibuscumque formis et expressionibus verborum emananerunt hactenus, et in futurum emanauerint, anullantes, cassantes et auctoritate predicta viribus vacuantes. Nulli ergo penitus hominum liceat hanc nostre approbacionis, ratificacionis, confirmacionis, promissionis, sponsionis, annullacionis et cassationis paginam infringere aut ei quouis ausu temerario contraire sub pena nostre indignacionis, quam, qui secus attemptare presumpserint, se congnoscant grauiter incurrisse [1]). Presencium sub nostre maiestatis typario testimonio litterarum datum Prage anno domini millesimo trecentesimo quinquagesimo secundo, indiccione quinta, IIII Idus Februarii, regnorum nostrorum anno sexto.

Per dominum regem Nouiforensis. R.

Das Siegel ist verloren gegangen.

1) In der zweiten Ausfertigung folgen hierauf das Monogramm des Kaisers und die Worte: Signum serenissimi principis et domini, domini Karoli quarti Romanorum imperatoris, inuictissimi et gloriosissimi Boemie regis. Huius rei testes sunt venerabiles Arnestus, Archiepiscopus Pragensis, Johannes Olomucensis, Thedricus, Misnensis episcopi, illustres Rudolphus Austrie, Bolko Suiduicensis, Johannes Opauie, Wenceslaus et Ludwicus Legniciensis et Bolko, Opoliensis duces, necnon spectabilis Burchardus, Burgrauius Magdeburgensis, Vlricus de Helfenstein ac Albertus de Anhalt comites et alii quam plures. Presencium sub bulla aurea typario nostre imperialis maiestatis impressa testimonio literarum datum Prage anno domini millesimo trecentesimo quinquagesimo sexto, VIIII indiccione, II Idus Augusti, regnorum nostrorum anno Romanorum vndecimo, Boemorum decimo, imperii vero secundo.

Das Siegel sammt der goldnen Bulle sind nicht mehr vorhanden.

205. *König Karl IV erlaubt dem Rathe zu Breslau, jeden unbescholtenen Mann zum Bürger anzunehmen, auch wenn dessen bisherige Obrigkeit dagegen Einspruch erheben sollte, und befiehlt demselben, sich im Vereine mit seinem Kanzler genaue Kenntniss von allen Einkünften des Fürstenthums Breslau zu verschaffen zur Formulirung von Vorschlägen, wie dessen Verwaltung in Zukunft einzurichten sei. Prag den 10. Februar 1352.*

Original im breslauer Stadtarchiv E 13.

Karolus, dei gracia Romanorum rex, semper Augustus et Boemie rex, dilectis nobis .. magistro consulum et .. consulibus ciuitatis Wratislauie, fidelibus nostris graciam regiam et omne bonum!

Fidelitati vestre committimus et seriose mandamus, quatenus vniuersos et singulos ciues ac mercatores de quibuscunque terris vel ducatibus iura ciuilia ciuitatis vestro recipere cupientes, dummodo bone fame sint, in conciues vestros iure, ritu et consuetudinibus vestris recipere debeatis contradicciones cuiuscunque principis aut domini super eo nullatenus aduertentes.

2. Ceterum de circumspeccionis vestre industria presumentes singulariter vobis attente committimus et districte mandamus vt vos de omnibus et singulis redditibus et prouentibus ducatus nostri Wratislauiensis iuxta debitum et expeditum racionis ordinem vna cum honorabilibus Dythmaro, cancellario nostro, ibidem ingerere debeatis sollicita consideracione visuri, quomodo res se habeant de preteritis, et quo ordineutur cautius de futuris. Datum Prage anno domini millesimo trecentesimo quinquagesimo secundo III Idus Februarii, regnorum nostrorum anno sexto.

Nouiforensis. R.

An Pergamentstreifen hängt das grosse Siegel des Königs.

206. *König Karl IV bestätigt der Stadt Breslau den Salzmarkt, die Stadtwage und das Schrotamt. Prag den 11. Februar 1352.*

<small>Original im breslauer Stadtarchiv F 16a.</small>

Karolus, dei gracia Romanorum rex, semper Augustus et Boemie rex, notum facimus vniuersis, quod attendentes multiplicia probitatis merita[1]) dilectorum nobis . . consulum et vniuersitatis ciuium Wratislauiensium, fidelium nostrorum, quibus nostre celsitudini et clare memorie illustri Iohanni, quondam Boemie regi, genitori nostro dilecto, attenta fide et inmoto virtutis constancia placuerunt, ad ipsorum profectus et commoda tanto graciosius dignamur intendere, quanto 'id ipsum grata quidem ipsorum obsequia fidelius meruerunt; ideoque animo deliberato non per errorem aut improuide sed sano nostrorum nobilium et procerorum consilio precedente prefatis consulibus, heredibus et successoribus eorum, qui pro tempore fuerint, et dicte ciuitati Wratislauie imperpetuum forum, dacionem, empcionem, vendicionem et disposicionem cuiuslibet salis, cuiuscunque speciei consistat, adducti pridem seu imposterum adducendi, necnon libram siue stateram quarumcunque rerum ponderabilium et officium veccionis vasorum, quod wlgo „schrotampt" dicitur, cum omnibus iuribus, vtilitatibus, fructibus, obuencionibus et emolumentis spectantibus ad eadem, quibuscunque specialibus seu distinctis vocabulis designari valeant, irreuocabiliter vnimus, incorporamus, inuisceramus perpetuis temporibus possidenda pacifice ac in vsus vtiles dicte ciuitatis, prout consulibus, qui pro tempore fuerint, expedire videbitur, racione preuia libere conuertenda inhibentes capitaneo, cancellario et ceteris officiatis Wratislauiensibus, qui pro tempore fuerint, fidelibus nostris, ne prefatos ciues et ciuitatem Wratislauiensem aduersus presentis nostre vnicionis, incorporacionis et inuisceracionis indultum impediant aut sinant quomodolibet impediri sub pena indignacionis nostre, quam, qui secus attemptare presumpserint, se cognoscant grauiter incurrisse. Presencium sub nostre maiestatis sigillo testimonio literarum datum Prage anno domini millesimo trecentesimo quinquagesimo secundo, indiccione quinta III° Idus Februarii, regnorum nostrorum anno sexto.   R.

Per dominum regem Nouiforensis.

<small>Das grosse Siegel des Königs hängt an Pergamentstreifen.</small>

<small>1) Original: meria.</small>

207. *Rath und Schöppen der Stadt Breslau theilen ihr Recht der Stadt Neumarkt mit. 17. Februar 1352.*

<small>Original im Archiv der Stadt Neumarkt, gedr. bei Tzschoppe und Stenzel S. 569.</small>

Noverint universi, presentes literas inspecturi, quod nos, consules et scabini civitatis Wratislaviensis, de speciali et firmo mandato serenissimi domini nostri, Romanorum et Bohemie regis, nobis tradito ac seniorum, iuratorum nostrorum tociusque universitatis civitatis nostre predicte consensu et consilio universis civibus in Novoforo pro nunc existentibus et imposterum existendis omnia nostro civitatis iura et gratias, pout apud nos servantur, porrigimus et donamus, ita quoque, ut super omnibus causis tam parvis quam magnis, civibus predicte civitatis incumbentibus et dum in eisdem digne requisicionis necessitas seu oportunitas insurgeret, in omni iure, ad nostram civitatem Wratislaviensem et non alias perpetualiter recursum habere debeant et respectum unaque nobiscum de eisdem iuribus et graciis in prefata ipsorum civitate frui et gaudere, pro ipsorum civium comodo et honore. Harum, quibus[1]) sigillum civitatis nostre maius presentibus appensum est, testimonio literarum. Datum, anno domini millesimo trecentesimo quinquagesimo secundo, feria secunda post dominicam, qua Esto michi decantatur.

1) Original: presentibus.

208. *König Karl IV erlaubt den Breslauern, wenn König Kasimir von Polen ihren Handel nach Polen, Preussen und Russland hindere, durch Aufhaltung aller polnischen Unterthanen in allen seinen Landen Repressalien zu üben. Wistritz den 22. Februar 1352.*

Original im breslauer Stadtarchiv F 9, gedr. bei Lünig Reichsarchiv XIV 313.

Karolus, dei gracia Romanorum rex, semper Augustus, et Boemie rex, magistro consulum, consulibus et vniuersitati ciuium Wratislauiensium, fidelibus nostris dilectis graciam regiam et omne bonum.

Fideles dilecti!

Si magnificus Casimirus, rex Polonie illustris, vos et mercatores ciuitatis vestre, cohabitatores vestros, in processibus itinerum vestrorum et mercacionum vestrarum exerciciis versus regnum suum Polonie et ad partes Prussie et Russie aut alibi vbicumque impedierit seu impediri fecerit et in rebus seu corporibus molestari, extunc damus et concedimus vobis et cuilibet vestrum plenam licenciam et potestatem omnimodam regnicolas et homines dicti regis, cuiuscumque condicionis existant, presidio quorumlibet officialium nostrorum in omnibus partibus nostre dicionis nobis et sacro imperio et regno Boemie subiectis arrestandi occupandi et detinendi rebus et personis, donec vobis et vestrum cuilibet iniuriam seu molestiam passis seu passo de omnibus grauaminibus et dampnis fuerit integraliter satisfactum. Mandamus igitur vniuersis et singulis principibus, comitibus, baronibus, nobilibus, iudicibus, consiliis, rectoribus et vniuersitatibus principstuum, dominiorum, ciuitatum et districtuum quorumcunque nostris et sacri Romani imperii et regni Boemie fidelibus, quatenus vos et quemlibet vestrum in prosecucione arrestacionum et occupacionum predictarum, dum et quociens necessitas id exegerit, teneantur et debeant sine contradiccionis seu cuiuslibet impedimenti obstaculis efficaciter promouere presencium sub nostro sigillo testimonio litterarum. Datum Wistricz anno domini millesimo trecentesimo quinquagesimo secundo, indiccione quinta, viii° Kalendas Marcii, regnorum nostrorum anno sexto.

Ad relacionem magistri Thome Noviforensis. R.

An Pergamentstreifen hängt das grosse Siegel des Königs.

209. *König Karl IV bestimmt, dass alles Bau- und Brennholz, welches zu Wasser nach Breslau geführt wird, nicht weiter geführt werden, sondern daselbst bleiben soll, damit die Breslauer ihre durch Feuer zerstörte Stadt desto schneller wieder aufbauen könnten. Prag den 14. Mai 1352.*

Original im breslauer Rathsarchiv E 7a, gedr. bei Lünig Reichsarchiv XIV 243.

Karolus, dei gracia Romanorum rex, semper Augustus et Boemie rex, notum facimus vniuersis, quod cupientes ex animo ciuitatis nostre Wratislauiensis et ciuium eiusdem fidelium nostrorum dilectorum condicionem, qui aliquociens per ignis voraginem, proch dolor! irrecuparabilia dampna subierunt, fieri meliorem, vt reformatis suis periculis excellencie regie promptis et gratis seruiciis possint et valeant futuris temporibus fructuosius adherere, decernentes auctoritate regia et volentes, quod omnia et singula ligna conbustibilia et pro edificiis valencia, dum ad ipsam ciuitatem in aqua Odre peruenerint ibidem pro vtilitate incolarum ipsius ciuitatis et reformacione edificiorum sine deduccione aliqua cuiuscumque hominis, cuiuscumque eciam status seu condicionis existat, debeant finaliter remanere, nisi fortassis quis super eo consulum ciuitatis predicte obtinuerit licenciam specialem. Consideratis eciam dictorum ciuium grauibus, quibus super reformacione poncium circumquaque ciuitatem et conseruacione aque Odre predicte, vt apud ipsam ciuitatem remaneat, insident laboribus et expensis et vt louius ligna ad ipsos labores necessaria habeant, eisdem ciuibus ciuitatis eorum nomine indulgemus imperpetuum et fauemus, vt omnes et singuli officiales nostri ibidem in Wratislauia, qui nunc sunt, uel pro tempore fuerint, et inibi nostrorum reddituum nostro et heredum nostrorum nomine sunt potentes, fideles nostri dilecti, ex speciali mandato nostro sine omni contradiccione theloneum nostrum in dicta aqua Odre prope ciuitatem, quod de lignis soluitur, dum exponi fuerit oportunum, nulli alteri preterquam consulibus ibidem in Wratislauia pro viginti marcis Polonicalibus dumtaxat nobis singulis annis soluendis exponere uel locare audeant vel presumant regalis gracie sub obtentu non obstantibus quibuscumque litteris per nos per importunas potencium preces vel per obliuionem dandis imposterum. Quibus omnibus et singulis quoad presentes concessiones derogamus ac eas cassamus auctoritate regia et annullamus ac nullis esse volumus roboris vel momenti harum nostrarum testimonio litterarum, quibus sigillum ducatus nostri Wratislauiensis ad hereditates et causas vna cum signo nostro secreto duximus apponendum. Datum Prage anno domini millesimo trecentesimo quinquagesimo secundo, indiccione quinta, II° Ydus Maii, regnorum nostrorum anno sexto.

An seidenen Fäden hängt das Siegel der Hauptmannschaft.

210. *König Karl IV erlaubt allen Edelleuten und Einwohnern von Breslau und Neumarkt, welche im Fürstenthum Breslau Erbgüter besitzen, diese zu Erbzinsrecht auszuthuen und Bauerndörfer darauf anzulegen. Prag den 12. Juli 1354.*

Original im breslauer Stadtarchio E 15, gedruckt bei Lünig Reichsarchiv XIV 242.

Karolus, dei gracia Romanorum rex, semper Augustus et Boemie rex, vniuersis et singulis nobilibus et incolis districtuum necnon ciuibus ciuitatum nostrarum Wratislauiensis et Nouiforensis, fidelibus nostris dilectis, graciam regiam et omne bonum!

Congruum et racioni consonum arbitramur, si ad ea, que terre nostre augmentum, commodum et profectum respiciunt, nostre liberalitatis graciam beniuole concedamus: vobis igitur et cuilibet vestrum, ut bona vestra allodialia in districtibus Wratislauiensi et Nouiforensi personis quibuslibet in emphiteosim locare et ut super dictis vestris bonis allodialibus ville de nouo construi et plantari pro terre augmento et communis boni utilitate in ea tamen libertate, sicut huiusmodi bona vestra allodialia fore noscuntur, de presenti plenam et liberam ex certa nostra sciencia et de innate nobis benignitatis clemencia tenore presencium concedimus facultatem promittentes locaciones, construcciones et plantaciones huiusmodi bonorum allodialium in omnibus punctis et articulis, sicut in contractu exprimi debent, in literis sub sigillo ducatus et terre nostre Wratislauiensis nos ratas et gratas perpetuo habituros presencium sub nostro maiestatis sigillo testimonio literarum. Datum Prage anno domini millesimo trecentesimo quinquagesimo quarto, indiccione vii iii⁰ Idus Julii, regnorum nostrorum Romanorum anno nono, Boemie vero octauo.

<small>An Pergamentstreifen hängt das grosse Siegel des Königs.</small>

211. *Kaiser Karl IV befiehlt aufs neue, die Oderwehre zwischen Brieg und Crossen zu entfernen. Prag den 8. October 1355.*

<small>Original im breslauer Stadtarchiv F 7a, gedruckt bei Lünig XIV 314.</small>

Karolus quartus, diuina fauente clemencia Romanorum imperator, semper Augustus et Boemie rex, vniuersis presentes litteras inspecturis inter ceteras occupacionum nostrarum curas, quibus fatigamur, illa precipue nostris insidet precordiis, ut reipublice utilitati ac bono communi nostra serenitas feruencius et vigilancius intendat; sane ad euitandum generalis incomodi dispendia, que ex obstaculorum in fluuiis Odore locacione humanis usibus notabiliter hucusque emerserunt, et contra antiquitus obseruatam consuetudinem continue ingeruntur, ex eo, quod omnia et singula obstacula, que in flumine et aqua Odore posita sunt uel fuerunt, computando a ciuitate Bregensi usque ad ciuitatem Krossin ad sedecim vlnarum latitudinem et vnius palme passum et usque ad fundum aque propter liberum piscium et nauigancium meatum aperta esse deberent et in nullo ultro plus obstructa, prout antiquitus semper consuetum extitit obseruari. Licet postmodum per quorundam tyrannidem et temerariam presumpcionem in reipublice et terrarum nostrarum non modicum detrimentum et grauamen predicta obstacula nimium sint preclusa, quod ulterius sub paciencie silencio preterire nequientes volumus, statuimus, decernimus et perpetuo edicto sanccimus, quod ex nunc inantes omnia et singula obstacula infra predictas ciuitates Bregensem et Krossinam per quascunque personas cuiuscunque condicionis, dignitatis seu preeminencie existant in dicto flumine Odore locata, facta uel posita seu habita uel possessa, uel que possident seu possiderint ad latitudinem sedecim vlnarum et vnius palme passum et usque ad fundum aque pro communi utilitate omnium aperta esse debeant et sine reclamacione et impedimento quolibet aperiri et perpetuis temporibus, ut premittitur, debent remanere aperta, mandantes firmiter et districte . . capitaneo et consulibus Wratislauiensibus, fidelibus nostris dilectis, qui nunc sunt uel pro tempore fuerint, ceterisque nostris subditis et fidelibus, eciam si principali fulgeant dignitate, quatenus presentem nostram ordinacionem, constitucionem et decretum de predictis obstaculis per nostram maiestatem prouide et salubriter factam auctoritate regia in omnibus suis punctis et articulis, ut premittitur, statim absque dilacione morosa execucioni et debito effectui mancipare debeant et attento studio manutenere, defendere et inuiolabiliter conseruare. rebelles quoslibet contradictores seu impeditores predicte nostre ordinacionis, ut a suis peruersis conatibus et impedimentis desistant, seueritate debita arceant et compescant. Nulli igitur omnino hominum, cuiuscunque dignitatis seu status existat, liceat hanc nostre ordinacionis et decreti paginam infringere, aut ei ausu temerario quomodolibet contraire; si quis autem secus attemptauerit, aut attemptare temero presumpserit, indignacionem regiam et penam grauissimam ad arbitrium proprium infligendam se nouerit infallibiliter incursurum. Presencium sub imperialis maiestatis nostre sigillo testimonio literarum datum Prage anno domini millesimo trecentesimo quinquagesimo quinto, indiccione octaua, VIII Idus Octobris, regnorum nostrorum anno decimo, imperii vero primo.

Das Siegel ist abgerissen.

212. *Herzog Wenzel von Liegnitz verleiht der Stadt Hainau das magdeburger Recht Breslaus, und ordnet den Gerichtsstand, Rechtszug und die Prozesscautionen der hainauer Bürger. Breslau den 29. Juli 1357.*

Original im breslauer Staatsarchiv Urkk. der Stadt Hainau Nr. 55, gedruckt bei Tzschoppe und Stenzel S. 577.

In gotis namen amen. Wir Wenczelaw, von gotis gnadin herczoge in Slesien, der erste, vnd herre czu Legnicz, bekennen offenbar an disem briue allen den, di in ansehen adir horen lesin, daz wir angesehen han stetikeyt getruwes dinstes vnsir getruwen liben, ratmanne, burger vnde gemeyne vnsir stat czu Haynow, daz si vns manikualdiclich beczeigit han vnde noch irczeigen sullen vnde gebin in vnde der selben vnser stat czu Haynow von vnsin furstlichen gnadin vnde vorlyen in von vnsir wegin vnde von allir vnsir nachkomelinge wegin ewiclich czu habene alle di recht, di di ersamen luyte, burger vnde stat czu Breczlaw haben von iren herren vnde der si gebruchen nach meydeburgischem rechte.

2. Ouch vorlye wir in vnde gebin in czu svnderlichen gnadin vnde czu rechte; ap wir adir vnse nachkvmelinge, houerichter, heuptluyte, amptluyte adir anewaldin der selbin vnsir burger, di iczvnt da wonen adir her nach wonen werdin czu Haynow, eyner adir me, wi vil der were, ichtis an czu sprechene adir czu beschuldigene hetten, adir eyn burger den andirn, iz trete ho adir nydir, daz wir adir di vnsin, di vorbenant sin, sullen di selben burger ansprechen vnde beschuldigen vor der vorbeschribenen vnsir stat erberichter vnde schepfen vnde der stat recht davon innemen nach der schepfen teylunge, vnde ap wir adir vnse nachkvmelinge adir anewalden vns czihen woldin adir czugen mit den burgern mit eyme adir mit me, adir welchirleyge persone daz were, so sal der czuk bliben in der stat mvren da selbis vnde nicht dar vz. Da sal vnser anewalden eyner czu kvmen vnde der stat schepfen mit den lantschepfen da selbis czu teilne der stat recht vnde czu gebene ein glich recht. Were ouch daz, ap der selbin vnsir burger czu Haynow eyner adir me von vns adir von vnsin nachkvmelingen adir anewaldin beschuldigit wurden, iz trete ho adir nydir, vnde der burgen hette, adir den di stat borgen wölde, vnde der nichtis obirwunden were, den sal man zu borge gebin, vor daz recht czu kvmene vnde da gerecht zu werdene nach teylunge der schepfen.

3. Ouch gebe wir in czu svnderlichen gnadin, ap dikeyne iunkvrouwe adir kynt sich vorandirt ane der eldern rat vnde willen, daz daz selbe kynt sal nichtis nicht erbeteylis haben, di wile iz lebit, in siner eldirn gute in alle der wise, alse daz gehalden wirt in der stat czu Brezlaw.

Bi allen den vorbenanten rechten vnde gnadin gelobe wir in guten truwen ane argelist denselben vnsin burgern vnde der stat czu Haynow, si czu behaldene da bi vnde czu lazene vnde in daz nicht czu brechene in keyne wis mit vrkvnde dises briues, den wir dar obir han geheyzen gebin czu Brezlaw vnd vorsigeln mit vnsem ingesigil. vnde ist geschen nach gotis geburt tusint vnde drihundirt iar in dem siben vnd fvnfzigisten iare an dem svnabende nach sente Jacobis tage; da bi sint gewest vnse getruwen her Reynsch von Guzk, vnse houerichter czu der czit, her Heynich von Landiscron, her Heynke von Czedelicz, Fricze von Landiscrone, Hanke Engilger, Hertil Bwzewoy vnde Sydil von Brokothendorf, vnse schriber, dem diser brif wart beuolen.

<small>An rothen seidenen Fäden hängt das Siegel des Herzogs mit der Umschrift: † S WENCESLAI DVCIS SLESIE ET DOMINI LEGNICENSIS.</small>

213. *Bischof Przeczlaw von Breslau bestätigt die Ausstattung der Kapelle auf dem breslauer Rathhause mit 20 Mark jährlicher Einkünfte durch den breslauer Rath. Breslau den 19. März 1358.*

<small>Original im breslauer Stadtarchiv M 4b.</small>

In nomine domini amen. O felix anima, in qua gracia dei vacua non est, per cuius caritatem pro cultus diuini augmento ad exercenda spiritualia temporalia, sine quibus eadem spiritualia diucius manere nequeunt, disponuntur, et vt vtrorumque disposicio laudabilis inmota preseueret perpetuis temporibus, sicut decet, expedit eandem literarum patrocinio et auctoritate pastoralis officii roborari! Hinc est, quod nos Preczlaus, dei gracia episcopus Wratislauiensis, ad perpetuam memoriam vniuersis et singulis cupimus fore notum, quod ad nostram accedentes presenciam prouidi viri . . consules ciuitatis Wratislauiensis asserebant, se suo et tocius vniuersitatis ciuitatis eiusdem nominibus in pretorio ipsorum siue domo consulatus capellam opere laudabili fundasse et eciam construxisse ad laudem et gloriam omnipotentis dei in honore beatorum Johannis baptiste et Johannis ewangeliste speciali. Quam quidem capellam iidem consules intima deuocione ducti, ut nobis apparuit, pro capellano moderno et eius successoribus perpetuis et ministris, vt ad dictorum consulum, qui pro tempore sunt et erunt, beneplacita perpetuis temporibus et oportunis missa excommunicatis et interdictis exclusis in capella ipsis legatur predicta, per capellanos et ministros eiusdem, cum viginti marcarum redditibus annuis, certis et perpetuis predictis . . capellano et eius successoribus soluendis et expediendis singulis annis et perpetuis temporibus, ita quod singulis quatuor temporibus modo in proximis quatuor temporibus incipiendo quinque marce Polonicalis numeri et pagamenti deriuentur de mensa consulatus pretorii ciuitatis antedicte, maturo ipsorum consulum, scabinorum et ceterorum iuratorum predicte ciuitatis et tocius vniuersitatis prehabito consilio et consensu expresso, ut ab ipsis audiuimus, voluntarie et libere dotauerunt supplicantes nobis nomine tocius vniuersitatis ciuitatis et ciuium eiusdem humiliter et deuote, quatenus dictam dotacionem approbare ac antedictos redditus supradicte capelle pro capellano moderno et eius successoribus asscribere, applicare, confirmare et incorporare ac nostram auctoritatem ordinariam et decretum dicte donacioni interponere dignaremur; nos igitur dictorum . . consulum iustis supplicacionibus, quibus non est denegandus assensus, pio concurrentes affectu dictam donacionem in omnibus suis clausulis et articulis approbamus necnon prenotatos redditus memorate capelle pro ministris et capellanis ipsius asscribimus, applicamus, perpetuo confirmamus et incorporamus et ipsis dotacioni, approbacioni, asscripcioni, applicacioni, confirmacioni et incorporacioni interponimus nostram auctoritatem ordinariam pariter et decretum presencium, quibus sigillum nostrum est apponsum, testimonio literarum. Actum et datum Wratislauie XIIII Kalendas Aprilis anno domini millesimo trecentesimo quinquagesimo octauo presentibus honorabilibus viris dominis Nicolao de Panewicz, custode, Petro de Bythom, cantore sancte crucis, Jacobo Augustini, archidiacono Legnicensi, Petro de Gostina, vicearchidiacono, ecclesiarum canonicis, et Johanne curie nostre notario, qui presencia habuit in commisso, necnon prouidis uiris Hancone Budyssin, Petro Beyr, Petro de Reichenbach et Hancone Dominici, ciuibus Wratislauiensibus et aliis pluribus fidedignis, testibus ad premissa.

<small>An seidenen Fäden hängt das Siegel des Bischofs.</small>

214. *Johann Delfin, Doge von Venedig, dankt dem Kaiser Karl für Schutz und freien Durchzug, welchen derselbe den Kaufleuten von Venedig gewährt hat, und nimmt dagegen alle Kaufleute des Kaiserreichs, des Königreichs Böhmen und der anderen Länder des Kaisers in seinen Schutz. Venedig den 26. April 1358.*

<small>Abschrift in den Commemoriali des venezianischen Archivs, gedruckt bei Boehmer acta imperii selecta S. 753.</small>

Serenissimo ac invictissimo principi ac domino, domino Karolo, Romanorum imperatori, semper Augusto et Boemie regi, illustri domino plurimum honorando, Johannes Delphino, Venociarum etc dux, salutem et votivos in omni prosperitate successus. Serenissime et invictissime princeps et domine! Pro eo, quod mercatores concives nostros in vestram et imperii sacri protectionem assumere dignatur imperialis serenitas ac ipsis securitatem et liberum transitum tam per Alamaniam [quam] Boemiam et alias subditas vobis partes de singulari benignitatis munere procurastis, serenitati cesaree ad gratiarum actiones consurgimus, et volentes huiusmodi tam benigno favori pro nostra possibilitate vices respondere universos mercatores vestros tam de imperio, regno Boemie, quam de aliis regionibus vestre dictioni subiectos in nostram et honorabilis consilii maioris et universitatis protectionem assumentes ipsos ubique locorum et per omnes terras nostre dictioni subiectas protegere et defendere volumus fideli studio pro viribus et pro posse.

Data in nostro ducali palacio die vigesimo sexto Aprilis undecime indicionis.

215. *Kaiser Karl IV. befreit die Breslauer von der Niederlage zu Prag. Breslau den 18. Januar 1359.*

<small>Original im breslauer Stadtarchiv F 12 a, gedr. bei Lünig Reichsarchiv XIV 243.</small>

In nomine sancte et indiuidue trinitatis feliciter amen. Karolus quartus, diuina fauente clemencia Romanorum imperator, semper Augustus et Boemie rex, ad perpetuam rei memoriam. Quamuis alias deliberato principum, baronum et procerum nostrorum consilio augmento felici ciuitatis nostre Pragensis rite pensato, ut felicibus incrementis continuata semper salute proficeret, deposicionem omnium mercium, vndecunque proueniant, seu a quouis eciam mercatore ducantur, ipsi ciuitati Pragensi duximus liberaliter erogandam, sicut in literis nostris erogatis desuper plenius est expressum; considerantes tamen ciuitatis nostre Wratislauiensis et incolarum ipsius graue dispendium, quod ex huiusmodi deposicione mercium irremediabili iactura ipsis incumberet, habito eciam respectu ad multam fidei, circumspeccionis et industrie deuotam constanciam et indefesse virtutis obsequia, quibus prefati ciues Wratislauienses maiestati nostre, necnon clare memorie illustri Johanni, quondam Boemie regi, genitori nostro karissimo, affectuosis semper obsequiis et exquisita diligencia placuerunt; presertim cum eadem ciuitas Wratislauiensis regno et corone Boemie ad instar ciuitatis Pragensis vnita et incorporata noscatur, habita deliberacione cum nostris principibus, baronibus et fidelibus, quorum interest huiusmodi negociis adhibere consilia, prefate ciuitati nostre Wratislauiensi et eius incolis ac mercatoribus, qui sunt seu qui pro tempore fuerint, de certa sciencia et auctoritate regia Boemie talem libertatem duximus erogandam, quod videlicet prefati mercatores ciuitatis Wratislauiensis vniuersas merces suas, cuiuscunque valoris, speciei seu condicionis extiterint, versus et in ciuitatem Pragensem et abinde non depositas seu religatas ducere, tenere transducere et abducere possint et valeant sub omni ea emunitate, iure, libertate, consuetudine seu gracia, sicut ciuis Pragensis valeret agere de suis propriis mercibus priuilegio principis, consuetudine siue iure. Nulli ergo omnino hominum liceat hanc nostre libertacionis paginam infringere seu ei quouis ausu temerario contraire sub pena grauissime indignacionis nostre, quam qui secus attemptare presumpserit, se cognoscat grauiter incidisse. Signum serenissimi principis et domini, (M) domini Karoli quarti, Romanorum imperatoris inuictissimi et gloriosissimi Boemie regis. Testes huius rei sunt venerabilis Arnestus, Pragensis ecclesie archiepiscopus, Johannes Luthmuschlensis, sacre imperialis aule cancellarius, Preczlaus, Wratislauiensis, Johannes, Olomucensis, Heinricus, Lubucensis, et Albertus, Swerinensis ecclesiarum episcopi, illustres Bolco, Swidniczensis, Wenceslaus et Ludowicus, fratres Legniczenses, Conradus, Olsnicensis, Heinricus, Glogouiensis, Bolco, Opoliensis, Johannes, Vzwicensis, Bolco, Falkinbergensis et Primislaus, Teschinensis duces, ac Wilhelmus, marchio Misnensis, spectabiles Vlricus, lantgrauius de Lucemberg, Burghardus, burgrauius Magdeburgensis, imperialis nostre curie magister, Johannes de Recz, comites, et alii quamplures nostri sacri Romani imperii et regni nostri Boemici fideles dilecti. Presencium sub imperialis nostre maiestatis sigillo testimonio litterarum datum Wratislauie anno domini millesimo trecentesimo quinquagesimo nono, indiccione duodecima, XIIII Kalendas Februarii, regnorum nostrorum anno tredecimo, imperii vero quarto.

R. Hertwicus.   per dominum cancellarium
                                   Rudolphus de Frideberg.

An seidenen Fäden hängt das grosse Kaisersiegel mit der Umschrift: † KAROLVS: QVARTVS: DIUINA: FAUENTE: CLEMENTIA: ROMANO: IMPERATOR: SEMPER: AUGUSTUS: ET: BOEMIE: REX. Das Rücksiegel hat die Umschrift: † IVSTE: IVDICATE: FILII: HOMINVM.

216. *Kaiser Karl IV hebt für das Erbrecht der Stadt Breslau den Unterschied des magdeburgischen Rechts zwischen Heerwäte, Gerade und anderer fahrender Habe auf, — die Gerade soll nur noch in dem Falle besonders in Betracht kommen, wenn die Ehefrau den Mann überlebt, dann soll sie dieselbe erhalten — und führt in Schuldsachen den Reinigungseid ein. Prag den 19. Januar 1359.*

<small>Original im breslauer Stadtarchive F. 11, gedr. in abweichender Fassung und unvollständig bei Laband Schiffenrecht S. 83 und 149 und bei Gengler Codex iuris municipalis I 372.</small>

Wir Karl, von gots gnaden romischer keiser, zu allen zeiten merer des richs vnd kunig zu Beheim, bekennen vnd tun kunt offenlich mit disem briefe allen den, die yn sehen oder horen lesen. Alleine vnsir lieben getruwen ratman, scheffen geswornen vnd gemeyne der stat Breczlaw an der nemunge herwetis vnd der gerade magdeburgischis rechtis gebruches haben vncz her vff dise zeit, dauon sich manich stoz, krig vnd vnfruntschaft zwischen vrunden ofte erhaben hat, als wir von den obgenanten vnsern getruwen sein redelich vnderwiset, doch durch guter alder vruntschaft vnd eynunge willen von kuniglicher macht als eins kuniges zu Beheim wandelen wir die obgenante recht des herwetis vnd der gerade vnd schicken, ordennen vnd seczen an disem brief, daz man vorbas mer ewiclichen herwete vnd gerade nemen sal in aller der wise als hernach geschriben stet: Stirbet ein burger, der nicht eliches wibes hat, vnd leset herwete vnd gerade in der stat gerichte zu Bresslaw oder anderswo, wo das were, das sal vorbas iruallen glich anderm gute vnd varnder habe an seyne nehsten erben, sie seint knechte oder meide, wo sie besessen sein, binnen oder busen der stat Bresslaw gerichte. Stirbet aber der man vnd leset ein elich weip, was do dann gerade heiset nach megdeburgischem rechte, die sal volgen der vrouwen vnd wenn die vrouwe gestirbet, so sal is nymmer gerade heisen sunder varende habe, vnd sal vallen vorbas an ir nehsten geerben, sie sein knechte oder meide, wo sie gesessen seint, binnen oder busen der stat Bresslaw gerichte. Stirbet aber eyme manne sein elich weip, was dann nach megdeburgischem rechte gerade mochte geheisen, wo das were, das sal bei dem manne bliben als ander gut vnd varende habe.

2. Ouch wellen wir, alleine is wider megdeburgisch recht ist, von sunderlichen gnaden, daz ein ieclich mann, der in der stat zu Bresslaw gerichte beklaget wirt vmb schult von geldes wegen, das er der clage intgen moge mit seynes eynis hant, ob er thar, vff den heiligen ane goczuge.

Mit vrkunt diez briefes versiegelt mit vnser keiserlicher maiestat ingesiegel geben zu Bresslaw nach Christus geburt dreiczenhundert iar darnach in dem neun vnd funfzigestem iare an sente Fabianen vnd Sebastianen abent, der heiligen merteler, vnserr riche in dem dreiczenden vnd des keisertums in dem virden iare.

per d. episcopum Olomucens.
Michael.

<small>Das Siegel fehlt.

Wendroth de institutis quibusdam iuris dotalis Saxonico-Vratislaviensis hat dieses Privileg nicht gekannt.</small>

217. *Kaiser Karl IV verleiht der Stadt Breslau eine Leinwandbleiche mit den Freiheiten und Vorrechten, welche die Bleichen in Schwaben haben. Breslau den 25. Januar 1359.*

<small>Original im breslauer Stadtarchiv E 5.</small>

In nomine sancte et indiuidue trinitatis feliciter amen. Karolus quartus, diuina fauente clemencia Romanorum imperator semper, Augustus et Boemie rex. ad perpetuam rei memoriam de innata nobis benignitatis clemencia condicionem et statum magistri ciuium, consulum ac communitatis ciuium ciuitatis Wratislauiensis, fidelium nostrorum dilectorum, desiderantes fieri meliores habito eciam respectu ad multiplicia probitatis merita necnon constantis fidei puritatem, quibus ipsi celsitudini nostre hactenus conplacere studuerunt et tanto poterunt amplius, quanto se de nostre liberalitatis gracia senserint uberius prosecutos ipsis ac dicte ipsorum ciuitati animo deliberato et ex certa nostra sciencia necnon auctoritate nostra regia Boemie concedimus, fauemus et graciosius indulgemus, quod pannorum lineorum dealbacionem, que wlgariter „bleicha" nuncupatur, in eadem ciuitate seu bonis et pertinenciis ipsius, vbi et prout ipsis melius et utilius uidebitur, facere, ordinare et instituere possint et ualeant perpetuo duraturam, quodque magister consulum et consules ibidem nomine conuentus et ciuitatis omnia officia ad eandem dealbacionem siue bleicham necessaria seu oportuna regere, locare, ordinare, disponere debeant et eisdem uti pro eorundem beneplacito uoluntatis. Damus eciam et concedimus prefate dealbacioni siue bleiche et laborantibus siue colentibus eandem omnia iura, libertates et gracias, quibus huiusmodi dealbaciones in Sweuia et alibi ubicunque usi sunt hactenus et quomodolibet pociuntur, mandantes vniuersis et singulis principibus, comitibus, baronibus, nobilibus ceterisque quibuscumque nostris subditis et fidelibus dilectis, quatenus contra huiusmodi nostram graciam nullatenus facere uel uenire quomodolibet audeant uel presumant; si quis autem contrarium attemptare presumpserit, penam grauis nostre indignacionis se cognoscat grauiter incursurum. Signum serenissimi principis et domini, domini Karoli quarti Romanorum [M] imperatoris inuictissimi et gloriosissimi Boemie regis. Testes huius rei sunt venerabiles Arnestus, Pragensis archiepiscopus, Johannes Olomucensis, Preczlaus Wratislauiensis, Johannes, Luthomuslensis, imperialis aule cancellarius, Albertus Swerinensis, et Maurus, Corbauiensis ecclesiarum episcopi, illustres Bolco, Swydnicensis, Conradus, Olsnicensis, Wenceslaus et Ludowicus, Legnicenses, Bolco, Opuliensis, Bolco, Falkinbergensis, et Przmislaus, Teschinensis duces, et alii quam plures nostri principes, nobiles et fideles. Presencium sub nostre imperialis maiestatis sigillo testimonio literarum datum Wratislauie anno domini m⁰ccc quinquagesimo nono, indiccione duodecima VIII Kalendas mensis Februarii, regnorum nostrorum anno tercio decimo, imperii uero quarto.

<small>Das Siegel ist abgerissen.</small>

218. *Kaiser Karl IV verspricht, die Einkünfte des Fürstenthums, der Stadt und des Weichbildes Breslau in keiner Weise zu verüussern oder zu versetzen. Breslau den 25. Januar 1359.*

<small>Original im breslauer Stadtarchiv E 19.</small>

In nomine sancte et indiuidue trinitatis feliciter amen! Karolus quartus, diuina fauente clemencia Romanorum imperator, semper

Augustus, et Boemie rex, ad perpetuam rei memoriam. Propter honorem et statum magnificum nostrum, heredum et successorum nostrorum Boemie regum necnon corone regni eiusdem, utque nostre prouisionis presidio terrarum nostrarum limites et incole earundum sub felici nostro regimine grata recipiant incrementa, considerantes eciam ducatus, ciuitatis et districtus Wratislauiensis condicionem et statum ex eo fieri meliores animo deliberato non per errorem aut improuide sed sano principum, baronum et procerum nostrorum accedente consilio pro nobis, heredibus et successoribus nostris, Boemie regibus, de certa nostra sciencia et auctoritate nostra regia Boemie decernimus, statuimus et ordinamus, quod omnia bona, hereditates, redditus, vtilitates et prouentus ad dictos ducatum, ciuitatem et districtum Wratislauienses quomodolibet pertinentes nullatenus inantea futuris temporibus diuidere, donare, vendere, obligare aut quouismodo alienare ab eisdem in toto vel in parte sed ipsos simul integros, illesos et indiuisos conseruare seu perpetuo tenere volumus seu debemus, sique quod absit nos, dictos heredes aut successores nostros huiusmodi bona, hereditates et prouentus scienter vel inaduertenter aut per quascunque preces importunas donare, vendere, obligare, diuidere aut alienare contingerit, illud extunc prout exnunc irritum decernimus penitus et inane et omnes literas datas seu dandas desuper nullius existere firmitatis. Signum serenissimi principis et domini, domini Ka [M] roli quarti, Romanorum imperatoris inuictissimi et gloriosissimi Boemie regis. Testes huius rei sunt venerabilis Arnestus, Pragensis archiepiscopus, Johannes, Olumocensis, Preczlaus, Wratislauiensis, Johannes, Luthomuslensis, imperialis aule cancellarius, Albertus, Swerinensis, et Maurus, Corbauiensis ecclessiarum episcopi, illustres Bolko, Swidnicensis, Conradus, Olsnicensis, Wenceslaus et Ludowicus, Lignicenses, Bolko, Opuliensis, Bolko, Falkenbergensis et Przimislaus, Teschinensis duces, et alii quamplures nostri principes, nobiles et fideles. Presencium sub nostre imperialis maiestatis sigillo testimonio literarum datum Wratislauie anno domini millesimo trecentesimo quinquagesimo nono, indiccione duodecima VIII Kalendas mensis Februarii, regnorum nostrorum anno tercio decimo, imperii vero quarto. per dominum .. imperatorem
Jo. Eystetensis.

Das Siegel ist abgerissen.

219. *Die Stadt Breslau verspricht, falls Kaiser Karl IV ohne männliche Nachkommen sterben sollte, den Markgrafen Johann von Mähren für ihren rechten Herrn zu haben. Breslau den 8. Februar 1359.*

Copialbuch 29 f. 131 b ff.

Nos consules, scabini, seniores et tota ciuium vniuersitas ciuitatis Wratislauiensis notum facimus tenore presencium vniuersis, quod ad mandatum serenissimi ac inuictissimi principis et domini, domini Karoli quarti, diuina fauente clemencia Romanorum imperatoris, semper Augusti et Boemie regis, domini nostri pertimendi, qui nobis hoc tanquam Boemie rex precepisse et iniunxisse dinoscitur, animo deliberato non per errorem aut improuide sed vnanimi consensu nobis, quorum interfuerat, pluries ob hoc in consilio congregatis pro nobis, heredibus et successoribus nostris imperpetuum promisimus et bona fide sine dolo promittimus illustri principi, domino Johanni, marchioni Morauie, fratri germano et vnico domini nostri predicti, quod in eum casum, ubi prefatum dominum nostrum, imperatorem et Boemie regem, non relictis legittimis masculini sexus heredibus seu heredum suorum proheredibus in linea masculina descendentibus ab eodem mori contingerit ad prefatum dominum marchionem Morauie tamquam ad uerum, legittimum, ordinarium, hereditarium et naturalem dominum nostrum Boemie regem aut eo non existente ad filios suos seu filios filiorum ipsius per masculinam lineam legittime descendentes ab eo, ad eum uidelicet, qui ex eisdem rex Boemie fuerit, tamquam ad uerum legittimum ordinarium hereditarium et naturalem dominum nostrum Boemie regem et ad neminem alium fide, homagio, subieccione et obediencia uolumus habere respectum et ei tamquam regi Boemie uero, legittimo, ordinario, hereditario et naturali domino nostro uelut regni et corone Boemie ciues, subditi et fideles fidelitatis, obediencie, subieccionis et homagii prestare et facere debita et solita iuramenta presencium sub appensione ciuitatis sigillo (!) maioris testimonio literarum. Datum Wratislauie anno domini m ccc quinquagesimo nono feria VI proxima post diem sancte Dorothee, uirginis et martiris gloriose¹).

1) Der Abschreiber scheint sich im Datum geirrt zu haben, da wegen Nro. 221 die Urkunde nicht füglich vor den 11. Februar zu setzen ist.

220. *Markgraf Johann von Mähren verpflichtet sich, falls er seinem Bruder Kaiser Karl IV als König von Böhmen folgen sollte, die Stadt Breslau bei ihren Rechten, Freiheiten und Gewohnheiten zu erhalten. Breslau den 10. Februar 1359.*

Original im breslauer Stadtarchiv F 6.

Nos Johannes, dei gracia marchio Morauie, notum facimus tenore presencium vniuersis, quod animo deliberato non per errorem aut improuide sed sano procerum nostrorum et fidelium accedente consilio ac de certa nostra sciencia absque omni dolo promisimus ac eciam promittimus consulibus, scabinis, senioribus et vniuersitati ciuitatis Wratislauiensis, quod in eum casum, vbi serenissimus ac inuictissimus princeps et dominus, dominus Karolus, Romanorum imperator, semper Augustus, et Boemie rex illustris, dominus graciosus et frater noster carissimus, non relictis legittimis masculini sexus heredibus uel heredum proheredibus moreretur, nosque sibi succederemus in regno Boemie, quod tunc tam nos quam eciam heredes et successores nostri Boemie reges ipsos, heredes et successores, eorum penes omnia priuilegia, literas, iura, bonas et laudabiles consuetudines, que et quas supradicti domini imperatoris et regis Boemie, domini et fratris nostri, necnon magnifici et excellentis principis, domini Johannis, quondam Boemie regis, domini et patris nostri dilecti, temporibus optinuerunt ab eis et habent, absque impedimento quolibet dimittere volumus graciose, eosque in omnibus predictis priuilegiis, literis, iuribus et consuetudinibus eorum tueri et defensare, quemadmodum Boemie rex regni et corone Boemie ciues, subditos et fideles tenetur facere consuetudine uel de iure. Presencium sub nostro sigillo testimonio literarum datum Wratislauie ibidem anno domini millesimo trecentesimo quinquagesimo nono X die mensis Februarii.

An Pergamentstreifen hängt das Siegel des Markgrafen, gekrönter Adler mit der Umschrift:
† S JOHANNES DEI GRACIA MARCHIONIS MORAVIE.

221. *Kaiser Karl IV weist die Stadt Breslau an, für den Fall, dass er ohne Leibeserben sterben sollte, seinen Bruder, den Markgrafen Johann von Mähren, als Landesherrn anzuerkennen und ihm zu huldigen. Breslau den 11. Februar 1359.*

<small>Original im breslauer Stadtarchiv F 15.</small>

Karolus quartus, diuina fauente clemencia, Romanorum imperator, semper Augustus et Boemie rex, consulibus, scabinis, senioribus et vniuersitati ciuitatis Wratislauiensis, fidelibus nostris dilectis, graciam regiam et omne bonum!

Fideles dilecti!

Animo deliberato, sano principum, baronum et procerum nostrorum accedente consilio mandamus et iniungimus vobis presentibus seriose ac de certa nostra sciencia, quatenus illustri Johanni, marchioni Morauie, vnico germano fratri nostro promittere debeatis pro vobis, heredibus et successoribus vestris et eiusdem vestri promissi patentes donare literas, quod in casu, vbi nos — quod deus de sui gracia dignetur auertere — non relictis masculini sexus heredibus seu heredum proheredibus in linea masculina descendentibus a nobis mori contingeret, ad eundem carissimum germanum fratrem nostrum, quem vnicum habemus, tamquam ad verum legittimum, ordinarium, hereditarium et naturalem dominum vestrum regem Boemie, aut eo non existente ad filios eius et filios filiorum ipsius per masculinam lineam legittime descendentes ab eo, ad eum videlicet, qui ex eisdem rex Boemie fuerit, tamquam ad verum legittimum, ordinarium, hereditarium et naturalem dominum vestrum, Boemie regem et ad neminem alium pro vobis seu vestris heredibus et successoribus in perpetuum fide, omagio, subieccione et obediencia velitis habere respectum et ei tamquam regi Boemie vero, legittimo ordinario, hereditario et naturali domino vestro velut regni et corone Boemie ciues, subditi et fideles pro vobis, vestris heredibus et successoribus fidelitatis, obediencie, subieccionis et omagii prestare et facere debita et solita iuramenta. Presencium sub imperialis nostre maiestatis sigillo testimonio literarum datum Wratislauie anno domini millesimo trecentesimo quinquagesimo nono, die vndecima mensis Februarii regnorum nostrorum anno tercio decimo, imperii vero quarto.

<small>An Pergamentstreifen hängt das Kaisersiegel mit dem Rücksiegel.</small>

222. *Kaiser Karl IV befiehlt der Stadt Breslau, in allen Rechtsstreitigkeiten an dem bei Lebzeiten seines Vaters, des Königs Johann von Böhmen, in Uebung gewesenen Verfahren festzuhalten und gesprochene Urtel auch wirklich auszuführen. Breslau den 11. Februar 1359.*

<small>Original im breslauer Stadtarchiv E 11.</small>

Karolus quartus, diuina fauente clemencia Romanorum imperator, semper Augustus, et Boemie rex, .. consulibus, .. scabinis, .. iuratis et senioribus ciuitatis Wratislauiensis, fidelibus suis dilectis, graciam suam et omne bonum!

Quia summum in rebus bonum existit iusticiam colere et suum cuique tribuere ac, quod est iustum, omnibus custodiri, volumus et auctoritate presencium vobis firmiter precipimus et mandamus, quatenus omnibus et singulis hominibus, qui pro recipienda iusticia uel debitis repetendis seu quibuscunque aliis causis et accionibus prosequendis ad vos peruenerunt, in huiusmodi causis et accionibus iusticiam et iudicium omni eo modo et ordine faciatis, prout tempore illustris Johannis, condam regis Boemie, dilectissimi patris nostri insignis memorie, facere consueuistis, et sicut ab eo per suas regales literas vobis extitit huius rei faciende auctoritas confirmata, necnon iudicata per vos atque decisa exequcioni debite demandetis, sicut indignacionem nostram volueritis euitare. Presencium sub imperialis maiestatis nostre sigillo testimonio literarum datum Wratislauie anno domini millesimo trecentesimo quinquagesimo nono, indiccione duodecima, III Idus mensis Februarii, regnorum nostrorum anno tercio decimo, imperii vero quarto.

per d. magrm cur.
Nicol. de Chrems.

Das grosse kaiserl. Siegel mit Rücksiegel hängt an Pergamentstreifen.

223. *Kaiser Karl IV verspricht dem breslauer Rathe, welcher sich zur Rückzahlung der 3000 Mark Groschen verpflichtet hat, die der Kaiser von Albert von Krenwitz als Darlehn erhalten hatte, dass wenn der Rath wegen Kriegsgefahr diese Samme innerhalb dreier Jahre aus den Einkünften der Stadt und des Fürstenthums Breslau nicht ganz erheben könne, er denselben bis zur gänzlichen Tilgung des schuldigen Kapitals diese Einkünfte über den dreijährigen Zeitraum hinaus beziehen lassen werde. Breslau den 11. Februar 1359.*

Original im breslauer Stadtarchiv E E 8.

Karolus quartus, diuina fauente clemencia Romanorum imperator, semper Augustus et Boemie rex, notum facimus tenore presencium vniuersis, quod quia fideles nostri dilecti .. consules, .. scabini, .. iurati et seniores ciuitatis nostre Wratislauie ad nostre maiestatis mandatum strennuo Alberto de Crenwicz, fideli nostro dilecto, se sub certis terminis obligaruut pro nobis tria milia marvas grossorum Pragensium Polonicalis numeri soluturos, prout in eorum litteris ipsi Alberto super hoc datis plenius continetur, ideoque ipsis graciose promisimus et promittimus per presentes, quod si manifestum periculum seu terre disturbium infra triennium, quod absit, emergerit, in tantum quod euidenter et absque fraude infra predictum triennium de predictis nostris redditibus ipsi pecuniam non possent percipere ipsi Alberto sicut premittitur assignandum, ex tunc redditus nostros huiusmodi eos permittemus vlterius cum bono testimonio de ciuitate et districtu predictis tamdiu percipere et habere, donec capitalem sortem, que soluenda superstes extiterit vna cum dampnis, que notabiliter accreuerint, de predictis redditibus integraliter perceperint ac expediuerint et complete. Presencium sub imperialis maiestatis nostro sigillo testimonio literarum datum Wratislauio anno domini millesimo trecentesimo quinquagesimo nono, indiccione duodecima, III° Idus mensis Februarii, regnorum nostrorum anno tercio decimo, imperii vero quarto.

per d. magistrum curie
Nicol. de Chrems.

An Pergamentstreifen hängt das grosse Siegel des Kaisers mit Rücksiegel.

224. *Die Stadt Namslau verpflichtet sich, in allen zweifelhaften Rechtsfragen sich an den breslauer Schöppenstuhl zu wenden. 17. Februar 1359.*

<small>Original im breslauer Stadtarchive H 27 c, gedr. bei Tzschoppe und Stenzel S. 580, und Gaupp, das magdeburgische und hallische Recht S. 340.</small>

Wir rathman, richter, scheppen, gesworn allir hantwerk vnde gemeyne der stat Namslow bekennen offinbar an desim briue allen den, di in sehen addir horen lesen, daz wir von gebote vnd beuelunge des allir durchluchtstin fursten, hern Karls, romyschyn keysers, czu allen cziten merers des rychis, vnd kungis czu Bemen, vnd ouch mit wollbedochtem rate in guten truen globen eweclich czu haben eynen rechten czuvorsicht Magdeburgischis rechtis an den erwordigen luten, rathmannen vnde scheppen der stat Bresslow, dyselben recht do czu nemen mit rechter gehorsam vnd alle czwyuilhaftige recht do czu suchen vnd dy nymande mite czu teylen sundir vusern miteburgern vnde den, dy in vnsern wychbilde gesessen sin. Mit vrkunde dys briues vorsegilt mit vnsir stat yngesegil gegeben noch gotis geborte tusunt iar drihundirt iar in dem nüyn vnde vumfcykyn (!) iar an dem nesten suntage vor sente Petirs tage.

<small>An Pergamentstreifen hängt das Siegel der **Stadt Namslau**: Obere Hälfte des schles. Adlers darunter ein Stern, Umschrift: S SVMME CIVITATIS DE NAMISLAVIA.</small>

225. *Kaiser Karl IV erlaubt der Stadt Breslau, zur Hebung ihres Handelsverkehrs Goldmünzen prager Währung zu schlagen. Prag den 29. Februar 1360.*

<small>Original im breslauer Stadtarchive F 1, gedruckt bei Lünig Reichsarchive XIV 244 und bei Glafey Anecdota 77.</small>

Karolus quartus, diuina fauente clemencia Romanorum imperator, semper Augustus et Boemie rex, notum facimus tenore presencium vniuersis, et si negociorum varietas, que processibus nostris improuide sepe circumfluit, et nacionum pluralitas, que sub dominii nostri felicitate respiciunt in statu viuendi pacifico, causam nobis continue meditacionis adducant quadam prerogatiua familiaris cogitacionis inducimur et assidua meditacione pensamus, qualiter peculiaris et hereditarii regni nostri Boemie populus, cuius nos specialiter cura sollicitat, cuius est nobis hereditas, omni possessione preclarior sic tranquillitatis profectus et augmenti decore prepolleat, vt sub grato regimine principis augmentis felicibus graciosius augeatur; licet autem ad prosequenda magnifice vota fidelium liberalitatis nostre dextera generali quadam regularitate sit habilis, illis tamen graciosa porrigitur quadam specialitate liberior, quos ad obsequia nostre serenitatis grata continuos, fructuosos et vtiles claris semper iudiciis experimur. Sano attendentes multimoda probitatum et virtutum clare merita et singularia constantis fidei et obsequiorum indefessa seruicia, quibus maiestati nostre dilecti nobis consules ciuitatis Wratislauiensis fideles nostri attenta fidelitate se hactenus sedule et laudabiliter exhibuisse cognoscimus, ad presens exhibere sentimus et eos exhibituros se scimus, ut tenentur ex debito propensius in futurum, aduertentesque defectum notabilem fidelium nostrorum in ducatu Wratislauiensi et in locis circumuicinis morancium, quem ex defectu monetarum auri habere noscuntur et ob quod in ipsorum mercibus dampna sufferunt perplurima sicut et hactenus probabiliter sustulerunt, volentes igitur de vberis nostre munificencie gracia speciali dictos consules respicere eiusdemque ducatus Wratislauiensis incolas et eorum circumuicinos innata nobis pietatis clemencia, vt eo melius in suis mercibus proficiant, graciosius consolari animo deliberato, sano principum, baronum et procerum nostrorum ad hoc accedente consilio de certa nostra sciencia et singulari nostre liberalitatis munere presentibus elargimur, quod liceat dictis consulibus in ipsa ciuitate Wratislauiensi monetam auri sub figuris, signis et impressionibus monete auri, que in maiori ciuitate nostra Pragensi fabricatur, aut sub aliis signis et impressionibus ad ipsorum uoluntatem cudere, dum tamen ipsa moneta uero pondere, caractare (!) et puritate in auro ad instar dicte monete auri, que in prefata ciuitate nostra Pragensi cuditur, minime defraudetur, cum omni eo iure et modo, prout cetere monete auri alibi in dicto regno nostro Boemie quomodolibet fabricantur: eo tamen signanter expresso, quod de omnibus fructibus a dicta moneta prouenientibus due partes nobis et camere nostre regie Boemice cedere debeant, quarum duarum parcium perceptores ipsos consules presentibus facimus et de ipsis nobis per eos ad plenum volumus responderi tercia vero parte eorundem fructuum dictis consulibus pro usibus ciuitatis prefate integraliter et omnimode remanente; hac gracia ad nostre dumtaxat voluntatis beneplacitum duratura. Presencium sub imperialis nostre maiestatis sigillo testimonio literarum datum Prage anno domini millesimo trecentesimo sexagesimo, indiccione XIII. II Kalendas Marcii, regnorum nostrorum anno quarto decimo, imperii uero quinto.

R. Johannes.
        Cor. per Miliczium de Cremsir.
        Per dominum Mindensem
         Heinricus Australis.

Das grosse Kaisersiegel mit Rücksiegel hängt an Pergamentstreifen.

226. *Gesetze über den Handel zu Breslau vom 24. Juli 1360.*

Aus dem Antiquarius f 3b b 40, gedruckt in C. D. Silesiae VIII S. 49.

Wir ratman der stat Breslow bekennen offinbar an desim briue, daz wir mit rate vnser eldistin vnd gesworuen vnsern willen dorczu haben gegebin von der vorbenanten vnser stat wein, das di erbern lwte, koufiute vnser vorbenanten stat, habin vnser stat czu erin vnd in czu nücze bedocht vnd gesaczt czu haldin mit vnsim rate vnd gewissin dise hernochbeschrebenen zachin als wit, als der vorbenanten stat Breslow wichbilde beuangen hat, by den busen, di hernoch beschrebin sten:

1. Czu dem allirerstin, das ein iezlich man trybe koufmanschaft, die gotlich, erlich vnd recht sye, das der stat kein bose wort do von in andern landen vnd stetin icht entste.

2. Ouch sal kein man gelt vf golt lyen adir gebin noch vf keynirleye ware, sye en sy denne do geginwertig, daz her sye sehe vnd ir gewaldig sye.

3. Is sal ouch nymant golt noch guldin gelt vorkeufin, wenne vmme bereit gelt. Swer das breche, der sal gebin von iczlichir marke goldis eyne mark grosschin vnd vom goldinne eyn scot pfenninge.

4. Is sal ouch nymant vorborgin gewant, kuppfir, wachs, pfeffir, noch keynirhande ware einis vremdin mannis, der vnse burger nicht enist. Wer das breche, der sal gebin von der marke eynen halbin virdung.

5. Is sal ouch kein man vnder den koufkamern pfaffingut noch kein gut

hantiren, do von her in winnunge gebe, vnd do von der stat kein recht geschit. Wer do wider tete, der sal gebin yo von der marke eynen halbin virdung.

6. Is sal ouch nymant gewant ader keynirhande war, di her vorkouft hat, selber wider keutin adir wider virkeufin, deme her sye verkouft hat, noch in syner gewalt vbir nacht behaldin. Spricht her aber, is ensye im dennoch nicht vorgewisset, so bite her ir nymande an, bis sy im vorgewisset sye, vnd losse sye yenen denne selber hinwek tragen vnd selber verkeufin, swer das breche, der sal gebin yo von der marke groschin einen halbin virdung.

7. Is sal ouch nymant das, daz her vorborgit hat, schatzin, swas is geldin moge, vnd di wile gelt lyen, wenne do von wechsit gerne hernoch boze rede.

8. Is sal ouch nymant dem andern synen koufman intspehin, noch eyme andern syne ware krenkin ader schendin, noch an keinen zachin hindern an syme koufe. Swer wider di beide tete, der sal von iczlichim tuche gebin eine mark groschin.

9. Is sal ouch nymant kein ander czeichin, wen als is in Vlandern ist gemerkit, vf sin gewant machin; swer das brichit, der sal von iczslichim tuche gebin eine mark groschin.

10. Is sal ouch nymant gewant, noch kein ander war, der her nicht bereit hat, verkeufin adir vordingen: wer do wider tete, der sal vorbas me kein koufmanschaft trybin vndir dem koufhwse.

11. Is sal ouch kein gast wider den andern in vnser vorbenanten stat keufin noch verkeufin golt, sylber, goldine noch keynirhande war, noch koufmanschaft ane alleyne wyne, hering, vische, pfert vnd vi; wsgenomen alleyne di czwene iarmerkte, di sullin vrye sin, als sy von alder gewest sin. Wer daz breche, der sal der buse sin bestanden: Welch wirt das ouch in syner herberge gestatte, der sal der buse sin bestanden.

12. Ouch sal kein gast dem andern in den iarmerktin verborgin gewant noch keynirhande koufmanschaft. Swer do wider tete, der sal gebin von iczlichir marke eynen halbin virdung. Wer abir, daz eyn gast gewant herbrechte czu vorkeufene, daz sal her verkeufin binnen eynen mandin vnd nicht vnder vir tuchen vnd sal daz nirgen veyl habin, wen vnder dem koufhwse vnd an dem marktage, vnd wo hers binnen dem manden nicht verkeufte, so sal hers wider wek vüren, vnd wo her des nicht tete, so sal her gebin von iczslichim tuche eyne mark. Wer ouch das bobin vir wochin herbergte, der sal gebin von iczslichim tuche eyne mark.

13. Is sal ouch keyner vnser burger eins gastis war, di her hi gelossin hette, verkeufin in syme namen eyme andern gaste, adir was keufin in syme namen eyme gaste. Wer do wider tete, der sal gebin von iczslichir marke eynen halbin virdung.

14. Is sal ouch ein iczslich weber ein iczlich lang tuch machen von virczig elin lang vnd eyn kurcz tuch von xxxiii elin lang. Welchs czu kurcz wurde, das sal man im abeslon; welchs ouch czu lang wurde, daz sal man im geldin.

15. Is sal ouch kein weber webchin machin. Wer das breche, dem sal man das webchin nemen.

16. Ouch sal kein weber icht wsnemen, wen her sin gewant verkeuft. Wer do weder tete vnd das vberredt wurde, der sal gebin eynen virdung, vnd welch

koufman das wuste vnd nicht meldite den kamermeystern, der sal ouch eyns virdungis sin bestanden.

17. Alle der vorbeschrebenen busen sal vnse vorbenante stat habin czwene pfenninge vnd di kouflute den dritten.

18. Is sal ouch nymant, der nicht czu kamern stet, lange tuch von Gint, von Brossil adir von Louin sniden: wer do weder tete, der sal gebin von iczlichim snite drye mark groschin vnd das tuch sal czuvor verlorn sin.

19. Is sal ouch nymant, der nicht czu kamern stet, snyden keynerleye schongewant: wer daz breche, der sal gebin von iczlichim snite 1½ mark vnd das tuch [sal]¹) czu vor verlorn syn. Wer ouch snyte tuch von Brug ader von Mechel, der nicht czu kamern stet, der sal gebin czwu mark groschin von iczlichem snite, vnd daz tuch sal czuvor verlorn sin. Wer ouch snite tuch von Yppir, von Korterich ader eyn iczlich schone tuch, der nicht czu kamern stet, der sal gebin von iczlichem snite 1½ mark, vnd daz tuch sal ouch verlorn sin.

20. Is sal ouch nymant, der nicht czu kamern stet, her sy weber, nunne, geistlich ader wertlich, ader wer her were, lancgewant snyden; wer das broche, der sal geben von iczlichim snite dry virdunge, vnd das tuch sal ouch czuvor verlorn sin. Wer aber, das eyn weber lancgewant snite, der sal gebin von rote vnd willen der gesworen vnder den webern, di das mit den kamerherren vberein getragin han, von irre gewerkin wein, von itzlichim snite dry virdunge, vnd das tuch sal ouch czuvor verlorn sy, vnd derselbe sal sins hantwerkis als lange enpern vnd nicht tryben, bis her sich mit den koufluten vnd den kamermeistern berichtit.

21. Is sollen ouch dry eyn tuch koufen vnd daz teilen vnder den kamern in dry teil, also daz eyn teil als lang sye als daz ander, vnd wer das breche, daz das anderswo geteilt wurde, tzu weme das were, der sal gebin eyne halbe mark, vnd das tuch sal czuvor verlorn sin, vnd welch schroter in das gewaut teilte, wo man das irvure, der sal eyner halbin marke sin bestanden.

22. Ouch sal eyn iczlich koufman, der nicht czu kamern stet, weme her schone gewant verkeuft czu cleydern, das lossin teilen vnder deme koufhwse in dry teil, also das eyn teil als lang behalde als daz ander. Wer das breche, der sal gebin dry²) mark groschin.

23. Is sal ouch kein cromer snyden tobilzan, Harras, noch Berwer, noch noch kein wullin gewant. Wer do wider tete, der sal gebin von itzlichim snite eyne halbe mark groschin vnd daz tuch sal ouch czu vor verlorn sin.

24. Alle dy vorbenanten busin von gewantsnyden sal der kamerherre, wer der were, nemen czwene pfenninge vnd di kouflute den dritten. Ouch sal der kamerherre, wer der sye, sendin mit den koufluten, wen sy di busen ader gewant, di in antretin, welden nemen, syne boten, daz si den koufluten behultin sin, vnd wenne her in nicht hulfe mite sente, so sal her ouch kein teil an den busin ader gewanden habin, di di kouflute czu der czit nemen.

25. Ouch sal der kamerherre, wer der sye di vorbenanten vnse kouflute by rechte behaldin.

26. Alle der vorgeschrebepe rede welle wir rathman gewalt habin czu meren czu myuren ader czu bessern noch der stat ere vnd der kouflute nucz vnd vrome. Czu alle der dinge gedechtnisse etc.³)

1) Fehlt. 2) Ausgestr. darüber: eyne. 3) Wegen der Datirung s. C. D. Silesiae VIII S. 49 Anm. 1.

227. *Petzold der Schmied verpflichtet sich gegen den Rath, sein Haus massiv zu erbauen. 1361.*

Aus dem Nudus Laurentius f 10b.

Peczoldus faber promisit edificare domum lapideam emptam, que olim fuit Dichout infra annum uel duos et promisit nunquam aliquam fabricam facere, nisi sicut est, et eo mortuo Peczoldo nulla fabrica ibidem debet esse.

228. *Beschlüsse des schlesischen Schneidertages. Schweidnitz den 14. Juni 1361.*

Gedruckt bei Berlepsch Chronik der Gewerke II. S. 230—233. und im Codex dipl. Silesiae. VIII. p. 52.

Wir rathmann der stat Swidenitz: Petza Richinbach, Hensel Zeman, Nikolaus Kestener, Nikolaus Wichindorff, Nikolaus Hoffeman tun zu wissen, dass unse snyder von den genaden, wyssen und gunst unsirs herren Bolken, herzogen von Slesie, herre zu der Swidenicz mit anderen iren gewerken vnd meystere dahir nochbeschrebenen stete Swidenicz, Stregann, Richinbach, Landishut, Jauer, Bunczelaw, Lemberg, Luban, Hyrsberg vnd andere stete, dy in unsirs vor gen. herren herczogen Bolken land gehoren, dar czu Bresslow, Numargt, Legenicz, Haynow, Goltperg, Lobyn, Munstirberg, Strelin, Franckensteyn, Glacz, Olow, Brig, Opol, Namslow, Olsin unde Beroldistat vbir eyn getragen haben vnder in, czu haldene dese noch geschrebene stucke czu nutze, eren vnde gemache deme hantwerke. Dy stucke wir ouch den unsern snydern irlauben vnde geben czu haldene by den bussen vnde koren in aller der wize, als her noch beschreben stet:

1. Daz erste ist, daz kein meyster noch knecht sal mer tragen weno czwyerley warwe czu syme rocke, czu sine hosen vnde czu syner kaseln; dor vnder sal her nicht czweyerley warwe tragen, vnd welchin meyster warckug vnde rock lustit czu tragen, der mag sy machen von dryerleye warwe. Welch meyster das gestatte adyr do wyder tut, der sal geben czwey pfunt wachss czur kor.

2. Ouch sal keyn meyster noch knecht an syne hosen tragen wenno eynerleye warwe, sy sint newe adir alt. Welch meyster des gestatte, adyr do wyder tut, des sal geben czwey pfunt wachss.

3. Ouch sal keyn meyster noch knecht nymande syne hosen vlicken mit newem gewande, her in geb is denne dor czu. Welch meyster do wedirtut, der sal geben eyn pfunt wachss.

4. Ouch welch knecht vfsitzet, der do nehit vor eyne geselle, deme sal man geben czu wochen eynen groschen vnde eyme iungen knechte czu dry wochen eyn scot. Welcher dorober syne knechten mehr gebe, wenne in dysem brive geschreben stet, vnd tete daz in eyme vrebil, der sal geben czwey pfunt wachss.

5. Ouch welch knecht dynet eyme meyster eyn halp iar, der mag ym machen eyne iope, dy her selbir tragen sal, wyssentlich syme meyster, dem her [e]erbeit, vnde was czu der iope gehorit, das her das recht vnde redeliche gekouft habe, vnde welch meyster gestatt, das syn knecht ym dy iope machet vor deme halben iare, der sal geben czweye pfunt wachss, vnde als manchen tag, als her in dorobir helt, also dicke sal her geben czwey pfunt wachss. Wer ouch, ab eyn knecht eyne iope machte one synen meysters wyssen, dor vmme sal der meyster keyne kor geben; wenne dy iope sal man neme deme knecht vnd entworten dy dem eldystun meystern.

6. Ouch welch meyster andere luten das ir abgeborgit vnd entrynnet do myte, wo man vf den komet, das man den entworte in das gerichte, do her inne begriffen wirt. Welch meyster adyr knecht deme entrynner dor czu beholfen were, der sal bein den meystern eyner busse syn bestanden.

7. Ouch sal keyn meyster deckelachen machen [adir] vorkoufen, dy do gemachet sint von nwem gewande; by weme man dy vindet, das dy verlorn sullin syn.

8. Ouch welch meyster iopen machet von dem, das cromery heyset, der sal dor in legen boumwolle; tut her des nicht, so sal her dy verlorn han.

9. Ouch welch knecht wandirt in vremde stete, treyt der echt in syme wotsake, dem sullen dy meyster syne wotsake vfbinden vnd besehen, was in deme sacke ist, were das der vngerecht were, daz man den entworte in daz gerichte.

10. Ouch sal eyn iczlicher knecht myt syme herren czum bade gen vnde sal nicht besenden andere gesellen, vnd welch meyster des syme knechte gestatte, de sal bestanden syn czweyr pfunde wachs.

11. Welch meyster ouch lessit verben vlecke von nwem gewande, der sal bestanden syn vir pfunde wachss.

12. Ouch welch meyster des oberret wirt, daz her den luten ir gewant nicht gar wydir gebit, eyns, czweie adir dry stunt, der sal yo als dicke geben vir pfunt wachs; czum virden mole wellen dy ratherren selber dy kor von ym neme.

13. Ouch wo man dy storer ankonigt (ankompt), dy sal man myt dem gewande in das gerichte entworten, vnd sal dy vortriben vnd sal sye nicht in keyne bruderschaft nemen in den vorgenannten orten.

14. Ouch sal keyn meyster noch knecht an dem werktage kurtz cleyder tragen, wenne vf dy keye; welch meyster des gestatt; als manche woche her dy treyt, als manch pfunt wachss sal her geben, vnd welch knecht dorober des nicht halden wellde, den sal keyn meyster halden; als manchen tag her in bilde als manch pfunt wachss sal her geben.

15. Ouch welcher von hynnen czuhit in vrebil vme dy vorgenannten sachen, den sal man hir vnde in egenanten steten nicht halden noch in keyne bruderschaft neme.

16. Ouch sal keyn iunger swert noch messer tragen, wenne syn brottmessir; welch meyster das syme knecht gestatte, als manche woche her das treyt, als manch pfunt wachss sal her geben.

17. Ouch sal keyn vorkoufler nuwe gewant snyden czu cleydern vnde dy tragen eyne tag, czweye adir drye vnd dy dornoch vf deme marckte veyle haben; wer do wyder tut, daz mogen wir von ym gebessirt neme von der stat wegen.

18. Ouch sullen dy meyster alle nwe vlecke von gewande vnd was do von gemacht ist, dy man veyle hat vf deme markte neme vf eyn diruare¹), ab sye gerecht syn adyr nicht.

Im eym gezocknusse vnd in vestir bestetnusse der vorgeschrebenen dynge vnd satzungen haben wir angehangen vnsyr yngesegil an desen bryf in dem tusintin iare dryhundirstin vnd in dem eyn vnd sechczegstin iare von der geburt vnsirs herren Jesu Christi in dem montage vor sante Viti tak.

---

1) Berlepsch a. a. O. hat das unverständliche: dirnare. In der Urkunde muss diruare gestanden haben, vgl. Stobbe Zeitschr. für Gesch. und Alterth. Schlesiens Bd. VIII S. 176. Anm. 3.

229. *Kaiser Karl IV erlaubt der Stadt Breslau, zur Tilgung ihrer Schulden Leibrenthen von den städtischen Einkünften zu verkaufen. Prag den 30. Juli 1361.*

Original im breslauer Stadtarchiv R 2, gedr. bei Lünig Reichsarchiv XIV 218.

Karolus quartus, diuina fauente clemencia Romanorum imperator, semper Augustus et Boemie rex, notum facimus tenore presencium vniuersis, quod cum ciuibus Wratislauiensibus, fidelibus nostris dilectis, magna et ingens ad presens immineat necessitas pecuniam habendi ad releuandum onera debitorum suorum, quibus illapsi notabiliter dinoscuntur, nos de gracia speciali eisdem ciuibus concedimus et indulgemus, ut vendere possint quibuscumque personis fidelibus vtriusque sexus census temporales ad tempora vite emptorum huiusmodi de camera vniuersitatis ciuium predictorum emptoribus administrandos eisdem: volumus tamen dictis ciuibus saluam esse semper condicionem et potestatem reemendi census huiusmodi ab emptoribus eisdem et a quolibet eorum. Presencium sub imperialis nostre maiestatis sigillo testimonio literarum datum Prage anno domini millesimo trecentesimo sexagesimo primo, indiccione quarta decima, III Kalendas Augusti, regnorum nostrorum anno Romanorum sexto decimo, Boemie quinto decimo, imperii vero septimo.

R. Johannes Saxo.   per dominum imperatorem
                     Conradus de Meidberg.

An Pergamentstreifen hängt das grosse Kaisersiegel mit Rücksiegel.

230. *Der Rath zu Breslau bekundet, der Stadt F[rankenstein] das breslauer Recht mitgetheilt zu haben.* [1362][1])

Abschrift im Antiquarius f 46 a.

Nos . . consules ciuitatis Wratislauiensis, recognoscimus vniuersis, quod ad instantes supplicacionum preces prouidorum virorum . . consulum, scabinorum, seniorum et iuratorum ciuitatis F. asserentium se habere assensum et consensum illustris principis . . domini sui eisdem consulibus, scabinis, senioribus iuratis et toti vniuersitati dicte ciuitatis omnia nostre ciuitatis iura et consilia, proud apud nos seruantur, porrigimus liberaliter et donamus super omnibus dubiis causis paruis et magnis, quandocumque et quocienscunque per ipsos fuerimus requisiti; sic quod ipsi ad nos et non alias in premissis responsum habere debeant et eisdem nobiscum frui et perpetualiter congaudere. Harum, quibus etc.

1) Sämmtliche Urkundenabschriften des Antiquarius sind nach den Jahren geordnet; die vorstehende steht zwischen zweien des Jahres 1362. Vgl. auch Nr. 231.

231. *Die Stadt Frankenstein verpflichtet sich, nach breslauer Recht zu leben und in zweifelhaften Fällen sich nach Breslau zu wenden. Frankenstein 1362.*

Abschrift im Antiquarius f 46 a.

Nos . . consules civitatis Frankenstein tenore presencium recognoscimus vniuersis, nos de mandato, iussu et voluntate inuictissimi principis domini Caroli, Romanorum imperatoris, semper Augusti et Boemie regis, domini nostri generosi, ymmo accedente consilio, conniuencia et consensu . . scabinorum . . seniorum iuratorum et tocius vniuersitatis nostre teneri et debere deinceps iura Magdeburgensia super omnibus dubiis et causis querere et recipere a legalibus viris . . consulibus et . . scabinis ciuitatis Wratislauiensis et ea recepta ritu solito, qum et quociens opus fuerit inter reum et actorem fideli ministracione ferre et iuridice promulgare promittentes dominis . . consulibus Wratislaviensibus et . . scabinis nomine nostro ac vniuersitatis nostre in receptione et ministracione dictorum iurium debitam obedienciam exhibere, sic quod ea jura aut alterum eorum nulli alii ciuitatum extra districtum nostrum sub optentu bone nostre fidei debebimus quo[modo]libet impertiri. Harum quibus etc. Actum et datum Frankenstein anno domini MCCCLX secundo die tali.

232. *Der Rath der Stadt Strehlitz erklärt, dass die Stadt verpflichtet sei, in allen zweifelhaften Rechtsfragen in Breslau Rechtsbelehrung nach magdeburger Recht zu suchen. 19. Januar 1362.*

Original im breslauer Stadtarchir B 27 d, gedruckt bei Tzschoppe und Stenzel S. 581 und Gaupp magdeburgisches und hallisches Recht S. 340.

Nos . . consules ciuitatis Strelicz tenore presencium recognoscimus perpetualiter vniuersis, nos de assensu, consensu et mandato serenissimi principis, domini nostri graciosi, domini Alberti, ducis Opoliensis et domini Strelicensis, teneri et debere iura et consilia Maydeburgensia super omnibus dubiis et causis querere et recipere a fidedignis viris consulibus et scabinis ciuitatis Wraczlauie et recepta, quociens opus fuerit, inter reum et actorem fideli ministracione ferre et iuridice promulgare promittentes dictis consulibus Wraczlauiensibus et scabinis nomine vniuersitatis nostre in dictis iuribus et consiliis debitam exhibere obedienciam eaque iura et consilia nulli alteri ciuitatum extra districtum nostrum vlterius quomodolibet impertiri bone fidei nostre sub optentu. Harum, quibus sigillum nostre ciuitatis appensum est testimonio litterarum. Datum anno domini m⁰ ccc⁰ sexagesimo secundo in vigilia Fabiani et Sebastiani martirum beatorum.

R[ecognita].

An Pergamentstreifen hängt das Siegel der Stadt: Links ein halber Adler, rechts eine Kleeranke. Umschrift: † S. CIVIVM DE STRELICZ.

233. *Breslauer Brottaxe vom 26. April 1362.*

Aus dem Nudus Laurentius f. 32 vo. gedruckt im Codex dipl. Silesiae VIII. p. 54.

Anno predicto post diem beati Marci recepta est ista examinacio per dominos consules:

1. Cum mensura tritici soluit 18 grossos, simula antique pista habuit in pondere 1 marcam et 11 scotos de hellensibus ponderatis 14 pro grosso computatis.

2. Item mensura siliginis cum soluebat pro 17 grossis, panis vnus habuit in pondere 1½ marcam et 5½ scotos de ponderatis hellensibus 14 hellensibus pro grosso computatis.

234. *Kaiser Karl IV erlaubt der Stadt Breslau, bis auf seinen Wiederruf Heller zu prägen. Troppau den 13. Mai 1362.*

<small>Original im breslauer Stadtarchiv E 12, gedr. bei Lünig Reichsarchiv XIV Nr. 27.</small>

Karolus quartus, diuina fauente clemencia Romanorum imperator, semper Augustus et Boemie rex, notum facimus tenore presencium vniuersis, quod habito respectu ad firmam fidei constanciam et vtilia sincere fidelitatis obsequia, que nostro culmini ciues ciuitatis Wratislauiensis, fideles nostri dilecti, vtiliter et prono mentes affectu exhibuerunt et vtilius inantea exhibere poterunt et debebunt, quanto se prestancius in hiis, que ciuitatis eiusdem vtilitatem prospiciunt et profectum, viderint a nostro culmine graciosius prosecutos, ipsis animo deliberato et ex certa nostra sciencia auctoritate regia Boemica ac ad eorum supplicem peticionis instanciam conferimus presentibus et concedimus plenam meram et liberam potestatem cudendi et faciendi monetam hellensium in ciuitate Wratislauiensi predicta et omnes obuentiones, utilitates et fructus exinde prouenientes in ipsius ciuitatis emendacionem et melioraciones libere conuertendi. In quorum hellensium superficie pro caractere ab vno latere leo et ab alio ducatus Wratislauiensis aquila imprimentur, quos tamquam bonos et datiuos per totum ducatum Wratislauiensem duodecim pro grosso computandos recipi volumus et mandamus premissis tamen ad nostre maiestatis dumtaxat beneplacitum duraturis. Presencium sub imperialis nostro maiestatis sigillo testimonio literarum datum Oppauie anno domini millesimo trecentesimo sexagesimo secundo, indiccione quinta decima III Idus Maii, regnorum nostrorum anno sexto decimo, imperii vero octauo.

R. Petrus Wratislauiensis.
per d. imperatorem
P. Jawrensis.

<small>Das grosse Kaisersiegel mit dem Rücksiegel hängt an Pergamentstreifen.</small>

235. *Die Rathmannen bekunden, dass Conrad Rempel, Bürger zu Breslau, eine jährliche Renthe von zwei Mark dem Fronleichnamshospitale zur Bekleidung und Beschuhung armer Leute vermacht hat. 9. December 1362.*

<small>Original im breslauer Stadtarchiv P P 40.</small>

Nos .. consules ciuitatis Wratislauiensis tenore presencium recognoscimus vniuersis, quod coram nobis constituti prouidi et honesti viri Hanko Dominici et Johannes Crüczebecker, procuratores et prouisores hospitalis corporis Christi gloriosissimi extra muros Wratislauienses, de consensu, mandato, et licencia nostra speciali, cum id ipsius hospitalis persuadebat vtilitas et ineuitabilis necessitas exposcebat, volentes et considerantes ex submisso contractu condicionem ipsius facere meliorem iusto empcionis et vendicionis tituto interueniente rite et racionabiliter vendiderunt ac resignauerunt prouido ac honesto viro Conrado dicto Rempil, conciui nostro, suisque legittimis successoribus censum annuum et perpetuum quatuor marcarum in, de et super dicto hospitali ipsiusque bonis omnibus, censibus, iuribus, redditibus et obuencionibus vniuersis nullo penitus excluso pro quinquaginta marcis grossorum Pragensium Wratislauiensis numeri et consueti ipsis iam integraliter persolutis et in euidentem vtilitatem ipsius hospitalis notanter conuersis. Quem quidem censum quatuor marcarum dicti procuratores seu provisores bona fide et sine dolo dare, prestare et soluere promittunt sine omni dilacione et impedimento, liberum eciam a quolibet genere seruitutis in festo beati Michaelis archangeli annis singulis et temporibus perpetuis duraturum. Preterea memoratus Cvnradus Rempil prudenter aduertens, quod nil morte sit cercius et nichil incercius hora mortis horamque mortis ipsius in maturitate cupiens pietatis opere preuenire prenarratum censum quatuor marcarum prelibato hospitali pro sua et progenitorum suorum animarum salute dedit, tradidit et donauit nomine veri et irreuocabilis testamenti ac ipsum censum in pretactum hospitale transfundens et transferens in hunc modum, quod dicti procuratores seu prouisores eiusdem hospitalis, qui sunt aut pro tempore fuerint, annis singulis et perpetuis temporibus pannos terrestres siue stamina atque calceos, quantum pro quatuor marcis comparare valent atque possunt, quos infra Michaelis archangeli et Martini episcopi et confessoris beatorum festa inter pauperes in hospitali degentes non causa fauoris et amicicie sed pure propter deum et cum consensu, voluntate et mandato discretorum virorum domini et magistri Johannis, rectoris . . scolarium sancte Elyzabeth Wrat., Materni Rempil, Nicolai Gockonis et Nicolai Rempil, filii predicti Conradi, ciuium Wratislauiensium, distribuere valeant atque possint; ita sane quod vno ipsorum quatuor prenarratorum ab hoc seculo volente domino emigrante tunc ceteri tres superstites aliam personam loco illius, quociens et quando hoc opus fuerit, subrogare et substituere valeant sine mora. Nos itaque . . consules supradicti ambarum parcium precibus inclinati predictum empcionis, vendicionis, donacionis et assignacionis contractum ratum habentes et gratum ipsum ex certa nostra sciencia confirmamus mandantes dictum contractum in omnibus suis clausulis et capitulis ab ipsis partibus inuiolabiliter obseruari, volentes eciam et consencientes, quod prenominati procuratores se et successores suos legitimos quoad solucionem dicti census seu testamenti execucionem perpetuis temporibus ut premittitur faciendam coram . . officiali Wratislauiensi subicere et submittere debeant excommunicacionis pene ecclesiasticeque censure, que eciam in, contra et super dictos procuratores ipsorumque legitimos successores tociens, quociens contra premissa aut aliquid premissorum fecerint, debeant prorogari. Harum, quibus sigillum nostre ciuitatis appensum est, testimonio literarum datum feria sexta ante festum beate Lucie, virginis gloriose, anno domini millesimo trecentesimo septuagesimo secundo.

Das grosse Siegel der Stadt hängt an Pergamentstreifen mit der Umschrift: SIGILLVM VNIVERSITATIS CIVIVM IN WRATISLAVIA.

236. *Kaiser Karl IV befreit die Bewohner von Löwenberg von Zoll und Ungeld zu Breslau. Prag den 10. Juni 1363.*

Als Transsumpt im breslauer Stadtarchiv H 9 b.

Wir Karl, von gotis gnaden romischer keiser, zu allen czeiten merer des reiches vnd konig zu Beheim, bekennen offenlichen mit desem briue vnd tun kunt allen den, dy en sehen adir horen lesen, das wir haben angesehen fleissige vnd ernstliche bete des hochgebornes Bolken, herczogen zu Slesie, hirre zur Sweidnitz vnd zum Jawor. vnsers liben swagers vnd fursten, vnd habin mit wolbedachtem mute mit rate vnserr getrawen vnd mit rechtir wissen als ein konig zu Beheim seiner stat zu der Lewemberg vnd allen den, dy doryune wonend, dy gnade getan vnd tun auch mit crafft diez briues fur vns vnd alle vnser erben vnd nochkomen konige zu Beheim, also das sy furbas ewiclich besampt adir besunder nicht sullen geben dheinerley czoll noch vngelt von alle dem, das von irentwegen kompt adir bracht wirdet in vnser stat zu Bresslaw, was das sey adir wy is genant sey, es sein wegen adir welchirley kouffmanschafft das sey, nichtis vsgenomen, gleicherweis als auch dyselben von Bresslaw wedir czoll noch vngelt geben in der stat zu der Swidnicz als auch den von Bresslaw selbir wol wissentlichen ist. Darumb gebieten wir festiclich vnd ernstlich dem rate, den czollnern vnd der stat gemeinlich zu Bresslow, vnsern liben getrawin, das sy furbas ewiclich dy genantin burger von der Lewemberg vnd ire erben vnd nachkomen an der vorbeschrebenen gnad, dy wir en also habin getan, nicht hindern, auffhalten, hin adir her zu faren in dheinweis, als lip yu sey, vnser hulde zu behalden. Mit vrkunt dicz briues vorsigilt mit vnserr keiserlichen maiestaten ingesigil, der geben ist zu Prage noch Crists geburte dreyczenhundirt iar, darnoch in dem drew vnd sechczigisten iare am nestin sonnabent vor santte Vites tage, vnserr reiche in dem sibenczenden vnd des keisertums in dem newnden iare.

237. *Desgleichen die Bewohner von Schweidnitz. Prag den 10. Juni 1363.*
   Als Transsumpt im breslauer Stadtarchiv EEE 4.

Dem Wortlaute nach mit der vorgehenden Urkunde gleichlautend.

238. *Rathswillkühr, dass alle abgebrannten Häuser am Ringe nur massiv wieder aufzubauen seien. 26. August 1363.*
   Nudus Laurentius f 51.

Sabbato post Bartholomei decretum est per dominos consules, iuratos et seniores, quod omnes domus lignee post combustionem in circulo situate debent lateribus uel lapidibus reedificari sine omni renitencia.

239. *Kaiser Karl IV weist die Stadt Breslau an, von den Einkünften des Fürstenthums dem Nicolaus Tschambor 200 Schock prager Groschen zu zahlen. Breslau den 4. October 1363.*
   Original im breslauer Stadtarchiv EE 13.

Karolus quartus, diuina fauente clemencia Romanorum imperator, semper Augustus, et Boemie rex, magistro ciuium, consulibus et iuratis ciuitatis Wratislauiensis, fidelibus suis dilectis, graciam suam et omne bonum!

Quia nobili Nycolao Tschamborio, fideli nostro dilecto ducentos sexagenas grossorum Pragensium de prouentibus terre nostre Wratislauiensis nostro nomine suscipiendas et recipiendas a festo sancte Walpurgis ad vnum annum continue subsequentem de singulari gracia et ex certa nostra sciencia noscimur deputasse; idcirco fidelitati vestre committimus et iniungimus presentibus seriose, quatenus nomine et vice nostri tamquam capitanei Wratislauienses de prefatis nostris predicte terre prouentibus Nycolao supradicto prenotatas ducentos sexagenas veniente supradicto termino dare et integraliter persoluere sine difficultate qualibet debeatis. De quibus quidem ducentis sexagenis, dum ipsas sibi, vt promittitur, persolueritis, vos racione administracionis officii, quam in capitaneatu Wratislauiensi vobis commisimus, quitos reddimus totaliter et solutos. Presencium sub imperialis nostre maiestatis sigillo testimonio literarum datum Wratislauie anno domini millesimo trecentesimo sexagesimo tercio, indiccione prima, IIII Nonas Octobris, regnorum nostrorum anno decimo octauo, imperii vero nono.

per dominum cancellarium
P. Jaurensis.

Das grosse Kaisersiegel mit Rücksiegel hängt an Pergamentstreifen.

240. *Kaiser Karl IV bekundet, dass er auf Bitten Herzog Bolkos von Schweidnitz die striegauer Kaufleute vom Zolle zu Breslau befreit habe, gleichwie die von Schweidnitz und Loewenberg davon befreit sind. Bautzen den 10. Mai 1364.*

In den striegauer Urkundenabschriften f 57.

Carolus quartus, divina favente clementia Romanorum imperator, semper Augustus, Bohemiae rex, dilectis sibi capitaneo, magistro consulum, consulibusque ac thelonariis Wratislaviensibus, qui quo tempore fuerint, fidelibus suis dilectis, gratiam suam et omne bonum. Fideles dilecti, quia dilectis nobis ciuibus ac mercatoribus singulis de Strigonia ad supplicis petitionis instantiam illustris Bolckonis, ducis Swidnicensis, principis et sororii nostri dilecti, gratiam fecimus, quod ipsi cum eorum mercibus, rebus et bonis civitatem nostram Wratislauiensem intrare et exire possint libere absque exactione thelonii et impedimento quolibet, sicut ciuitates Suidniz et Lemberg eandem gratiam a nobis habere dignoscuntur, prout in literis nostris, quas eis desuper meminibus dedisse, plenius continetur: quocirca fidelitati vestre precipimus et mandamus seriose, quatenus dictos cives et mercatores de Strigonia in dicta nostra gratia impedire nullatenus debeatis, sicut nostram gratiam volueritis conservare. Presentium sub imperialis nostre majestatis sigillo testimonio literarum datum Budissin anno domini 1364, indictione secunda, sexto Idus Maii regnorum nostrorum anno decimo octavo, imperii uero decimo.

241. *Bestimmungen des breslauer Raths für die dortige Fischerinnung vom Jahre 1365.*

Aus dem Nudus Laurentius f 79 vo, gedruckt im C. D. Silesiae VIII S. 56.

Wissiutlich sy, daz wir mit rate der vischer meyster vude mit den vischern vberein getragen han durch gemeynis nuczis wille, daz nimant vorwert me kein enger garn stricken sal, denne vber di yzen mit der stat czeychen gemerkit.

2. Ouch sal nymant vf wert cziehen mit deme kleppe vorwertme eweclich; wer do wider tete, mit deme sal man tun, alz man czu rate wirt.

3. Ouch sullen dy vischer den suntag vyern bis czu vesperzit; wer das brichit, deme sal man das wassir vorsagen ein virteil iaris.

Vbir das allis so habe wir rathman daz czu wandiln ho oder nider, wi wir des czu rate werden.

242. *Rathswillkür, dass die Auflassungen von Grundstücken und Renthen nicht doloser Weise vor dem Rathe sondern vor den Schöppen im gehegten Dinge vorgenommen werden sollen. 5. September 1365.*

<small>Nudus Laurentius f 69 b.</small>

Feria VI post diem sancti Egidii concordatum est per nos consules, scabinos et seniores, quod nunquam de cetero fiant doloso resignaciones hereditatum atque census coram consulatu sed coram scabinis in bannito iudicio.

243. *König Ludwig I von Ungarn gestattet auf Verwenden Kaiser Karls IV den breslauer Kaufleuten, in seinen Königreichen unter denselben Vergünstigungen Handel zu treiben, wie die prager und nürnberger Kaufleute dies dürfen. 29. November 1365.*

<small>Transsumpt von 1455 im breslauer Stadtarchiv E 17 b,¹) gedruckt bei Lünig Reichsarchiv XIV 245.</small>

Lodouicus, dei gracia Hungarie, Dalmacie, Croacie, Rame, Seruie, Gallicie, Lodomerie, Comanie, Bulgarieque rex, princeps Sallernitanus et honoris montis sancti angeli dominus, omnibus Christifidelibus, presentibus et futuris, presencium noticiam habituris salutem in omnium saluatore!

Regie celsitudinis circumspecta prouidencia non solum dicioni suo subiectis exhibere se solet liberalem verum eciam exteras naciones oculis conspicere graciosis consueuit, ut nullus sit, qui sue munificencie non senciat largitatem; proinde ad vniuersorum noticiam harum serie volumus peruenire, quod nos ad fraternam et deuotissimam supplicacionis instanciam excellentissimi et magnifici principis, domini Karoli quarti, Romanorum imperatoris et Bohemie regis, karissimi nostri fratris, ciuibus et hospitibus suis de ciuitate Wratislauiensi [2]) regno suo Bohemie immediate subiecta huiusmodi specialis gracie prerogatiuam ex solita regia benignitate duximus faciendam, quod iidem ciues, hospites et mercatores cum rebus mercimonialibus procedere consueti per quascunque vias transeuntes in solucionibus tricesimarum et tributorum nostrorum omnibus eisdem graciis, prerogatiuis et libertatibus perpetuis temporibus potiantur et vtantur, quibus mercatores Pragenses et Newrumburgenses [3]) ex priuilegialis nostre concessionis annuencia gaudent et fruuntur; ita videlicet, ut ipsi mercatores ubique in regno nostro iustis tributis et tricesimis eorum persolutis ab omni impedimento, molestia et infestacione tributariorum et tricesimatorum nostrorum absoluti immunesque habeantur et exempti nec ad superfluam et inconsuetam tributi uel tricesime solucionem astringi uel compelli valeant per eosdem. Sed sit eis libera facultas factis solucionibus premissis procedendi sub nostra regia proteccione et tutela speciali. Vobis itaque vniuersis prelatis, baronibus, comitibus, castellanis, nobilibus et possessionatis hominibus tributa tam in terris quam in aquis habentibus nostrisque

<small>1) Das Stadtarchiv enthält ausser diesem Transsumpte noch eine um vieles kürzer gefasste Originalausfertigung (E 17 a): Nos Lodouicus, dei gracia rex Hungarie significamus tenore presencium, quibus expedit vniuersis, quod ad fraternam et deuotissimam etc. — secus facere non ausuri in premissis. Data Posonii in festo sancti Andree apostoli † † anno domini m⁰ ccc⁰ sexagesimo quinto. Mit dem grossen auswendig aufgedrückten Siegel des Königs, dessen Umschrift nicht mehr ganz zu lesen ist. Vielleicht war diese sehr bequem auf Reisen mitzuführende Ausfertigung dazu bestimmt, den breslauer Kaufleuten auf ihren Handelsreisen nach Ungarn mitgegeben zu werden, um sich durch Vorzeigung derselben vor den Beamten des Königs über ihre Handelsfreiheit ausweisen zu können. 2) E 17 a immer: Vuratislauis. 3) E 17 a: Noremburgenses.</small>

et vestris tributariis ac tricesimatoribus nunc constitutis et in futurum constituendis, quibus presentes ostenduntur, regiis damus summis sub edictis, quatenus, quandocumque et quocienscumque dicti ciues et mercatores de dicta ciuitate Wratislauiensi cum eorum rebus et mercibus ad vos et ad loca tributorum vestrorum ac tricesimarum presencium testimonio accesserint, ipsos iustis, veris et consuetis eorum tributis ac tricesimis more et ad instar mercatorum Pragensium et Neurumburgiensium[1]) datis et persolutis tam in eundo, quam in redeundo libere, pacifice et quiete absque cuiuslibet impedimenti et calumpnie obstaculo transire et abire permittatis eorum mercancias sine omni inquietitudine exercendos (!) saluis semper personis eorum atque rebus, et sicut nostri regalis mandati transgressores effici pertimescitis secus facere non ausuri in premissis. In cuius rei memoriam firmitatemque perpetuam presentes concessimus literas nostras priuilegiales pendentis et autentici sigilli nostri noui dupplicis munimine roboratas. Datum per manus venerabilis in Christo patris, domini Nicolai, archiepiscopi Strigoniensis, locique eiusdem comitis perpetui, aule nostre cancellarii, dilecti et fidelis nostri, anno domini m ccc sexagesimo quinto tercio Kalendas Decembris, regni autem nostri anno vigesimo quarto. Venerabilibus in Christo patribus et dominis eodem Nicolao, Strigoniensi, Thoma, Colocensi, Wgulino, Spalatensi, Nicolao, Jadrensi, et Elya, Ragusiensi archiepiscopis, Demetrio, Waradiensi, Dominico Transsiluano, Colomanno, Jauriensi, Tadeo, Wesprimensi, Eterno, Hagrabiensi, regnique Sclauonie vicario generali, Hinrico, Agriensi, Johanne, Vaciensi, Villerino, Qinqueecclesiensi, Dominico, Chanadiensi, Demetrio, Syrimiensi, Petro, Boznensi, fratre Eterno, Nittriensi, Nicolao, Traguriensi, Demetrio, Nonensi, Eterno, Farensi, Valentino, Macarensi, Matheo Sibinicensi, Hinrico Scardonensi et Portna, Senniensi ecclesiarum episcopis ecclesias dei feliciter gubernantibus, Tunniensi et Corbauiensi sedibus vacantibus, magnificis viris Nicolao Enoch, palatino, Dionisio, woyuoda Transsiluano, comite Eterno, iudice curie nostre, Johanne, magistro tauernicorum nostrorum, Nicolao de Zeech, Dalmacie et Croacie, Nicolao de Gara, de Machou banis, Petro, pincernarum, Paulo, dapiferorum, Johanne, ianitorum et Gunthero, agasonum nostrorum magistris, ac magistro Tadeo, comite Pozoniensi, aliisque quam pluribus comitatibus (!) regni nostri tenentibus et honores.

1) F. 17a Nuremburgensium.

244. *Kaiser Karl IV befreit die Bewohner der Städte Hirschberg, Bolkenhain und Landeshut vom Zoll und Ungeld zu Breslau. Prag den 11. Januar 1366.*

Als Transsumpt im breslauer Stadtarchiv H 9a, gedruckt bei Summersberg II 98.

Wir Karll, von gotes gnaden, römischer keyser, zu allen czeiten merer des reichs vnd kunig zu Beheim, bekennen vffentlich mit diesem briefe vnd thuen kund allen den, die in zehin adir horen lehsen, das wir habin angeschin fleissige vnd ernstliche bethe des hochgebornn . . Bolken, herczogen zu der Slezien, herren zu der Sweidnicz vnd zum Jawor, vnsers liebin swogers vnd fursten, vnd habin mit wolbedochtem muthe vnd mit rathe vnserer getruwen vnd mit rechten wissen als eyn kunigh zu Beheim seinen steten Hirssberg, Hayn vnd Landishut vnd allen den, die dorinne wonent, die genade getan vnd thuen auch mit crafft diessis brieffes vor vns vnd allen vnsern erben vnd nochkomen kunige zu

Beheim, also das sie vorbass ewiglich besament ader besundirn nicht sullen gebin keynerley czoll noch vngelt von allem dem, das von eren wegin kompt adir brocht wirt in vnsir stad Breczlaw, was das sei, adir wie is genant sei: is sein wegen adir welcherley kawffmanschafft das sey nichtis nicht awsgenomen, gleicher weise als auch dieselbin von Breczlaw wedir czoll noch vngelt gebin in den vorbenanten steten Hirssberg, Hayn vnd Landishut, als auch den von Breczlaw selbir wol wissentlich ist. Dorumb gebieten wir vestiglich vnd ernstlich dem rate, den czolnern vnd der stad gemeynlich zu Breczlaw, vnsern lieben getruwen, das sie vorbas ewiglich die egenanten burgere von den steten Hirssberg, Hayn vnd Landishut vnd ire erben vnd nochkomen an der vorbeschrebin gnadin, die wir en also habin getan, nicht hindorns awffhaldin, hin adir her zu faren in keyn weys, als liep en sei, vnsir hulde zubehaldin. Mit orkund dies brieffis vorsegilt mit vnsir keiserlichen maiestaten ingesigil, der gebin ist zu Prage noch cristus geburte dreiczenhundirt iar vnd dornoch in dem sechs vnd sechczigisten iaro an dem nehsten suntage noch dem obirsten tage, vnser reiche in dem czwenczigistem (!) vnd des koyserthums in dem eilften iare.

245. *Meister Petzold, der Schmidt, verpflichtet sich, so lange er lebt, die grosse Stadtuhr in Ordnung zu halten. 1367.*

Nudus Laurentius f 26.

Magister Peczoldus faber promisit, quamdiu viuet, respicere herrologium magnum ciuitatis et procurare ad effectum suis sumptibus et expensis, quod non peioretur, pro quo recepit 8 marcas a ciuitate.

246. *Kaiser Karl IV quittirt Städten und Landen Breslau und Neumarkt über 1600 Schock prager Groschen, die er zu seinem Römerzuge erhalten. Prag den 7. Mai 1367.*

Original im breslauer Stadtarchiv P 9.

Wir Karl, von gotes genaden romischer keyser czu allen czeiten merer des reichs vnd kunig czu Behem, bekennen vnd tun kunt offenlich mit diesem briefe allen den, die yn sehent, horent oder lesent, das Heinrich Slancz vnd Peter Johnsdorf, burgere vnd ratmanne czu Bresslaw, von wegen der stete vnd der lande Bresslaw vnd Newemmarkt vnd der burger vnd lantsessen daselbst vns beczalet vnd geben haben gar vnd genczlich sechczehen hundert schok grozer pfennige prager muneze, die sie vns czu vnser vart geyn Rome gelobt hatten czu geben, vnd desselben geltes sagen wir die obgenanten vnser stete, burgere vnd lantsessen gar vnd czumal quyt, ledig vnd loz. Mit vrkund dicz briefes versigelt mit vnserm anhangendem ingesigele, der geben ist czu Prag nach Cristes geburte dreyczehen hundert iar, dornach in dem siben vnd sechczigstem (!) iare an sent Stanislaen tage, vnserr reiche in dem eyn vnd czwenczigsten vnd des keysertums in dem dreyczehendem (!) iare.

R. de Wormacia.   per dominum . . de Koldicz
                                                           . . decanus Glogouiensis.

An Pergamentstreifen hängt das kleine Siegel des Kaisers mit dem Reichsaar.

247. *Kaiser Karl IV ertheilt dem Rathe der Stadt Breslau, welcher ihm über die Erhebung und Verausgabung der kaiserlichen Einkünfte aus den Städten und Weichbildern Breslau, Neumarkt, Namslau und Guhrau Rechnung gelegt hat, die darauf bezügliche Quittung. Cöln den 9. Juli 1367.*

Original im breslauer Stadtarchiv EE 4.

Wir Karl, von gotes gnaden romischer Keiser, zu allen zeiten merer des reichs, vnd kunig ze Beheim, bekennen vnd tun offenlich mit diesem brieue allen den, die in sehent oder horen lesen, das an dem nehsten freytage nach des heiligen leichnams tage in diesem gegenwertigen iare als man zelt nach Cristus geburt drewczenhundert iar vnd darnach in dem syben vnd sechczigstem iare zu Reichenbach bey Mielyn gelegen Pecze Swarcze, Hainrich Slancz vnd Hanke Dominyk, burger zu Brezlaw, vnser lieben getrewen, von der ratmanne vnd der stat gemeinlich zu Brezlaw wegen den edelen Borssen von Rysemburg vnd Thymen von Koldicz, vnserm camermeister, lieben getrewen vnd heimlichen rate, den wir das beden als ein kunig zu Beheim sunderlich empfolhen hatten, vnd die ouch diese rechnunge von vnsern wegen als eyns (kunigs)[1]) zu Beheim verhort vnd vffgenomen haben, vmb alle rente, gulte, czinse, geschozz vnd genyezz, wie man daz benennen mag mit sunderlichen worten, den die ratmanne von Brezlaw yngenomen vnd empfangen haben von vnsern wegen, beide von steten vnd landen zu Brezlaw zu dem Newenmarkte, zu Namslaw vnd zum Gore vnd dorffer, die doselbest gelegen synt vnd vns angehoren als eynen kunig zu Beheim, von sante Valentins tage des marterers in dem iare, do man zalt nach Cristus geburte drewczenhundert iar vnd darnach in dem newn vnd funffczigsten iare, vncz vff den aschtag, der nu aller nehst vorgangen ist, volkumme vnd gancze rechnunge getan vnd verrichtet haben, do wir vns wol lazzen an genügen; des sagen wir die egenanten ratmanne vnd die stat zu Bresslaw quyt, ledig vnd los von aller gulte, rente, czinse vnd genyes, den sie von vnsern wegen yngenomen haben von der zeit, als das obyn volkummenlich begriffen ist. Vber das alles haben die egenanten ratmanne vnd stat zu Bresslaw vzgelegt vnd vssgegeben von vnsern wegen achczehen hundert mark vnd sechs marg on drey groschen grozzir pfenning prager muncze polonischer zal, ye vier schillinge groschen fur eyn iclich mark czu zelen, die wir yn ouch bescheiden haben zu heben vnd ynzunemen von den obgenanten steten vnd landen zu Brezlaw, zum Newenmark, zu Namslaw vnd zum Gore vnd vff alle vnserr gulte, czinse, vnd genyezz, die vns da angehoren; doch in solcher bescheidenheit, das sie sollen von dem egenanten aschtage, der nu nehst vorgangen ist, vncz an den aschtage, der schierst kumpt, vns rechnunge halden von eyme gancze iare von den egenanten steten vnd landen. Mit vrkund dicz briefs versigelt mit vnserr keyserlichen maiestat ingesigel, der geben ist zu Cöln an der Elbe nach Cristus geburte drewczenhundert iare darnach in dem syben vnd sechczigsten iare an dem nehsten freytage nach sante Kylians tage vnserr reiche in dem ain vnd czwanczigsten vnd des keisertums in dem drewczenden iare.

per d. de Coldicz
de Poznania Nicol.

An Pergamentstreifen das grosse Siegel des Kaisers mit dem Rücksiegel.
1) Fehlt.

***248.** Peter und seine Ehefrau, die Wittwe Petzolds des Schmiedes, verpflichten sich gegen die Stadt Breslau, bei Strafe von 10 Mark sein Haus wieder zu erbauen. 17. September 1367.*

<small>Nudus Laurentius f 113 b.</small>

Feria sexta ante diem beati Mathey Petrus, qui duxit relictam Peczoldi fabri, promisit suo et uxoris sue nomine domum suam edificare siue murare incipiendo post festum pasce infra spacium octo dierum, quodsi non fecerint, extunc decem marce, quas ad pretorium presentauerunt, eis non debent reddi, sed debent esse perdite.

***249.** Artikel, welche zur Beilegung der Grenzstreitigkeiten der Stadt Breslau und des Vincenzstiftes auf dem Elbing vor der Stadt, durch die kaiserlichen Commissarien festgestellt worden sind. 14. Februar 1368.*

<small>Original im breslauer Stadtarchiv E 21 a.</small>

Nos Marcus, miseracione diuina abbas.., Johannes de Cruczeburg prior, Stephanus de Oppauia subprior totusque conuentus monasterii sancti Vincencii prope Wratislauiam ordinis Premonstratensis sub tenore presencium recognoscimus vniuersis, quod cum inter nos et nostrum conuentum monasterii nostri supradicti parte ex vna et prouidos ac circumspectos viros .. consules, scabinos, seniores, iuratosque tocius vniuersitatis Wratislauiensis ciuitatis parte ex altera questionis materia quedam fuisset ventilata super quibusdam causis in ipsius excellentissimi principis domini Karoli, imperatoris Romanorum, semper Augusti, et Boemie regis, domini nostri graciosissimi [presencia][1]) motis, ipse dominus imperator volens de sua benignitate regia partibus vtrisque consulere ad suffocandam huius-modi dissensionis materiam graciosaque fine concludendam assumptis venerabilibus domino Johanne, in Christo patre episcopoque Olumucensi, et .. domino .. Burchardo, Wyschegradensi preposito, sue imperialis aule principibus, cancellariis et consiliariis, quibus eandem questionis materiam et causas iuxta ipsorum industriam pro bono communi pacisque tranquillitate audiendas commiserat, et peritorum consiliis irreuocabili concordia ordinandas atque discuciendas ad articulos vtrarumque parcium tractatos tenore quoque priuilegiali et documento eiusdem domini nostri imperatoris notatos et eius maiestatis sigillo confirmatos. Quorum articulorum tenor et continencia sequitur in hec verba: Infrascripta sunt, que pertinent ad monasterium sancti Vincencii prope Wratislauiam, videlicet tota area siue planicies a taberna in Olbingo vsque ad obstaculum siue aggerem monasterii circa ecclesiam omnium sanctorum versus orientem.

Item a fluuio Odero vsque ad viam siue stratam publicam, qua itur de ciuitate Wratislauia in Olsnam opidum uersus septentrionem cum rubetis, virgultis, pascuis, graminibus, piscaturis et aliis omnibus et singulis pertinenciis ac iuribus conswetis, sicut ad fundum monasterii ab antiquo pertinebant.

Item locus, in quo domus est ante tabernam in Olbingo edificata per ciues, que domus debet remoueri.

Subscripta vero sunt, que pertinent ad ciuitatem Wratislauiam:

<small>1) Fehlt.</small>

Primo si obstaculum siue agger, in quo est via publica ibidem circa dictam planiciem monasterii, rumperetur, extunc, quociens fuerit necesse, pro reparacione ipsius obstaculi siue aggeris recipi debent cespites ac terra in predicta planicie siue area monasterii supradicti.

Item salices plantate ex utraque parte dicti aggeris, in quo est et transit via publica, pertinent ad ipsum aggerem atque viam, que „tham" wlgariter nuncupatur.

Item silue inter siluas dicti monasterii sancti Vincencii, secundum quod sunt distincte et cumulis suis signate et certis greniciis suis limitate ex utraque parte siluarum prefati monasterii inter Oderam et campum ipsius monasterii, cum rubetis, virgultis, pascuis, graminibus et aliis attinenciis suis ad ciuitatem Wratislauiam pertinebunt sola piscatura dumtaxat excepta inter predictas gades et limites ciuitatis Wratislauie, que ad dominum regem Boemie prout antea pertinebit. Silue vero monasterii iacentes hinc inde et circumcirca a siluis dicte ciuitatis Wratislauie suis cumulis et certis greniciis signate cum piscaturis in eisdem siluis et in campis ipsius monasterii, virgultis graminibus, pascuis et aliis suis pertinenciis, sicut prius, remanebunt monasterio memorato.

Item insula sita ex opposito et prope villam Sczytnik inter riuos seu fluuios de Odera fluentes versus monasterium prefatum usque ad locum, ubi dicti riui in vnum fluxum concurrunt, ad ciuitatem predictam pertinebit. Piscatura vero riui fluentis a capite dicto insule versus predictum monasterium ipsi monasterio velud antea remanebit.

Item si litere alique, cuiuscunque essent auctoritatis, condicionis et iurisdiccionis, tam ex parte monasterii quam ciuitatis predictorum, que suprascriptam concordiam et ordinacionem inter monasterium et ciuitatem factas in parte seu in toto possent inpedire quomodolibet et retractare, invenirentur quocunque occurrente tempore et procedente, quod tales litere penitus nullius esse debeant roboris et momenti.

Quam quidem concordiam in causa iuxta articulos prout supra sic tractatam, ordinatam et amicabilem diffinicionem sopitam in omnibus sentenciis, tenoribus, punctis et clausulis de verbo ad verbum, vti expressatur, nos Marcus abbas, Johannes prior, Stephanus subprior totusque conuentus monasterii supradicti ex certa sciencia nostra temporibus affuturis in antea et perpetue volumus, spondemus et promittimus fore ratam; harum nostrarum testimonio literarum sigilla nostra abbacie et conuentus sunt appensa. Datum in monasterio nostro sancti Vincencii supradicto in die beati Valentini martiris anno domini millesimo trecentesimo sexagesimo octauo.

Die Siegel fehlen.

250. *Vor dem breslauer Rathe schliessen Gesandte der Stadt Troppau mit Meister Schwelbel einen Vertrag über die Verfertigung einer mechanischen Uhr. 19. März 1368.*

Nudus Laurentius f 119 vo.

Dominica letare coram nobis .. consulibus Wratislauiensibus Hanco Garthener et Henselinus Scriptor, ciues Oppauiensis, vice, verbo et nomine aliorum ciuium ibidem in Oppauia et iuratorum conueniendo composuerunt pro vno forti atque valenti horaloyo apud eos in ciuitate Oppauiensi instaurando et preparando super vna eorum campana 40 centenarum obtinenda cum magistro Swelbelino sic, quod illud horaloyum per eum magistrum Swelbelinum suis laboribus infra hinc et festum beati Jacobi apostoli maioris debetur preparari. Pro quo quidem horaloyo ipsi . . ciues in Oppauia 24 marcas grossorum ipsi magistro Swelbelino erogabunt, et in parata nunc pecunia dicti precii 8 marcas, residuas vero 16 marcas post preparacionem horaloyi supradicti.

251. *Der Rath bekundet, dass Nicolaus Zadelmait das Patronat über ein Krankenbett im Hospital zum heiligen Leichnam erworben hat 1369.*

<small>Nudus Laurentius f. 128.</small>

Wir ratmanne bekennen, daz Albrecht von Pak durch vnsern willen vorlegin hat Nickil Czadilmait eyne bettestat in dem spetal czum heiligen lychenam; dorum so hab wir globt, daz wir di erste bettestat, di do ledig wirt in dem selbin spetal, durch Albrechtis wille vorlyen wellin, vor wen her wirt betin.

252. *Die Schöppen zu Magdeburg bezeugen dem Kaiser Karl IV, dass sie der Stadt Breslau ausser anderen Rechtsmittheilungen auch eine Rechtsbelehrung über den Gerichtsstand der Dienstleute gegeben haben. 24. Februar 1369.*

<small>Original im breslauer Stadtarchiv B 27 c gedruckt bei Schickfuss neue Chronik III 251, bei Gaupp, das magdeburgische und hallische Recht S. 347 und bei Gengler C. jur. municipal. Germ. I. 375. Der Abschnitt: Sunt aput nos — iuris auch gedr. bei Stobbe, Zeitschr. für deutsches Recht XVII 415.</small>

Coram celsitudine imperialis maiestatis et gloria ceterisque omnibus, quorum interest, vel ad quos presens scriptum peruenerit, nos scabini . . ciuitatis Magedeborch lucide protestamur . . ciuitatem Wratislauiensem longeuo tempore, cuius memoria aput nunc viuentes non exstat, iure opidano seu ciuili Magedeburgensi fuisse subiectam ita videlicet, quod quandocunque ambiguitatis quid super iure ciuili Magedeburgensi aput vel inter ciues Wratislauiensis ciuitatis exortum fuerat, recurrendo ad nostram ciuitatem diffinitiuam sentenciam ab antecessoribus nostris et a nobis hucusque obtinebant. Atque inter varias nostri iuris sentencias ipsis olym datas et transscriptas dedimus eciam ipsisdem ius nostre ciuitatis in hec verba:

Sunt aput nos viri spectabiles . . ministeriales scilicet, qui in vulgari nostro nominantur „dynstlute", duplicis generis. Primi sunt, qui sub se et sub suo omagio tenent et habent milites et clientes. Hii si coram nostro iudice in nostra ciuitate a quoquam conuenti fuerint, coram ipso non tenentur respondere, dum modo promittant et caucionem faciant, quod coram domino nostro . . vel suo iudice ad hoc constituto certo die compareant actori faciendo iusticie complementum. Alii sunt simplices milites, clientes, famuli, villani, ceterique tales persone seculares. Hii omnes coram nostro iudice in nostra ciuitate, si ab ipso ad iudicium citati seu euocati debite fuerint, respondere tenentur et facere, quicquid fuerit iuris.

In huius testimonium euidens, quod istud ius nostrum sit antiquatum per nosque ac nostros antecessores obseruatum, hoc scriptum nostro appendenti sigillo roboratum est. Anno domini m⁰ ccc⁰ Lx nono ipso die beati Matye apostoli.

<small>An Pergamentstreifen hängt das magdeburger Schöppensiegel: Thronender Christus, links die drei Nägel, rechts der Speer unten die Dornenkrone. Umschrift: .. SCABINORV . . MAID ...</small>

253. *Vertrag der Stadt Breslau mit Herrmann Spiegel über Kalklieferungen. Trebnitz, den 24. Mai 1369.*

Nudus Laurentius f 136.

Wir Ofka, von gotis gnadin herczoginno czur Olsin, vnd wir Conrad, von den selbin gotis gnadin herczog von Slesien, herre czur Olsin vnd czur Kozil, bekennen offinlich an desim briue allen, di en zehin adir horin lezin, daz vor vns komen ist vnsir liebir getruwir Herman Spigil vnd hat mit gutem willen offinlichin bekant, daz die ratmanne vnd di stat czu Breczlaw mit em eynen sulchin kouff, alz hy noch geschrebin stet, vm vomfczig mark, de sy em gereit beczalit han, rechtlichin vnd redelichin gekouft vnd gemachit habin also, daz her den selbin breczlawern sal gebin czwisschin hy vnd den nestin wynachtin vor czwenczig mark kalk, yczlich hundirt vnd sechs czobir kalkis vor eylf virdunge, vnd denne von den selbin wynachtin bynnen sechs iaren sal her en alle iar antworten vumf twsint czobir kalkis, y das hundert vnd sechs czobir vor eylf virdunge, alzo vorne geschrebin ist, vnd in den erstin dryen iaren sullin sy em abeslon an den ubrigen drysik marken alle iar czen mark. Wurde her ouch icht ubriges kalkis czu verkeufin habin, den sal her en ouch gebin in dem selbin koufe bis alzo lange, daz di sechs iar vsqwemen, so wirt her denne von en ledig vnd los, vnd was her en kalkis verkeufit noch deme, alz si em das vorgeschrebene gelt gar abegeslon ynnewenik der vorgesprochin czyt, den sullen si em abegoldin also selbist, y das hundert vnd sechs czobir vor eylf virdunge, das allis also vorgeschrebin ist, hat her en globt czu haldin vnd czu antwertin by allem syme gute, das her yme vndir vns hat; des hab wir Ofka vnd Conrad durch syner bete wille di vorgeschrebene syne globde uff alle syn gut vnd uff en, daz her adir syne erbin vnd nochkomlinge di selbin globde stete vnd gancz haldin sullin, by alle syme gute, mit desim briue bestetiget vnd vnsern willen dorczu gegebin. Geschen vnd gegebin ist der briff czu Trebnicz an dem donrstage noch den pfingistheiligen tagin noch crists geburt dryczenhundert in dem nwn vnd sechczigstin iare vndir vnsir ingesigel.

254. *Erneutes[1] Achtbündniss Breslaus mit schlesischen und lausitzer Städten. Görlitz den 29. Mai 1369.*

Nudus Laurentius f 175.

Hec est concordia siue vnio ciuitatum facta in Gorlicz anno domini m° ccc° lx nono feria tercia post diem sancte trinitatis.

Wir her Thyme von Koldicz, heuptman czu Breczlaw, her Pothe von Czastolowicz, heuptman czw Glocz, her Eppik von Hradek, vogt czu Lusicz, vnd die stete gemeinlich Breczlow, Glogow, Glocz, Budessin, Zittaw, Luban, Lobow, Kamencz, Nwmarkt, Goltberg, Frankinsteyn, Namslow, Gubbin, Luckow, Somirfelt, Spremberg, Hawilswerde, Stynow vnd Gor bekennen offenlich an desim briffe, daz wir sulchir teiding von des fredes weyne obireynkomen sin also, daz welch man in eyner stat in di ochte kumpt vm roub, dwbe, mort adir mortbrant adir vm falsch, der schal in den allen obgenanten stetin in der ochte sin, vnd das sal man ouch dy heuptmanne lassin wissen. Wer ouch di selbin vntetigen lwthe hwzet, furdirt, adir heymet, dy schal man glychirwys iagin, alz di selbschuldigen.

[1] Vergl. Urk. No. 163.

Wer das ouch sache, ab ymant vor welde komen vnd begerte fredis, in welchir pflege das wer, den mochte der heuptman der selbin pflege frede gebin eynen manden mit wissen der ratmanne der stete.

255. *Rathswillkür, wodurch die Fürbitte um Verleihung einer Pfründe städtischen Patronats vor der Erledigung bei Strafe von einer Mark Gold untersagt wird. 22. August 1369.*

<small>Nudus Laurentius f 1346.</small>

Nos .. consules iussu, verbo, consilio, voluntate et assensu .. scabinorum, iuratorum et nostrorum omnium seniorum tale promissum atque decretum nomine ciuitatis pro nobis et omnibus nostris successoribus, affuturo tempore consulibus, fieri spospondendo iniuimus et malluimus habere robur ac irreuocacionem inantea, quod nullus consul uel aliquis conciuium nostrorum nec persona quecunque tam spiritualis quam secularis petere debeat uel desiderium interponere nec verbo nec facto pro aliquo beneficio seu altari, cuius collacio ad nos .. consules nunc vel in futuro nomine ciuitatis quodammodo pertinere dinoscitur, nisi actu vacauerit de ipsius altariste seu regentis ministri morte uel manifesta resignacione, sub pena vnius marce puri auri. Actum in octaua assumpcionis beatissime virginis Marie.

256. *Papst Urban V schreibt dem Bischof von Breslau, dass er das Interdict, welches das Domkapitel über die Stadt Breslau verhängt, aufgehoben habe. Rom den 13. November 1369.*

<small>Original im breslauer Stadtarchiv X 1a.</small>

Urbanus episcopus, seruus seruorum dei, venerabili fratri ... episcopo Wratislauiensi, salutem et apostolicam benedictionem. Ex certis racionabilibus causis interdictum per dilectos filios, capitulum ecclesie tue Wratislauiensis, positum in ciuitate Wratislauiensi seu cessacionem a diuinis per eos et alium clerum dicte ciuitatis seruatam, prout impresentiarum seruari asseritur, hodie duximus amouenda per nostras litteras huiusmodi tenoris:

Urbanus, episcopus, seruus seruorum dei, ad perpetuam rei memoriam. Debitum nostri officii pastoralis exposcit, ut fidelium scandalis et animarum periculis occurrentes iurgiorum fomenta tollamus de medio et ea, que concordie materiam generant, apostolicis studiis procuremus; cum itaque, sicut audiuimus, inter carissimum in Christo filium nostrum Carolum, Romanorum imperatorem, semper Augustum, et Boemie regem illustrem, ciuitatis Wratislauiensis dominum, seu dilectos filios, eius .. officiales et scabinos eiusdem ciuitatis, ex vna parte ac capitulum ecclesie Wratislauiensis ex altera ex eo exorta fuerit grauis materia questionis, quod dicti officiales et scabini requisiti pro parte dictorum capituli super obseruatione quarundam libertatum et iurisdictionis, quas iidem capitulum se habere pretendunt, quasque dicti officiales eis competere denegabant, propter quod ipsi capitulum dictam ciuitatem supposuerunt ecclesiastico interdicto seu cessant et clerum dicte ciuitatis cessare faciunt a diuinis in magnum populi dicto ciuitatis scandalum et periculum animarum. nos cupientes, ut celeriter obuietur maioribus scandalis, que ex predictis possent coutingere, et ut quietius ac fructuosius tractetur concordia inter partes easdem, et ex certis aliis causis rationabilibus animum nostrum mouentibus interdictum seu cessationem huiusmodi auctoritate apostolica tenore presentium amouemus. Nulli ergo omnino hominum liceat hanc paginam nostre amotionis infringere uel ei ausu temerario contraire. Si quis autem hoc attemptare presumpserit, indignationem omnipotentis dei et beatorum Petri et Pauli, apostolorum eius, se nouerit incursurum. Datum Rome apud sanctum Petrum Idibus Nouembris pontificatus nostri anno septimo.

Quocirca fraternitati tue per apostolica scripta mandamus, quatinus nostram ammotionem huiusmodi in dictis ecclesia et ciuitate faciens solemniter publicari per prefatos capitulum et clerum celebrationem resumi facias diuinorum contradictores auctoritate nostra per censuram ecclesiasticam appellatione postposita compescendo non obstante, si eis uel eorum aliquibus ab apostolica sit sede indultum, quod interdici, suspendi uel excommunicari non possint per litteras apostolicas non facientes plenam et expressam ac de uerbo ad uerbum de indulto huiusmodi mentionem. Datum Rome apud sanctum Petrum Idibus Nouembris pontificatus nostri anno septimo.

G. de mandato domini nostri pape B. de Surponto.

Mit der Bleibulle des Papstes.

257. *Die Stadt Liegnitz bezeugt dem Kaiser Karl IV das magdeburger Recht der Stadt Breslau und deren Gerichtsbarkeit über Diener und Hintersassen weltlicher und geistlicher Herren. 22. November 1369.*

Original im breslauer Stadtarchiv C 9.

Coram imperiali celsitudine et magnificencia nos iudices, consules, scabini, iurati totaque vniuersitas ciuitatis Legniczensis vniuersis et singulis, presentibus et futuris tenore presencium publice profitemur, quod nobis constat ex certa nostra sciencia et fidei puritate, quod a longis et retroactis temporibus vsque in hodiernum diem continue et inconcusse eciam a tanto tempore, cuius inicii memoria hominum non existit, honorabiles et prouidi viri, capitanei, consules, scabini, iurati ac tota vniuersitas ciuitatis Wraczlauiensis iudicauerunt, iudicare consueuerunt et hodie iudicant iuxta iura ciuitatis Magdeburgensis ex primeuis institucionibus, priuilegiis et piis donacionibus dominorum temporalium, olim ducum Zlesie et dominorum ciuitatis Wraczlauiensis pronotate: eciam de consuetudine laudabili prescripta antiqua, tenta ac hactenus obseruata et moribus vtencium approbata omnes homines laycos vtriusque sexus omnium dominorum ducum, principum secularium et spiritualium, nobilium, ciuitatum, opidorum et villarum quorumcunque et specialiter homines pfasallos, familiares, ciues et rusticos reuerendi in Christo patris et domini, domini episcopi et sui capituli ecclesie Wraczlauiensis, videlicet prepositi, decani ceterorumque prelatorum et canonicorum prefate Wraczlauiensis ecclesie aliorumque collegiorum, monasteriorum, conuentuum, ecclesiarum rectorum et simplicium clericorum delinquentes vel per alios remissos ac debita contrahentes infra ambitum dicte ciuitatis repertos seu aliqualiter arrestatos, in cuius iudicii seu iurisdiccionis possessione pacifica et quieta dicti capitaneus, consules, iudices, scabini, iurati et communitas ciuitatis Wraczlauiensis sepedicte fuerunt et nunc sunt a tempore et per tempora supradicta continue et inconcusse, vt prefertur, ymmo hominibus sic delinquentibus, vt premittitur. iuxta merita excessuum penas quascunque imposuerunt, imponere consueuerunt hodie et imponunt. Et hoc constat nobis ex eo, quia talis consuetudo iudicandi laudabilis et prescripta in dicta ciuitate Wraczlauiensi sic et in nostra ac in aliis ciuitatibus et opidis dominorum ducum Zlesie in predicta dyocesi Wraczlauiensi constitutis a primeuis exstirpacionibus et fundacionibus terrarum Slesie et ciuitatis tenta extitit et seruata, prout a primogenitorum nostrorum et seniorum multorumque fidedignorum relacione et testimonio sumus plenius informati, ac hodie tenetur et seruatur. Eciam nostris temporibus sepe et sepius audiuimus, quod homines tales, de quibus supra scribitur, per capitaneos, consules, iudices, scabinos, iuratos et [seniores] vniuersitatis fuerunt, vt premittitur, iudicati et hodierna die iudicantur memoratis dominis episcopo et capitulo et aliis clericis supradictis scientibus et non contradicentibus. Premissa omnia et singula dicimus in bona nostra consciencia esse vera et de premissis in dicta ciuitate Wraczlauiensi necnon in nostra et in aliis ciuitatibus et locis circumuicinis in dicta dyocesi sitis est publica vox et fama. In cuius rei testimonium et euidenciam pleniorem sigillum ciuitatis Legniczensis presentibus est appensum. Datum in die sancto Cecilie virginis et martiris Christi anno incarnacionis eiusdem millesimo ccc sexagesimo nono.

An Pergamentstreifen hängt das runde Siegel der Stadt Liegnitz mit der Umschrift: SIGILLVM CIVITATIS LEGNICZENSIS.

258. *Herzog Ludwig von Brieg bezeugt dem Kaiser Karl IV, dass die Stadt Breslau seit unvordenklicher Zeit nach magdeburger Recht lebe und dass die Diener und Unterthanen der Fürsten und Geistlichen vor der Gerichtsbarkeit der Stadt nicht befreit seien. Brieg den 26. November 1369.*

Original im breslauer Stadtarchiv B 21a.

Serenissimo ac inuictissimo principi, domino Karolo quarto, diuina fauente clemencia Romanorum imperatori, semper Augusto et Boemie regi, domino nobis benignissimo, Ludwicus, dei gracia dux Slesie et dominus Bregensis, vester fidelis cum humillima seruitutis prestancia semper promptus.

Inuictissime princeps et domine graciose!

Iuxta formam literarum imperialium vestrarum nobis directarum interrogatorio et ut vestra serenitas a nobis seriosius informari voluit super causa inter venerabilem patrem atque dominum, dominum Priczlaum, episcopum et eius capitulum ac canonicos ecclesie Wratislauiensis ex vna et famosos viros .. capitaneum, .. consules, .. aduocatos, .. iudices, .. scabinos, .. iuratos, et .. seniores ac totum commune ciuitatis Wratislauiensis parte ex altera, que vertitur, necnon super aliis causis aliarum nichilominus personarum serie nostrarum literarum prout infra imperialia vestre maiestati respondemus sincere ex certa nostra consciencia et fidei puritate profitentes, quemadmodum nobis constat, quod prouidi et famosi .. capitaneus, .. consules, .. aduocati, .. iudices, .. scabini et .. iurati et commune ciuitatis Wratislauie, qui sunt et fuerunt, pro tempore fuerint et sunt a longis temporibus retroactis, sicut possumus recordari a quadraginta annis citra et vltra continue et inconcusse eciam a tanto tempore, cuius inicii memoria hominum non existit, in possessione vera, pacifica et quieta iurisdiccionem temporalem iuxta iura Magdeburgensia libere exercendi ex priuilegiis et piis donacionibus progenitorum nostrorum, olim ducum Slesie et dominorum temporalium ciuitatis Wratislauiensis predicte, eciam de consuetudine laudabili antiqua prescripta tenta et hactenus diu obseruata et moribus vtencium legittime approbata, videlicet quod prefati .. capitanei, .. consules, .. aduocati, .. iudices, .. scabini, .. iurati et commune dicte ciuitatis Wratislauiensis omnes homines laicos utriusque sexus, ymmo nostros aliorumque ducum et dominorum quorumcunque secularium et spiritualium et specialiter homines rusticos et familiares reuerendi in Christo patris et domini episcopi Wratislauiensis ac honorabilium virorum, dominorum .. prepositi, .. decani ceterorumque prelatorum et canonicorum seu tocius capituli ecclesie Wratislauiensis aliorumque collegiorum, monasteriorum, conuentuum, rectorum ecclesiarum et simplicium clericorum delinquentes uel per alios remissos et eciam debita contrahentes infra ambitum dicte ciuitatis Wratislauiensis repertos seu quomodolibet arrestatos habuerunt et habent iudicare et in ipsos iurisdiccionem libere exercere memoratis dominis .. episcopo, prelatis, canonicis et capitulo ac aliis collegiis, conuentibus et clericis supradictis scientibus et minime contradicentibus ipsisque hominibus, sic ut premittitur, delinquentibus arrestatis et repertis iuxta merita excessuum ipsorum penas inponere qualescunque, principibus, nobilibus dominis sub se alios milites et phasallos habentibus, qui a dicta iurisdiccione penitus exempti sunt, dumtaxat exceptis. Premissa omnia et singula scimus esse vera ex eo, quia temporibus nostris taliter seruatum est, ut prescribitur atque tentum et hodierna die seruatur et tenetur in ciuitate Wratislauia supradicta, ymmo in nostris ciuitatibus a nobis, .. iudicibus, .. capitaneis, .. consulibus ac vniuersitatibus nostris taliter est seruatum et hodierna die seruatur, ut prefertur, quia sepe et sepius vidimus et interfuimus, quod homines tales, de quibus supra scribitur, per .. capitaneum, .. consules, .. aduocatos, .. iudices, .. scabinos, .. iuratos et vniuersitates predictas fuerunt, ut prescribitur, iudicati et hodierna die iudicantur predictis dominis episcopo et suo capitulo et aliis clericis supradictis scientibus et minime contradicentibus, prout superius est expressum. Audiuimus eciam a progenitoribus nostris, quod huiusmodi iurisdiccionem, ut prescribitur, dicte ciuitati Wratislauiensi atque nostris pie donauerunt et ab aliis fidelibus nostris et plurimis fidedignis, quod taliter a primeua fundacione et exstirpacione terrarum et ciuitatis Wratislauiensis et nostrarum aliorumque ducum Slezie, patruorum nostrorum, iudicium, ut prescribitur, sit seruatum atque tentum et hodierna die seruatur et tenetur. Premissa omnia et singula dicimus in nostra consciencia esse vera et de ipsis in ciuitate et tota diocesi Wratislauiensi apud solempnes personas et publica vox et fama ac communis opinio, ymmo sunt adeo notoria, quod nulla possunt tergiuersacione celari. In quorum omnium premissorum certitudinem et euidenciam pleniorem sigillum nostrum presentibus duximus appendendum. Datum Brege in crastino beate Katherine virginis et martiris gloriose anno domini millesimo trecentesimo sexagesimo nono.

An Pergamentstreifen hängt das Siegel des Herzogs: ein Stechhelm (ohne Wappenschild). Umschrift: † S. LVDWICI DEI GRA DVCIS SLIE.

259. *Rathswillkür betreffend die Steuerpflichtigkeit des Kapitalvermögens der Geistlichen. 1370.*

Nudus Laurentius f 139.

Wir habin ubireyne getragin mit vnsern eldistin vnd wellin vorbas me, das alle geistliche lwte vnd pfelliche lwte, den do czins von todis weyne von iren eldirn in vnser stat Breczlaw angeuallen ist adir angeuallin mak in czukumftigen czyten, das di alle geschos, so andir lwte in der stat schossen, eynen grossen von y der marke czinses, czu geschosse sullen gebin, di wyle das si lebin, also daz der selbe czins noch irem tode an wertliche lwte sal widir uallen, vnd an wen her denne vellet, der sal davon schossen noch deme alz recht ist. Dis ist geschen an dem vrytage vor Johannis.

260. *Die Stadt Schweidnitz schliesst mit Meister Schwelbel, dem Schlosser, einen Vertrag wegen Anfertigung einer mechanischen Uhr nach dem Muster der breslauer. 18. Mai 1370.*

Nudus Laurentius f 138vo.

An dem sunnabende vor der cruczewochin habin di ratmanne czur Swydnicz gedinge gemachit mit Swelbil, dem cleynsmede, in sulchir mazse, daz her do selbist czur Swidnicz eynen zeiger zeczezin sal, der do glych sy dem zeyger czu Breczlaw adir bessir; von deme sullen sy en gebin 26 mark pfennige vnd blyes, holczes vnd zeile alz vil, als her des dorczu wirt bedurfen, vnd sal den gereiten gancz vnd gar vnd zeczin czwisschin sente Bartholomei tage. Vnd wen der zeiger gancz vnd gar bereit wirt, so sullen en di ratman czur Swydnicz mit irre fure vnd kost dar lossin furen. Ouch ist doryn geteidinget, di wyle Swelbil den zeiger do selbist zeczin wirt vnd do legin wirt, di wyle sal her alle wochin habin eynen virdung von den ratmannen do selbist alz lange, alz em do czu legin geborit.

261. *Kaiser Karl IV macht die Erwerbung von Grundstücken und Renthen durch die todte Hand innerhalb der Stadt Breslau von der jedesmaligen Genehmigung der böhmischen Könige abhängig. Fürstenberg den 27. Mai 1370.*

Original im breslauer Stadtarchir E 9, gedruckt bei Lünig Reichsarchiv XIV 252.

Wir Karl, von gots gnaden romischer keiser, zu allen czeiten merer des reichs, vnd kunig zu Behem, bekennen vnd tun kunt offenlich mit disem brife allen den, die yn sehent oder horent lezen, das wir angesehen haben vnserr stat zu Breslaw nuczcze vnd besserung vnd haben vorboten von rechter wissen vnd kuniglicher machtvolkomenheit vnd vorbiten vnd wollen ouch mit crafft dicz brifes, das keynerlei geistlich man oder prister noch czynsgelt noch huser kouffen sulle furbas mer in der egenannten vnserr stat zu Breslaw an' vnser, vnser erben vnd der cronen zu Behem besunder laub vnd geheizze. Were aber, das keyn geistlicher man keynerley gulde, czyns oder huser an' vnserr vnd des kunigrichs zu Behem besunder laub in vorgangen czeiten gekaufft hetten, der sal es wider verkauffen an alle widerrede, als er vnser vnd des kunigrichs zu Behem swere vnguad vormeiden wolle; wenn die stat vnd der grunt vnser vnd des konigrichs ist vnd nymands anders, so wollen wir, das das vorgeschriben gebot vnd geheizze vnuerrucket genczlich gehalden werde. Mit vrkunt diez brifes versigelt mit vnserm anhangundem (!) ingesigel, der geben ist zu Furstemberg nach Cristus geburt dreyczenhundert iar darnach in dem sibenczigstem iare am nechsten mantag vor dem pfingsttag, vnser reiche in dem virvndzwenczigsten vnd des keisertums in dem sechczendem iare.

ad mandatum domini imperatoris
Henricus de Elbingo.

Das kleine kaiserliche Siegel hängt an Pergamentstreifen.

262. *Bestimmungen über den breslauer Hopfenmarkt vom 27. October 1370.*
Aus dem Nudus Laurentius f 139vo, gedr. im C. D. Silesiae VIII S. 68.

An dem sunnabunde vor Simonis et Jude hab wir mit vnsern eldistin ubireyne getragin, daz welch man hoppfin hi hat, her sy burger adir gast, der sal en dirlezin vnd reyne machin by 14 tagin vnd wer vorbas me hoppfin her brengit, der sal reyne vnd lwtir syn; were abir, das her bleterig adir ramig were, so sal man en reyne machin by acht tagin. Dorzu hab wir vir manne gekorn, di daz bezehin sullen, vnd ab si nicht gar dorczu komen mochtin, so sullen ir io czwene dorzu zehin vnd man sal vorbas keynen hoppfin vorkeufin noch der hoppfener messin; di vir manne adir io irre czwene haben en denne vor bezehin. Nu hab wir gekorn Mathis Proczkinhayn, Niclos Kindilwirt, Frenczil Willusch vnd Jacob Hefteler.

2. Ouch hab wir mit vnsern eldistin ubireyne getragin, das welch gast vorbas me hoppfin her brengit vnd den nicht reyne machin welde, alz vorgeschrebin stet, vnd en voreuelich wek furte, der sal keynen hoppfin vorbasme her brengin czu vorkeufin, vnd wer dise gezecze nicht enhilde von deme wel wir besserunge nemen nach deme, alz vns vnser eldistin vndirwyzen.

263. *Kaiser Karl weist die Stadt Breslau, welche für ihn dem Bischof Pretzlaw von Breslau 700 Mark gezahlt hat, auf die gleiche Summe von seinen Einkünften aus der Stadt und dem Fürstenthum Breslau an. Prag den 19. November 1370.*
Original im breslauer Stadtarchiv E E 5a.

Wir Karl, von gots gnaden romischer Keiser, zu allen zeiten merer des reichs, vnd kunig zu Beheim, embieten dem burgermeister, den ratlewten vnd den burgern gemeinlich der stat zu Breslaw, vnsern lieben getrewen vnser gnad vnd alles gut.

Lieben getrwen, wann wir von vnserm besundern gebot vnd geheizze dem erwirdigen Preczlaw, byschoff zu Breslaw, vnserm lieben fürsten vnd andechtigen sibinhundert mark polonischer czal fur vns geben vnd bezalet habt, so ist vnser meynung, daz ir als uil gelts von vnsern zinsen zu Breslau in der stat vnd vff dem lande engegen einnemen vnd vffheben sullet, als verre ir sie vormals nicht vffgehaben habt, vnd wenne ir daz getan habt, so sagen wir euch derselben sibenhundert mark quit, ledig vnd los. Mit vrkund diez brieues versigelt mit vnser keiserlichen maiestat insigel, der geben ist zu Prag nach Cristus geburt dreweczhenhundert iar vnd dornoch in dem sibinczigstem iare an sant Elzbethen tag, vnser reiche in dem funffvndczweinczigsten vnd des keisertums in dem sechczehendem iare.

Ad mandatum domini imperatoris
Conradus de Gysenheim.

An Pergamentstreifen hängt das grosse Siegel des Kaisers mit dem Rücksiegel.

264. *Verfügung über den Begräbnissplatz der breslauer Juden. 1371.*
  Späte Abschrift im Staatsarchiv.

Wir Carl, von gottes gnaden römischer Kayser, zu allen zeiten merer des reichs und könig zu Bohem, bekennen und thun kundt offintlich mit disem briffe allen den, die in sehen oder lesen lassen, dass wir durch sonderliche dienst und treu, die uns Hanns ****[1]) unser lieber getreuer gethan hat, im und Anna seiner Wirthin den judenkirchhoff zu Bresslau geben vnd verliehen haben, geben und verleihen in den mit crafft dises briffes mit rechten wissen und koniglicher macht zu Böhem [zu] ir beider lebetage in allen dem (!) rechten, als ihn vormols Heinrich, stadtschreiber doselbst zu Bresslow, gehabt hat, zu halten und besizen; wehre adir sache, dass wir in der zeit irer lebtage iuden wider gen Bresslaw setzen würden, ader in solber lössen wolten, die oder wir mögen in für zwanzig mark groschen polnischen (!) zall von in wider lössen, und wenn man sie dieselben bezalt hatt, so sollen sie den judenkirchhoff unvorzuglich abtretten. Mit urkundt diss briffes vorsigelt mit unser koniglichen maiestat insiglo geben zu Prac nach Christi geburtt dreizehen hundert iahr dornoch in dem ein und siebenzigsten iaro, unser reiche in dem sechs und zwanzigsten und des kaiserthumbs in dem sibenzehenden iahren.

1) Ein unleserliches Wort.

265. *Rathswillkür, wodurch die Verhaftung des in der Stadt betretenen Schuldners in Ermangelung des Stadtboten mit Hinzuziehung eines oder zweier Nachbarn gestattet wird. 1371.*
  Nudus Laurentius f 155b.

Wir habin obireyne getragin mit vnsern eldistin, dass ein yelich man, der synen schuldiger dirwisschet in der stat gebyete vnd meynt en vor recht zu furen vnd brengin: mag her nicht eynen botin gehabin, so sal her an ruffen eynen nakebuor adir czwene, mit der hulfe mak her den schuldiger vor recht brengin, wie her mak.

266. *Kaiser Karl IV bekundet der Stadt Breslau nach erhaltener Rechnungslegung über Einnahme und Verwendung seiner Einkünfte aus den Gebieten Breslau, Neumarkt, Goldberg und Namslau noch 1850 mark zu schulden. Breslau den 9. Januar 1371.*
  Original im breslauer Stadtarchiv E E 1.

Wir Karl, von gotes gnadin romischer keiser, czu allen czeiten merer des richs vnd kunig czu Behem, bekennen vnd tun kunt offenlich mit disem brieffe allen den, die in sehen odir horent lezen, das der burgermeister, der rate vnd die burger gemeynlich der stat czu Bretslaw, vnsere lieben getruwen, vns rechtlich vnd redlich berechent haben alle gulde, czinse vnd gelde, die sie von vnsern wegen von den landen vnd steten Bretslaw, Nevnmarkte, Goltperge vnd Nampslow vnd allen iren czugehorungen ufgeheht vnd innegehabt haben bis uf den aschtag, der schirist kumpt, vnd dorumb so sagen wir fur vns, vnsere erben vnd nachkomen kunge czu Behem dieselben vnsere burgere der vorgenanten gulde, czinse vnd gelde aller sache quyt, ledig vnd loz, vnd uber alle dieselben gulde, czinse vnd gelde so sein wir denselben vnsirn burgern schuldig achczehen hundirt mark vnd fumfczig mark pregischer grozzen polonischer czal, vnd in denselben achczehenhundirt vnd fumfczig marken ligen ouch die sybenhundirt mark der selben grozzen vnd czal, die sie fur seliger gedechtnuzze etwenn den hochgeborn Bolken, herczogen czur Swydnicz, vnsern lieben swager, dem erwirdigen Preczlawen, bischoff czu Bretslaw, vnsern fursten, ratgeben vnd lieben andechtigen, vorrichten vnd beczalen. Mit vrkund dicz briefs vorsigelt mit vnserm anhangenden ingesigele. Geben czu Bretslaw noch crists geburde dreyczehenhundirt iar dornach in dem aynvndsybenczigstem (!) iare an dem donerstag noch dem obersten tag vnserre reiche in dem fumfvndczwenzigstem (!) vnd des keisertums in dem sechczehenden iare

R. Johannes Saxo.

ad relacionem d. de Coldicz
P. Jaurensis.

An Pergamentstreifen das kleine Siegel des Kaisers.

267. *Rathswillkür, dass im Hospital zum heiligen Leichnam von nun an nicht mehr als fünfzig Personen verpflegt werden sollen. 14. Februar 1371.*

Nudus Laurentius f 147b.

An dem fritage vor vasnacht vnd noch vnser frouwen tage lichtewye wir ratmanne habin mit vnsir eldistin obireyne getragin, daz man vorbaz me ewiclich nicht me wenne vumfczik personen habin sal in dem spetal czu dem heiligin lychnam, vnd obir die vumfczik personen, die wyle die lebin, sal man keyne ynnemyn, sunder by der czal der vumfczig personen sal ys blybin; wenne der czal vumfczig personen abeget, als manche persone abeget, als manche sal man wedir yn nemen vnd andirs nicht: is were denne, ab sich ymant von nues doryn koufin welde, den mak man doryn nemen. Ouch was iczczunt personen ist obir die obgenante czal, die sullen blybyn vnvorruck bis daz se abegesterbin vf vumfczik personen, die wyle sal man abir nymant yn nemyn bis vf die czal, als vor stet geschrebin.

268. *Der Rath bekundet die Erbauung eines Wohnhauses für die Stadtkapläne. 24. Mai 1371.*

Nudus Laurentius f 149.

An dem pfingistabunde haben wir irlawbt hern Johann Ffalkinberg vnd herrn Nicol Swarczin czu buen eyn hus alz man czum swydniczen tore vzget uff dy linke Hand czwysschin der mwer, vnd dazselbe hus habin sy gebut mit vnser hulffe in sulchir mase, daz in dem selbin huse der stat capelan sullen erlich, redelich vnd eyntrechtiglichin wonen vnd dez selbin huses len sal dy stat ewiclichin haben. Wenne adir wy dicke der altaristen eyner styrbt, weme denne dy . . ratmanne den altar lyen, dem sullen sy auch daz hus lyen, vnd der selbe altarista sal denne gehin 5 mark grosser, dy sullen dy altaristen czu en nemyn vnd sullen daz hus domete bessern, wenne das not wirt, vnd waz czweunge czwisschen den altaristen wurde von des huses weyne, dy sullen dy . . rathmanne vorrichten.

269. *Kaiser Karl IV weist die Stadt Breslau wegen der 1317 Mark Groschen, die er ihr nach erfolgter Rechnunglegung über Verwendung seiner Einkünfte aus den Städten und Weichbildern Breslau, Neumarkt, Goldberg und Namslau noch schuldet, auf seine Gefälle in Breslau, Neumarkt und Namslau an. Breslau den 16. März 1372.*
   Original im breslauer Stadtarchiv E E 15.

Wir Karl, von gotis gnaden romscher keiser, czu allen cziten merer des reichs vnd kunig czu Behem, bekennen vnd tun kunt offenlich mit diesem briefe allen den, die yn sehen odir horen lesen, das wir dem burgermeister, dem rate vnd den burgern gemeynlich der stat czu Bresslav, vnsern lieben getrewen, nach der rechnunge, die czwisschen vns vnd yn von allen gulten vnd czinsen der lande vnd stete Bresslav, Newmarkt, Goltperg vnd Namslaw vnd irer czugehorunge bis vff den aschertag, der nehst vergangen ist, gescheen vnd gemacht ist, recht vnd redlich schuldig bleiben vnd blieben seyn dreyczehenhundert vnd sibenczehen mark grozzer pfennige prager muncze vnd polonischer czal, acht vnd virczig grozze fur ye die mark czu czelen vnd czu reyten, vnd dorumb das dieselbe schult vergolten vnd beczalet werde, so bescheiden vnd benůmen wir mit kuniglicher macht czu Behem den egenanten vnsern burgern czu Bresslav die egenanten dreyczehen hundert vnd sibenczehen mark der obgenanten czal vnd grozzen vff allen vnsern reuten, czinsen vnd gulten der vorgenanten stete vnd lande Bresslav, Newmarkt vnd auch czům Namslaw vffczuheben vnd ynzůnemen genczlich vnd gar ane hindernuzze, als lange bis das sie der egenanten dreyczehenhundert vnd sibenczehen mark beczalt vnd verrichtet werden. Mit vrkund dicz briefes, versiegelt mit vnserm grozzen anhangendem ingesigel, der geben ist czu Bresslav nach Christes geburte dreweczehen hundert iar dornach in dem czwei vnd sibenczigsten iare an dem nehsten dinstage nach dem suntage, so man iudica singet in der heiligen kirchen, vnserr reiche in dem sechs vnd czwenczigsten vnd des keisertumes in dem sibenczendem iare.

R. Johannes Lust.   ex relacione Tymonis de Coldicz
et insinuacione P. Jaur. Cancell.

Das grosse Kaisersiegel mit Rücksiegel hängt an Pergamentstreifen.

270. *Kaiser Karl IV verspricht, den Rath der Stadt Breslau, welcher sich für Rückzahlung von 1000 Mark Groschen, die der Kaiser vom Bischof Prezlaw als Darlehn erhalten, verpflichtet hat, durch rechtzeitige Zahlung an den Bischof zu befreien. Breslau 16 März 1372.*
   Original im breslauer Stadtarchiv E E 7.

Wir Karl, von gotes gnaden romischer keiser, zu allen zeiten merer des reichs vnd kunig zu Beheim, bekennen vnd tun kunt offenlich mit diesem brieue allen den, die in sehen oder horen lesen, wann wir vormals vnser lieben getrewen .. den burgermeister vnd die rotmauen der stat zu Bresslaw gen dem erwirdigen Preczlaw bischoff zu Bresslaw, vnserm lieben fursten vnd andechtigen, vor achthundert mark grozzen polonischer zal vorsaczt hatten vnd wir sie desselben geltes gen dem egenanten bischoff gar vnd genczlich ledig gemacht haben, als sie vns vnsere brieue, die sie daruber von vns hatten, widergeben haben; nu haben wir die vorgenanten, vnser lieben getrewen, den burgermeister vnd die ratmane vnser vorgenanten stat zu Bresslaw von newens gen dem egenanten bischoff Preczlaw von Bressla vorseczet vnd fur vns heizzen globen fur tausent mark polonischer zal, die er vns gutlichen vnd freuntlichen gelihen hat, vnd wir ym gelden wollen vnd sullen vff den aschtag der allerschirest kumpt, dorumb globen wir in guten trewen fur vns, vnsere erben, kunige zu Beheim, den vorgenanten, vnsern lieben getrewen, dem .. burgermeister vnd den rotmannen vnser stat zu Bresslaw, daz wir sie fur die vorgenanten tausent mark gen dem egenanten Bischoue vff solche tege als dauor geschriben steet, gar vnd genczlich ledigen vnd lozen wollen vnd sullen vnd on allen iren schaden dauonbrengen. Mit vrkunt diez briefes vorsigelt mit vnser keiserlichen maiestat insigel, der geben ist zu Bresla nach Cristis geburt dreiczenhundert iar darnach in dem czweivndsibenczigsten iare an dem nehsten dinstag nach dem suntag, als man singet iudica, vnser reiche in dem sechsvndczwenczigsten vnd des keisertums in dem sibenczendem iare.

R. Johannes Lust.   per dominum de Koldicz
                       Nicol. Cammericensis prepositus.

Das grosse Kaisersiegel mit Rüksiegel hängt an Pergamentstreifen.

271. *Kaiser Karl IV verpflichtet sich, der Stadt Breslau die ihr schuldig gebliebenen 663 Mark Groschen am 9. April desselben Jahres zurückzuzahlen. Breslau den 16. März 1372.*

Original im breslauer Stadtarchiv F. F. 9.

Wir Karl, von gotis gnaden Romscher keiser, czu allen cziten merer des reichs vnd kunig czu Behem, bekennen vnd tun kunt offenlich mit diesem briefe allen den, die yn sehen odir horen lesen, das wir dem burgermeister, dem rate vnd den burgern gemeynlich der stat czu Bresslav, vnsern lieben getrewen vber die summe geltis, die sie vns von den steten vnd landen czu Bresslav vnd czum Newenmarkte czu diesem male beczalet haben, recht vnd redlich schuldig bliben seyn sechs hundert vnd drey vnd sechezig mark grozzer pfennige prage muncze vnd polonischer czal, acht vnd virezig grozze fur ye die mark czu reyten. Dorumb so globen wir fur vns, vnser erben vnd nachkümen kunige czu Behem den egenannten, dem rate vnd den burgern czu Bresslav in guten trewen ane geuerde, das wir die egenanten sechs hundert vnd drey vnd sechezig mark der obgenanten czal vnd grozzen vf den nehsten freytag nach dem suntage quasi modo geniti, als man das heiigtum czu Prage czoiget, genczlich vnd gar beczalen sullen vnd wollen ane alles hindernüzze vnd furgeczog. Mit vrkund diez briefes versigelt mit vnserm grozzen anhangendem ingesigel, der geben ist czu Bresslav nach Cristes geburte dreyczenhundert iar dornach in dem czwei vnd sibenczigsten iare an dem nehsten dinstag nach dem suntage, so man iudica singet in der heiligen kirchen, vnserr reiche in dem sechs vnd czwenczigsten vnd des keisertums in dem sibenczendem iare.

R. Johannes Lust.

ex relacione Tymonis de Coldicz
et insinuacione P. Jaur. canell.

An Pergamentstreifen hangt das grosse Siegel des Kaisers mit Rücksiegel.

272. *Die Stadt Ober-Glogau verpflichtet sich, die ihr von Breslau mitgetheilten magdeburger Rechte zu beobachten. Ober-Glogau den 23. April 1372.*

Original im breslauer Stadtarchiv B 27 f. gedruckt bei Tschoppe u. Stenzel S. 593 u. Gaupp, das magdeburgische und hallische Recht S. 342.

Nos advocatus, consules, scabini iuratique ciues, qui iam actu sumus, aut nos consules, scabini, iurati, ciues, qui pro tempore erimus in futuro, totaque ciuium vniuersitas ciuitatis Glogouie superioris tenore presencium recognoscimus vniuersis, quod quia legales et famosi viri consules, scabini et iurati de consensu tocius vniuersitatis ciuitatis Wratislauie iuxta mandatum inuictissimi domini Karoli, Romanorum regis, semper Augusti et Boemie regis, necnon ad instanciam precum serenissimi principis, domini nostri Heynrici, ducis Falkenbergensis, iura municipalia, leges, consuetudines et gracias tam in scripto, quam extra scriptum habita et in posterum habenda nobis et ciuitati nostre predicte in specialis consolacionis tripudium impertiri fauorabiliter sunt dignati, vt in eisdem, dum et quociens ambiguitas eorundem insurgeret, respectum, recursum et reportacionem iugiter cum perfruicione sine imfraccione predictorum iurium aliis ciuitatibus porrigendam habere debeamus promittentes bona et sincera nostra fide nostro et omnium iuratorum et singularium personarum nomine prelibatis consulibus, scabinis et iuratis impremissis et quolibet premissorum perpetuis temporibus secundum iuris formam parere et firmiter obedire, sic quod de quolibet iure, consilio aut gracia inantea requirendis viginti quatuor grossos regales sine diminucione et renitencia soluere debeamus. Actum et datum in Glogouia superiori anno domini millesimo trecentesimo septuagesimo secundo in die sancti Georgii militis et martiris nostre ciuitatis sigillo maiore in perhenne testimonium et memoriam firmiorem presentibus subappenso.

An rothen und grünen seidenen Fäden hängt das Siegel mit der Umschrift: † S. CIVIVM. GLOGOVIE. SVPERIORIS.

273. *Bischof Preczlaw von Breslau bekundet, welche Grundstücke er der Stadt Breslau tauschweise überlassen, und welche er seinerseits dafür von der Stadt empfangen hat. Breslau den 5. Juni 1372.*

Original im breslauer Stadtarchiv M 17 a.

In nomine domini amen. Preczlaus, dei gracia episcopus Wratislauiensis, ad perpetuam rei memoriam. Circa dirimendas lites et discordias sopiendas, presertim ecclesiam nobis diuina dispensacione creditam periculosius concernentes libenter paterne solicitudinis partes apponimus, ne litigiorum anfractibus inuoluta incurrat spiritualiter uel temporaliter detrimentum. Sane cum dudum nostro tamen ad hoc accedente consensu . . consules ciuitatis Wratislauiensis tunc ipsius ciuitatis consulatui presidentes quandam aream prope nouam ciuitatem Wratislauiensem ad nos et ecclesiam nostram Wratislauiensem ab antiquo proprietatis tytulo pertinentem pro horreo laterum suis propriis et ciuitatis eiusdem edificiis, expensis et sumptibus construxissent atque vsufructum (!) cum singulis vtilitatibus prouenientibus quomodolibet percepissent libere ex eodem, proprietate tamen arce siue fundi pretacti horrei apud nos et ecclesiam remanente, nos ex continuate huiusmodi possessionis frequencia inter nos, ecclesiam atque . . consules ciuitatis predictos timentes occasione fundi siue aree dicti horrei dissensionis suboriri materiam prefatos consules hortabamur, quod edificia sua de fundo siue area eisdem deponerent, aut in signum recognicionis, quod proprietas aree pertineret ad nos et dictam nostram Wratislauiensem ecclesiam censum conpetentem annuum de eodem soluerent nobis et ecclesie memorate: . . consules vero pretacti, licet confessi, quod area horrei, ut premittitur, ad nos et ecclesiam pertineret eandem, arrestauerunt tamen quandam aream prope nouam ciuitatem eandem in nostra et ipsius ecclesie plathea, que plathea ranarum siue „crotyngasse" communiter nunccupatur, necnon omnem hereditatem istam (que) ex illa parte aque Olauie versus villam Sczithnig vsque in fluuium dictum „Pylcz" wlgariter situatas, que ab antiquo eciam ad ecclesiam pertinuerit predictam, similiter pretendentes ipsam aream cum hereditate predescripta ad ipsam ciuitatem Wratislauiensem proprietatis tytulo pertinere. Tandem de consilio, consensu et voluntate venerabilium virorum dominorum nostri Wratislauiensis capituli sepius cum eisdem repetito tractatu ipsis eciam nobiscum capitulariter congregatis ad omnem dissensionis amputandam materiam subscriptam concordiam iniuimus cum . . consulibus Wratislauiensibus predicte ciuitatis tunc consulatui presidentibus, quod in via permutacionis legittime de area siue fundo prescripti horrei et tota ipsa hereditate, que ex illa parte aque Olauie versus villam Sczithnik vsque in fluuium dictum Pylcz situata et superius est descripta, exceptis tamen hereditatibus infirmorum sancti Lazari, quibus per presentem donacionem in nullo preiudicare intendimus, consulibus et ciuitati predicte cessimus et cedimus omne ius, quod nobis ad ipsam aream ipsius horrei atque hereditates easdem conpetebat, in ipsos . . consules et ciuitatem Wratislauiensem ex certa sciencia transferentes, ita quod aree et hereditatis predictarum proprietas ad . . consules et ciuitatem Wratislauiensem eandem inantea temporibus perpetuis pertinebit. Vice versa vero . . consules memorati suo et dicte ciuitatis Wratislauiensis nomine aream in crottyngasse predictam nobis et ipsi ecclesie sine omni arrestacione liberam dimiserunt necnon in locum aree siue fundi horrei et hereditatum predictarum viginti octo iugera vnius mansi in mensura hereditatibus decanatus Wratislauiensis retro Wratislauiensem ecclesiam situatis vltra Oderam contigue adiacencia dederunt, dant et irreuocabiliter donauerunt ex causa permutacionis predicta nobis, nostris successoribus et Wratislauiensi ecclesie cum singulis eorundem viginti octo iugerum pertinenciis et vtilitatibus temporibus perpetuis possidenda abdicantes ab ipsis et ciuitate predicta omne ius, quod competebat eisdem uel quomodolibet posset competere, quoad viginti octo iugera predicta in nos et Wratislauiensem ecclesiam ex certa sciencia transtulerunt. Vt autem nostri et predicte ciuitatis homines libere vti valeant de pascuis hereditarum (!) earum, ita inter nos duximus prouide ordinandum, quod nostris et ecclesie hominibus liber cum eorum pecoribus et pecudibus debebit esse transitus per hereditates ciuitatis predictas ad bona siue pascua infirmorum sancti Lazari. Similiter quoque hominibus ciuitatis eiusdem liber pateat transitus per viginti octo iugera predicta nobis data et bona et hereditates (et) decanatus ecclesie predescripta ad pretacte ciuitatis bona, que Wratislauiensis ciuitas retro Wratislauiensem ecclesiam dinoscitur obtinere: ita tamen, quod nostrorum aut ciuitatis hominum pecora siue pecudes in alterius hereditatibus predescriptis aliqualiter non pascantur, sed nostri in nostris et ciuitatis homines in ipsius ciuitatis pascuis sint contenti. Quodque inter hereditates easdem, que ad nos et ciuitatem hincinde pertinere debeant, discrecio euidens habeatur, meatus aque Olauie siue fluuii inter predescriptas hereditates faciet grenicies ipsiusque aque medietas et tota terra ab aqua predicta versus ciuitatem eandem, siue sit fertilis, arenata aut alias infecunda, cum censu aque, pro quo exponi poterit, et omni vtilitate terre eiusdem ad nos et ipsam Wratislauiensem ecclesiam pertinebit. Medietatem vero reliquam predicte aque cum terra, prout superius est descripta, ciuitas Wratislauiensis habebit et perpetue possidebit. Preterea quociens fossatum siue meatus aque Olauie purgacione necessaria indigebit, hec, que de inmundiciis effodienda fuerint, proiciantur hincinde ad vtramque partem equaliter, quod nullum nobis aut ciuitati ex hoc preiudicium generetur. Attendentes igitur, quod ex permutacione, conuersione et mutacione eisdem nostre Wratislauiensi ecclesie non modicum resultabit commodi et profectus, de consensu et voluntate vnanimi, ut predicitur, nostri Wratislauiensis capituli nostro nostrorumque successorum ac ecclesie Wratislauiensis nominibus permutacionem, conuersionem et mutacionem aree et hereditatum earum facimus, admittimus, ordinamus et ex certa sciencia approbamus interponentes singulis premissis auctoritatem nostram ordinariam pariter et decretum. Ad maiorem eciam euidenciam omnium premissorum presentes fieri mandauimus nostri et capituli eiusdem sigillorum munimine roboratas. Datum et actum Wratislauie in capitulo, quod circa festum beatorum Cancii, Canciani et Cancianille martirum apud ipsam Wratislauiensem ecclesiam celebrari consueuit, in Nonis Junii anno domini millesimo trecentesimo septuagesimo secundo presentibus honorabilibus viris dominis Jacobo de Paczkow, preposito, Theodrico de Slachonia, decano, Symone de Legnicz, scolastico, Ottone de Brunna, cantore, Petro de Gostiua, Dythmaro de Meckebach, Nicolao de Schellindorf, Johanne Brunonis, Nicolao de Ponkow, Mathia de Panewicz, Ottone de Schutkowicz, Petro de Kursantkowicz, Johanne Albiphalonis, Jankone de Glogouia, Wernhero de Czetheras, Henrico Hopphonis, Johanne Berwici de Frankinstein, Ladislao de Zawon, Nicolao Wronclini et Johanne de Luthimischil, canonicis supradicte ecclesie Wratislauiensis, tunc ad sonum campane more solito capitulariter congregatis.

Die Siegel des Bischofs und Capitels hängen an seidenen Fäden.

274. *Der Rath zu Brüssel beantwortet die Anfragen des breslauer Rathes nach dem Feingehalte, welchen die Gold- und Silberarbeiten der brüsseler Goldschmiede haben müssten, und nach der Höhe des denselben gebührenden Arbeitslohnes. Brüssel den 17. Juli [1372].*

Aus dem Nudus Laurentius f 154—155, gedr. im C. D. Silesiae VIII S. 69.

Amici sincere dilecti! Amicabili promissa salutacione literas amicabiles vestre prudencie recepimus, ex quibus perpendimus vestras velle informari discreciones de statu aurifabrorum nostrorum et qualiter ipsi opus suum tenere solent videlicet in vasis, tassiis et aliis clenodiis argenteis faciendis, vtrum ipsi talia et similia de puro argento conficiunt uel cuprum addant et quantum, et eciam quantum pro sallario suo de marca argenti deaurati uel absque auro confectis habere debeant, prout hec in vestris amicabilibus literis vidimus contineri. Quibus per nos receptis rectores et magistros officii aurifabrorum nostrorum euocauimus coram nobis, a quibus statum et seriem negocii predicti nobis penitus ignotos inuestigauimus seriose. Ex quorum relatu fidedigno vestris discrecionibus certitudinaliter intimamus, quod ipsi aurifabri uille nostre predicte operantur de tali auro, prout operantur communiter aurifabri in ciuitate Parisiensi, videlicet ad probam Parisiensem. De argento autem in vasis et aliis clenodiis argenteis conficiendis operantur dicti aurifabri nostri videlicet de tali substancia seu argento ita bono, sicut sunt grossi antiqui Turonensis monete regis Francie boni et legales, et ad maiorem huiusmodi declaracionem dixerunt, quod dicta substancia argenti, de quo ipsi operantur, est talis, videlicet quod in vna marca purissimi et fini argenti apponunt de alia materia eris seu cupri quatuor sterlingos antiquos dumtaxat, et si repirirentur (!) vasa per operarios nostros confecta de peiori materia, quam predictum est, operarii defectum huiusmodi supplerent et cum hoc dampna ex parte suorum rectorum inde sustinerent.

De sallario vero eorum nobis retulerunt, quod de potis seu ollis argenteis ponderis quatuor marcarum habere solent pro eorum sallario videlicet de qualibet marca vnum mutonem simplicem monete Brabantini, de paruis ollulis seu potis pro aqua ponenda ad mensam et aliis paruis vasis consimilibus bene operatis et artificialiter ponderis marce cum dimidia recipiunt communiter pro sallario tres mutones simplices de quolibet vase dicti ponderis, et si forti (!) essent ponderis duarum marcarum, non haberent inde maius sallarium, et si essent minoris ponderis, non haberent inde minus. Item de peluibus argenteis et de scultellis de qualibet marca argenti talium vasorum recipiunt 9 grossos Flandrenses videlicet de tribus marcis argenti vnum simplicem mutonem Brabantinum. De tassiis vero argenteis simplicibus consueti sunt recipere pro suo sallario videlicet de tribus tassiis vnum simplicem mutonem. Preterea dicunt, quod de zonis et corrigiis seu cincturis argenteis, pro quibus ipsi operarii omnem substanciam tradunt, apponunt et deliberant, dum illa bene operata expediunt, inde recipiunt duplex pondus videlicet tantum de sallario, quantum illa clenodia ponderant. Dixerunt eciam nobis dicti rectores predicti officii aurifabrorum, quod ipsi habent vnum certum et commune signum, quod seruant et custodiunt duo de consociis operariis dicti officii, et illo signant omnia et singula opera argentea infra villam nostram confecta, quando illa perfecta sunt et consummata, et vna cum hoc quilibet aurifaber ipsius ville habet suum proprium signum, quod inprimit operi sue ad finem, quod temporibus perpetuis sciatur, si in opere uel substancia defectus reperiretur, qui fuerit operarius huiusmodi operis, et ille uel sui heredes defectum huiusmodi supplerent et emendarent de suis bonis. Vnde, dilecti amici, amplius de vestris desideriis nequientes iuxta vestrarum literarum tenorem informari premissa, que veridico relatu nostrorum fidelium coopidanorum aurifabrorum didicimus, vestris discrecionibus presentibus literis duximus referenda, quibus ad presens velitis beniuole contentari nobis semper queque grata confidenter scribentes in domino, qui vos conseruet per tempora longiora.

Scriptum Bruxellis die xvii mensis Julii.

275. *Die Stadt Cöln antwortet dem breslauer Rathe auf seine Fragen nach dem Feingehalte der cölner Silberwaaren und den Lohnsätzen der dortigen Goldschmiede, dass dieselben nur reines Silber zu ihren Arbeiten verwendeten und feste Lohnsätze nicht beständen. 22. Juli 1372.*

1. Im Briefcopienbuch der Jahre 1367—1379 Nr. 1. f. 28 im cölner Stadtarchiv. 2. Im Nudus Laurentius f. 154 des breslauer Stadtarchivs. Gedruckt im C. D. Silesiae VIII S. 70.

Iudices ... scabini, consules ceterique ciues ciuitatis Coloniensis sinceri fauoris et omnis boni salutacione semper premissa. Amici predilecti! Recepimus literas vestras nobis missas de et super statu aurifabrorum nostrorum vobis rescribendo, super quo amiciciam vestram scire desideramus super primo videlicet qualiter ipsi opus artificii eorum obseruent in vasis, tassiis et aliis clenodiis argenteis in artificio eorum factis et faciendis, an ipsi in opere eorum huiusmodi addant aliquid de cupro uel alterius metalli specie. Super quo vobis respondemus, quod in omni opere argenteo nichil alicuius alterius metalli communicacio adiungitur, sed dumtaxat de puro et fino argento omnia et singula, que operari occurrunt, per eos fabricantur et fiunt hoc excepto, quod in coniunccionibus peciarum argenti quadam re[1]) vocabuli nostri wlgariter „slaleit",[2]) quanto minus possunt, admiscent quacumque alia admixtura semota. Determinacionem vero salarii certam non habent, siue fuerit operis deaurati siue non deaurati, sed illud adtendunt et ponderant circa difficultatem et laboris quantitatem. Et sic ad puncta litere vestre petita seriatim duximus correspondendum, et si qua alia a nobis petissetis, possibilitati adiuta libenti animo similiter fecissemus desiderantes conciues nostros pro tempore apud vos conuersaturos beniuole et gracioso recipi et tractari eosque defensari et antiquis priuilegiis et libertatibus permitti gaudere in eo nobis complacenciam singulariter ostensuri. Datum ipso die beate Marie Magdalene.

1) re fehlt in der breslauer Handschrift. Die cölner hat es. 2) Die breslauer Handschrift hat das unverständliche: slaleit. Die cölner liesst das einzig passende: slaloit, welcher die niederrheinische Form für slalot ist.

276. *Kaiser Karl IV schreibt den Breslauern, sie sollten mit Fortführung seiner Bauten in der Stadt nicht nachlassen. Prag den 10. September 1372.*

Original im breslauer Stadtarcher V 10a, gedruckt bei Gelener und Reiche, Schlesien ehedem und jetzt (sehr fehlerhaft) I 214.

Wir Karl, von gots gnaden romischer Keiser, czu allen czeiten merer des richs vnd kunig czu Behem.

Lieben getreuwen, alz wir uch ouch vormals empfolhen haben vmb vnsere gebude, empfelhen wir vuern truwen vnd begern mit ernst, das ir czu vnsern gebuden sehet mit fleizze, das die nicht hinderstellig bleiben, vnd were, das calches enbreche, das ir den die weil nemet, bey wem er sey, alz lange, bis das man im den wider vorgelde, das yo vnsere gebude fur sich gen, vnd tut dorczu, alz wir das vuern truwen sundirlich glouben vnd getrouen. Geben czu Prage an des heiligen crucces tag vnserr reiche in dem fvmfvndczwenczigstem vnd des Keisertums in dem sybenczenden iare.

per cesarem P. Jaurensis.

Dem burgermeister, dem Rate vnd den burgern gemeynlich der stat czu Bretslaw, vnsern lieben getreuwen.

Auswendig aufgedrücktes kleines Siegel.

277. *Herzog Johann von Troppau schreibt dem breslauer Rathe, dass das bisher auf der grätzer Strasse geübte Recht der Grundruhr aufgehoben worden sei. Troppau den 12. December 1372.*

Nudus Laurentius f 151b.

Johannes, dei gracia Oppauie et Rathiborie dux, honorabilibus et discretis ciuitatis Wratislauiensis consulibus ac omnibus et singulis, quibus offerentur presentes, publico et efficaciter referamus, quod in et circa Grecz consuetudinem antiquam de perdicione bonorum, vbi mercatorum currus subuertebantur, deponimus et virtute presencium fore nullam perpetue proclamamus, sic quod omnes, quoscunque ibidem subuertere currus contigerit, nil ex eo penitus corporum uel bonorum dampni seu cuiusuis impedimenti sustinere in ammodo debeant euiterno. Datum Oppauie die sancte Lucie anno domini millesimo trecentesimo septuagesimo primo.

278. *Vor dem breslauer Rathe verpflichtet sich Meister Swelbel, für das Domcapitel eine mechanische Uhr zu verfertigen. 1373.*

Nudus Laurentius f 160.

Meistir Swelbil hat sich vor vns vorlobit, daz her dem capetil vnd den thumherren iren seiger bereiten sulle vnd welle uf sente Johannis tage, der nehst kumpt, ane hindirnisse, vnd dorum sullen si em gebin 10 mark groschen, der haben si em 5 mark beczalet; wen her denne den seiger bereitet, so sullen si em di ubrigen 5 mark vsrichten. Di globde hat syn brudir mit em globit.

279. *Der breslauer Landeshauptmann Thime von Choltitz bekundet, dass Martin, Margaretha und Anna Reimann den Schaffern des Hospitals zum heiligen Leichnam ihren Grundbesitz in Zedlitz verkauft haben. Breslau den 12. Januar 1373.*

Original im breslauer Stadtarchiv PP 18.

Wir Thime von Coldicz, camirmeister vnsirs herren des keysirs vnd howptman czu Bresslow, bekennen vflintlich in disim keginwortigin briue, das vor vns gestandin han dy ersamin Mertin, Margrithe vnd Anna, dy do Tilken Czoczicz, andirs Reymman genanth, erbelinge sint gewest, seligis gedechtenus, wol gesunt an leibin vnd an synnen nicht von keynir irrunge sundir von rechtir vornumfft mit woluorbedochtin muten vnd ouch mit rathe irre frunde vnd reichtin vff recht vnd redelichin in eyme rechtin kowffe den vorsichtigin Hanken Dominik vnd Hannosin Cruczebecker, burgern czu Bresslow, als vorwesern vnd schaffern des spitals des heiligin lichams by Bresslow alles ir gut, das sy habin vnd besiczin in dem vorwerke czu Sedelicz, das do leyt vnd gelegin ist in dem bresslowusschin gebite vmb eyn genant gelt, das iczunt Hanke Dominik vnd Hannos Cruczebecker, dy genanthin, Mertin, Margriten vnd Annen gancz vnd gar habin beczalt vnd vorgoldin, als sy vor vns han bekanth, mit allir nuczberkeit, genyes vnd gebruchung vnd mit allir andir czugehorung desselbin gutis vnd vorwerkis Sedelicz, nichts vsgenomin, kleyn noch gros mit allim rechte, als dy vorgenanthin Mertin, Margreite vnd Anne vnd ire voruarn dasselbe gut vnd vorwerk von langin aldin geczitin habin gehat, gehaldin vnd besessin, also sullin is ouch dy egenanthin Hanke Dominik vnd Hannos Cruczebecker vnd ire nochkomelinge, des egenanten spitals schaffer, czu des selbin spitals hant adir von des spitals weyne habin, haldin vnd eweclichin fry czu erbrechte besiczin mit macht czu vorkowflin, czu vorseczin, czu vorgebin, czu vorwechsiln gancz adir eyn teil, adir sust an des egenantin spitals nucz czuwendin, als ym allirnuczlichste mag gesin vnd czu vromin komin. Ouch vorczegin sich dy obgenantin Mertin, Margrithe vnd Anne von irre, irre geerben vnd nochkomelinge weyne allir ansproche, vnd vorderung, dy sy an dem genanthin gute Sedelicz in geistlichim adir werltlichim gerichte gehabin mochtin nu adir hernochmols eweclichin in keynirleye wize vnd masse. Denselbin kowff, vffreichung vnd vorcziung vnd allis, das do vorgeschreben stet, habe wir stete vnd gancz vnd han von kuniglichir gewalt von Behemen, der wir gebruchin, gereicht vnd reichin den vorsichtigin Hanken Dominik vnd Hannosen Cruczebecker als schaffern vnd vorwesern des spitals des heiligin lichams by Bresslow von desselbin spitals weyne das egenanthe gut czu Sedelicz mit allin synen czugehorungin nichts vsgenomin, wi man das mit sundirlichin wortin benumen mag vnd genennen, czu habin, haldin vnd eweclichin fry czu erbrechte besiczin. Des czu eyme ewegin gedechtnus habe wir disin brieff heissin gebin vnd vorsigiln mit dem kuniglichin ingesigil der lantlewte des furstumes (!) czu Bresslow, das an disin keginwortigin brieff ist gehangin, der do gegebin ist czu Bresslow an der nestin methewochin noch dem obirstin tage noch Crists geburt driczehenhundirt iar dornoch in dem dritten vnd sebinczigistin iare. Doby sint gewest dy edeln her Gregor vom Sabor vnd her Franczke von Somirfelt, rittere, Panczke Radak, Albrecht von Paak, Nickel von Cracow, Reichart von Gobin, Otte von der Neisse vnd Nicklos Gocke, des obgenanten kunigis von Behemen, vnd Petir von dem Bunczlow, des erbarn hern Johannis Wittels canczelers des vorbenumptin furstumes czu Bresslow schriber, der disin keginwortigin brieff hat gehabit in beuelunge. Recognita per P. de B.

An seidenen Fäden hängt das Siegel der Hauptmannschaft.

280. *Herzog Heinrich von Falkenberg verleiht der Stadt Ober-Glogau das magdeburgische Recht der Stadt Breslau. Glogau den 9. März 1373.*

Original im Archiv der Stadt Breslau H 27 g, gedruckt bei Tzschoppe und Stenzel S. 594 und bei Gaupp das magdeburgische und hallische Recht S. 345.

Nouerint vniuersi et singuli, quibus nosse fuerit oportunum, quod nos, Heynricus, dei gracia dux Falkinbergensis et dominus Streliczensis, volentes licium et iurgium dispendia, necnon appetitus noxios, quibus fideles et dilecti nostri consules, ciues, incole et inhabitatores ciuitatis nostre superioris Glogouie laborant, sub iurium municipalium Magdeburgensium regula limitari, cum ad eadem iura nostre consideracionis aciem aduertentes, nam id dicte nostre civitatis communis swadebat vtilitas et inevidens necessitas exposcebat, predictorum fidelium nostrorum consulum, scabinorum tociusque vniuersitatis ciuium humilibus et votiuis precibus fauorabiliter inclinati accedente ad hoc nostrorum vasallorum fidelium maturo consilio et assensu dicte nostre ciuitati Glogouiensi, ciuibus et inhabitatoribus supradicta iura Magdenburgensia, ex speciali nostra munificencia et gracia liberali damus et concedimus tenore presencium statuentes firmiter et mandantes, ut (in) eisdem iuribus Magdenburgensibus et graciis de cetero vtatutur in suis iudiciis, teneant inuiolabiliter perpetue et obseruent, secundum quod ciues ciuitatis Vratislauie eadem iura Magdenburgensia et gracias cum suis laudabilibus consuetudinibus actenus observatis tenuerunt et tenent, volentes eciam et consencientes, quod prenominati nostri ciues Glogouienses dicta iura Magdenburgensia et gracias super quibuscunque dubiis et causis querere et recipere debeant a legalibus viris consulibus et scabinis ciuitatis Wratslauie predicte et non alibi et eadem recepta valeant ritu solito, quando et quociens opus inter actorem et reum [fuerit], fideli ministracione ferre et iuridice promulgare contradiccione et impedimento quorumlibet non obstante, promittentes quoque pro nobis nostrisque successoribus premissa omnia et singula rata, grata et firma habere et tenere ac inuiolabiliter obseruare nec contra facere vel venire aut aliqua ingratitudine reuocare. Preterea nos, consules dicte ciuitatis Glogouiensis promittimus bona fide et sine dolo premissa omnia et singula et eorum quodlibet grata et rata habere et tenere et predicta iura Magdenburgensia aut alterum eorum et gracias per nos a dictis consulibus et scabinis Wratislauiensibus recepta nulli alteri ciuitatum extra ducatum et dominium domini nostri ducis prenotati quovis modo volumus impertiri. In cuius rei testimonium sigillum nostrum maius cum sigillo dicti nostre civitatis maiore presentibus duximus appendendum. Actum et datum in Glogouia superiori proxima feria quarta post dominicam Inuocavit anno domini millesimo trecentesimo septuagesimo tercio presentibus nostris fidelibus et dilectis Heynczone de Smecz, Hilario de Glesyn, Mathia Woldano, militibus, Henselino Breytenbouch, Petro Smolicz, Petro Swenkenvelt et domino Heynrico nostre curie notario, qui presencia habuit in commisso, et ceteris pluribus fide dignis.

281. *Rathswillkür betreffend die Pflicht der Schöppen und Rathmannen sich in eignen Sachen wie in denen ihrer Verwandten und Gesellschafter zu perhorresciren. 22. April 1373.*

Nudus Laurentius f 163b.

An dem vrytage noch dem ostirtage sy wir ratmanne vnd scheppfin mit rate vnser eldistin ubireyne komen, daz eyn iczlich man, den eyne sache antrift, adir synen vatir, mutir, brudir, swestir adir kindir, sal den ratmannen adir dem rechte entwychin, ap her ratman ist adir scheppfe.

2. Ouch sal eyn iczlich man, do man teidingt vmb erbe adir vmb gut, das synen gesellin antrifft, do her teil ynne hat, den ratmannen adir dem rechte entwychin, ap her ratman ist adir scheppfe.

282. *Breslauer Vormundschaftsordnung vom 28. Mai 1373.*

Nudus Laurentius f 166.

An dem sonabunde noch der uffart vnsers herren Jhesu Christi sye wir ratmanne czu Breczlaw mit vnsin aldisten obireyne komen, daz wo wir ymandis kyndin vormunde seczin, daz die selbin vormunde vor ire erweit alle iare dy czwelfte marg an iargulde, an schult vnd an wynnunge, dye von der kyndir gelde geuallin adir bekomen mag, sullin hubin (!) vnd nemen.

2. Ouch sullin dy vormunde alle iare czwere rechnunge tun vor den ratmannen vnd der kyndir nehesten frunde von alle deme, daz se empfangin vnd vsgegeben haben.

3. Were ouch, daz dy vormunde mit der kindir gut kawfmanschafft beussin der stad in andirn landen weldin triben, daz sullen so io vff iczliche reise tun mit wissin der ratmanne adir der kindir nehesten frunde, vnd gescheche dez nicht, so sullin dy vormunde ab an dem gute icht schaden geschee, den schadin selbir richten, wer' is abir, daz dy vormunde daz teten mit wissin der ratmanne adir der kindir neesten frunde, so sal der schadin geen uff dy kindir vnd nicht uff dy vormunde.

4. Ouch wer' is, ab keyn man, der von den ratmannen czu vormunde gekoren worde, sich dez wegerin welde, so sul dy kore dorumb steen czu den ratmannen.

5. Obir alle rede sullin dy ratmanne macht habin, daz czu hoen vnd czu nedirn vnd noch erim willen czu wandiln.

283. *Der breslauer Landeshauptmann Thime von Coltitz bekundet, dass Peter Burgermeister seinen Grundbesitz zu Pachnitz an den breslauer Rath verkauft hat. Breslau den 11. Juni 1373.*

<small>Original im breslauer Stadtarchiv PP 27.</small>

Wir Thime von Coldicz, camirmeistir vnsirs herren des keysirs vnd howptman czu Bresslow, bekennen vffintlich in disim keginwortigin briue, das vor vns gestandin hat der ersame Petir Burgermeistir wol mechtig alle synir kreffte leibis vnd synne, nicht von keynir irrunge sundir von rechtir vornunfft mit woluorbedochtim mute vnd ouch mit rate synir frunde vnd reichte vff recht vnd redelichin in eyme rechtin kowffe mit willin vnd ioworte der lieblichin vrouwin Margrithen, synir elichin housurowin, dy ouch czu keginwortig was, den vorsichtigin . . rathmannen der stat czu Bresslow virdehalbe hube erbis vnd dry morgin des vorwerkis czu Pachenicz mit dem wassir halp, das do heisset dy Laa, als verre vnd also weyt, alze das dorczu gehorit, das do lyt vnd gelegin ist in dem bresslowusschin gebite vmb hundirt mark vud achczig mark pragusschir grosschin, dy iczunt dem egenantin Petir Burgermeistir vnd Margrithin synir housvrowin von den egenanthin rathmannen czu Bresslow gancz vnd gar sint beczalt vnd vorgoldin, als sy vor vns habin bekanth, mit pffulin, lachin, wezin, wezewachs, rutecht vnd strutecht, ouch mit allir andir czugehorung, nichts vsgenomin, kleyn noch gros, fry an' allin dinst, rechtin geschos vnd gulde vnd an' alle andir beswerung, wy man dy benumen mag adir mochte, eweclichin czu besiczin, als wir das vflintlichin habin gesehen in eynir hantuestin des irluchstin furstin, herzogin Heynrichs des virdin, eczwenne herre in Slezien, vnd ouch mit demselbin rechte, als der egenanthe Petir Burgermeistir vnd Margrithe syne housvrow vnd ire vouarn dy obgenantin virdehalbin hubin vnd dry morgin han gehat, gehaldin vnd besessin, also sullin sy ouch dy egenanthin rathmanne der stat czu Bresslow habin, haldin vnd eweclichin fry (czu) besiczin. Ouch vorczeich sich der egenanthe Petir Burgermeistir vnd Margrithe syne housvrow von irre, irer geerbin vnd nochkomelinge weyne allir ansproche vnd vorderung, dy sy an den egenantin virdehalbin hubin vnd dren morgin in geistlichim adir werltlichim gerichte gehabin mochten nu adir hernochmols eweclichin in keynirleye wyze vnd masse. Denselbin kowff, vffreichung vnd vorcziung vnd allis, das do vurgeschrebin stet, habe wir stete vnd gancz vnd han von kuniglichir gewalt von Behemen, der wir gebruchin, gereicht vnd reichin den ersamen vnd vorsichtigin, den rathmannen czu Bresslow, dy iczunt sint adir werdin in czukunfftigin geczithin, dy vorgenanthin virdehalbe hube erbis vnd dry morgin des vorwerkis czu Pachenicz mit dem wassir der Laa halp, also verre, als das gewendin mag adir gelangin, mit pflulin, lachin, wezin, rutecht vnd strutecht vnd mit allir andir czugehorung nichts vsgenomin, vry an allin dinst, gulde, geschos vnd rechtis, wy man das benumen mag, in allir weyze vnd masse, als vorgeschrebin stet, eweclichen czu besiczin mit macht, czu vorkowftin, czu vorseczin, czu vorgebin, czu vorwechsiln, gancz adir eyn teyl, adir sust an iren nucz czu wendin, als in adir iren nochkomelingin allirnuczlich mag gesin vnd czu vromin komin. Des czu orkunde vnd czu eyme ewegin gedechtenuss habe wir disin brieff heissin gebin vnd vorsigiln mit dem kuniglichin ingesigil der lanthlewte des furstumes czu Bresslow, das do ist czu erbin vnd czu sachin, das an disin keginwortigin brieff ist gehangin, der do gegebin ist an dem nehestin sunnabund vor der heiligin dryualdekeyt tag in der stat czu Bresslow noch crists geburt driczehenhundirt iar dornach in dem dritten vnd sebinczigistin iare, do by sint gewest dy strengin her Petsche von Schelndorff, her Franczke von Somiruelt vnd her Hannos von Swarczinhorn, rittere, Mathis von der Neisse, Hanke Sechsbechir, Heynrich Slancz, Reichart von Gobin vnd Hannos Noldil, vnsirs herren, des kunigis von Behemen, man, vnd Petir von dem Bunczlow, des erbaren hern Johans Wittels, des vorbenumptin furstumes czu Bresslow canczlers, schriber, der disin keginwortigin brieff hat gehabit in beuelung.

Recognita per Petrum de B.

An seidenen Fäden hängt das Siegel der Hauptmannschaft.

284. *Bischof Preczlaw von Breslau quittirt dem breslauer Rathe über 200 Mark prager Groschen. Ottmachau den 26. Juli 1373.*

Original im breslauer Stadtarchiv Q 2 a.

Preczlaus, dei gracia episcopus Wratislauiensis, recognoscimus ad quos presentes peruenerint publice vniuersis nos a prouidis viris . . consulibus Wratislauiensibus ducentas marcas grossorum Pragensium pagamenti Polonici et consueti in numerata pecunia percepisse de quadringentis marcis, quas iidem . . consules nobis in proximo nunc futuro festo beati Michaelis archangeli soluere sunt astricti, de quibus quidem ducentis marcis ipsos absoluimus tenore presencium et quitamus ac quitos et solutos publice nunciamus facientes eis pactum perpetuum de amplius non petendo. Actum et datum Othmuchow VII Kalendas Augusti anno domini millesimo CCCLXX^{mo} III° nostro minori sub appenso sigillo.

An Pergamentstreifen hängt das kleine runde Siegel des Bischofs; Gott-Vater von einem knieenden Bischofe verehrt, dessen Umschrift nicht mehr zu lesen ist.

285. *Die Schaffer des Hospitals zum heiligen Leichnam in Breslau bekunden, dass sie zwölf Hufen und 20 Morgen, welche das Spital in Kleinburg besass, an Petze Golitz überlassen haben, um darauf Erbzinsbauern anzusiedeln. 8. August 1373.*

Original im breslauer Stadtarchiv (Scheinigsches Repertor III 8.)

Wir . . ratmanne der stat czu Breczlaw allen den, di desin briff anzehin adir horen lezin, tu wir czu wissen, daz di erbarn vnd vorsichtigen manne Hanke

Dominik vnd Hannos Kruczebecker, schaffer des spitals czum heiligin lychenam, das by der stat vor dem swidinschin thore gelegin ist, wellen von desin hernochbeschrebin koufe dem selbin spital eyne besserunge machin mit vnserm vnd vnser eldistin wolvorbedachtem mute, mit rate, loube, geheisso vnd wille des egenantin spitals czwelf huben vnd czwenczig morgin erbis vnd dorubir vumf morgin, di si dem spital behaldin vry czu nücze, vsczuzeczin czu garten rechte, di in dem gute, das Burg genant ist vnd gelegin vor der stat Breczlaw in allen iren greniczen vnd enden, alz si alumb vnd vmb gelegin sint, alz si ouch czu dem vorgenanten spital bedirsyt gehort habin, vorkouft vnd gelozsin habin dem vorsichtigin Peczen, Goliez son von Clettindorff, synen geerbin vnd elichin nochkomlingen, scholtheisen, czu eyner rechtin vnd gewonlichir vszaczunge vorerbit habin, alzo daz der scholtheis sal behaldin czu dem gerichte den dritten pfenning vnd eyne hube vryes erbis vnd eyne vrye trift von andirhalp hundirt schofen, vnd sal vor das dinst gebin dem egenanten spital vnd synen scheffern ierlichis czinses eyne mark halb uff sente Michils tag vnd di andir helfte dornoch uff sente Walpurg tage. Ouch sal der scholtheis den czins ynvordirn von den gebwirn vnd antwerten in das spital, dorubir sal ouch der scholtheis haben eyne gebwirhube erbis, von der sal her dem spital czinzen vnd erunge tun, alz di andirn gebwir. Ouch sullen di gebwir doselbist czu Burg alle iar erblichis vnd ierlichis czinses gebin dem spital vnd den schaffern do selbist, di yczunt sint adir hernoch werdin, von yczlichir huben andirhalbe mark grossen, eyne halbe mark uff sente michils tag, der nehst kumpt, anczuhebin, vnd dornoch uff vnser vrowen tage lichtewy eyne halbe mark vnd abir dornoch uff sente Walpurgis tag eyne halbe mark. Ouch sullen di egenanten gebwir czu Burg alle iar von iezlichir huben gebin eyn maldir getreidis uff sente Mertyns tag, vir scheffil wysis, vir scheffil kornes vnd vier scheffil habirn, vnd dornoch uff wynachten czwey huner von iczlichir hubin vnd uff ostirn eyne schodir van vomfczen eyer. Ouch sullen di gertener do selbist czu Burg habin vumf morgin des egenanten erbis vnd sullen di habin vnd besiczen czu gartenrechte, alez gewonlich ist in dem lande. Den egenanten kouff vnd vszaczunge, di alezo redelich geschen sint, hab wir ratmanne stete vnd ganez vnd habin desin briff dorubir gegebin vnd vorsigilt mit vnser stat ingesigil an dem nestin montage vor Laurencii noch gotis geburt twsint dryhundirt iar in dem dry vnd schinczigistin iare.

Das stark beschädigte Sigel der Stadt hängt an Pergamentstreifen; von der Umschrift liesst man nur noch: [S. VNIVE]RSITATIS. CIVIT[ATIS]. WRATISLAVIE

286. *Kaiser Karl IV befiehlt seinem „Urborer" zu Kuttenberg Joel Rotlewe, die Bürger von Breslau und Schweidnitz mit Gold, Silber und Kaufmannsgut ungehindert passiren zu lassen. Fürstenwalde den 18. August 1373.*

Original im breslauer Stadtarchiv F 4, gedr. bei Lünig Reichsarchiv XIV 318.

Wir Karl, von gots gnaden romischer keiser, zu allen zeiten merer des reichs, vnd kunig zu Beheim, enbiten Johel Rotlewen, vnserm vrborer vff dem Berge, oder wer in czeiten vrborer doselbist wirdet, vnserm liben getrewen, vnser gnad vnd alles gut. Wann wir ernstlich meinen, daz die burger vnd stat zu Bressla bei iren alten rechten, freiheiten vnd gewonheiten bleiben sullen, vnd ouch ernstlich wullen, daz di burger vnd stat zu der Swidnicz ouch sulcher rechten, freiheiten vnd gewonheiten furbas gebruchen, dorumb empfelhen vnd gebieten wir deinen trewen ernstlich bei vnsern hulden, daz du die egenanten burger von Bressla vnd von der Swidnicz furbas mit gold, silber vnd ander kawfmanschafft, die sie von Polan, Slesie vnd andern fremden landen brengen, durch vnser land vngehindert cziehen lassest vnd keinen gewalt tust yn doran, noch ire ballen uffslahest, also doch das man douon gebe vnd tu, als das von alters herkomen ist. Mit vrkund dicz briues vorsigelt mit vnserer keiserlichen maiestat insigele, der geben ist zu Furstenwald nach Cristus geburte drewczenhundert iare dornach in dem dreyvndsibenczigstem iare an dem nehsten donerstag nach vnser frawen tag, den man nennet zu latin assumpcio, vnserer reiche des romischen in dem achtvndczwenczigsten, des behemischen in dem sibenvndczwenczigsten vnd des keisertums in dem newnczendem (!) iare.

R. Nicolaus de Praga.   Ad mandatum domini imperatoris.
                                        Theodoricus Damerow.

Das grosse Kaisersiegel mit Rücksiegel hängt an Pergamentstreifen.

287. *Ordnung des breslauer Weinschankes vom 5. September 1373.*

    Nudus Laurentius f 174, gedr. in C. D. Silesiae VIII 71.

An dem montage vor vnser frawen tag der leczten sie wir .. ratmanne czu Breczlaw mit rate vnser .. gesworne vnd der aldisten vbireyne komen vnd seczczin, daz eyn iczlich vnser mitburger, der vorbas me wil wyen schenken, sal den wyen, alzo ofte alz her wil uftun, brengen vor dy .. ratmanne vnd sal den selbir seczczin vnschadelichin vnsers herren dez .. keysers vnd der .. ratmanne recht, vnd den selbin wyen sal her nicht hoen noch nedirn, vnd ok eyn vas sal czu czappfin geen.

2. Ouch sal daz selbe vass geczeichit vnd gemerkit werdin von den .. ratmannen, wer daz abir, daz her welde icht dez selbin wynes, der czu czappfin gynge, ussvollin, daz sal her tun mit der .. ratmanne wissin vnd mag den vorfwren, wo her hyn wil vnd sal den nicht schenkin in der stat. Anno lxxiii.

288. *Kaiser Karl IV weist die Stadt Breslau, welche sich für die Rückzahlung des vom Bischof Preczlaw von Breslau dem Kaiser vorgestreckten Darlehns von 1000 Mark verpflichtet hat, auf seine Zinsen und Renthen der Weichbilder und Städte Breslau, Neumarkt und Namslau an. Prag den 16. December 1373.*

    Original im breslauer Stadtarchiv E E 12.

Wir Karl von gots gnaden romischer keiser, zu allen zeiten merer des reichs, vnd kung zu Behem, bekennen offenlich mit disem briefe allen den, die in sehen odir horent lezen, wann der burgermeister, der rate vnd de burgere gemeynlich der stat zu Bretslaw, vnsere lieben getreuwen, fur vnd mit vns fur tausent marke grozze polonischer czal dem erwirdigen Preczlawen, bischoff zu Bretslaw, vnserm lieben fursten, die er vns zu vnserr notdurft bereyte gelihen hat, globt vnd vorheizzen haben, die sie nu binnen eynem iare von vnsern renten vnd gulden der wychbilde vnd stete Bretslaw, Newnmarkte vnd Nampslow beczalen sullen, dorumb so haben wir mit wolbedachtem mute denselben vnsern burgern vnd der stat zu

Bretslaw die obgenanten tausent marke vfczuheben vnd zunemen bescheiden vnd beweizet, bescheiden vnd beweizen in die mit craft diez briefs mit rechter wissen vnd kunglicher macht zu Beheim yn vnd uf vnserrn renten vnd gulden, die vns aller neste von den wychbilden vnd steten den egenanten, Bretslaw, Newmmarkte vnd Nampslow geuallen sullen, von vns, vnsern erben vnd nachkomen, vnsern amptluten vnd ouch allermeniglich vngehindert; vnschedlich doch den gelden vnd schulden, die wir vormals von denselben vnsern renten vnd gulden ufczuheben vnd zunemen bescheiden haben noch laute der briefe, die wir vormals dorubir geben haben. Mit vrkund diez briefs vorsigelt mit vnserr keiserlichen maiestat insigele. geben zu Prage noch Crists geburde dreyczenhundret iar dornach in dem dreyvndsybenczigstem (!) iare am freytag noch sand Lucien tag. vnserr reiche in dem achtvndzwenczigstem vnd des keisertums in dem newnczenden iare.

per cesarem
P. Jaur.

An Pergamentstreifen hängt das grosse Siegel des Kaisers mit dem Rücksiegel.

289. *Breslauer Kleider- und Hochzeitsordnung.* [1374.]
Nudus Laurentius f 173.

Hec sunt statuta ornamentorum et vestimentorum ciuium Wraczlauiensium tam virorum quam mulierum.

1. Is en sal nymant tragen geuytzte slowir.

2. Nymand sal tragin güldynne, sylberynne adir sydynne mentil, rocke vnd ioppen adir deme glich.

3. Ouch sal nymand geulogilte ermyl an den rockin tragin mit hermyn lassyczczin adir deme glich.

4. Vndene an den rockin mag man wol gebreme habin al vmme dem sowme abir nicht breytir wenne lassiczczin lang.

5. Ouch sal man keyne mentil vssewenyk myt hermyln bebremyn adir bestellin.

6. Ouch sal man keyne mentil noch rocke myt vyperlinbortin vssewennyg belistin vnd ouch wedir kogiln noch hwte adir gurtil. Knowfil mag man wol habin mit vyperlin.

7. Ouch sal nymand wedir man noch wyp sylberynne gürtil tragin vbir vyr marg gewichtis.

8. Wyl abyr ymand daz brechin adir synem wybe adir kindin des gestatin, alz geschribin stet, der sal gebin czu eyme icklichim geschosse vunf mark der stat.

9. Wer ouch hochczit vnd wirtschaft machin wil, der sal nicht mer wenne vunfvndczwenczig schusschiln habin vnd czu ycklichir schussiln nicht mer seczczin wenne vyr man, vrowin adir iunevrowin.

10. Man sal keyn geld gebin noch ouch nemyn czu allin hochczitin.

11. Ouch sal nymand czu hochczytin adir sust, ouch ab ymand wirtschaft welde habin, nicht mer gerichte habin, wenne vyre vnd eyn mus.

12. Hat her abir ryttir vnd andir vremde geste alz kowflute adir den glich, der mag her phlegin, noch demo alz her vormag.

13. Ouch sullin der brutegam adir dy brut adir des brutegams adir der

brut eldirn vnd ouch ere vruvde beydirsyt keyne gabe gebin adir sendin kegin andirr noch mit spyse noch mit tranke, gelt adir andir errunge den glich.

14. Ouch sal der brutegam keyn obynt essin machin.

15. Ouch sal keyn man czu hochczytin dem andirn spillute sendin.

16. Ouch sal der, der dy hochczit adir wirtschaft gehabt hat, noch deme alz dy hochczit vorgangin ist, an dem andirn tage komyn vor dy ratmanne vnd sal swerin, daz her dy vorgeschrebene geseczcze vnd willekor gancz vnd gar gehaldin habin (!).

17. Ouch welde ymand dy willekor vnd geseczcze nicht haldin vnd hochczit adir wirtschaft machin noch synem willin, der sal gebin der stat vunf marg, alz ofte alz her daz breche.

18. Ouch sal ycklich man czu eynem synem kinde czu towfin nicht mer habin wenne dry geuattirn, wer abir des breche vnd dorobir mer geuattirn hette; alz manch geuattir, alz manche mark czu bwze dorvmme czu gebin, vnd der bricht, hat her des geldys nicht, her sal dorymme (!) lydin der stat czucht.

290. *Rathswillkür, dass Niemand das Bürgerrecht erhalten soll, der nicht mit der Stadt schosst. 6. Mai 1374.*

Nudus Laurentius f 174.

Wir habin ubireyne getragin mit vnsern eldistin, daz wir vorbas mo keynen man vor eynen miteburger habin wellin noch sullin, her wone denne mit vns in der stat vnd schosse vnd wache mit der stat, alz gewonlichin ist, dis ist gescheen an dem sunnabunde nest noch des heiligen cruczes tage, alz is wart vundin.

291. *Der Rath der Stadt Teschen verpflichtet sich, die von der Stadt Breslau mitgetheilten magdeburger Rechte zu halten und an keine Stadt ausserhalb des Fürstenthums Teschen weiter zu verleihen. 2. März 1374.*

Original im Archive der Stadt Breslau B 27 h, gedruckt bei Tzschoppe und Stenzel S. 595 und Gaupp magdeburgisches und hallisches Recht S. 346.

Nos consules ciuitatis Thesschin tenore presencium recognoscimus vniuersis nos de mandato, iussu et voluntate magnifici principis domini Praemislai, ducis Thesschinensis, domini nostri graciosissimi ymmo accedente consilio, conniuencia et assensu scabinorum, seniorum et iuratorum ac tocius vniuersitatis nostre tenere et debere deinceps iura Magdeburgensia et gracias super omnibus dubiis et causis querere et recipere a legalibus viris, consulibus et scabinis ciuitatis Wratislauie et non alibi et ea recepta ritu solito, quando et quociens opus fuerit inter actorem et reum fideli ministracione ferro et iuridice promulgare promittentes dictis consulibus Wratislauiensibus et scabinis nostro nomine nec non tocius vniuersitatis nostre in recepcione et ministracione dictorum iurium debitam obedienciam exhibere sic, quod dicta iura et gracias aut alterum eorum nulli alteri ciuitatum extra ducatum et dominium domini nostri ducis supradicti sub optentu bone nostre fidei debebimus quomodolibet impertiri. In huius rei testimonium sigillum nostre ciuitatis presentibus est appensum. Datum anno domini millesimo trecentesimo lxxiii° proxima quinta feria post dominicam reminiscere.

An Pergamentstreifen hängt das Siegel der Stadt; zwei Thürme, dazwischen ein Thor über dem der schlesische Adler steht; Umschrift: SIGILLVM· CIVIVM· DE· THESSIN.

292. *Kaiser Karl IV verleiht der Stadt Breslau einen zweiten Jahrmarkt zu dem welchen sie bereits hat.   Zittau den 17. August 1374.*

<small>Original im breslauer Stadtarchiv E 14, gedruckt bei Lünig Reichsarchiv XIV 252.</small>

Wir Karl, von gotes gnaden romischer keyser, czu allen czeiten merer des reichs vnd kunig czu Beheim, bekennen vnd tun kunt offenlich mit disem brieue allen den, die yn sehen oder horen lesen, das wir angesehen vnd vorsichticlich betrachtet haben merkliche vnd stete dienste, die vns, dem kunigriche vnd de. kronen czu Beheim vnser lieben getrewen, die burgermeister, ratmanne vnd burger vnser stat czu Bresslaw, getrewlich getan haben, tegelichen tun vnd in kunfftigen czeiten tun sullen, vnd haben yn vnd der vorgenanten vnser stat czu Bresslaw die besunder gnade getan vnd tun auch von kunglicher macht czu Beheim mit crafft dicz briefs, das sie allen ierlich einen iarmarkt in der vorgenanten vnser stat seczen, halten vnd haben mogen vff sant Elizabethen tag, der heiligen frawen, oder vff Symon vnd Juden tag, der heiligen aposteln, als yn das allerbest bevallen wirdet, mit allen freyheiten, rechten vnd nuczen, als sie vnd die vorgenanten vnser stat einen iarmarkt vff mittevasten von alders gehabt haben alle ierlich.   Dovon vorbieten wir ernstlichen allen vnd yeglichen fursten, herren vnd amptluten des vorgenanten vnsers kunigreichs czu Beheim, das sie die vorgenanten vnser lieben getrewen vnd stat in sulchem iarmarkte, den sie seczen vnd machen werden, in aller der mazze, als dovor begriffen ist, nicht hindern oder irren, als verre sie vnser swere vngnade vormeyden wollen.   Mit vrkund dicz brieues vorsigelt mit vnser keyserlichen maiestat ingesigele, der geben ist czu der Sittaw nach Crists geburt dreyczehenhundert iar, dornach in dem viervndsibenczigstem iare des nehsten donrstages nach vnser frawen tage assumpcion vnser reiche des romischen in dem nevnvndczwenczigstem, des Behemischen in dem achtvndczwenczigstem vnd des keysertums in dem czwenczigstem iare.

<small>Das grosse Kaisersiegel mit Rücksiegel hängt an Pergamentstreifen.</small>

293. *Die Kreuzherren zu Breslau erklären die Erlaubniss, durch die Stadtmauer ein Fenster brechen zu dürfen, für eine besondere Vergünstigung des Rathes und versprechen, keinen zweiten derartigen Durchbruch zu machen.   Breslau den 22. September 1374.*

<small>Original im breslauer Stadtarchiv N 2.</small>

Nos frater Johannes, magister domus et hospitalis sancti Mathie in Wratislauia ordinis cruciferorum cum stella, vna cum conuentu nostro notum facimus vniuersis, quibus nosse fuerit oportunum, quod nos cum consensu et voluntate prouidorum virorum consulum ciuitatis Wratislauiensis fenestram in domo murata habitacionis nostre ibidem in Wratislauia per murum ciuitatis versus Oderam frangi fecimus et murari, quamquidem fenestram sic fractam et muratam ex licencia et fauore speciali dictorum consulum habere debebimus; tamen ad placitum eorundem nullam aliam in ea deinceps fracturam nisi de eorum licencia speciali. In huius rei euidenciam sigilla nostrum et conuentus nostri presentibus sunt appensa.   Actum et datum Wratislauie in die Mauricii et sociorum eius martirum beatorum anno domini millesimo trecentesimo septuagesimo quarto.

<small>An Pergamentstreifen hängen zwei beschädigte Siegel.</small>

294. *Verzeichniss der Oderwehre und Zölle, welche dem breslauer Handel besonders nachtheilig waren, von 1375.*

<small>Nudus Laurentius f 175.</small>

1. Primum in Lubes est obstaculum.
2. In Dowyn et non theolonium.
3. In Stynauia est obstaculum et est theolonium, quia de naui dantur zwei scoti, quod tamen est inconswetum, quod dominus Conradus de Lebil tollit, et eciam de rebis in naui specialiter.
4. In Kowin est obstaculum sed non theoloneum.
5. In Glogouia sunt quatuor obstacula prope ciuitatem, sed theoloneum est ad placitum.
6. In Buchin est obstaculum et est theoloneum anone; dantur 4 denarii et specialiter de naui recipiter theoloneum, sed de aliis mercimoniis ad placitum recipitur.
7. In Kalcz est obstaculum sed non theoloneum.
8. In Crosna est theoloneum, quia de quolibet maldrato datur 1 quartale et de aliis mercimoniis ad placitum.
9. In Furstinberg est theolonium satis graue.
10. In Frankinford est nedirlage, et oportet homines exire naues.

295. *Der Landeshauptmann Thime von Koltitz bekundet, dass Nicolaus Essig sein Gut Hartlieb der Stadt Breslau verkauft habe. Breslau den 20. Juni 1375.*

<small>Original im breslauer Stadtarchiv P P 29.</small>

Wir Thime von Koldicz, camminrmeistir vnsirs herren des keysirs vnd howptman czu Bresslow, bekennen ufflutlich in disem keginwortigen briue, das vor vns gestandin hat der ersame Niclos Esseg, burger czu Bresslow, wol gesunt vnd mechtig alle seynir krefften leybis vnd synne, nicht von keynir irrunge sundir von ganczir gewissen vnd wisir vornumfft mit woluorbedachtim mute vnd mit retigem rathe seynir frunde vnd hat vorkowfft recht vnd redelichin in eyme rechten kowffe uffgebunde vor vns willeclichin vnd uffgereicht den . . vorsichtigen vnd weyzen hern, den ratmannen czu Bresslow, dy do iczunt sint adir hernochmols werdin in czukumfftigen geczeiten, alle seyn gut des vorwerkis Patenicz des bresslowusschin gebitis, is sey vil adir wenig, das her do hat mit alle synir czugehorung sundirlichen mit dem wassir halp die Laha genanth, als weyt vnd verre, als dorczu gehort vnd gehorin mag, vmb eyn genant gelt, das dy vorgedachtin rathmanne der stat czu Bresslow iczunt ganez vnd gar dem alrestgenantin Niclose Esseg habin beczalt vnd vorgoldin, als her muntlich vor vns uffinbar hat bekanth, mit allir nuczbarkeit, gebruchung der fruchte vnd czugehorung, mit lachen, pfulin, wezin, wezewachs, weydin, rutecht vnd strutecht vnd auch mit allir andir czugehorung des egenantin gutis vnd vorwerkes Pathenicz, genant adir vngenant, wy man das mit sundirlichin adir gemeinlichin wortin irdenken mochte adir genennen, nichts vsgenomin, kleyn noch gros in keynirleye weyze. Auch mit alle deme rechte, herschafft vnd gebruchung, fry von allirleye dinste, gulde, geschos vnd beswerung, als wir das lutur vnd uffinbar in eynir alden hantuestin des irluchsten furstin, herczogin Bunczlows, eczwenne furste in Slezien vnd herre czu Bresslow habin geschen, als is auch in seynen reynen vnd greniczen vmbe vnd vmbe von aldirs ist gelegen vnd von andirn gutim gesundirt vnd von deme egenantin Niclose Esseg vnd seinen vorfarn von aldin langin vorgangen geczeitin ist besessin, also sullin is auch dy egenanthen rathmanne czu Bresslow, dy iczunt sint adir werdin in czukumfftigen geczeiten mit demselbin rechte habin, baldin vnd fredelichen besiczen. Auch doselbist der egenanthe Nicklos Esseg vorczeich sich abetretinde mit gutem willin vmbetwungen an' allis geuerde von seynir, seynir erbin vnd nochkomelinge wegen allir ansproche, czuvorsichts vnd vorderung, dy her adir sy gehabin mochten an deme egenanten gute vnd vorwerk Pathenicz mit seyner czugehorung an gancz adir an teil, von rechte adir von tat in geistlichim ader in werltlichem gerichte, iczunt adir hernochmols ewiclichin in keynirleye weyze vngehindirt. Denselbin kowff, uffreichung vnd vorcziung vnd allis, das do vorschrebin stet, habe wir stehete vnd gancz vnd habin gereicht vnd reichen von kuniglicher gewalt von Beheim, der wir gebruchin, den vorgedochtin .. rathmannen czu Bresslow, dy iczunt sint adir werdin in czukumfftigen geczitin, das egenante gut vnd vorwerk Pathenicz mit allir nuczbarkeit, gebruchung vnd czugehorunge, als vorbenumpt ist, genant adir vngenant, nichts vsgenomin, kleyn noch gros, mit allim rechte, herschafft vnd gebruchung, fry an' allirley dinst, gulde, geschos vnd beswerung als vorgeschrebin stet, czu habin, baldin vnd fredelichin czu sogetanem rechte besiczin mit macht vnd fuller crafft czu vorkowffen, czu vorgebin, czu vorseczin, czu vorwechsiln, gancz adir eyn teyl, adir sust an iren behegelichin nucz czu wendin, als in allir bequemelichste mag gesin vnd czu statin komen. Mit urkunde dis briues, der do vorsigilt ist mit dem kuniglichin ingesigil der lantlewte des furstenthumes czu Bresslow, das do ist czu erbin vnd czu sachin, das an disin keginwortigin brieff ist gehangen. Geben czu Bresslow an der nestin metewochin vor send Johans baptisten tag noch crists geburd driezenhundirt iar dornoch in deme fumfften vnd sebinczigistin iare. Doby sint gewest dy edeln her Herman von Borsnicz vnd her Franczke von Somirfelt, rittere, Albrecht von Pak, Heyncke von Schelndorff, Hanke Sechsbechir, Heinrich Swarcze, Hannos Noldil vnd Nicklos Strelin, vnsers hern des kunigis von Behemen man, vnd Petir von deme Bunczlow, des erbarn hern Johannis Wyttels, canczelers des vorbenumptin furstintumes czu Bresslow, schribor, der disin keginwortigen brieff hat gehabit in beuolung.

Recognita per Petrum de Bolezlauia.

Das Siegel der Hauptmannschaft hängt an seidenen Faden.

296. *Kaiser Karl IV weist die Stadt Breslau an, den Peterspfennig nach altem Herkommen zu entrichten. Kutten den 24. Juli 1375.*

Original im breslauer Stadtarchiv V 10a.

Wir Karl, von gotes gnaden romischer keiser, zu allen zeiten merer des reichs, vnd kunig zu Behem, embieten dem .. burgermeister, .. ratluten .. vnd den burgern gemeinlich der stat zu Bresslaw, vnsern lieben getrewen vnser gnad vnd alles gut. Lieben getrewen! Vmb sant Petirspfennig, don an euch fordert Nicolaus Strassperg, ist vnser meynunge vnd wollen auch, das ir denselben pfennig geben vnd beczalen sullet in aller der mazzen, als das von alters her komen ist; were aber, das derselbe Nicolaus oder yemand anders, wer der were, euch vber sulche alten gewonheit dringen oder in keynerleye newekeit bringen wolte, das lazzet vns wissen mit ewern brieuen, wie vnd in welcher massen er denselben pfennig an euch eysche; wann wir es gleicherweis nicht leyden wollen vnd in sulicher massen dorczu gedenken, das vnsers kunigreichs zu Beheim vnd auch ewer lewte vber redliche gewonheit nicht betwungen werden. Geben zu den Chutten an sant Jacobs abend vnser reiche des romischen in dem dreissigstem, des behemischen in dem newnvndczwonczigstem vnd des keisertums in dem einvndczwenczigstem iare.

     De mandato domini imperatoris Nicol. Cameric. prepositus.

Aufgedrücktes kleines Siegel.

297. *Kaiser Karl IV schreibt den Breslauern, dass sie die nothwendigen Bauten an seinem Schlosse zu Breslau vornehmen lassen und die Kosten derselben aus seinen Einkünften bestreiten sollten. Prag den 3. September 1375.*

Original im breslauer Stadtarchie F 18a.

Karl, von gots gnaden romischer keiser, zu allen zeiten merer des reichs vnd kunig zu Beheim.
     Lieben getrewen!

Vmb das gebewde vnsirs hawses zu Breslow ist vnser gancze meynunge, daz ir dasselbe gebewde bessirn sullet mit vnsern pfennyngen, vnd wes ir dorczu bedurffen werdet noch notdurfft desselben gebewdes, daz sullet ir nemen von vnserer gewonlichen renten vnd pflege. Geben zu Prage an dem montage fur vnsrer frawen tage, als sie geboren wart, vnser reiche in dem newnvndczwenczigsten vnd des keiserthums in dem czwenczigsten iaren.

 Dem .. burgermeister, .. rate vnd den burgern gemeinlichen
  der stat czu Bresslow, vnsern lieben getrewen.

Das Schreiben war durch das aufgedrückte kleine Siegel verschlossen.

298. *Kaiser Karl und König Wenzlaw bekunden, von dem breslauer Domkapitel ein Darlehn von 3000 Mark empfangen zu haben, für dessen pünktliche Wiederbezahlung die Städte Breslau, Neumarkt und Namslau, sich verpflichtet haben. Karlstein den 7. November 1376.*

Original im breslauer Stadtarchie F E 19.

Wir Karl, von gotes gnaden romischer keiser, zu allen zeiten merer des reichs vnd kunig zu Behem, vnd wir Wenczlaw, von denselben gotes gnaden romischer kunig, zu allen czeiten merer des reichs vnd kunig zu Behem, bekennen fur vns, vnsere erben vnd nachkomen, kunge zu Behem, vnd tun kunt offenlichen mit diesem briue allen den, die yn sehen oder horent lesen, das die ersamen, der .. techant, der .. archidiacon vnd das capitel der kirchen zu Bresslaw, vnsere lieben andechtigen, durch vnserer floissiger bete willen vnd zu sunderlicher vnser notdurfft vns dreytusent mark behemischer grossen prager pfennige polonischer czal, das ist acht vnd fierczig derselben grossen vor igliche mark zu czelen, am bereitem geczaltem gelte geligen haben, die ouch in vnsern, vnser erben vnd vnsers kungreichs zu Behem kuntlichen nuczz komen sein. Douon haben wir dem egenanten techant, dem archidiacon vnd capitel der kirchen zu Bresslaw mit wolbedachtem mute vnd rechter wissen gelobet vnd geloben mit craffte dicz briues vor vns, vnsere erben vnd nachkomen, kunge zu Beheim, in guten trewen ane allerlei argelist, das wir sie des egenanten geltes der dreytusent marken der egenanten grossen vnd czall gar vnd genczlichen mit eynander am bereiten gelte in vnserr stat zu Bresslaw beczalen sullen vnd wollen ane geuerde von den nehesten zukomenden weynachtheilgen tagen vber eyn ganczes iar, das dornach schirest volget. Vnd zu merer sicherheit sulcher beczalungen haben wir bestalt vnd geschafft, das vnsere burgermeistere, ratlewte, burgere vnd stete zu Bresslaw, zum Newenmarkte vnd zu Namslow den vorgenanten, dem techant, archidiacon vnd capitel der egenanten kirchen zu Bresslaw ire sunderlichen briue geben, in den sie fur vns, vnsere erben vnd nachkomen, kunge zu Beheim, die obgenante summen geltes yn vorschreiben vnd geloben, uff die egenante czeit genczlichen zu beczalen, als das in denselben iren briuen eygentlichen ist begriffen. Mit vrkund dicz briues vorsigelt mit vnsern anhangenden keiserlicher vnd kungleicher maiestat ingesigeln, geben zum Karlstein nach Cristus geburte dreiczenhundert iare dornach in dem sechsvndsibenczigestem iare an dem nehesten frytage vor sante Merteins tage, vnserr reiche in dem eynvnddreisigsten vnd des keisertums in dem czweivndczwenczigstem iaren vnd vnser, kung Wenczlawen des vorgenanten, reiche des romischen in dem ersten vnd des behemischen in dem vierczenden iaren.

R. Wilhelmus Kortelangen.   Ad mandatum domini imperatoris
                                          G. prepositus sancte Marie Cracouiensis.

An Pergamentstreifen hängen 1. das grosse Siegel Kaiser Karls mit Rücksiegel 2. das Siegel König Wenzels mit der Umschrift: † WENZESL: DEI: GRACIA: ROMANORVM: REX: SEMPER: AVGVSTVS: ET: BOEMIE. REX: Rücksiegel: Doppelköpfiger Aar auf dessen Brust der böhmische zweischwänzige Löwe.

299. *Kaiser Karl IV und König Wenzlaw versprechen den Städten Breslau, Neumarkt und Namslau, welche dem Domkapitel für ihm geliehene 3000 Mark Bürgschaft geleistet haben, sie von dieser Bürgschaft zu ledigen und für allen Schaden aufzukommen. Prag den 27. November 1376.*

Original im breslauer Stadtarchiv N 3.

Wir Karl, von gotes gnaden romischer keiser, zu allen zeiten merer des reichs vnd kunig zu Beheim, vnd wir Wenczlaw, seyn son, von denselben gnaden romischer kunig, zu allen zeiten merer des reichs vnd kunig zu Beheim, bekennen vnd tun kunt offenlich mit disem briue allen den, die yn sehen oder horen lesen, wann die burgermeister, ratlute vnd burger gemeinlichen der stete zu Bresslaw, zu dem Newnmarkte vnd zu Nampslaw, vnserre lieben getrewen durch vnser sunderlichen bete willen vnd von vnserr geheisses wegen den ersamen, dem . . techand, . . archidiacon vnd capitel zu Bresslaw, vnsern lieben andechtigen fur dreytusent mark polonischer czall, acht vnd vierczig grosse fur yede mark czu czelen, gelobt haben vnd burgen worden seyn, dasselbe gelt von vnsern wegen in vnserr stat zu Bresslaw zu beczalen von den nehsten weynachtheiligen tagen, die schirest kumen, furbas vbir eyn ganczes iare, als das vsweisen suliche briue, die wir vnd sie doruber geben haben; douon mit wolbedachtem mute vnd rechter wissen haben wir denselben burgermeistern, ratluten vnd steten zu Bresslaw, zu dem Newnmarkte vnd zu Nampslaw gelobt vnd verheissen. geloben vnd verheissen mit craffte dicz brieues in guten trewen ane geuerde, das wir sie vnd die obgenanten vnserr stete sulicher burgeschafft gnediclichen vnd genczlichen abenemen vnd sie auch an' allen yren schaden ledigen vnd losen sullen vnd wollen ane allirley widerrede. Mit urkund dicz brieues versigelt mit vnserr beider maiestat insigel, der geben ist zu Prage nach Crists gepurte dreiczenhundert iare dornach in dem sechsvndsibenczigisten iare des nehsten donrstagis vor sante Andres tage vnserr, des vorgenanten keisers Karls, reiche in dem eyndvnddreissigisten vnd des keisertums in dem czweyvndczwenczigisten iaren, vnd vnserr, kunig Wenczlaws des obgenanten, kunigreich des romischen in dem orsten vnd des behmischen in dem vierczendeu iaren.

R. Wilhelmus Kortelangen.   de mandato domini imperatoris Nicolaus Cameric. prepositus.

An Pergamentstreifen hängen die Siegel Kaiser Karls und König Wenzels.

300. *Der breslauer Landeshauptmann Thieme von Choltitz bekundet den Erwerb des Gutes Schwotsch durch den breslauer Rath für das Hospital zum heiligen Leichnam. Breslau den 12. December 1376.*

Original im Archive der Stadt Breslau PP 3a.

Wyr Thyme von Coldicz, camyrmeister vnsern herren des keisers vnde howptman czu Bresslaw, bekennen uflintlich in dysem keiginwortegin briue, daz vor vns gestanden hat der ersame Lorencz von Crocow, burger von Bresslaw, dez vater Hanke von Crocow ist gewest, dem got gnode, vnd reichte uff seyn dorf Swoytsch vnd allis, daz her do hatte, daz do leyt in dem bresslawischem gebite mit willen vnd ioworte der erbern vrowen Agnithen, syner elichen hausfrawen, dy czukeiginwortig waz vnd sich mit guten mute vnd mit lachendem munde ers lypgedinges, daz se do selbist czu Swoytsch hatte, vorczeich vnd abetrat, in eyne rechtin kauffe recht vnd redelich den erbern vnd weisen lewten, den .. ratman czu Bresslaw, dy iczunt syn adir in czukunftegin cziten werdin, czu des spetals hant czume heiligyn leichnam czu Bresslaw vor deme sweidniczen thore vmme eyn genant gelt, daz iczunt guncz vnde gar dyselbin ratmanne czu Bresslaw von des obgenanten spetals weyne dem obgenanten Lorenczen von Crocow han beczalt vnde vorgoldin, alz der selbe Lorencz uflintlich vor vus hot bekant, mit allem rechte vnd hereschaft, gebuorn, gertenern, czinsyn, renten, akkirn, gearn adir vngearn, weldin, puschen, rutecht, strutecht, wesyn, wesewachs, wassirn vnde wassirslauff, pfulen, lachen, fyscherey vnd fischung vnd gemeynlich mit allym nucze adir genys, ys heise wy ys heiso, nichtis ausgenomen, kleine noch gros, als [es] yn synen reyen vnd greniczen von andirn gutirn vm vnde vm ist geleyn, gegreniczt vnde gesundirt, auch frey an allen dinsten vnd geschos geldis vnde getreidis, munczegeldis, bethe, stüerunge vnde allirley beswerunge vnde sundirlich von allim gerichte, des nedirsten vnde des obirsten, dy sy selbir sullen habin, ouch dy schultheissye vnde den kretscham vry mit dem kirchlen, daz der gemeynden vnde dem gute zal volgen. Auch sullen sy vnd ir eliche nochkomelinge czu des spetals hant dazselbe gut adir dorf Swoytsch mit alle seyme czugehor, alz vor geschribin stet, haben, haldyn vnde alze eyn eygen besiczen, alze wyr daz han uffintlich yn den aldin briuen des irluchten fursten, herczogen Heynrichs des funften, der eczwen herre ist gewest czu Bresslaw, vnd hern Cunadis von Falkenhan, der eczwen hawptman czu Bresslaw ist gewest, seliges gedechtnis, gesehen. Auch daz dyselbin ratmanne, dy iczunt syn, adir hernochmols werdin, dasselbe dorff Swotsch gar adir eyn teil mogen vorkouffen, vorseczen czu des spetals notdorftekeit, alz dem spetal vnde den armen luten, dy dorinne won, allirnuczlichste mag gesyn adir czu statin komen. Auch vorezeich sich der obgenante Lorencz von Crocow von synir, synir geerbin vnde eliche nochkomelinge weyne allir ansprache vnd vorderunge. Vnde allis, daz do vorgeschribyn stet, hab wyr stete vnd gancz vnde bestetegin se von konyglicher gewalt von Bemen, der wyr gebruchen, mit deme kuniclichen ingesigil der lantleute des furstumes czu Bresslaw, daz do ist czu erbin vnd czu zachen, daz an dysen keiginwortegin bryff ist gehangen. Gebin czu Bresslaw an sende Luczen obant noch Cristis gebort dryczenhundirt iar dornoch yn deme sechsvndesebinczegistem iare. Doby sint gewest dy edeln her Krig von Hugewicz vnd her Ffranczke von Somerfelt, rittere, Albrecht von Pak, Heyneke von Scheludorff, Domnik Heinrich, schreiber, der dysen keginwortegin bryff hat gehabt in beuelunge.

Registrata per Petrum de Boleslauia.

An seidenen Fäden hängt das Siegel der Hauptmannschaft.

301. *Kaiser Karl IV erlaubt den Breslauern, zu Prag mit fremden Kaufleuten ebenso Handelsgeschäfte zu treiben, als das die Prager selbst thun. Prag den 19. Januar 1377.*

Zwei Originalausfertigungen im breslauer Stadtarchiv E 4a und F 43.

Wir Karl, von gotes gnaden romischer keiser, zu allen zeiten merer des reichs vnd kunig zu Beheim, bekennen vnd tun kunth offenlichen mit diesem briefe allen den, die yn sehent odir horent lezen, wann die burgere vnd stat zu Breslaw, vnser lieben getrewen, sunderlichen gehoren zu dem kunigreiche vnd der cronen zu Beheim vnd vns allewege mit trewlichen manichueldigen diensten beygestanden haben, vff die rede, daz sie sich desterbas gebesseren mugen, haben wir als eyn kunig zu Beheim mit wolbedachtem mute vnd rechter wissen diese besunder gnade getan vnd tun die mit krafte dicz briefes, daz sie in vnserr stat zu Prage mit andern gesten, von wannen die komen, alle kawffmanschafft, wie man die mit sunderlichen namen benennen mag, freylichen ane alles hindernuss kawffen vnd vorkawffen mugen vnd sullen, als offte yn des not wirdet, in alle der massen vnd freyheit, als die burgere zu Prage ire kawffmanschafft kawffen vnd vorkawffen; also daz diese vnsir gnade weren sal als lange bis zu vnserm widerruffen. Dorumb gebieten wir dem .. richter, scheppfen vnd burgern gemeinlichen der stat zu Prage vnd allen andern vnsern lieben getrewen, daz sie die egenanten burger von Breslow an sulicher gnaden vnd freiheite nicht hindern noch irren sullen, noch sie doruber besweren in dheinem weis, als lieb yn sey, vnser swere vngnade zuuormeyden. Mit vrkund dicz briefes vorsigelt mit vnserr keiserlichen maiestat ingsigel, der geben ist zu Prage noch Cristi geburte dryczehenhundert iar dornach in dem sibenvndsibenczigsten iare an dem nehesten montage vor sante Agnethen tag¹), vnserr reiche in dem eynvnddreyssigsten vnd des keisertums in dem czweivndczwenczigsten iaren.

R. Wilhelmus Kortelangen.   De mandato domini imperatoris
Nicolaus, Camericensis prepositus.

¹) F 13: an dem nehsten dinstage vor vnserr frawen tag lichtmesse.
Das grosse kaiserliche Siegel mit Rücksiegel hängt an beiden Ausfertigungen.

302. Richter, Geschworne und Schöppen der Stadt Prag bestätigen den Breslauer Kaufleuten die vom Kaiser ihnen verliehene Handelsfreiheit zu Prag gegen Gewährung derselben Vorrechte an die prager Kaufleute zu Breslau. [Prag] den 26. Januar 1377.

Original im breslauer Stadtarchiv F 4 b.

Wir Mertein Stach, richter, Heinrich Knauwer, Niclas Reuhel, Mertein Rymer, Peske Drobincze, Jeske Domcze, Wenczlav Krich, Hensel Hauwer, Cuncz Tollinger, Jesco Hunt, Peter Mentler, Hensel Pinter, Niclas Hradeczky, Jacob Gwantsneider, Niclas Paczkaw, Niclas Czurm, Johel Meynussch, Andres Tippars, Pertel Smid, Pesschel Tursmid, Frenczel Cornauwer, Michel Ledrer, Fraua Donat, Marun Jeske, Kusserz, Mertein Zalacz, Jeske Goltsmit, Andres Gewantsneider, Jeske Dosk, Busko Miska vnd Heinczel bey sende Ambrosien, gesworne burgere vnd scheppfen, vnd die gancze gemeine der grössern stat czu Prage bekennen offenlich vnd tun kunt mit disem brieffe allen den, die in sehen, hören oder lesen, das der allerdurchleuchtigste fürste vnd herre, her Karl, romischer keyser, czu allen czeiten merer des reiches vnd kunig czu Beheim, vnser gnediger herre, die erbern weisen manne, die burger czu Breslaw, von angeborner güte vnd mildikeit mit seinem brieffe vorsigelt mit seiner keiserlichen maiestat sigel begnadet vnd begabet hat, der brieff von worte czu worte spricht vnd lautet in aller der weise, als hernach geschriben stet:

Folgt die Urkunde Nr. 301.

Und der egenante vnser herre der keiser, vnser gnediger herre, hat vns ernstlichen enpholhen vnd geboten, das wir czu der egenanten gnaden, die er also den vorgenanten burgern czu Breslaw mit dem vorgenanten brieffe getan hat, vnsern willen vnd gunst geben sullen, des haben wir angesehen desselben vnsers herren gepot vnd geheisse, dem wir alleczeit gehorsam, vnd geben czu den selben gnaden vnsern willen mit disem brieffe vnd meinen vnd wellen, das die offtgenanten burgere zu Breslaw in vnser stat czu Prage mit andern gesten, von wanne die komen, alle die kauffmanschaft, wie man die mit sunderlichen worten benennen mag, freylichen an alles hindernisse kauffen vnd vorkauffen mügen vnd sullen, als offte in des not wirdet sein, in aller der weise vnd freyheiten, als wir vnsere kauffmanschafft kauffen vnd vorkauffen, doch in sulcher bescheidenheit, das die gnade also lange weren sal bis czu des egenanten vnsers herren, als eines kuniges czu Beheim, widerrufen vnd die weile sullen wir vnd die vnsern kauffleuthe von Prage semeliche vnd sulche gnade vnd freyheit an kauffen vnd vorkauffen allerleye kauffmanschafft in der egenanten stat Breslaw haben gleicherweis als die selben burgere czu Breslaw ire kauffmanschafft daselbest kauffen vnd vorkauffen. Des czu einem geczeuknusse so haben wir vnser stat ingsigel von rechtem wissen an disen brieff gehangen, der geben ist czu Prage, do man

czalte noch Cristi geburte dreyczenhundert iar vnd darnoch in dem sibenvndsibenczigsten iare, am nehsten montage noch sante Pauls tage, des heiligen tzwelfboten, als er bekart ist.
R.

<small>An Pergamentstreifen hängt das Siegel der Stadt Prag den heiligen Wenceslaw darstellend mit der inneren Umschrift: † SCT. WENZELAVS und mit der äusseren Umschrift: † SIGILLVM: CIVIVM: PRAGENSIVM.</small>

303. *Der Rath zu Breslau beurkundet, welche Vortheile er den Beckenschlägermeistern Thilo, Hans, Jordan und Heinrich von Gandersheim zugestanden hat, um sie zur Niederlassung in Breslau und zum Betriebe ihres Handwerkes daselbst zu bewegen. 16. März 1377.*

<small>Aus dem Antiquarius des breslauer Rathsarchivs f 137v und 138 gedruckt im C. D. Silesiae VIII 74.</small>

Wir ratmanne czu Breslow tun kunt allen, dy desin brif ansehin adir horin lezin, das wir mit rechtir merkunge gewegin habin, wy wir dy irbirn manne meystern Tilen, Hannosen Jordan vnde Heinrichin brudir, genant von Gandirsem, dy do becken machin durch eris hantwerkes wille, czu vromen der stat von vremdin lendin czu vns habin geladin vnd geruft; dorumme mit rate vnser scheppfin, gesworne vnd alle vnser aldistin welle wir dy egenanten brudir mit vorteyl sundirlichir genadin begoben vnde vorlien en volkomene macht, das sie vnde ir iczlichir eyner ane alles geschossis geswernisse in vnser stat, dy wile se leben, vry vnde los siczen vnde wonen sullen. Dorczu globe wir ane alle wedirrede den selbin brudern eyn hws czu schicken vnde schaffin, das se von desim tage obir vir gancze iare dorynne wonen sullen frie are allen czins. Czu orkunde des habe wir desen briff mit vnser stat ingesegel heysin vorsegiln, gegebin am dinstage noch inuocauit noch gotis geburt tusint dryhundirt iar in deme sebin vnde sebenczigisten iare.

304. *Kaiser Karl IV schreibt dem Landeshauptmann und dem breslauer Rathe, dass er die Verhandlungen mit verschiedenen schlesischen Herzögen im Erfolge gut heisse, welche Fortschritte er in der Mark gemacht habe und wie er sich den ungehorsamen schwäbischen Städten gegenüber zu verhalten gedenke. Berlin den 23. März 1377.*

<small>Original im breslauer Stadtarchiv V 10p gedruckt bei Oelsner und Reiche Schlesien ehedem und jetzt I S. 211.</small>

Karl, von gotes gnaden romischer keiser, zu allen zeiten merer des reichs vnd kunig zu Beheim.

Lieben getruwen! Suliche teidingen, die zwischen vns vnd dem hochgeboren Conraden, herzogen zu der Olssen, von wegen des czolles czu dem Hundisfelde begriffen seyn, geuallen vns wol, vnd kumpt er oder yemand von seynen wegen, dem wollen wir wol antwurte geben, das vns in den sachen ane schaden ist. Vnd uff das wir bi rechte beleiben vmb den Kante, so geuellet vns wol, das vnser swager der herczog von Teschin vnd yr das in teidingen vncz an vns haldet. Furbas mer vmb den weissen herczogen, das geuellet vns auch wol vnd yr habet weisslichen gefaren; wanne wirdet derselbo weisse herczog dorumb an vns ichtes muten, doran wollen wir zu rate werden vnd tun, was redlichen ist. Auch wisset, das wir von gotis gnaden hie in der marken zu Brandemburg frisch vnd gesunt seyn vnd haben Strassburg, stat vnd haws, die vnserm ohemen von Mekelimburg zu pfande stunden, mit sampte Libenwolden, Czednik vnd Furstemwerden an vns gebracht vnd haben die in rwelicher gewere an allis hindernusse. Auch synt hie bi vns die stete vz der marken vnd haben sich mit yrem gutem willen erboten, vns mit eyner trefflichen summen geldes hulffe tun, als sie vormals getan haben, domite wir ander stete vnd vesten der marken, die nach vssen steen, losen vnd mit hulffe gotis die marken zu eynander brengen, als sie vormals bi der alten marggrauen zeiten gewesen ist. Auch hant vns die herczogen von Beyern von wegen der vngehorsamen stete in Swaben etliche artikele gesant vnd geschriben in der meynungen, ab wir die uffnemen wolten, den haben wir geantwortet vnd suliche sachen uffgeschoben an die †¹) fursten vnd andere vnsere vnd des reichs getrewen, nach der rate wir gefaren wollen, wann wir, ob got wil, selber zu deutschen landen wider komen. Tut vns dicke botschafft, also wollen wir hynwider tun. Geben zu Berlin des freitagis vor dem palmontage vnser reiche in dem xxxi vnd des keisertums in dem xxii iaren.

de mandato domini imperatoris
Nicolaus Cameric. prepositus.

Dem edeln Thimen von Coldicz, hauptman, vnd den
 ratmannen zu Breslaw, vnsern lieben getr.

Das Schreiben war durch das auswendig aufgedrückte kleine Siegel verschlossen.

1) Rasur; es hat ursprüngl. kurf dagestanden.

305. Kaiser Karl IV befiehlt der Stadt Breslau, für die Ausrottung der den Fischen schädlichen Wasserraben Sorge zu tragen. Tangermünde den 12. October 1377.

Original im breslauer Stadtarchiv V 10r, gedruckt bei Oelsner und Reiche Schlesien ehedem und jetzt I 213 (sehr ungenau).

Wir Karl, von gotes gnaden romischer keyser zu allen zeiten merer des reichs vnd kunig zu Behem, embieten dem hawptmanne oder wer an siner stat ist, dem rate vnd burgern gemeinlichen der stat zu Breslaw, vnsern lieben getrewen, vnsir gnade vnd allis gut. Lieben getrewen! Wann die wasserraben, als wir vornomen haben, in dem wassir grossen schaden tun an den vischen, gebieten wir euch ernstlichen vnd wollen, daz ir bestellen sullet in dem lande, wo dieselben wassirraben sein vnd ire genyste haben, daz man sie tote vnd tilge, vnd lasset gebieten vff den merkten, das man das tu, vnd ab yemand dowider wolte seyn, den sal man bessern noch deme, als euch selbir dunken wirdet, daz das redelichen sey, also daz man sie nicht mer hege. Geben zu Tangermund des montages vor sante Gallen tag vnsir reiche in dem xxxii vnd des keysertums in dem xxiii iaren.

de mandato domini imperatoris
de Poznania Nicolaus.

Auswendig aufgedrücktes kleines Siegel.

306. Alte breslauer Bauordnung mit Zusätzen aus dem Jahre 1377.
 Nudus Laurentius f 177.

1. Wer do mwirn wil, der sal is synen nokebwr lossin wissen vor den rathmann ous mit czweyen nokebwrn ein virteil iaris dovor, die sullen di

mwir legin vf ir beidir erbe vnde sullen di ouch beidirsyt czugen vmme ir geld vnde nuczen.

2. Lysse hers in abir nicht wissen, so sal her im des geldis tag geben dornoch alz her anhvbe czu mwirn ein virteil iaris.

3. Spreche ouch ir eynir, her vormochte syn nicht, daz di ratmanne koren, so solden di rathman di mwir schaczen, vnde dovon so sal her im denne gebin eynen ierigen czins, also lange, bis hern im abegekoufen mag.

4. Wer ouch, ob ir eynir ein gadim vber der erden mwirn welde, das sal im sin nokebwr helfen mwirn, alz vorgesprochen ist.

5. Welde ouch ir eynir hohir mwirn, den das gadim vbir der erden, vnde der andir durfte sin nicht oder vormochte sin nicht, so sal dirre di ganeze mwir vorbas vfmwirn, wi hoch her wil, mit syme eygene gelde, vnde sal das gerynno legen glych in di mitten der mwir vnde syme nokebwr lossin eynen rwm vf der mwir, do eyne mwir latte gelegin moge, do syn gesperre vffo ste; also ob der nokebwr odir syne nochkomelinge des hernoch czu rate worden, ouch iro mwir vfczuvuren, daz in beide, gerynno vnde rwm, czu der mwir latten czu nucze komen.

6. Wer ouch, ob der nokebwr di mwir mitenuczen welde, her mwirte doran oder nicht, so sal her di mwir helfen gelden glichirwis als vor.

Wer ouch, ob ein man von nwes mwirn welde an ein ald gemwirde sins nokeburs, das gar vf des selbin sins nokeburs erbe lege, der sal im di alde mwir halp gelden von grunde vf vnde mitenuczen also manchis gadims hoch, alz her doran mwirt vnde nuczit, vnde das erbe, do di mwir vffe stet, sal der nokebwr kegin disem vorsehen vmme sust[1]).

7. Vbir alle dy vorbeschrebene rede, eyn man mwir hoch odir nydir, vorne odir hindere in sime hofe, kisen di rathmanne, daz eyme syne mwir vnde gebwde nuczir sye, denne deme andern, das sullen sye abir achten vnde schaczen, daz eyme glich geschee alz deme andern.

Actum anno LXXVII (f 179).

8. Wir habin vbireyne getragin, welch man mvyrn wil in sinen hofe vnde vf dy mvyr buwin wyl, vnde sin nokebuyr darf nicht me den eynyr scheidemvir, so sal der dy mvyr legin vf sins nakebwirs erbe andirhalbin czigil vndir der erdin vnde vber der erdin eynen czigil acht elin hoch, vnde sin nakebuwir darf ym czu der czit nicht me den 1½ czigil vndir der erdin vnd eyn czigil vbir der erdin acht elin hoch an der selbin mvyr geldin, wurde abir der nakebuyr adir syne geerbin her noch dy mvyr gliche nuczin, so muste her daz vberige an der mvyr vude ouch an dem erbe geldin noch der stat saczunge.

9. Welde ouch eyn man mvyrn in syme hofe an sins nakebuyrs durchuart, alzo daz syme nakebwir dy durchuart geengit werde, der man sal dy mvyr czu male vf sich legin vnde sin nakebuyr darf ym nicht me den 1½ czigil vbir der erdin vnde des erbis ouch alzo vil an der selbin mvyr geldin; wurde abir der nakebuvyr dy mvir her noch gliche nuczin, so muste her daz vberige beyde an der mvyr vnde ouch an dem erbe geldin; ouch sal eyne durchuart vumf elin wyt behaldin.

---

[1]) Ist nachträglich ausgestrichen mit dem Zusatz: require in fine huius folii. Es sind damit die §§. 8 und 9 folio 179 gemeint.

10. Ouch sal y der man synen schacht oder heymelich gemach soczen von synis nockebwrs erbe andirhalbe elle, her habe czwischin in sten eyne hulczyne wand, leymwand oder mwir, vmme daz, daz syme nokebûr dovon kein schade gesche. das selbe sal ouch syn von amedecassen vnde von bacouen.

9. Ouch sal y der man, der do mwirn wil, syn gebûde selbır von vnde syn nockebwr daz syne.

10. Ist ouch, ab ein man buwen wil eyn hûlczyn gebwde nebin sins nokeburs gebude, so sal der nokebwr ouch sin gebwde selbir voen vnde der man, der do buwen wil, darf dorczu keyne hûlfe tun.

11. Ouch habe wir ubireyne getragin mit vnsern eldistin in sulchir mazse, welch man eynen gemwerten keler hat uff syme erbe vnd di mwer czumale uff syme erbe lyt, wil denne syn nakebwer mit em mwern uff di selbe mwer, so sal her em di alde mwer vnd ouch das erbe geldin noch achtunge der ratmanne.

12. Ouch habe wir vbir eyne getragin mit vnsern eldistin von des gemuwirdis weyne in sulchir masse, welch man eyne alde muver hat, di do lyt vf syme erbe, wil denne syn nakebuwir doran adir doruff buwen, so sal her syme nakebuwer die selbe aldo muwer also lang vnd hoch, als her se nuczczet, halb geldin vnd ouch das erbe nach achtunge der ratmanne.

Actum anno domini m⁰ ccc lxxvıı sabbato ante Thome.

ANHANG

enthaltend

Urkundenfragmente.

1. Schreiben des breslauer Rathes über die schlimme Lage der Stadt [1]***.***

Abschrift im Rathskatalog f 4b fge, gedruckt von Grünhagen im C. Dipl. Silesiae III 150 und bei Gengler C. juris municipalis Germaniae I 359.

[H]eu mortuo duce et capite perdito nos ipsi diligentem custodiam et vigilias teneamus sicut diligitis corpus, res et honores. Ciuitas est plena hominibus et non possuntexpelli. Hospites malos expellatos (!) circa patebulum et per noctem non teneatis; spolia fiunt extra ciuitatem, vobis manifestamus et conquerimur et exploratores et non possumus prohibere. Date nobis consilium et auxilium qualiter expellentur. Percepimus, quod ciuitas esset et fuit tradita et debeant viginti esse cum capitaneo suo. Ante quamlibet domum lapideam quilibet habeat suum gewer, gladios, fustes, lanceas, defendite vitam vestram. Non wultis in valuis jacere nocte et non vigilare, qui non jacebit in valva, fertonem dabit, qui non circulabit in civitate, dabit 1/2 fertonem, siue pauper seu dives, siue lantman, siue civis, seu sit Nesic. Qui est qui vndique vadit in ciuitate et damnum facit, destruetur in rebus et in corpore. Volumus quod quilibet hospes habeat in domo suo balistas, arcus et lapides super domos suas et habeat gereit et parata arma ejus qura. Volumus etiam quod quatuor vigiles sint inter qualibet valva et quibus precipitur vigilare per noctem, si non vigilabit dabit 1/2 fertonem. Lapides debent duci super valvas et murum, acquiremus vectores, qui adducent super domus ciuitatis, et de cuius domo fiet aliquod damnum, suspendetur cum hospitibus cum uxore et pueris. Vnde custodite. Multa mala fiunt per malas mulieres, decrevimus illas domos frangere, si non . . . .

1) Von Grünhagen dem Jahre 1290 zugewiesen.

2. Auszug aus einer breslauer Geburdingsordnung [1]***.***

Abschrift im breslauer Rathskatalog f 4., gedruckt von Grünhagen im C. D. Silesiae III 191.

[P]ene statute sunt: non vigilans dabit scotum.

Non in valva die et nocte dabit . . . [2]).

Qui fimum ante domum ponent, nisi statim secunda die deducant, dabit scotum.

Consules non venientes dabit (!) 1/2 scotum.

1) Nach Grünhagen a. a. O. der Zeit von 1300 bis 1315 angehörig.
2) Lücke in der Handschrift.

Qui mittitur nuncius, qui est inhemis, $^1/_2$ scotum universaliter ($^1/_2$ scotum).
Non veniens ad geburdinc communis homo dabit sex denarios.

In jure qui geboth[dinc dicitur] (dabit) magistri sui siue alii(s) communes dabunt 5 solidos.

Workeu siue in piscibus et [qui] ponit alium in loco sui, dabit $^1/_2$ ferto et omnes Workeufer.

Item pisces non debent emi infra unum miliare, pena est lotus.

3. *Desgleichen.*

Abschrift a. a. O. S. 9b., gedruckt bei Grünhagen a. a. O. und bei Gengler a. a. O. S. 362.

Hee sunt pene in geburdinc facte: In valvis non jacentes seu pro se suos consanguineos ponentes $^1/_2$ ferto dabunt.

Item non vigilans dabit 1 scotum, cui precipitur, et si non vigilabit iterum dabit scotum, et precipietur sibi vigilare sicut prius et sic ad infinitum.

Item quolibet (!) pecus destruens intrans fossata seu pueri intrantes dabunt 1 quartam.

Item pro fimo non educto vhilibet 1 scotum.

Item cui nuncius mittitur, etsi domi est, $^1/_2$ scotum.

Item 1 scotum pro workov in quocumque sit seu in ferinis, piscibus, lignis, carbonibus.

Item de iniusta mensura sive in ceruisia vel medone 1 fertonem.

Item ponentes ligna in plateas uel in forum struem lignorum $^1/_2$ fertonem, nisi cum lignis velit edificare, tunc aliquantulum possunt jacere sed non diu.

Item pro igne 1 marcam.

Item fenum non ducatur nisi ad 8 dies, et si ultra, dabit $^1/_2$ fertonem.

Item ementes pisces infra miliare extra ciuitatem, vel quitcunque sit, dabunt 1 scotum.

Item accusatus in tribus causis, tribus vicibus, a triplici viro iure dampnabitur, sed si prius in aliquibus parsum est, jam non nocebit ei.

Item ducentibus aquam ad ignem de quolibet plaustro $^1/_8$ scotum.

Das sint die sagin di wier Heinrich, von gotes gnaden zv Breslau herzoge, haben zv veh rotluten und burgern derselben stat, die erste sache, die di andern alle besluzsait, di ist also, also die selbe stat Bresla mit deme lande, das to zu gehoret, vns geuallen ist . . . .

4. *Register einer breslauer Statutensammlung*[1]).

Abschrift a. a. O. S. 13b., gedruckt bei Grünhagen a. a. O. 152.

De chor.
De sale.
De gezuk ad regem.
De iudicio prouinciali.
De aizucht in foro.

[1]) Der Zeit König Johanns angehörig, vgl. Grünhagen a. a. O. S. 152.

De pascuis.
De balneo edificando.
De introitu camere in consistorio.
Item de vorekouf auene.
Item hospites pisces uendentes per triduum.
Item de stellemecher.
Item de circulariis.
Item de edificantibus.
Item parietes de argilla.
Item tecmen de schindil super vnum geschoz.
Item nullus exallet limen super alium, et limen ultra pontes non leuent, et in sua grenicia quiuis super suum edificet.
Item nullus emet ligna nisi conbusti.
Item ligna ducantur de foro et de plateis.
Item fimus deducatur.
Item platee purgentur.
Item de scampnis panum et sutorum depressis.
Item nullus morabitur in macellis.
Item de rerroub excommunicati sunt pape, episcoporum etc. [sentenciis].
Item nullus ducat balistas et hastas, wlt Vrisco de Schazouwe.
Item aquam ante domos.
Item kathene non debent poni de statuis circa scotum.
Item domus in incendio si frangentur, ciuitas soluet, et nullus curret ad ignem cum iniustis defendiculis.
Item male mulieres cum signo ciuitatis signentur.
Item septem mulieres seniores eiecte sunt extra ciuitatem.
Item de vorkouf piscium communi.
Item dominus Vrisco habebit iudicium vomding, iudex terre prouincialis, et precipit rex, quod sibi assistatis corpore et rebus vbilibet circa graciam domini regis.
Item nullus exaltet limen vltra pontes lapideos.
Item misse sunt litere ciuitatis ad dominum regem Boemie pro libertate et pauperum consolacione.

Verbesserungen.

Seite 4, Zeile 1, ist cummutationem zu ändern in commutationem.
» 5, » 42, » modius » » » modius.
» 8, » 34, » Beslaus » » » Bdeslaus.
» 11, » 30, » domeni » » » domini.
» 14, » 19, » dotum » » » dotem.
» 15, » 47, » lies » » » liest.
» 16, » 29, » reccurratur » » » recurratur.
» 29, » 41, » 59 » » » 58.
» 33, » 43, » accercio » » » accersio.
» 34, » 34, » sine » » » siue.
» 37, » 37, » xl » » » xi.
» 40, » 33, » religionsis » » » regionis.
» 46, » 30, » temporis » » » ipsis.
» 48, » 42, » anderine » » » anderme.
» 55, » 35, » nullo » » » nullo.
» 57, » 10, » ciuitais » » » ciuitatis.
» 57, » 38, » de » » » de.
» 58, » 37, » nocnon » » » necnon.
» 62, » 11, » gesagt » » » gesast.
» 64, » 39, » hospitis » » » hospites.
» 74, » 13, » 76 » » » 79.
» 80, » 23, » Fürtenberg » » » Fürstenberg.
» 117, » 1, » Psiuilegium » » » priuilegium.
» 118, » 45, » orum » » » eorum.
» 129, » 14, » presbiterio » » » presbitero.
» 137, » 31, » promitttimus » » » promittimus.
» 182, » 17, » Misnersis » » » Mindersis.
» 185, » 23, » nullis » » » nullius.
» 193, » 9, » docernimus » » » decernimus.
» 198, » 31, » Brestow » » » Breslow.
» 219, » 23, » vor » » » von.
» 235, » 14, » Pachnitz » » » Hartlieb.
» 235, » 25, » Pachenics » » » Pathenicz.
» 236, » 8, » Pachenics » » » Pathenics.

INDEX
locorum et personarum.

Abescaca, Hancz, 145. 146.
Adam, comes et castellanus, 19.
Agnes, regina Bohemiae, 17 § 1.
Agram (Zagrab) in Croatia, 243.
A(lbertus), abbas b. Vincentii in Wratislauia, 2.
Albertus, tribunus ducis Henrici I 7.
— cum barba comes, 14. 16. vide et Albrehtus.
— Twardava testis, 24.
— scriptor Thomae episcopi Wratislaviensis, 26.
— testis, 48.
— institor civis Noviforensis, 53.
— Romanorum rex, 75.
— junior filius Bolezlai ducis Opoliensis, 91.
— textor et consul Wratislaviensis, 103.
— Swerinensis episcopus, 215. 217.
— dux Opoliensis et dominus Streliczensis, 232.
Albrahtus, iudex, 1.
Albrehtus, castellanus Wratislaviensis, 15.
Alemanna, 214.
Alexander, scultetus de Wratislauis, 8.
— scabinus Magdeburgensis, 20, § 64.
— Henrici frater advocati, 22.
Alta Ripa (Brieg), civitas, 16. 111. 130. 154. 228. 258. vide et Brega.
Alvernia, Petrus de, canonicus Noviomensis, in partibus regni Poloniae apostolicus nuntius, 139.
Amilius, scabinus Wratislaviensis, 18.
Andreas, magister et archidiaconus, 52.
— magister et decanus, 66.
— subcustos Wratislaviensis, 166.
Andreowe, monachi de, 19.
Anhalt, Albertus de, comes, 204. (Anm.)
Anna, ducissa Silesiae, 14. 16. 17. 18.

Anna, abbatissa monasterii s. Clarae in Wratislavia, 196.
— uxor Henrici de Slup, 110.
— conjux Henrici VI ducis Silesiae, 133.
— conjux Johannis, 264.
— 279.
Antivari, (Antibarum) in Albanien, 243.
Apeczco, advocatus Novifori, 109. 110.
Arduicus, canonicus et rector ecclesiae beatae Mariae Magdalenae Wratislaviensis, 35.
Artwicus, 35.
Arena vide Wratislavia.
Arlunum, (Arlon in Frankreich), 164.
Arnestus, episcopus Pragensis, 175. archiepiscopus Pragensis, 204 (Anm.), 215. 217. 218.
Arnoldus, archidiaconus Glogoviensis et canonicus Wratislaviensis, 5. 104.
— magister, scholasticus Lubucensis, notarius curiae ducalis, 42.
— testis, 66.
— molendinarius in fossato, 97.
— magister institorum in Wratislavia, 106.
Aureus mons (Goldberg), 3. 26. 27. 62. 228. 254. 266. 269. villae circa Aureum Montem, 26.
Avinion, 139.

Baba, Henricus miles de, 25.
Bärsdorf bei Liegnits, 8.
Baldewinus, canonicus Wratislaviensis, 5.
Baldwinus, notarius curiae ducalis, 51.
Banz, Albertus de, consul Wratislaviae, 39.
Bancz, Henricus de, canonicus, 139.
Bancz, Henricus de, senior et civis Wratislaviae, 39. 63.

Bansch, Nicolaus de, judex curiae ducalis, 119. 120, cantor s. crucis et canonicus s. Johannis Wratislaviae ecclesiarum, 104, 121. 122. 159.
Baran, Conradus, 132.
— Johannes, s. Elizabeth ecclesiae Wrat. parochialis rector, 166.
Bardi (Lombardi coarcini), 139.
Bardo (Wartha) castellanus de, 41.
Bart, Albertus. 79. 80.
Bartholomaeus testis, 47.
Bartos miles, 8.
Baruth, Henricus de, prepositus et canonicus Wratislaviensis, 104.
— Sifridus de, 47.
Basil, Burghardus Monachus de, 192.
Bavarus, Albertus, 96.
— Conradus, canonicus regularis monasterii s. Mariae Wratislaviae, 166.
Bawarus, Conradus, civis Wratislaviensis, 28.
— Henricus, conversus, 22.
— Henricus de Boppardia, 124. 125. 125. 126. 127. 128. 129.
Bavegori, 11.
Beyr, Petrus, civis Wratislaviensis, 213.
Benedictus, papa XI, 166.
Bergow, Otto de, consiliarius Johannis regis Bohemiae, 124. 125. 126. 127. 128. 129. 154. 155.
Bercow, Henricus de, 87.
Berinhardus dux Slesiae et dominus de Furstenberch, 87. 92.
Bernhardus, Mysnensis prepositus, cancellarius Henrici IV ducis Slesiae, 54. (dictus de Camenz).
Bernardus miles, frater Bernardi clerici, dictus de Camenez, 28, comes, 29. 30.
Bernstadt v. Beroldistadt.
Bero, advocatus Nouifori, 8.
Beroldistadt (Bernstadt), 228.
Berolinum, 304.
Bertholdus, comes, 23.
Bertoldus, testis, 17.
— et Johannes possessores molendini supra Olavam, 36.
— frater uterinus Tilonis et Jacobi, aurifaber Wratislaviensis, 102.
— camerarius Violae, ducissae Opoliensis, 11.
Bertolt, scabinus Magdeburgensis, 20, § 64.
Bertram, consul Magdeburgensis, 20, § 64.
Beslaus, 10.
Bethemann, scabinus Magdeburgensis, 20, § 64.
Betingen v. Bittingen.
Bibersteyn, Guntherus de, 53. 56. 61, protonotarius ducalis, 85. 86. 88.
Byblrsteyn, Rulico de, 47.

Bythom, Petrus de, cantor s. crucis et canonicus, 213.
Bittingin, Arnoldus, 124. Arnoldus de, 126. (Bettingen) 127. 128. 129.
Blankinhaym, Arnoldus de, consiliarius Johannis regis Bohemiae, 154. 155.
Boemia, 214.
Boemicum regnum. 124. 126.
Boemus, Nicolaus, 182.
Bogdasouichi, 10.
Beghfalus, wlodarius, 16.
Boguseo, iuvenis, 14.
Boguslaus, Suonus, de Strelitz, 14.
— castellanus de Nemicz, 15.
Boguslaus, scolasticus Wratislaviensis, 5.
— senex, 16.
— filius Jauorii, 17.
Bogussizze (Bogschütz bei Breslau), 17 § 3.
Boleslaus, dux Bohemiae 6. consobrinus ducis Henrici I 9.
— dux Cracoviae et Sandomiriae (pudicus) 19.
— puer, nepos ducis Henrici I 9. II dux Silesiae 12. 14. 15. 17. 18. 31. 49.
— III dux Silesiae, Oppauie et dominus Wratislaviae 76. 77. 78. 79. 80. 83. 84. 85. 86. et de Lignicz 89. 90. herre zu Legnicz 111. 139. 145. 146. 154. dominus de Brega 94. 124. 189. (1355.)
— dux Opoliensis, 91.
Boleslavia (Bunzlau) 87. 92. 228.
Boleslavia, Petrus de, 295. 300.
Bolko II, primogenitus filius Boleslai, ducis Opoliensis 49. 91., dux Opoliensis 204 (Anm.) 215. 217. 218.
— Falkenbergensis dux 215. 217.
— II dux Silesiae et dominus de Furstenberc 87. 92. dux de Munsterberc, 157.
— dux Silesiae et dominus de Swidenicz et de Jawor, princeps et sororius Caroli IV. 204. 215. 217. 218. 228. 244. 236.
Bolz, Rupertus, miles, 49. 92.
Bolez, Sandro, testis, 76. 77. 78.
Bonzlavia, Godinus de, consul Wratislaviensis, 74.
Boppardia (Boppard) vide sup. Henricus Bavarus.
Borch, Wernerus de, consul Wratislaviensis, 63.
Borcowicz, Macsco, 189 (1354).
Borow, Bertholdus de, 53. 55. 56. 64, dapifer Henrici V ducis Silesiae 61. 62.
Borow, Conradus de, 56.
Borsnicz, Conradus de, 159.
— Hermannus de, 115. 118. 119. 121. 122. 131. 132. 133. 136. 137. 144. 295.
— Jan de, miles, 115. 119. 120. 121. 122. 131. 132. 133. 136. 137. 144.

Boranica, Ticzco de, miles, 181.
Borutha, comes, 36.
Bozechna, soror Martini, filii Semens 3.
Bozna in Bosnia, 243.
Brandenburgensis marchio, 182. 316.
Brant, Franciscus, 132.
Brasiator, Merbotw, 117.
Brasiator, Siffridus, senior et concivis Wratislaviae, 63.
Brega (Alta Ripa, Brieg), 16. 111. 130. 154. 211. 228. 258. cives de, 182. (1354).
Breytenbouch, Henselinus, testis, 280.
Breslau
Bressla
Breslaw } Wratislavia.
Breslaw
Brest, 193.
Brieg, vide Brega et Alta Ripa.
Brokothendorf, Lydil de, scriptor Wenczelai ducis Silesiae, 212.
Broncalaus Bodewoius, testis, 76. 77. 78 79.
Brossil (Brüssel), 226. 18.
Brug (Brügge), 226. 19.
Brugensis villae (scabini) 132.
Brugense signum, 132.
Brun, scabinus Magdeburgensis, 20. § 64.
Brun, Pecz, 145. (Eydam des Mathias von Mulhein) 146.
Brunna, Otto de, cantor ecclesiae episcopalis Wratislaviae, 273.
Brunne (Brünn), 148. 178. 179.
Bruno, Petrus, 115.
Brunswic, Heindenricus de, 27. § 4.
Bruxcellae (Brüssel), 24.
Bubardin v. Boppardia.
Buch, Hermannus, 42.
Buchin, 294.
Buchpartia v. Boppardia.
Budessin, (Budyssin) (Bautzen), 163. 199. 230. 240. 254.
Badisouichi, 10.
Bydyssin, Hanco, civis Wratislaviensis, 213.
Boguslaus, comes, castellanus de Nemtsche, 12.
Bulgaria, 243.
Bunczelaw v. Boleslavia.
Bunczlaw, Potir von deme, scriba Johannis Wittel cancellarii Wratislaviensis, 279. 283. 295.
Bunzlavia v. Boleslavia.
Burchardus, pellifex consul Wratislaviensis, 74.
— (Burkardus) burggravius de Magdeburg, 75.
— burggravius Magdeburgensis, 204 (Anm.). imperialis curiae magister, 215.
— prepositus Wyschegradensis, 242.
— consus Magdeburgensis, 20. § 64.

Burg, praedium ante Wratislaviam, (Kleinburg) 285.
Burgermeistir, Petir, 283.
Burghardus, Monachus de Basil, 192.

Calofornia, 28. 2.
Cella (Altzelle), 22.
Chwacimech, silva in superiore parte Wysle 12.
Cindato, Bertoldus de, consul Wratislaviensis, 61. senior et concivis, Wratisl. 63.
— Conradus de, scabinus Wratislaviensis, 84. 103. 115.
— Nicolaus de, consul Wratislaviensis, 90. 97.
— Sibotho de, civis Wratislaviensis, 97.
— Thilo de, senior et concivis Wratislaviensis, 63. 71. Cyndata, Th. 74.
Clemens, papa IV. 32. 33. 34. 35.
— papa V, 81.
— papa VI, 175.
Cristanus, provisor coenobii s. Clarae apud Wratislaviam. 103.
Cristinus, s. spiritus ecclesiae rector Wratislavine, 81.
Croschina (Weisdorf), 11. villa hospitalis s. spiritus Wratislaviensis, 67.

Dalmatia, 243.
Damerow, Theodericus, 286.
Daniel, comes, 16.
Danyelwitz, Heynczo de, miles, 23.
Delphino, Johannes, Venetiarum dux, 214.
Demetrius, episcopus Nonensis (Nona in Dalmatien), 243.
— episcopus Syrmiensis (Syrmien in Slavonien). 243.
— episcopus Waradiensis (Gross-Wardein in Ungarn), 243.
Desprinus, miles, 41.
Destco, judex curiae Wladislai, ducis Opoliensis, 13.
Detricus, sororius Rinoldi de Themeriz, 46.
— filius Borute militis, 49.
Detsco, sublapifer ducis Henrici III, 15.
— comes et subpincerna ducis Henrici III, 16. 29. 30.
Dichout, 227.
Dionisius, woyvoda Transsilvanus, 243.
Dyrslaus, comes de Bitzen, 39.
Ditherus, patruelis Tilonis, Bertoldi, Jacobi, aurifabrorum Wratislaviensium, 102.
Dithmarus, cancellarius regis Bohemiae, vide Meckebach.
Ditmarus, scabinus Wratislaviensis, 18. D. Ruthenus 22, consul Wratislaviensis, 61.

Dedeleghe, Tidemannus de, consul Magdeburgensis, 66.
Domanz, Bobesius de, 87.
Domezlau (Domslau) forum in, 2.
Domoze, Jeske, 302.
Dominik, Hauke, civis Wratislaviensis, 213. 235. 247. 279. 285.
Dominicus, episcopus Chanadiensis (Czanad in Ungarn), 243.
— episcopus Transsilvanus (Siebenbürgen) 243.
Donyn, de, 189 (1349).
Donin, Otto de, protonotarius Henrici VI ducis Silesiae, 109. 110, s. Johannis et s. crucis ecclesiarum Wratislaviensium canonicus, 115. 119. 120. 121. 122. 131. 132. 133. 134. 136. 137, plebanus in Swidenicz, 144.
Donat, Fraus, 302.
Donatus, 32.
Dosk, Jeske, 302.
Dowyn, 294.
Dremeling, Nuslaus, comes castellanus in Rechzin, 39.
Dresden, Johannes de, nuntius civitatis Vratislaviensis, 139.
Drobincze, Peske, 302.
Drogomilus, subcamerarius ducis Henrici I, 7.
Drogus, Ditherus de, 80. 86. 102. 105.
Drogus (v. Drogus) Henricus de, rector ecclesiae s. Mariae Magdalenae, 104.
Duba, Henricus de, dictus Berea, 124, castellanus Pragensis, D. Hinco Birca de, burggravius Pragensis, 124. 126. 127. 128. 129.
— Heynmannus de, dictus de Nachod, 124. 125. 126. 129.
Dumelose, Paulus, consul Wratislaviensis, 166. 201.
— Petrus, consul Wratislaviensis, 166.
Dun, Fredericus de, 127. 128.

Eberhardus, testis, 37. 40. 45, judex curiae ducalis, 39, comes, 43. Gallicus, 47.
Ebirhardus, Symonis frater testis, 24. 26. 31, comes 28. 29. 42.
Ebirsbach, Pilgerim de, 130.
Eccardus, canonicus Wratislaviensis, 26.
Eccardus, filius Hermanni, 22.
Ecrichus, 65.
Egidius, cancellarius ducis Henrici I, 1.
— canonicus Wratislaviensis, 5. 10.
— magister scolasticus Wratizlaviensis, 3.
Egelen, Tilo de, consul Magdeburgensis, 66.
Egra (Eger), 195.
Elbinge, Henricus de, 261.

Elyas, archiepiscopus Ragusiensis (Ragusa in Dalmatien), 243.
Elisabeth, filia Henrici (VI), ducis Silesiae 146.
Elysabet, soror Margaretae et filia Margaretae sororis Tilonis, Bertoldi et Jacobi, aurifabrorum Wratislaviensium, 192.
Elizabeth, uxor Rinoldi nominati de Themeriz, 46. 49.
Eychilburn, Hermannus de, 80. 85. 86, miles, 93. 94.
Episcopus, Johannes, 139.
Emrammus, comes, 1.
Engilgerus, consul Wratislaviensis, 51. 63. 70.
— Hanco, 134. 212.
Enoch, Nicolaus, palatinus, 243.
Erfordia, 57. 59. 60.
Erlau (Agria slav. Jager) in Ungarn, 243.
Esseg, Niclos, civis Wratislaviensis, 295.
Eternus, episcopus Farensis (Antivari in Albanien), 243.
— episcopus Hagrabiensis, (Agram in Croatien), regnique Slavoniae vicarius generalis, 243.
— comes et judex curiae Ludovici I, 243.
— episcopus Nittriensis (Nitra), 243.
Everhardus, notarius Henrici III ducis Silesiae, 23.
Ewradus, miles, 28, vide et Ebirhardus.

Falkinberg, Johannes, 268.
Valkinberg, Nicolaus de, confrater institorum unionis Wratislaviae, 106.
Falkinhain, Conradus de, capitaneus Wratislaviensis, 155. 201. 300.
Valkinhayn, Conradus de, capitaneus Vratislaviensis, 166. 181. 200.
Falco, comes, 1.
Flandria, 139. 182.
Flemyngus, 41.
Florentia, 139.
Florin, miles, scabinus Magdeburgensis, 66.
Francbero, civitas, 43. (vide notam).
Frankenstein, (Vrankenstein, Frankinstein), 92. 192. 228. 230. 231. 254.
Frankinsteinensis districtus, 202.
— consules civitatis Frankensteinn, 230. 231.
Frankenstein, scabini civitatis, 230.
— seniores civitatis, 230.
Frankinstein, Johannes Berwici de, canonicus Wratislaviensis, 273.
Francia (Frankreich) 274.
Frankinford, (Frankfurt a/O.), 294.
Franco, magister et archidiaconus Opoliensis, 52.
— canonicus Wratislaviensis, 5.
Franczko Hartlibi, consul Wratislaviensis, 166.

Fredek, Nicolaus de, 166.
Fredericus, capellanus ducalis de Lom, 55.
Friczco famulus consulum Wratislaviensium, 166.
Fridmannus, cancellarius et canonicus Wratislaviensis, 104.
Frixscho, (Friczcho) notarius curiae ducalis, 53. 65. 62, dictus de Jareschowe, 61, canonicus et protonotarius Wratislaviensis, 64, decanus Glogoviensis, 76. 77. 78. 79.
Frixscho de Thomaswalde, 55.
Vroblewicz (Frobelwitz bei Neumarkt) 185.
Fronaw (Frohnau bei Brieg), 67.
Fuysil, Hermannus, consul Wratislaviensis, 103.
Falco, cancellarius Boleslavi ducis Cracov, 19.
Fulda, 116.
Fünfkirchen, 243.
Furstinberg, (Fürstenberg), 261, 294.
Furstenwald, (Fürstenwalde) 286.
Furstenwerden, (Furstenwerder in der Uckermark) 304.

Gayn, allodium, (Gabitz) 144.
Galhardus de Carcribus, magister, prepositus ecclesiae Titulensis Colocensis ecclesiae, in Ungaria et Polonia apostolicae sedis nuntius, 175.
Galli, 189.
Gallicia, 243.
Gallus, frater Priduoi, 17.
— camerarius monasterii s. Mariae apud Wratislaviam, 117.
Galewo, (Gohlau bei Breslau) 29. 80.
Gandirsem (Gandersheim), Haunos, 303
— Henricus, 303.
— Jordanus, 303.
— Thilo, 303.
Gandovo, Henricus de, 132.
Gara, Nicolaus de, de Machou banus, magister, 243.
Gariska, Albertus miles, dictus de, 67.
Garthener, Hanco, civis Oppaviensis, 250.
Gaulus, tezaurarius ducis Henrici I, 7.
Gebhardus, castellanus de Sandowe, 17.
Gentilis, tit. s. Martini in montibus presbyter cardinalis, 166.
Gewantsneider, Andres, 302.
— Jacob, 302.
Gerhardus, canonicus Wratislaviensis, 5.
Gerlach, scriptor Boleslai ducis Silesiae, 130.
Gerlaus, scholasticus Wratislaviensis, 32.
Gerlacisheym (Gerlachsheym), Siffridus de miles, 87. 92.
Gerlacus, s. Nicolai ecclesiae Wratislaviensis rector, 81.

Gernodus, scriptor, 53.
Gersebouwis, Pascho, 192. 195.
Gysenheim, Conradus de, 263.
Gismeister, Waltherus, consul Wratislaviensis, 71.
Gyselherus, Colnerus, testis, 61, judex curiae Vratislaviensis, 76. 77. 78. 79. 80, notarius ducalis, 88.
Glacz, 92. 248. 254.
Glaczensis districtus, 202.
Gleall, Gisco, consul Wratislaviensis, 166.
— Petrus, consul Wratislaviensis, 166.
Glesyn, Hilarius de, miles, 280.
Glogou, (Glogau), 163.
Glogow, (Glogau), 254.
— Hanco, consul Wratislaviensis 166.
Glogovia, 272. 294.
Glogoviensis archidiaconus, 166.
Glogovia superior, 280.
— advocatus Glogoviae superioris, 272.
— consules Glogogoviae superioris, 272.
— jurati Glogoviae superioris, 272.
— scabini Glogoviae superioris, 272.
Glogovia, de Gerhardus advocatus novae civitatis Wratislaviam, 24.
— Janko de, canonicus Wratislaviensis, 273.
— Petrus de, 105. 117. 131. 133. 135. 136. 137.
Gobin, Reichart de, 279. 283.
Godefridus Albus, consul Vratislaviensis, 30, possessor molendini, 36.
Godekinus, dictus Stillevogt, possessor molendini supra Olawam, 36.
Godinus, 166.
— soltetus (scultetus), 1.
— filius Helwici de Bonzlavia, 36.
— comes, 11.
Godisse, Nicolaus, 11.
Godkini, Nicholaus, senior et civis Vratislaviae, 63.
Gogelow, Peczk(o) de, 189 (1364).
Gocko, Nicolaus, civis Wratislaviensis, 235.
Golez, 3.
Goldberg v. Aureus Mons, 24. 28.
Golthberg, Franzco de, procurator civitatis Wratislaviensis, 132.
Goltsmit, Jeske, 302.
Gor (Guhrau) 254.
Gore, (Guhrau), 247.
Gorcho, frater Nichusonis de Munsterberch, 87.
Gorgowicz, Friczo de, testis, 25.
— Henricus miles de, 25.
Görlicz, 122. 163.
Gorlis, Gislerus de, advocatus Henrici III ducis Silesiae denarium de iudicio civitatis recipiendo in Wratislavia, 24.

Gorlicz, Jenchio de, 86, senior civis Wratislaviae, 63, consul Wratislaviensis, 71. 74. 90. G. Jensco de, 97.
Gorliz, Siffridus de, consul Wratislaviensis, 30.
Gorlist, Wernherus de, scabinus Wratislaviensis, 18.
Gossintin, (Kostenthal), 4.
Gostina, Petrus de, vicearchidiaconus et canonicus Wratislaviensis, 213. 273.
Gosuinus, Johannes, magister, 52.
Goteche, scabinus Magdeburgensis, 20. § 64.
Gotkinas, scabinus Wratislaviensis, 18. 41.
Gotzalcus, abbas monasterii S. Mariae in Wratislavia, 46, capellanus Boleslai (II) ducis Silesiae, 49.
Gotschalkus, 189.
Gosissconis pratum, 11.
Goulaus Clisire testis, 13.
Gosuinus, magister, canonicus Wratislauiensis, 15. 16.
Grabissius, testis, 65.
Gran in Ungaria, 242.
Grasenvingerus, (Grasfinger), Nycolaus, consul Wratislaviensis, 103.
Grasfinger, Conradus dictus, consul Wratislaviensis, 74.
Grecs, (Grätz), 73. 277.
Gregorius, frater Sebastiani cancellarii, 2.
Grimislava, ducissa Cracovie, 19.
Grimmislaus, filius Stephani, 7.
Grisovia (Grüssau) 166.
— monasterium Cisterciensium de, 166.
Grobnium 14. (vgl. Grünhagen Zeitschrift VIII S. 432, u. Waltenbach daselbst IX. 8, 191.)
— theolonium in, 14.
Grodisch (Grötsch bei Ratibor) 10.
Grotkov, (Grotkau), 111.
Gubbin (Guben) 254.
Gubin, Johannes de, notarius Henrici VI ducis Silesiae, 121.
Guido, frater, tituli sancti Laurentii in Lucina presbyter cardinalis, apostolicae sedis legatus, 32. 33. Gwido, 34. 35.
G(untherus), abbas Lubensis, 4. 8.
Guntherus, agasonum magister, 243.
Gusich, Petrus de, 55.
Gusk, Reinsch de, judex curiae Wenzeslai ducis, 212.

Habelschwerd v. Hawilswerde.
Hac, Conradus, testis plebanus Aurei Montis, 49.
Hayn (Bolkenhayn), castrum Boleslai II ducis Slesiae, 49. 244.
— Hannos von dem. 159.
Haynaw (Haynau), 211. 212. 228.
Halle, 122.

Hanko Dominici, 213, procurator et provisor hospitalis corporis Christi extra muros Wratislavienses, 235, vide quoque Domnik.
Hanco, famulus Godini, 166.
Hans, 264.
Harras (Arras) 226.
Hartlieb, 283.
Hartmannus, 140.
Hasart, Tilo, consul Magdeburgensis, 66.
Haugwitz vide Hugwicz.
Hauwer, Hensel, 302.
Hawilswerde (Habelschwerd) 254.
Hedwigis, abbatissa coenobii s. Clarae, 97. 103.
— marchionissa, 97. 103. soror Boleslai, ducis Silesiae, 84.
Hevrardus, baro et procurator ducalis, 46.
Hefteler, Jacob, 262.
Heydeke, Ywani filius, consul Magdeburgensis, 66.
Heidenricus, institor, civis Noviforensis, 51.
Heine, scabinus Magdeburgensis, 20. § 64.
— Hartmann, filius, consul Magdeburgensis, 66.
Heynemann, miles, scabinus Magdeburgensis, 66.
Heinricus, v. Henricus, 8.
Heincxel ad s. Ambrosium, 302.
Heyricus, canonicus Wratislaviensis, scriptor curiae ducalis, 44.
Heiso, Henricus, 110.
Helfenstein, Ulricus de, comes, 204 (Anm.)
Helyas, canonicus Wratislaviensis, 52.
Helisabeth v. Elisabeth. 9.
Hellenbertus, filius Hermanai, 22.
Hellenbrech, Niclass, consul Wratislaviensis, 70.
Hellenbrechtus, scabinus Wratislaviensis, 18.
Hellinboldus, consul Wratislaviensis, 166. 189.
Helwicus, civis Wratislaviensis, dictus de Boleslavecz, 28. Helwicus de Boleslaw, 30.
Henneberg, Bertoldus comes de, 75.
Hennig, Johannis filius, scabinus Magdeburgensis, 66.
Henricus I, dux Zlesie 1. 2. 7. dux Slesie atque Cracovie 8. dux Zlesie, Cracovie et Polonie 12. 14. dux cum barba, attavus Henrici (V) ducis Slesie, domini de Lignic, 55.
Henricus II, filius ducis Henrici I, 2. 7. junior dux Zlesie 8. 9. dux Zlesie, Cracovie et Polonie 12. 14. 15. 17. 58.
— III, dux Slesie, 14. 15. 16. 17. 18. 20. 21. 23. 24. 28. 29. 30. dux Slesie et dominus Wratislavie, 25. pater Henrici IV ducis Slesie, 42. 45. 47. 177.

Henricus (IV), dux Slesie, 37. 40. 42. 43, et dominus Wratislaviensis, frater Henrici (V) domini Lignicensis, 39. 45. 46. 47. 48. 51. 53. 54. dux Wratislavie, 59. 60. 116.
— (V), dux Slesie, 21. 31. 125, et dominus Lignicensis, 63. 65, dominus Wratislaviae et de Lignicz. 55. 58. 61. 62. 63. 64. 300, filius Boleslai II, 31.
— (VI), dux Slesie et dominus Wratislavie, 83. 85. 86. 88. 89. 90. 93. 94. 96. 102. 105. 108. 109. 110. 115. affinus Ludovici Romanorum regis, 116. 118. 119. 120. 121. 122. 124. 128. et Glaczensis terrarum dominus, 131. 132. 133. 134. 135. 136. 137. 144. 167.
— dux Falkinbergensis, 272, et dominus Stroliczensis. 280.
— dux Slesie et dominus de Furstenberch, 87. 92.
— Glogoviensis dux, 50. 215.

Henricus, testis 2.
— benefactor hospitalis s. spiritus in Wratislavia, 7.
— comes, 2.
— subcamerarius. 46. 48.
— procurator, 65.
— advocatus hereditarius Wratislaviensis, 14. 18. 22. 51.
— archidiaconus Legnicensis, 66.
— capellanus ducis Henrici I, 7.
— excommunicatus, 38.
— canonicus Wratislaviensis, 6. 10.
— canonicus Wratislaviensis et plebanus in Jenkytel, 103.

Henricus, episcopus Lubucensis, 215.
— episcopus Wratislaviensis, 101.
— molendinarius supra Olavam, 36.
— notarius curiae ducalis, 43. 45. 47. canonicus Wratislaviensis, 46.
— pincerna de Appolde, 64.
— physicus ducis Henrici I, 8.
— scriptor civitatis Wratislaviensis, 264.
— scultetus Nouifori, 8.
— Dominicus, scriptor, 300.
— Gregorius, canonicus Wratislaviensis, 65.
— filius Henrici dicti de Zyz, 41.
— filius Hopphonis, canonicus Wratislaviensis, 273.
— filius Ilivi, comes, 36.
— frater Samborii, testis, 46. 48.
— Ulrici filius, canonicus Wratislaviensis. 52.

Herberdus, frater ordinis minorum, 19. 23. 29. 30.

Herdegen, testis, 22.

Herdegnus, Siffridus, consul Wratislaviensis, 30. 63.
Herdeni, Bruno, consul Wratislaviensis, 79.
Hermannow, 17. § 3.
Hermannus, molendinator, 17. § 3. 18.
— presbyter, 38.
— dictus Scriptor, 132.
— frater. crucifer monasterii s. Mathie, 166.
— magister et prothonotarius Johannis regis Bohemiae. 154.
— s. Elisabeth ecclesiae rector Wratisl. 81
— burggravius de Gras, 118.
— consul Wratislaviensis, 70.
Heroldi, Nicholaus, senior civis Wratislaviae, 63.
Hertwicus, 215.
Hildebrandus, monetarius, consul Wratislaviensis, 90.
Hirsberg (Hirschberg), 228. 244.
Hinricus, episcopus Agriensis (Erlau in Ungarn), 243.
— episcopus Scardonensis (Scardona in Dalmatien), 243.
Hobere, Tyzo de, 42.
Hoendorf, Gunzelinus de, 92.
Hoffeman, Nicolaus, consul Swidnicensis, 228.
Hoger, consul Magdeburgensis. 20. § 64.
Honowo, 17. § 3 (in einer Urkunde von 1283 Cunowe genannt: villa Cunowe postmodum est locata jure teutonico in cujus terminis locata est alia villa, Crascowe nuncupata, reservata ibi curia fratribus predictis que Cunowe veteri nomine appellatur, Kruskau und Kunau bei Kreusburg.)
Horn, Arnoldus, scabinus Magdeburgensis. 66.
Houwere, Henning, consul Magdeburgensis, 66.
Hradecski, Niclas, 302.
Hradek, Eppik de, vogt czu Lusicz, 254.
Hrambosch, testis, 13.
Hugwicz, Henricus de, 155. 169, capitaneus Wratislaviensis, 160.
Hugewis, (Haugwitz), Kilianus de, 87.
Hugewicz, Krig de, miles, 300.
— Rudgerus de, 79, filius Henrici de II., 159.
Huxareus, miles, 46.
Huxarcovo villa (Onerkwitz), 46. 49.
Hundisfeld, 316.
Hungaria, 243.
Hurdis, Conradus de, 106.
Hurla, 182.
Huxt, Jesco, 302.

Jacobus Augustini, archidiaconus Legnicensis et canonicus Wrat., 213.
Jacob, quondam judex de Nixa, advocatus Cracoviensis, 19.

Jacobus, frater Tilonis et Bertoldi aurifaber Wratislaviensis, 102.
— magister, legum doctor, 64.
— — magister et scolasticus ecclesiae s. crucis Wratislaviae, 65.
Janislaus, s. Gneznensis ecclesiae archiepiscopus, 166.
Janus, archidiaconus Wratizlaviensis, 6.
Janusius, testis, 17.
Janussius, castellanus de Nemtsch, 41.
— comes, 23. 43. Jaroslawicz, 25.
Jaroslaus, canonicus Wratislaviensis, 65.
— comes, subdapifer Mesconis II, ducis Opoliensis, 11.
Jasco, advocatus Novifori, 49.
Jascocel, benefactor hospitalis sancti spiritus in Wratislavia, 7.
Jauer 228. 244.
Jawor (Jauer), 244.
Jaxa, castellanus in Glogouia, 12.
Jaza, castellanus Wratislaviensis, 17.
Jelyn, Jacobus, filius Petri de, clericus Wratislaviensis, publicus auctoritate imperiali notarius, 132.
Jerdach, consul Magdeburgensis, 20. § 64.
Jerschow (Jarissowe), Frixcho de, protonotarius ducalis, 80. vide et Frixcho.
Jescho, cantor monasterii s. Mariae apud Wratislaviam, 117.
— procurator Bolezlai, ducis Opuliensis, 91.
Jeske, Marun, 302.
Jescotel, Henricus de, canonicus Wratislaviensis, 104.
Imbranus, comes, 26.
Joannes, comes et judex Sandomiriensis, 19.
Johannes, Albiphalonis, canonicus Wratislaviensis, 273.
— Brunonis, canonicus Wratislaviensis, 273.
Jo(hannes), Eystetensis episcopus, 218.
Johannes, 166. 180. (1349). 225.
— Lanchicensis archidiaconus, 66.
— canonicus Wratislaviensis, 6.
— capellanus Henrici (VI) ducis Slesiae, plebanus de Schoneych, 93.
— plebanus de Swidnicz protonotarius Henrici (VI) ducis Slesie, 105.
— comes castellanus de Bardo, 41.
— dux Karinthiae, Tyrolis et Goriciae comes, 179. 183.
— dux Oppaviae et Rathiboriae, 204. (Anm.) 277.
— dux Uzwicensis, 215.
— episcopus Luthomuschlensis, sacrae imperialis aulae cancellarius, 215. 217. 218.
— episcopus Olomucensis, 204 (Anm.). 215. 217. 218.

Johannes, episcopus Vaciensis (Waitzen in Ungarn), 243.
— gener Pollicis, confrater unionis institorum Wratislaviae, 106.
— filius Henrici Engilgeri, consul Wratislaviensis, 74. scabinus Wratislaviensis, 81.
— filius Schamborii, 89. 90.
— magister, 97.
— magister domus et hospitalis sancti Mathie in Wratislavia, 293.
— magister ianitorum, 243.
— magister tavernicorum Ludovici 1 regis Hungariae, 243.
— marchio Moraviae, 203. 219. 220. 221.
— notarius curiae episcopalis, 213.
— episcopus Olomucensis, 242.
— papa XXII, 132.
— prepositus de domo dei, (Czarnowanz) 21.
— prepositus hospitalis s. spiritus Wratislaviae, 166. rector eccl. s. spiritus Vrat. 166.
— rector, 235.
— rector s. Mauricii ecclesiae parochialis Wratisl. 38. 81. 166.
— L. rex Bohemiae et Poloniae et comes Lucemburgensis. 124. 125. 126. 127. 128. 129. 141. 142. 143. 148. 149. 160. 161. 152. 154. 155. 156. 157. 158. 160. 161. 167. 169. 170. 171. 172. 173. 174. 175. 176. 177. 178. 183. 186. 190. 196. 204. 206. 215. 220. 222. dux Slesiae, dominusque Wratislaviensis. 164. 165. 166.
— scolasticus, 62.
— subjudex ducis Henrici I, 7.
John, consul Wratislaviensis, 70.
Johnsdorf, Petrus, civis et consul Wratisl. 246.
Ipir (Yperi), pannum de. 76. 266.
Irsehotin, 17, § 3. (Rengozin, mit Unrecht von Knie für Loßkowicz bei Kreuzburg erklärt vgl. Ulofscha).
Irantus, Georius, comes, 124. 125. 126.
Judith, filia ducis Konradi, uxor Mesconis II ducis Opoliensis, 11.

Kalcz, 294.
Kalisenses, cives, 193.
Camenis, (Steine bei Breslau), 17. § 3.
Kamenez, 254.
Cunowix (Ghonowitz) 17, § 3. villam quoque Cunowicz dicti fratres non possident, isti sunt enim quinquaginta quatuor mansi, quos frater Merbotho dicitur comparasse, quos nos tanquam civitati Crueceburc (Kreutzburg) adjacentes una cum predicta civitate dinoscimur possideres. Urk. v. 1283.

Kant, 92. 157. 316.
Caposina, villa, 19.
Karlstein, 298. 299.
Karolus, primogenitus Johannis regis Bohemie et marchio Moraviae, 165. 168. 172. 173. 175. 183. Romanorum rex et Bohemiae, 185. 186. 187. 188. 190. 192. 194 195. 196. 197. 198. 199. 200. 202. 203. 204. 205. 206. 208. 209. 210. 211. 214. Romanorum imperator et Bohemiae rex 215. 216. 217. 218. 219. 220. 221. 222. 223. 224. 225. 229. 231. 234. 236. 239. 240. 243. 244. 246. 247. 256. 258. 261. 263. 264. 266. 269. 270. 272. 275. 286. 288. 292. 296. 297. 298. 299. 301. 302. 304. 305.
Casimirus, rex Poloniae, 193. 208.
Katharina, conthoralis Adami de Waczinrade, 201.
— relicta Flemingi, consoror unionis institorum Wratislaviae, 106.
Kazimir, dux Opoliensis, 11.
Kaczinschinder, Adolfus, frater Godini, 128.
Kelreman, Godefridus, 139.
Kemnicz, Wolframus de. 189.
Kertyci, (Kertschütz), 3. 10. 15.
Kestener, Nicolaus, consul Swidnicensis, 228.
Kindilwirt, Niclos, 262.
Kytlitz, Hermannus de, 47.
Kithelicz, Lidlo. 166.
Kleinschoufh, Bertoldus dictus, civis Lignicensis, 64.
Clettindorf, Pecze, Golias son von, 285.
Klingenberk, Johannes de, consiliarius Johannis, regis Bohemiae. 154. 155.
Knauwer, Henricus, 302.
Cöln (an der Elbe), 247.
Cöln (am Rhein), vide Colonia.
Colacowicz, 17. § 3. villa vero, que Coj. dicebatur, in duas postmodum fuit villas distincta, quarum utraque Concendorf nuncupatur una superior, alia inferior. Ober- und Nieder-Kunzendorf (Notiz einer ungedr. Urk. von 1283).
Kolasza (in Ungarn), 243.
Coldicz, de, 216. 247. 266. 270.
Koldicz (Koltitz) Thime de, camerarius imperatoris et capitaneus Wratislaviensis. 247. 254. 259. 27. 279. 283. 304.
Collina, Lothoringus de, 139.
Colmas, Henricus, 118.
— Johannes de, 134. 135. 136. marschalcus Henrici VI ducis Silesiae. 144.
Colnerus, Gisilherus, 119. (Gisko) 107. 121. 122.
— Johannes, 131. 134. 136. 137.

Colnerus, Petrus, consul Wratislaviensis. 61.
Colomannus, episcopus Jauriensis (Raab in Ungarn). 243.
Colonia, (Cöln am Rhein), 275.
— consules civitatis Coloniensis, 275.
— judices civitatis, 275.
— scabini civitatis Coloniensis, 275.
Comania, (Cumanien), 243.
Kone, miles, scabinus Magdeburgensis, 66.
Chonradus, consul Vratislaviensis, 61. senior civis, 63.
Conradus, cantor Wratislaviensis, 17.
— canonicus et officialis Vratislaviensis, 139. magister, 104.
Conradus, dux Silesiae, 17.
Conradus, dux Silesiae, dominus de Olsin et Kozil, 215. 217. 218. 304.
— notarius, 16.
— de Michaelis villa, 72.
— antiquus Plessil, consul Vratislaviensis, 79.
— juvenis Plessil, consul Vratislaviensis, 79.
— pincerna, 18, miles, 88.
— possessor molendini, 36.
— Swevus, 17.
— filius Conradi Swevi, 17.
Kopazt, villa dicta, 62.
Corbaviensis sedes episcopalis vacans, 243.
Chorcho, subpincerna Mesconis II, ducis Opoliensis. 11.
Cornauwer, Frencsel, 302.
Kortelangen, Wilhelmus, 298. 301.
Korterich, (Cortray), 226.
Cortstoef, Johannes, scabinus villae Brugensis, 139.
Costemlot (Kostenblut), 2.
Kowin, 294.
Kozil, Nicolaus, dictus, 166.
Cozke,| 3.
Kozki,| 2. 10. 13. vide etiam Wroblin.
Chossenowicz, 17. § 3. Kotschenowitz bei Kreuzburg, villa Chos. nunc dicitur Crucerdorf, in cujus metis et terminis locata est villa que Banc dicitur et allodium fratrum quod dicitur nova curia, (Neuhof) sita circa aquam Willocowe. (Notiz einer ungedr. Urk. von 1283).
Cracovia, civitas, 19. 122.
Cracoviensis ducis barones, 19.
Cracoviensis dioecesis, 19.
— ducatus, 19.
— ecclesia, 19.
— ecclesiae capitulum, 19.
— curia ubi pecora mactabantur, 19.
Cracow, Nicolaus de, civis Wratislaviensis, 159. 164. 189 (1355). 270.

Crecow, Hanko de, 300.
— Laurentius de, civis Wratislaviensis, 300.
Cramme, Johannes dictus, clericus Morinensis dioecesis, 139.
Crapicz, (Krappitz), 91.
Crechsino, 7.
Creksino, 10.
Cremsir, Milicius de, 225.
Chremsir, Nicolaus de, 222. 223.
Crenow, Boruch de, 145. 146.
Crenwicz, Albertus de, 223.
Krich, Wenczlaw, 302.
Crisanus, testis, 2.
Croacia, 243.
Crosna, (Krossen) 154. 294.
Krossin, (Krossen) civitas, 211.
Crosten (Krossen), 8.
Crowodra, villa, 12.
Krsiszanowitz, Guntherus de, 134.
Cruczebecker, Johannes, procurator et provisor hospitalis corporis Christi extra muros Wratislavienses, 235. 285.
Cruceburk, Arnoldus de, 164.
— de, notarius curiae ducatis, 91
Crucseburg, Johannes de, prior monasterii s. Vincentii, 249.
Krweseburc, Noldil de, civis Wratislaviensis, 159.
Cruceburch, civitas et forum juris Theutonici, (Kreuzburg) 17. § 4.
Csanad in Ungarn, 243.
Culpe, Luthko de, notarius terrae Wratislaviensis, 181.
Cuncsendorf, villa ducalis, (bei Löwenberg) 87.
Cancindorf, Henricus de, 166.
Cunegundis, ducissa Cracoviae, 12.
Kunigesbrucke, (Königsbrück) theoloneum in, 143.
Knusest, Arnoldus, 139.
Cunradus, cappellanus ducis Henrici I, 7.
Cunradus, Vossal testis, 22.
Kursantkowicz, Petrus de, canonicus Wratislaviensis, 273.
Kurseboch, Petrus, testis, 62. 76. 77. 78.
Kussecz, 302.
Kutten, 296.

Laa, (Lohe) 283. Laha, 295. Lau, 14.
Ladimiria, Johannes de, capellanus et notarius Henrici VI ducis Silesiae, 107. 138.
Lampertus, institor et civis Wratislaviensis, 166.
Laha, vide Laa.
Landishut, 228. 244.
Landishute, civitas, 189.
Landiscron, Heynicb de, 212.
Landiscrone, Fricze de, 212.
Lascarius, testis, 11.
Lassota, castellanus in Legnic, 12.
— praepositus Skarbimiriensis, 12.
Lau, vide Laa.
Laurentius, canonicus Wratislaviensis, 52.
— claviger Wratislaviensis, 15.
— custos Wratislaviensis, 10.
— decanus Wratislaviensis, 17.
— episcopus Wratislaviensis, 2. 3. 4. 5. 10. 26.
— subcamerarius, 41.
— vlodarius, 16.
Lebil, Conradus de, 294.
Ledrer, Michel, 304.
Legnicz, (Lignitz), 31. 191. 196.
Legenics, 228.
Legnic (Liegnitz) forum in 2. Lignie 8.
— consules Legniczenses, 257.
— judices Legniczenses, 257.
— jurati Legniczenses, 257.
— scabini Legniczenses, 257. vide et Lign.
Legnicensis civitas, 72.
Legnics, Nicolaus de, 139
— Symon de, scolasticus ecclesiae episcopalis Wratislaviae, 273.
— Thilo de, 189. vide etiam Lignies.
Leberhun, Sivert de, consul Magdeburgensis, 66.
Lecsna (Lissa), 164.
Leyshorn (Leschehorn), Albertus, 26.
Leisna, oppidum, (Lissa) 164.
Lemberg (Löwenberch) 87. 92. 228. 240.
— Conradus de, consul Wratislaviensis, 51.
— ad aciem, Johannes de, 68. § 3, 5.
— Nicolaus, consul Wratislaviensis, 156.
Leo, Conradus, frater ordinis minorum, 18.
Leonardus, canonicus Wratislaviensis, 26.
— decanus, 52.
Lesyn (Lissa) 159.
Leslavia, Conradus de, consul Wratislaviensis, 71.
Lesnissa (Lissa). 2. 29. 85.
Lessota, custos monasterii s. Mariae apud Wratislaviam. 117.
Lesschehorn, Albertus, consul Wratislaviensis, 103.
Lewemberg (Loewenberg), 236.
Lewenberc, Johannes de, consul Wratislaviensis, 74.
Lewenberch, Sibodus de, consul Wratislaviensis, 63.
Lewin, 91.
Libenwolden (Liebenwalde) Stadt in der Ukermark, 316.
Lignics, Tylo de, civis Wratislaviensis, 173.
procurator et syndicus Wratislaviae, 175. 177.

Lignica, (Liegnitz), 64.
— civitas, 64.
Lignicensis archidiaconus, 168.
Lihissovichi (Onerkwitz), 3. 10. 46. 49.
Liningin, Joffridus de, comes 124. 125. 126. 127. 128. Goffridus de, 129.
Lypa juvenis, Henricus de, 124. 125. 126. 127. 128.
Lissa, 9. 29. 86. 159. 164.
Lissouichi v. Lihissovichi.
Lissovizia v. Lihissovichi, 9.
List, Syfridus, 90.
Lythwani, 189 (1355).
Lissouizi, vide Lihissovichi, 3.
Lobetints, 3. 26.
Lobow, (Löbau), 254. v. Lubow.
Lobyn, (Lüben), 228.
Lodoycus magister, 56.
Lodomeria, 243.
Lodovicus I Hungariae, Dalmaciae, Croaciae Ramae, Serviae, Galliciae, Lodomeriae Comaniae Bulgariae rex, princeps Sallernitanus, 243.
Lodwicus, notarius curiae Henrici (IV) ducis Silesiae, 55.
Lohe s. Laa.
Longus, Nicolaus, comes, 14.
Loschsche, Brun, scabinus Magdeburgensis, 66.
Lovetic (Lobetintz), decima in, 26.
Louin, (Leuwen in Südbrabant), 226.
Louentizi, (Lobetintz) 3.
Luban, (Lauban), 254.
Lubavia, Thilo de, consul Wratislaviensis, 90. 97.
Lubek, Wolfmarus de, 166.
Lubens (Leubus), claustrum de, 4. 8.
Lubin (Lüben) 91.
Lubou (Löbau). 163. v. Lobow.
Lucemburch, (Luxemburg), 157. 158. 176. 177.
Luduicus, 166.
Luchtindorf, Hellinboldus de, scabinus Wratislaviensis, 84.
Luchtinburk, Henricus de, 124. 126.
Luckow (Luckau in der Nieder-Lausitz), 254.
Luckowicz, villa Henrici (IV) ducis Silesiae, 51.
Ludwicus, dux Silesiae et dominus Bregensis, 258.
Ludwicus, dux Legnicensis, 204. (Anm.) 215. 217. 218.
Ludwig, Markgraf v. Brandenburg und zu Lusiez, des röm. Reichs Kämmerer, Pfalzgraf bei Rhein, Herzog in Baiern und Kärnthen, Graf zu Tyrol und zu Görz und der goezhauser vogt Aglay, Trient und Brichsen, 116. 198 (1355).
Lupus testis, 2.

Lust, Johannes, 269. 270. 271.
Lutherus, 189 (1355).
Luthimischil, Johannes de, canonicus Wratislaviensis, 273.
Lutoldus, scolasticus Glogoviensis et canonicus Wratisl. 104.

Machou (Nordserbien), 243.
Magdeburg, 19. 20. 23. 54. 66. 72. 82. 115. 161. 229. 252.
Magdeburgensis Burggravius, 20. § 6.
Malcouitz, 16.
Maracsca (in Dalmatien), 243.
Margaretha, soror Tilonis, Bertoldi et Jacobi, 192.
— soror Elyzabeth, filia Margaretae, sororis Tilonis Bertoldi et Jacobi, 192.
— uxor Lutkonis de Waldaw, filia quondam Walteri de Pomerio, 137.
— filia Henrici (VI) ducis Silesiae, 116.
— uxor Petri Burgermeistir, 283.
Margisburg, Petrus de, 166.
Margrithe, 279.
Marcus, abbas, monasterii s. Vincentii, 249.
Marquardus, monachus Cellensis, 22.
Martinus, testis, 65.
— apostata de ordine Cisterciensi monasterii de Grisovia, 168.
— canonicus Wratislaviensis, 52.
— claudus Puffil, 140.
Marthinus Buzewoygi, 82.
Martini, filii Semene, villa, v. Wroblin.
Matheus, episcopus Sibinicensis (Sebenico in Dalmatien), 243.
Mathias, provincialis Poloniae ordinis predicatorum, 215.
Matthias, frater Nycossii de Velechow, 49.
Maurus, Corbaviensis episcopus, 217.
Macaco, 189 (1354).
Mechel, (Mecheln) 226.
Megedebursia jura v. Magdeburg.
Meidberg, Conradus de, 229.
Meydeburch v. Magdeburg.
Meydeburk v. Magdeburg.
Meynusch, Johel, 302.
Mekelinburg (Mekelnburg), 316.
Meckbach, Dythmarus de, canonicus et cancellarius Wratislaviensis, 189 (1354). 201. 202. 205. 273.
Meccovia, fratres de, (Miechov) 19.
Menschis testis, 17.
Mentler, Peter, 302.
Merbotho, Brasiator, 101.
Merboto frater, magister hospitalis s Elisabeth, 17 § 3.
Mertin, 279.

Mesco (Mescho), puer, nepos ducis Henrici I, 9, 11, dux Opoliensis, 11.
Michahel, abbas monasterii s. Mariae apud Wratislaviam, 117.
— wlodarius, 16.
— frater Yconis, 16.
Michael, comes de Crasics, 15.
— episcopus Olomucensis, 216.
— testis, 65.
Michalow, } Johann de, comes 19. 40. 42. 45.
Michelove, }
Michelow, Jaroslaus de, 91.
Mielyn, 247.
Milegius, decanus, 52.
Milejus, archidiaconus Legnicensis, 28.
Mylo magister, 41.
Mindensis (episcopus) 225.
Mirinko, testis, 53.
Mironowitz, Michael, comes, 29, 36.
Miroslaus, magister et archidiaconus Glogoviensis, 65.
Miska, Busko, 302.
Misnensis episcopus, (Witticho v. Kamenz), 33.
Mletsco, testis, 24.
Mogyla, termini claustri de, 19.
Mocronos, 17 § 3. (Ober- und Niederhof bei Breslau. Stenzel, Landbuch 22 und 70).
Mollesdorf (Mollsdorf), Hellewicus de, senior civis Wratislaviae, 61. 63. consul Wratislaviensis, 70. 71. 90. 97.
Mollinsdorf, Henselo de, sororius Conradi de Valkinhayn, 181.
Mollisdorf, Johannes de, consul Wratislaviensis, 74. vide et **Molnsdorf**.
Molnheim, Hermannus de, senior civis Wratislaviae, 63.
Molnhem (Mülhem), Heidiaricus de, 110.
— vide et Mülnheim.
Molnstorf, Johannes de, 115.
Molnsdorf, Henricus de, 201.
Molsdorfh, Helwicus de, consul Wratislaviensis, 61.
Momot, Henricus, 3.
Monachus, Henricus dictus Tabernator, consul Wratislaviensis, 97. 101.
Moravia, Jacobus de, 166.
Mrocsco, comes 14 castellanus de Becin 15 Morotsco, comes 16. Mroscho, castellanus de Bezhen, 17.
Muchobor, (Mochbern) 22. 189 (1355).
Mülnheim, Gerhard junior de, consul Wratislaviensis, 70.
Mülnheim, Hermanus de, consul Wratislaviensis, 70. 71. gener quondam Zacharise, 72. (Mülnheim), 96.

Malheym, Heidiaricus de, 107. 140.
Mulheim, Matthias de, scabinus Wratislaviensis, 84. 96. 105. 145. 146. miles 181.
— Theodricus de, 166.
Munsterberg, Bertoldus de, 115.
— Nichuso de, fater Gorebonis, 87]
Munstirberg, 228.
— Nicolaus de, civis Wratislaviensis, 144.
Muczyn, Bernhard de, 145. 146.

Namslau (Namslaw, Nampslow), 224. 228. 254. 266. 269. 288. 299.
Namslaviensis civitatis consules, 224.
— — jurati, 224.
— — judices, 224.
— — scabini, 224.
Nankerus, episcopus Wratislaviensis, 166.
— subpincerna, 45. 46. 48. 51.
— comes, 39. 42.
— palatinus Wratislaviensis, 58.
Nacesslanichi (Nimsdorf bei Kosel), 10.
Naxlaus testis, 2.
Nazslaus, archidiaconus Wratislaviensis, 7. Nacolaus, 10.
Neisse s. Nissa.
— Mathis von der, 283.
Nemezo miles, 8.
Nemptsch, castellanus de, 41.
Nesic (1. Anh.)
Neumarkt
Newnmarkt } vide Novum forum.
Newenmarkt
Neuramburg v. Nürnberg.
Niclosdorf (Nicolstadt bei Liegnitz), 189 (1355).
— aurifodinae in, 189 (1355).
Nicolaus, canonicus Wratislaviensis, 5.
— pincerna ducis Henrici I, 7.
— comes et palatinus Cracoviensis, 19.
— scabinus Magdeburgensis, 20, § 64.
— Rufus testis, 51.
— patruelis Tilonis, Bertoldi et Jacobi, 102.
— prior monasterii s. Mariae apud Wratislaviam, 117.
— plebanus de Wiasd, 132.
— archiepiscopus Jadrensis (Zara in Dalmatien), 243.
— archiepiscopus Strigoniensis (Gran in Ungarn), 243.
— episcopus Tragurieusis (Trau in Dalmatien), 243.
— prepositus Camericensis (Cambray), 270. 296. 299. 300. 304.
Nicolaus, Wronelini, canonicus Wratislaviensis, 273.
— de Poznania, 305.

Nicholaus, magister et notarius ducalis, 2. 49. 118. custos, 52.
— comes, 24. decanus, 26. 32.
— famulus Wlodislai ducis Silesiae dictus Ganzka, 36.
— scolasticus Glogoviensis, 52.
Niclaus, scriptor curiae Boleslai III ducis, 145. 146.
Nicloe der Kinde, consul Oloviensis, 147.
Niger, Tilo, 117. 139.
Nissa, Nisa, Nissa, Niza (Neisse), 11. 12. 42. 53. 67. 166.
— s. Jacobi ecclesia matrix in, 166.
— rector ecclesiae in, 166.
Nyssa, Henselinus de, 189 (1355).
Nissa, Nicolaus de, consul Wratislaviensis, 103. 166.
Nisiza, 67.
Nitra (in Ungarn), 243.
Noldil, Hannos, 283. 295.
Nona (in Dalmatia), 243.
Nova civitas, vide Wratislavia.
Novale (Neubruch), 10.
Noviforenses cives, 53. 126. 152.
— Judaei, camerae regis Bohemiae servi, 192.
Noviforensis districtus, 65. 166. 202. 210. — 205. 206.
Novumforum (Neumarkt), 53. 207. 210. jus Theutonicale, 2. advocatus, 8. scultetus, 8. statutum jus, 13. 116. 226. 228. 247.
Nürnberg (Nurmberch, Nwrinberg, Nurenberch), 75. 160. 161. 163. 188. 189. (Newramberg), 243.
Nuyz, Johannes de, consul Wratislaviensis, 103.
Nwmarkt (Neumarkt) vide Novumforum.

Obir, nuntius, 189.
Ogerius, advocatus civitatis Olomucz (Olmütz), 203.
Odera (Oder), 3. 5. 23. 110. 147. 249.
Odra (Oder), 39. 47. 85. 97. 154. 189. 195. 209. 211.
Odricza (Oder), l. 4.
Oels v. Olesniz et Olsin.
Offamia (Euphemia), filia Henrici (VI) ducis Silesiae, 116.
Ofka, ducissa Olsnicensis, 253.
Ohlaufluss v. Olavia et Olawa.
Olavia } Ohlaufluss, 1. 5. 24. 36. 41. 71. 80. 99.
Olawa } 110. 145. 146. 147. 163. 228. 273.
Olavia (Stadt Ohlau) 26. 86. 154.
Olesna, Martinus de, 140.
Olesnic (Oels), forum in, 2.
Olesnis (Olsnicz), Bruno de, 97. 99. consul Wratisl. 72. 96. scabinus 81. 85.

Olow v. Olavia.
Olomucz (Olmütz) civitatis consules, 203.
— jurati cives, 203.
— scabini, 203.
— tota civium universitas, 203.
Olricus, v. Ulricus.
Olsin (Oels), 228.
Opacina (Ruder), 7.
Oppavia (Troppau), 234. 250. 277.
— Johannes de, 139.
— Stephanus de, subprior monasterii s. Vincentii, 249.
Opeczko (Apecko) judex curiae, 135.
Opol (Oppeln), 91. 228.
Opoliensis terra, 10.
— ducis camera, 13.
Oppuliensis archidiaconus, 166.
Opul, Jacob de, 189.
Ossobozowe, (nach einer Urkunde von 1283: villas insuper Sedlize, Ossobozowe, Camenicz nuncupatas, que similiter fundationis privilegio sunt descripte, dicti fratres non possident, nec longo jam tempore possiderunt, eo quod ville predicte per commutationem quandam factam temporibus bone memorie patris nostri recesserint ab eisdem facto ipsis competenti restauro de villis Coiacowis atque Leucowis, prout in veteri instrumento licet obscurius continetur. Welches Dorf mit O. gemeint war, ist schwerlich zu ermitteln).
Othmuchow (Ottmachau), 284.
Otto, canonicus Wratislaviensis et notarius curiae Wratislaviensis, 5. 10.
— camerarius Mesconis II, Opoliensis ducis, 11.
— testis, 12. 24.
— canonicus Wratislaviensis et capellanus Henrici ducis Slesiae, 41.
— von der Neisse, 279.
Ozzina, Johannes, 17.

P(etrus) Jaurensis, cancellarius, 234. 239. 269. 271. 288.
Pak, Albertus de, 105. 107. 109. 115. 119. 295. 300. Albrecht de, 120. 121. 122. 131. 132. 251. 279. burgravius Glacsensis, 133. 137.
Pachoslaus, testis, 40. 56. marscalcus Henrici IV ducis Silesiae, 45. Paccoslaus, 47. 51. 58.
— praepositus monasterii s. Mariae apud Wratislaviam, 117.
Panewicz, Mathias de, canonicus Wratislaviensis, 275.
— Nicolaus de, custos et canonicus, 213.

Panewicz, Wolveramus de, 129.
Pankow, Nicolaus de, canonicus Wratislaviensis, 273.
Pantinus, canonicus Wratislaviensis, 5.
Parchowitz, Mironcho de, 64.
Parisius (Paris), 172. 173. 174.
Parisiensis civitas, 274.
Parschwicz, Stephanus de, 130.
Pasco, testis, 46. 48.
Passowe, (Passau) 68. § 17. L.
Patenicz, (Hartlieb bei Breslau), 283. 295.
Patinus, subcammerarius, 31.
Paulus, dapiferorum magister, 243.
— Slupovic, 14. subcamerarius ducis Henrici III, 15. claviger eiusdem ducis, 16.
Paxcowe, Petrus de, consul Wratislaviensis, 27. 166.
Pacskow, Jacobus de, prepositus ecclesiae cathedralis Wratislaviensis, 273.
— Niclas, 302.
Peregrini villa (Pilgramsdorf bei Goldberg), 62.
Peterswalde, Heynmanus de, 159.
Petroo, comes, 14.
Petres, Petrasoua, decimae in 3. 10.
Petri tumulus, 11.
Petrus, 189 (1354). 248.
— praepositus Wratislaviensis, 2. 9. 65.
— filius Solessae, 11.
— protonotarius, 36. 37. 39. prot. ducalis, 40. 45. 51. 54. prepositus Soliensis, (Mariasaal in Kärnthen), 42.
— institor de Olavia, 36.
— rector ecclesiae s. Elizabeth, 38.
— canonicus Wratislaviensis, 52.
— cancellarius, 65.
— protonotarius Wratislaviensis civitatis 72.
— patruus Zeamborii, 135.
— notarius ducis Bolconis de Furstenberch, 132.
— Legatus, notarius et clericus, 139.
— antiquus, 166.
— Wratislaviensis, 234.
— Bosnensis episcopus (Bozna in Bosnien) 243.
— pincernarum magister, 243.
Petrasoua v. Petres.
Pecnoldus, magister faber, 227. 245. 248.
Picharowa, (Peicherwitz) 27.
Pictavi (Poitiers), 81.
Pylcz, fluvius dictus, 273.
Pinter, Hensel, 302.
Pisonium (Pressburg).
Pistor, Henricus, 166.
Pfeffirkorn, Theodricus dictus, servitor Henrici V ducis Silesiae, 74.

Philippus, Gallicus, 101.
— Gneznensis archidiaconus, 66.
Plessel, Conradus, consul Wratislaviensis, 70. 71.
Plesslo, Nicolaus, consul Wratislaviensis, 63.
Polen v. Polonia.
Polco, subcamerarius ducis Henrici I, 1.
Polono de Hurla, 189.
Polonia, 50. 132. 188. 189 (1354). 189 (1355). 190. 193. 204. 208. 286.
Polonus judex, 12.
Poloni, 7. 11. 189.
Poloniae regnum, 95.
— rex, 189 (1349). 189 (1354). 189 (1355).
Polonicale jus et scuda, 121. 152.
Polonicales terrae, 126.
Polsnicz, Henricus de, canonicus regularis monasterii s. Mariae, 166.
Pomerio, Waltherus de, pater Margaretae, 97. § 4. 137.
Porsnicz, Hermannus de, 109. 110. 135. 189.
— Conradus de, 85. 86.
Porsnitz, Jenlinus de, miles, 88. 93. 94.
Porsnix, (Porseniez), Johannes de, 105. 107. 109. 135.
Portinarius, Andreas, 139.
Portua, episcopus Senniensis, (Zengg in der croatischen Militärgrense), 243.
Poserne (v. Poserno).
Poschwicz, Petrus de, 130.
Poserno, Thymo de, pincerna Henrici ducis Silesiae, 56. 61. 62. 64.
Poteroo judex, 12.
Praga (Prage, Prac), 141. 147. 150. 155. 167. 169. 183. 184. 185. 186. 187. 190. 194. 197. 198. 204. 205. 206. 209. 210. 211. 225. 229. 236. 263. 264. 271. 276. 288. 297. 299. 301. 302.
Praga, hospitale s. Francisci in 17. § 1.
Pragenses mercatores, 243.
Praga, Nicolaus de, 286.
Praltics, Hannuze, 145. 146.
Prandota, episcopus Cracoviensis, 12.
Prato, Petrus de, 49. 62.
Pratsche, 29. Calow de, 181.
Prawota, canonicus Wratislaviensis, 5. 10.
Predborius, comes, judex Meaconis II, ducis Opoliensis, 11.
Presburg v. Pisonium.
Pretics (Prittics), Hogir de, 119. 120. 121. 122. 127.
Preczlaus, episcopus Wratislaviensis, 182. 214. 215. 217. 218. 258. 263. 266. 270. 273. 284. 289.
Pribislaus, prepositus hospitalis sancti spiritus in Wratislavia, 46. 49.
Pribech, castellanus de Vras, 12.

Primislaus (Prsimislaus), Teschinensis dux, 215. 217. 291.
Pritticz v. Pretics.
Protasius, canonicus Wratislaviensis, 5.
Provin, Heinricus de, 49. 53.
Procskinhayn, Mathis, 262.
Prudnik, fluvius, 19.
Prussia, 189 (1354). 189 (1355). 208.
Prsimislaus (Primislaus), Teschinensis dux, vide Primislaus.
Psepole, (Hundsfeld) 29.

Quas, Thammo, s. Mariae Magdalenae eccl. Wrat. parrochialis rector, 166, canonicus, 139.

Raab (in Ungarn), 243.
Radac, Andreas, 102. 105. 107. 109. 110. 115. 118. 131. 132. 137. (Radag, Radak), 279.
Radacho, testis, 79.
Radonisk, Conradus de, scabinus Wratislaviensis, 18.
Radulfus, cantor Wratislaviensis, 5.
R(adzlaus), castellanus in Wratizlauia, 12.
Radzlaus, miles, 41, comes, 42.
— Petrus, canonicus Wratislaviensis, 52.
Ragusa (in Dalmatien), 243.
Rainoldus Remgiron testis, 13.
Razslaus, Dremelink comes, 36, dictus Dremlik, 45. 46. castellanus in Rezen, 51. 54.
Rama, (Bosnien) 243.
Ranconia, Nicolaus Mosnarius de, 139.
Raschiza, subcamerarius ducis Opoliensis, 13.
Raslaus, Dremeline, 51.
Ratibor, Henricus de, scabinus Wratislaviensis, 84.
— 11. 13.
Reichenbach, Petrus de, civis Wratislaviensis, 213. v. et Rychinbach.
— bei Mielyn, 247.
Reyneke, scabinus Magdeburgensis, 20, § 64.
Reyner bi sente Peter, scabinus Magdeburgensis, 65.
Rempil, Conradus dictus, civis Wratislaviensis, 235.
— Nicolaus, filius Cunradi Rempil civis Wratislaviensis, 235.
Reste, Gisco de, 95. 117. 119. 122. 154. 155.
— Johannes de, 110. 139. Miles, 181.
Reuhel, Niclas, 302.
Rocz, Johannes de, comes, 215.
Rybltwy, villa, 19.
Rychza, amita ducis Mesconis II Opoliensis (soror filii Odonis), 11.
Rychenbach, Johannes de, 115.

Richinbach, (Ricinbach), 87. 92. 228.
— Hermannus de, 87, miles, 92.
— Petrus, consul Swidnicensis, 229.
— Petrus de, scabinus Wratislaviensis, 82. 84. 105.
Rydeburgensis dux, 189.
Rydeburg, Heynricus de, 93.
— Krig de, 189 (1349).
Rideburk, Conradus de, miles, 119. 132. 181. 189.
— Ticsco de, 121. 122. 132. 133. 134. 135. 136.
Rymer, Mertain, 302.
Rysemburg, Borasen de, 247.
Riswecke, 140.
Rogerius Gerardi Johannis (filius), 139.
Rochliz, 55.
Rolef, miles et consul Magdeburgensis, 66.
Rollo, notarius curiae ducalis, 89. 90.
Roma, 2. 98. 256.
Romca, Nicolaus, rector s. Nicolai ecclesiae parochialis Wratisl. 166.
Ronebis, Hartholdus, miles, scabinus Magdeburgensis, 66.
Roncbero, Hermannus de, 62.
Ronow, Hertelus dictus de, miles, 92.
— Thymo dictus de, miles, 92.
Rorow, Ebirhardus de, testis, 76. 77. 78.
Rosenberk, 21.
Rosco, frater Stocknewi, 47.
Rotlewe, Joel, urborer, 286.
Rudgerus in Knophetmolendino, 97.
Rudolphus, Romanorum rex, 57. 59. 60.
— Austriae dux, 294 (nota).
Ruland, Nicolaus, scabinus Wratislaviensis, 84.
Raloo, Peczco, consul Wratislaviensis, 166.
Rupertus, canonicus Wratislaviensis, 5.
Russya, 189 (1349). 189 (1354). 189 (1355). 208.
Ruthenus, Paulus, 139.
Sabor, Gregorius de, miles, 279.
Sagadil, Heinrich, 145. 146.
Salomon, Hanco, consul Wratislaviensis, 166.
Sambicz, 48.
Samborius (Zamborius), supdapifer ducalis, 45. 46. 48.
Sandomirienses cives 19.
Sandro, gener Gisilberi Colneri, 79.
Saturninus sanctus alias sanctus spiritus, (Pont-Saint-Esprit), 171.
Saxo, Johannes, 229. 265.
Sbroslaus, prepositus Wratislaviensis, 52.
Scentelacer, Jacobus, scabinus villae Brugensis, 139.
Schamborius, Johannes, dictus de Schiltberch, 134. 167.
— Nicolaus, 239.

Schartelzan, Conradus, consul Wratislaviensis, 72.
— Conradus, Jacobus et Johannes, fratres, advocati hereditarii Wratislavienses, 108. 115.
— Jacobus, civis Wratislaviensis, 119, consul, 139.
— Theodricus, advocatus hereditarius, 63. 79, olim 115.
— Theodricus antiquus, consul Wratislaviensis, 72.
— Wernherus, advocatus hereditarius, 63. 72. olim, 115.
Scheindorf, Heyncke de, 295. 300.
Schellindorf (Schellndorf), Nicolaus de, canonicus Wratislaviensis, 273.
Schelndorff, Petsche de miles, 283
Schenke, Conradus, 89.
Schepin (Tscheppine bei Breslau), 103.
Schertelzcanus v. Schartelzan. 15.
Schilder, Henricus dictus, 78.
Schildow, Johannis de, notarius Boleslai III ducis Silesiae, 80.
Schiltberc, Schamborius de, 85. 86. miles, 88. 89. 90.
Schitenig (Scheitnig) in districtu Wratislaviae 105.
Schitnik (Scheitnig), 117. vide et Shitenik.
Schofenburgerus, Heinricus, consul Wratislaviensis, 103.
Schoneych, 93.
Schoneycke, Johannes de, 96, capellanus Henrici IV ducis Silesiae, 94, protonotarius ducalis, 102, protonotarius Wratislaviensis, 103.
Schosnics, Michael de, comes, 39.
Schosnis, Michael de, castellanus Wratislaviensis, 54.
Schroter, Ulricus, consul Olaviensis. 147.
Schurgast, 11. 67.
Schutkowics, Otto de, canonicus Wratislaviensis, 273.
Schweidnits, Arnoldus, consul Wratisviensis, 70.
Schweidnis, Giselbertus de, consul Wratislaviensis, 70, Swidenic, Giselbertus de, 71.
Scriptor, Henselinus, civis Oppaviensis, 250.
Sebastianus, cancellarius Opoliensis, 2.
Sebenico in Dalmatia, 243.
Sechsbechir, Hanke, 283. 295.
Sechenice (Tschechnits bei Breslau), 17 § 3.
Sedelisze, Sedelica (Zedlitz Kr. Steinau), 17, § 3, 279.
Semianus, archidiaconus, 65.
Semilwics, Jesco de, miles, 94.
Semyrow, Petrus de, presbiter vicarius, 132.

Serucka, Johannes, comes, 36. 42.
Servia, 243.
Shitenik (Scheitnig), 110.
Siebenbürgen, 243.
Syfridow, Nicolaus de, 189 (1354).
Sifridus, frater advocati W., 18.
Syfredisdorf, Ulricus de, 146.
Sylics, Henricus de, 89. 130.
Siltberg 58 v. et Schiltberg.
Symansdorf, 164, pons in S. 154.
Symon Gallicus, testis, 37. 39. 40. 51.
— miles frater Everhardi, 23. 28. 42, comes 43, palatinus Henrici IV ducis Silesiae. 45. 46. 47. 48.
— castellanus de Nemis, 58.
Syrmium in Slavonia, 243.
Sittin, Henricus de, 201.
Sitim, Nicolaus de, 132.
Sittaw v. Zittau.
Siverinicie termini, 19.
Sislauus, testis, 16.
Scaniscz, Fridericus de, 91.
Scarbisson, (Karbischau) 11.
Scardona in Dalmatia, 243.
Scornstein, 172.
Scriptor, Henselinus, civis Oppaviensis, 250.
Slachonia, Theodricus de, decanus ecclesiae episcopalis Wratislaviae, 273.
Slanstede, Wolther van, scabinus Magdeburgensis. 66.
Slanczen, fratres, 189 (1355).
Slancz, Henricus, civis et consul Wratislaviae, 246. 247. 283.
— Petrus, consul Wratislaviensis, 103.
Slanzo, Heinricus, civis Noviforensis, 53.
Sleyda v. Slyden 16.
Slewis, Otto de, 55. 64.
Slyden, Conradus de, 125. (Sleyda) 126.
Slup, Henricus de, scabinus Wratislaviensis, 19.
Smecz, Heynczo de, miles, 280.
Smid, Pertel, 302.
Smilowics, Tascho de, 91.
Smolics, Petrus, testis, 280.
Smolcz, Jeschko de, 118. 134. 181.
Sobeslaus, castellanus de Wratislavia, 1.
Somirfelt, Franczke de, 254. 279. 283. 295. 300.
Somewics, (Sambowits) 165.
Sophia, filia Honarci et Zdislae, 46.
Sosnis, Petrus de, 65.
Sossno, Wiltzco de, comes, 41.
Spalatro in Dalmatia, 243.
Spigil, Hermannus, 253.
Spremberg, 254.
Stach, Mertin, judex Pragae civitatis, 302.
Stanislaus, subcamerarius ducis Henrici III, 15.

Steynochselo, Guntherus, institor et civis Wratislaviensis, 106.
Steincalich, 122.
Stengil, Petrus, 166. 201.
Stephanus, magister, notarius Mesconis II, ducis Opoliensis, 11.
— testis, 12. 65.
— abbas s. Marine, 26.
— castellanus Novifori, 49.
— canonicus Wratislaviensis, 52.
Stillen, Francsco, 189 (1355).
Stillerphalt, Niclass, consul Wratislaviensis, 70. 71. 84.
Stilwoyt, Gedeon, advocatus Cracoviensis, 19.
Stynavia (Steinau), 294.
Stynow (Stynavia), 254.
Stoknewus, frater Rosconis, 47.
Stokvisch, Bolthe, consul Magdeburgiensis, 66.
Stosso (Stossche), comes, 23. 36. 43. 45.
Strachewicz, Nicolaus de, 201.
Strassperg, Nicolaus, 296.
Strasspurg (Strassburg), Stadt in der Ukermark, 316.
Stregann, 228.
Stregona, Reinoldus de, burgensis Wratislaviensis, 30.
Strelin, 92. 163. 228.
— Niclos, 295.
Strelics, 232.
Strelics, consules civitatis, 232.
Strigonia, 240.
Sulcz, Conradus de, 80.
Sulchowiz, (Zaugwits Kr. Neumarkt) 17, § 3.
Sunph, Heinmannus de, 102.
Surgost, 21.
Surponto, B. de, 256.
Swarcze, Henricus, 295.
— Peeze, civis Wratislaviensis, 247.
Swarczenhorn, Heinczco 201.
— Johannes de, 105. 107. 283.
Swarczin, Nicolaus, 208.
Swelbil (Swelbelinus), Meister, cleynsmed (Schlosser), 260.
Swenkenvelt, Petrus, testis, 280.
Swentoslaus, abbas, 71.
Swevia (Schwaben), urbes in, 316.
Suevus, Conradus, comes, 23. 29.
Svognitz, Lamprechtus de, 49.
Swolo, Budewoius, testis, 76. 78. filius Budowoii, 77.
Swoytsch (Schwotsch) villa, 300.
Suidniz (Schweidnitz), 92. 189 (1354). 228. 236. 260. 286.
Swidenis (Swidenicz), Arnoldus de, 71. 79. 86.
— Conradus de, consul Wratislaviensis, 90. 97.

Swidenics, Gisilbertus de, consul Wratislaviensis, 70.
— Johannes de, scabinus Wratislaviensis, 84.
Swidnicensis, dux, 189 (1354). 189 (1355).
Svinar, 29.
Szopa, Paulus, 16.
Sczytnik (Scheitnig), villa, 249. 273.
Tadeus, magister et comes Posoniensis (Presburg), 243.
— episcopus Wessprimensis (Wessprim in Ungarn), 243.
Tangermund (Tangermünde), 305.
Tartari, 189 (1354). 189 (1355).
Tartarorum proelium, 15.
Taschenberg, 68, § 14, 2.
Tascho, archediaconus Legnicensis et canonicus Wratislaviensis, 104.
Teoderieus lorifex, 22.
Tesnono, 10.
Teutonici, expeditio contra eos, 8.
— in villis locati, 7. 11.
Teutonicum jus, 15.
Thamme, protonotarius Bolealai ducis Silesiae, 130.
Thaslaus judex, 81.
Tyfense, castellanus de, 41.
Tilmannus, frater et praepositus hospitalis sancti spiritus, 48. 52. 55.
Tilo, consul Wratislaviensis, 61.
— Bertoldi et Jacobi frater uterinus aurifaber Wratislaviensis, 102.
— Longus, civis Noviforensis, 53.
— scriptor, 189.
Tippara, Andres, 302.
Tiroliensis domina, 189 (1349).
Tollinger, Tuncz, 302.
Tornacensis dioecesis, 139.
Trau in Dalmatia, 243.
Trebnic (Trebnitz), 12. 253.
Trebnics, Tickco, consul Wratislaviensis, 166.
Trescino, 10. 48.
Treschin, 165.
Trogani ponderis argentum de signo Brugensi, 139.
Troppaw, 70.
Troppow, Johannes, consul Wratislaviensis, 166.
Truchtlip, Rudolfus, 140.
Tschamborius v. Schamborius, 139.
Tundersleve, Kone de, consul Magdeburgensis, 66.
Turriensis sedes vacans, 243.
Tursmid, Peaschel, 302.

Twardawa, Albertus testis, 24.
Twardoslaus, subcancellarius Boleslavi ducis Cracoviensis 19.
Thedricus, episcopus Mindensis, 204. (Anm.)
Themeres, Rinoldus nominatus de, 46, miles, 49.
Themo, marschalcus, 53. 55. Vid. Wisenburg.
Theodericus, armifer, scabinus Wratislaviensis, 18. 38.
— advocatus hereditarius, 84.
Theodolus, 32.
Theodoricus de Saxonia, capellanus Henrici ducis Slesiae, 41.
Theodricus, castellanus in Rotsen, 12.
— excommunicatus, 38.
— sartor, 38.
— filius Werneri Schartelzan, 72.
Theschin (Teschen), consules civitatis, 291.
Thydemann, consul Magdeburgensis, 20, § 64.
Thimo, frater Gebhardi, castellani de Sandowe, 17.
— comes, 47.
— vid. Wisenburg.
Thomas I, episcopus Wratislaviensis, 10. 16. 17. § 1, § 3, § 5.
Thomas II, episcopus Wratislaviensis, 23. 26. 27. 32. 38. 52.
— archidiaconus Opoliensis, 26.
— Noviforensis, magister, 208.
— archiepiscopus Colocensis (Kolasza in Ungarn), 243.
Thuringi, Guntherus, 115.
Thuringia, Reynhardus de, 166.

Ulbim, Elbing bei Breslau, wo das Mathiasstift Besitzungen hatte, 17, § 3.
Ulmannus, Nicolaus frater Petri Ul., institor et civis Wratislaviensis, 106.
— Petrus, institor et civis Wratislaviensis, 106.
Ulofcha, 17, § 3, (an seiner Stelle steht in der Urkunde von 1283: Leukowicz, nunc dicitur Ditmarsdorf, doch hielt sich letzterer Name nicht, es tauchte vielmehr der alte slavische Name in Loffkowitz wieder auf.)
Ulrici villa, (Ulrichsdorf bei Kreuzburg), 17, § 3.
Ulricus (Olricus), subpincerna ducis Henrici III, 15.
— subdapifer ducis Henrici III, 16. 18. 36. 41, dapifer, 17.
— magister, 41, canonicus Wratislaviensis, 37, cantor, 52.
— lantgravius de Lucemberg, 215.
Ulrich, consul Magdeburgensis, 20 § 64.

Unarchewiz, curia sita sub dominio ducali in districtu Novifori, 55. 165.
Unimer, testis III, 17.
Uras (Auras), castrum, 116.
Urbanus IV, papa, 166.
— V, papa, 256.

Vweras, Hermannus de, 201.
Vachslovizt, Nicolaus, comes, 13.
Valentinus, notarius (?) 14.
— episcopus Macarensis (Macarsca in Dalmatien), 243.
Valterus, scriptor ducis Henrici III, 14.
Velechow, Nycossius de, frater Matthiae, 49.
Veons (Viehau), 2.
Vesel, Boguslaus de, 49.
Victor, decanus Wratislaviensis, 5. 9.
Villanova, 175.
Villerinus, Quinque ecclesiensis episcopus (Fünfkirchen in Ungarn), 243.
Vincencius, praepositus hospitalis s. spiritus, 26.
Viola, mater Mesconis, ducis Opoliensis, 11.
Uirbino, vgl. Wirbna.
Vitus, magister et cantor, 65.
Vladislaus, junior dux Opoliensis, 11.
Vlodislaus, dux Slesie, 17, Wladislavus, 18.
Vlogk, Petrus de, 96.
Voda, Johannes, 15.
Voyceh, Jezero camerarius ducis, 26.
Volpertus, canonicus regularis monasterii s. Marine, 166.
Volphkerus, canonicus Wratislaviensis, 52.
Vreso, Jan, miles, scabinus Magdeburgensis, 66.
Vrobilwicz, Petrus, dictus de, 135.
Vrosko, frater Schamborii, 134.
Vugin, 189.

Waitzen (Vacium, Wácz in Ungarn), 243.
Waldow (Waldou), Fricsco de, 80. 85. 86, miles, 88. 89. 93. 94.
— Henricus de, 90. 93. 94. 105. 109.
— Lutko de, 137.
Waltherus, magister testis, 23.
Walterus de Indagine, monachus Cellensis, 22.
Wansow, 92.
Warso, comes et dapifer Sandomiriensis, 19.
Warta, 87. 92.
Warthinberk, Benessius de, 124. 125. 126.
Watserode, Watsinrade, Nicolaus de, 139.
— Adam de, civis Wratislaviensis, 201.
— Conradus, Henricus et Nicolaus de, fratres cives Wratislavienses, 90. 134. 167.
Webir, Niclos, consul Olaviensis, 147.
Weichesdorff, Hermannus de, consul Wratislaviensis, 70.

Wenceslaus, 166.
Wenceslaus, Bohemiae et Poloniae rex, 57. 59. 60. 73. 75.
— dux Slesiae et dominus Legnicensis, 204. (Anm.) 191. 211. 212. 215. 217. 218.
Wernherus in acie, civis Aureimontis, 62.
Wesinburc vide Wisenburg.
Wesseken, Busso, consul Magdeburgensis, 66.
Westeval, Petir, Rathmann der Stadt czu der Olow, 147.
Wessprim in Ungarn, 243.
Wichindorf, Nicolaus, consul Swidnicensis, 228.
Wichmannus, scabinus Wratislaviensis, 82. 84. 87.
Widawam, 22.
Widavia, fluvius, 66. 133.
Widaviense, theolonium, 127. 133.
Wide, Giskin von der, 120.
— Cunradus de, testis, 22.
Wicmannus, civis Wratislaviensis, 85.
Wilandus, scriptor, 84.
Wilhelmus, marchio Misnensis, 215.
Wilkow, Syfridus de, 91.
Willehelmus, canonicus Wratislaviensis, 5.
Wilhelmus, episcopus Lubucensis, 17.
Willusch, Frenczil, 262.
Willuscho, camerarius Henrici VI ducis Slesiae, 118.
Winandus, claviger, 90.
Winerus, consul Wratislaviensis, 61, senior civis, 63, Jekil, 130.
Wirbna (Wirbena), Johannes de, comes, 1. 23. 24. 25.
— Stephanus de, comes, 2. 14.
Wiricus, custos monachus Cellensis, 22.
Wirsingi, Nicolaus, 189 (1354).
Wisenburg, Henzeo, Heinscheo de, 56. 58.
— Thimo (Themon, Thymo), judex curiae ducalis, 28. 29. 30. 36. 37. 39. 40. 42. 45. 47.
Wisocha, 7. 164.
Wysoka v. Wisocha, 48. 52.
Wyslee, fluvius, 19.
Wistrica, 298.
Wytherow, villa, 31.
Witosaus, abbas de, s. Maria in Wratislavia, 1.
Witoslaus, 3. 4.; Wytoslawus, 5.
Wittel, Johannes, cancellarius Wratislaviensis, 279. 283.
Wichow, Hermannus de, miles, 102.
Wladislaus, dux Slesiae, 21. 23.
— frater Henrici III ducis Slesiae, 23, prepositus Wissegradensis, 23, sanctae Salzburgensis sedis electus, apostolice sedis legatus, 29. 30.

Wlodeslaus, v. Wladislaus, dux Slesiae, archiepiscopus s. ecclesiae Salzburgensis, 36, patruus Henrici (IV) ducis Slesiae, 45. 47. 54.
— dux de Opol, 13.
— dux Slesiae Appaviae dominusque Wratislaviae, 86, dominus de Lignicz, 89. 90. 124.
Wien, Henricus de, canonicus Wratislaviensis, 8.
Woyzechisdorffk, Johannes de, civis Legnicensis, 64.
Woyocsdorf, Teodericus, civis Legnicensis, 72.
Woixicho, filius Raslay, 17.
Woldanus, Mathias de, miles, 280.
Wolfelmanus, 189 (1355).
Wolk, Dithmarus, advocatus Cracoviensis, 19.
Wormacia, R. de, 246.
Wosnik, 21.
Wocesdorf, Hermannus de, consul Wratislaviensis, 191.
Wraislaw v. Wratislavia, 70.
Wratislaw v. Wratislavia, 50.
Wratislauia, Wraislaw, Wratislaw, Wretslaw, Wreslaw, 2. 3. 5. 6. 22. 23. 24. 25. 29. 30. 31. 33. 34. 35. 36. 37. 40. 41. 43. 45. 46. 47. 48. 50. 54. 56. 63. 65. 66. 67. 70. 72. 76. 77. 78. 79. 80. 83. 85. 86. 88. 89. 92. 93. 94. 96. 98. 99. 100. 101. 102. 103. 104. 105. 106. 107. 110. 115. 117. 118. 119. 120. 121. 122. 123. 124. 125. 126. 127. 132. 133. 135. 136. 137. 142. 143. 144. 152. 153. 155. 156. 162. 168. 177. 181. 182. 187. 192. 201. 202. 213. 215. 217. 218. 219. 220. 221. 222. 223. 239. 273.
Wratislavia.
Abbas mon. b. Mariae ordinis s. Augustini, 34. 35.
— s. Vincentii, 2.
Advocati, 258.
Agger, 53.
— b. Mariae 23.
Archidiaconus, 166.
Arx, 24.
Aurifabri, 68, § 12.
Brasiatores, 68, § 6.
Calciorum renovatores, 74.
Camerae mercatorum 12. 76.
Castrum, 2. 17. § 5. 28. 32.
— ducale, 12.
— lapideum, 30.
Cerdones albi, 68, § 25.
Cerdones ruffi, 69, § 27.
Cingulatores, 68, § 29.

Cyrothecarii, 68, § 27.
Civitas, 19. 21. 23. 25. 27. 28. 32. 39. 40. 42. 43. 44. 45. 47. 51. 53. 54. 56. 61. 63. 64. 65. 67. 71. 72. 76. 77. 78. 82. 85. 86. 87. 89. 90. 93. 95. 96. 98. 102. 103. 104. 105. 108. 109. 113. 115. 119. 121. 122. 124. 125. 126. 127. 128. 131. 135. 136. 137. 139. 141. 142. 148. 149. 150. 151. 154. 155. 156. 158. 160. 161. 164. 166. 168. 169. 171. 173. 175. 176. 177. 179. 183. 185. 186. 189 (1354). 190. 197. 198. 199. 201. 202. 203. 204. 205. 206. 207. 209. 210. 215. 216. 217. 220. 221. 225. 234. 240. 243. 247. 249. 252. 253. 257. 272. 273.
Civitas antiqua, 80.
— nova, 68. 76. 78. 80. 132. 135. 136. 181. 201.
Communitas burgensium, 27.
Consules, 21. 32. 33. 47. 100. 101. 109. 110. 115. 117. 119. 120. 121. 123. 125. 128. 132. 141. 142. 144. 145. 146. 147. 148. 153. 154. 155. 158. 162. 168. 169. 173. 174. 176. 179. 182. 184. 186. 190. 192. 195. 197. 198. 199. 200. 202. 203. 205. 206. 207. 208. 211. 213. 217. 219. 220. 221. 222. 223. 224. 225. 226. 229. 231. 232. 235. 240. 247. 249. 250. 257. 258. 263. 270. 273.
Consulum sive civium magister, 198. 199. 205. 208. 217. 240. 263. 269. 270.
Corrigiatores, 68. § 28.
Curia ducalis, 42.
Cultellifabri, 68, § 17.

Ecclesia S. Adelberti, 24. 25.
— S. Crucis, 115. 121.
— S. Egidii, 65. 139.
— S. Elisabeth, 17. § 3. 34. 38. 43. 64. 166.
— S. Johannis, 6. 115. 121.
— S. Mariae, 3. 36.
— S. Mariae Magdalenae 32. 33. 34. 35. 38. 104. 166.
— S. Matthiae, 17. § 3. 38.
— S. Mauritii, 10. 81.
— S. Nicolai, 38. 81. 83. 102. 166.
— S. Spiritus, 1. 24. 26. 166.
— S. Vincentii, 2.
Exactio civitatis, 23.

Ferinarii (Wildprethändler) 198.
Forum antiquum 68, § 7. L
— ante atrium eccl. S. Vincentii, 2.

Forum commune, 198.
— novum, 28. 103.
Gladiatores, 68. § 18.
Grossifabri, 68, § 13.
Hospitale S. Corporis Christi, 225. (extra muros), 251.
— S. Elisabeth, 17. 18.
— S. Matthiae, 38. 97. 293.
— S. Spiritus, 1. 3. 4. 7. 9. 10. 11. 13. 15. 16. 35. 48. 165.
Hummulatores, 68. § 21
Incendium civitatis, 18.
Infirmi S. Lazari, 273.
Institores, 68, § 2.
Insula inter S. Adalberti et Spiritus ecclesias et muros arcis, 24.
Judaei Wratislavienses, camerae regis Bohemiae servi, 128. 169. 171. 185.
Judaeorum cimiterium versus plateam Gallicam, 101. 183.
Jura civitatis, 12. 62. 64.
Jurati, 124. 222. 223. 249. 257. 258.
Leprosi de S. Mauritio, 27.
Linifices, 68, § 15. § 23.
Locatio civitatis jure Teutonico, 12.
Macellae, 12.
— carnium in novoforo, 28.
Mactatores, 68, § 3.
Mercatores, 189 (1349).
Monasterium S. Adelberti, 25.
— S. Clarae, 97. 106.
— fratrum minorum, 17. § 2. 23.
— fratrum praedicatorum, 81.
— S. Katharinae, 163.
— S. Mariae ord. Augustini, 26. 34. 35.
— S. Matthiae cruciferorum stellatorum ord. S. Augustini, 17. § 1. 18.
— S. Vincentii, 2. 249.
Moneta, 5.
Monetarii, 19.
Officiales, 81. 157. 235. 256.
Palliorum et tunicarum renovatores, 68, § 10.
Pannicidae, 68, § 1.
Parochia vide Ecclesiae.
Pellifices, 68, § 8.
Pilleatores, 68, § 14.
Pistores, 68, § 4.
Planities, 83.
Platea Gallica, 101. 183.
Plebanus sive rector ecclesiae S. Mariae Magdalenae, 34. 38.
Plebanus sive rector ecclesiae S. Elizabeth, 34.
— — — S. Nicolai, 38.
Pomerium retro castrum Wratislaviense, 17. § 5.

Pondus Wratislaviense, 22.
Pons S. Mauritii, 5.
Porta Swidnicensis, 104.
Praepositus S. Spiritus, L 35. 165.
Praetorium, 165.
Renovatores calceorum, 74.
— palliorum et tunicarum, 68, § 10.
Rymer, 68, § 28.
Salifices, 68, § 20.
Sanctuarii eccl. S. Mariae, 3.
Sartores, 68, § 16.
Scabini, 18. 50. 84. 124. 207. 219. 220. 221. 222. 223. 224. 231. 232. 249. 256. 257. 258.
Schola juxta eccl. S. Elisabeth, 66.
— intra muros juxta eccl. S. Mariae Magdalenae, 32. 33.
Sellatores, 68, § 19.
Seniores civitatis, 219. 220. 221. 222. 223. 249.
Slechtinger, mactatores, 68, § 3.
Tabernae, 12.
Tabernatores, 68, § 5.
Tam, der nuwe, 85.
Taschenberg, 68, § 14, 2.
Textores, 68, § 7.
— Gallici, 68, § 26.
Thecarii, 68, § 22.
Theolonium, 122.
— forense civitatis, 29.
Theolonarii, 240.
Vallum, Warf, 101.
Vicus S. Mauritii, 23.
Viweyde, pascua pecorum, 45.
Wer, obstaculum 97, § 2.
Wratislavia.
— districtus Wratislaviae, 76. 82. 144. 152. 166. 174. 189. 202. 210. 218.
— terra et principatus Wratislaviae et Slesiae, 59. 60.
Wratislavia.
— terrigenae Wratislaviae, 56.
— capitaneus terrae Wratislaviensis, 154. 195. 199. 206. 239. 240. 257. 258.
— dioecesis Wratislaviensis, 257. 258.
— capitulum S. Johannis (Domstift), 4. 5. 6. 10.
Vrisco, judex terrae provincialis, 4 (Anh.)
Wgorlinus, archiepiscopus Spalatensis (Spalatro in Dalmatien), 243.
Wroblin, vel Cozki (Koske), 3. 4. 10.

Wretslaw (Wratislavia), 120. 121. 123.
Wreslaw (Wratislavia), 66.
Wrestenberg v. Furstenberg, 22.
Wusthwbe, Hanke, 159.

Zacharias, possessor molendini, 36.
— senior civis Wratislaviae, 61.
— consul Wratislaviensis, 51. 61. 70.
— Hermannus, consul Wratislaviensis, 71.
Zachinkirche, Nicolaus, 182 (1354).
Csadilmait, Nickil, 251.
Zalacz, Mertein, 302.
Zcamborius v Schamborius, 135.
Zamborius, comes, 43.
Csamborius, Johannes, consiliarius Johannis regis Bohemiae, 154. 155.
Zambouise (Sambowitz), 16.
Zanda, testis, 7.
Zara (Jadera) in Dalmatien, 213.
Csastolowicz, Pothede, capitaneus in Glocz, 254.
Zawon, Ladislaus de, canonicus Wratislaviensis, 273.
Zbiluto, iudex, 17.
Zbilutus, comes, 29.
Zdisla, uxor Hunarci, 46.
Zebeslaus, dux Bohemiae, 8. v. Sobeslaus.
Cedelics, moel czu, 145.
Csedelicz, Heynke de, 212.
Csednik, (Zehdenik) Stadt in der Ukermark.
Zeech, Nicolaus de, Dalmacie et Croatie magister, 243.
Zoege, Petrus, miles, 92.
Zeitz, s. Cyz.
Zeman, Hensel, consul Swidnicensis, 228.
Zengg in der kroatischen Militärgränze, 243.
Zchertilzanus, v. Schertelzcanus, 115.
Zessov, Cunradus de, scriptor Boleslai III ducis Slesiae, 111.
Czetheras, Wernherus de, canonicus Wratislaviensis, 273.
Ciras, Albertus de, consul Wratislaviensis, 30.
Zitin, Heinricus de, consul Wratislaviensis, 30.
Zittaw, 251. 292.
Cyz (Zeitz), Henricus de, scabinus Wratislaviensis, 18.
— clipeator, 41.
Zlup, 17. § 6.
Znoyme (Znaym), 151. 170.
Zoznitz, Michael de, comes, 41.
Csocsicz, Tilke, alias Reymman, 279.
Csurm, Niclas, 302.
Zwoin, Boguslaus, 17.

www.ingramcontent.com/pod-product-compliance
Lightning Source LLC
Chambersburg PA
CBHW032104230426
43672CB00009B/1639